Situiert im Schnittpunkt von Psychoanalyse, Kulturgeschichte und Textanalyse, rekonstruiert die Studie Konfigurationen der Gewalt in Prosa und Lyrik von Gertrud Kolmar und in Schriften von Emmanuel Lévinas. Aus Korrespondenzen zwischen theoretischen und literarischen Motiven wird eine Lektüre entwikkelt, in der auf den Zusammenhang von Alterität, Gewalt und Antlitz bezogene Bedeutungsfiguren in den Schriften von Lévinas und Kolmar einander entziffern und kommentieren. Die Lektüre fächert sich auf in drei Sequenzen: In einer Überblendung theoretischer (De)Konzeptionen des Anderen bei Lévinas und in der Psychoanalyse Freuds und Lacans werden Modalitäten der *Identifikation* des Anderen untersucht. Die zweite Sequenz markiert Momente der *Konversion* in Kolmars Texten und lokalisiert deren Schreibposition in der Duplikation zweier rhetorischer Gesten - der Apostrophe und der Apotrope. Figuren der *Verwerfung*, die das antisemitische Phantasma strukturieren und im Realen der *Endlösung* wiederkehren, werden in der dritten Sequenz diskutiert. Ihre Analyse rekurriert auf Beschreibungen einer Logik des Ausschließens bei Lacan, Lévinas, Lyotard und Adorno/Horkheimer sowie auf Kristevas Theorie der Abjektion.

Die Autorin war an der Universität München und der Akademie der Bildenden Künste in München tätig und lehrt gegenwärtig neuere deutsche Literatur an der Universität Zürich.

ANTLITZ – MORD – GESETZ

PASSAGEN LITERATUR

# Birgit R. Erdle
# Antlitz – Mord – Gesetz

## Figuren des Anderen bei Gertrud Kolmar und Emmanuel Lévinas

Passagen Verlag

Deutsche Erstausgabe

Die vorliegende Arbeit wurde von der Philosophischen
Fakultät I der Universität Zürich im Sommersemester 1993
auf Antrag von Frau Prof. Dr. Sigrid Weigel als Dissertation
angenommen.

Die Deutsche Bibliothek – CIP-Einheitsaufnahme

Erdle, Birgit:
Antlitz – Mord – Gesetz : Figuren des Anderen bei Gertrud
Kolmar und Emmanuel Lévinas / Birgit Erdle. – Dt.Erstausg. –
Wien: Passagen-Verl., 1994
    (Passagen Literatur)
    ISBN 3-85165-095-6

*Zum Problem der Gewalt habe ich nur zwei Geschichten zu erzählen ...*
(Jacob Taubes)[1]

1 ... „(*nur* ist gut, ich halte sie für äußerst wichtig, sie haben mich sehr tief bestätigt)."
Jacob TAUBES, Ad Carl Schmitt. Gegenstrebige Fügung. Berlin: Merve, 1987. 58.
Zwei Geschichten: beide spielen im bundesdeutschen Nachkrieg und handeln von der
panischen oder auch selbstsicheren Ausblendung – genauer: Verdrängung – des The-
mas der Gewalt aus dem wissenschaftlichen Diskurs. In der ersten Geschichte (die von
Panik handelt) geht es um die Um-Schrift des Titels zu einem Vortrag, den Eric Weil
in der Universität Münster zum „Problem Philosophie und Gewalt" halten wollte; der
Rektor der Universität aber, so erzählt Taubes, „kriegt einen Anfall und schreit (...)
‚Nichts von Gewalt, nichts von Gewalt ...'". Der Wortlaut des Titels wird daraufhin so
umgeschrieben, daß der Begriff der Gewalt und das Problematische der Konjunktion
von Gewalt und Philosophie herausfallen: er heißt nun „über das Problem Philosophie".
– In der zweiten Geschichte (die von der Überzeugtheit des Naiven handelt) geht es
um den Vortrag eines Juristen „über ... Die Summe der Sache war, daß alles Schlimme
daher kommt, daß wir das Sein nicht rein genug bewahrt haben". Taubes erzählt, in
der anschließenden Diskussion habe er den Vortragenden gefragt: „Es gibt doch Probleme, Recht hat doch Beziehung zum Problem der Gewalt und Macht usw. Darauf
sagte er, mit einer Sicherheit, die mich irritierte: ‚Gewalt kommt in meinem System
nicht vor'." ibid. 58–59.

# Inhaltsverzeichnis

# Vorrede: Benjamins Staunen

Nicht Benjamins Staunen, sondern seine Zurückweisung des Staunens steht am Eingang der vorliegenden Studie.

In seinen Thesen „Über den Begriff der Geschichte", die wahrscheinlich zu Beginn des Jahres 1940 niedergeschrieben wurden, stellt Walter Benjamin mit deutlicher Insistenz fest, das „Staunen darüber, daß die Dinge, die wir erleben, im zwanzigsten Jahrhundert ‚noch' möglich sind", sei „*kein* philosophisches"[1]. In der Aussage dieses Satzes steckt eine Revision und eine Um-Schrift philosophischer Denktradition in zwei einander entgegengesetzte Richtungen: das Staunen wird radikalisiert und gleichzeitig – als philosophisches – verneint. Indem Benjamin dem Staunen seinen philosophischen Status abspricht, verneint er die Möglichkeit, daß von ihm ein Denkweg seinen Ausgang nehmen kann. Vielmehr kündigt das Staunen hier eine Bewegung an, die nicht dialektisierbar ist, eine Bewegung der Wiederkehr – es markiert nur noch eine Abbruchstelle, einen Punkt, an dem ein Denkweg arretiert wird oder an dem er sich verlieren muß.

Benjamin weist an dieser Stelle auf eine Blindheit der Argumentation hin, die eine Täuschung des Denkens unterhält und befördert, indem sie an einer Vorstellung von Geschichte festhält, welche *nicht zu halten* sei: daß nämlich die Gegner des Faschismus diesen im Namen des Fortschritts zu bekämpfen suchten, dabei verkennend, daß die Katastrophe des Faschismus selbst sich als ein Moment des Fortschritts erweise, und daß sie nicht als Ausnahmezustand, sondern als Regel zu denken sei. Die Anerkennung dieser Regelhaftigkeit gibt auf, den Begriff der Geschichte anders zu denken. Dann, so das verzweifelt anmutende Versprechen einer solchen Entstellung der Vorstellung von Geschichte, „wird uns als unsere Aufgabe die Herbeiführung des wirklichen Ausnahmezustands vor Augen stehen;

---

1 Walter BENJAMIN, „Über den Begriff der Geschichte". In: BENJAMIN, Gesammelte Schriften I.2. Frankfurt/M.: Suhrkamp, 1974. 691–704; hier 697.

und dadurch wird unsere Position im Kampf gegen den Faschismus sich verbessern."[2] Dadurch erst würde es also möglich werden, auch den Begriff des Ausnahmezustands anders zu denken – oder ihn überhaupt zu retten, als Horizont eines ihn vorbereitenden gerechten Handelns (wobei in Benjamins Wendung vom scheinbaren und wirklichen Ausnahmezustand diejenige vom „falschen" und „richtigen" Messias anklingt).

Benjamins ausdrückliche Weigerung, das Staunen über das Noch-möglich-sein der Dinge, „die wir erleben", als ein philosophisches Staunen[3] zu verstehen, bringt nicht nur den Schock zum Ausdruck, den die Ereignisse der dreißiger Jahre dieses Jahrhunderts – Haß, Verfolgung, Exil, die Nachricht vom Nichtangriffspakt zwischen Hitler und Stalin, die Internierung in einem französischen Lager nahe Nevers, zuletzt die Besetzung Frankreichs – in ihm ausgelöst hatten (und hierbei handelt es sich um eine Schockerfahrung, die eben keine Erfahrung mehr sein kann, sondern nur noch Erlebnis – Erlebnis, das für Benjamin im 19. Jahrhundert als Abenteuer, im 20. Jahrhundert als Schicksal erscheint[4]). Die Verneinung des philosophischen Staunens will vielmehr sehr bewußt einen Denkfaden zerreißen: um jener Enttäuschung willen, unter deren Eindruck der Blick sich gleichsam zurück wendet – nicht aber im Sinne einer nostalgischen Bewegung, sondern im Sinne einer Lektüre der Geschichte *wider den Strich*. Das Staunen ist für Benjamin der mimische Effekt einer jeweils bestimmten Vorstellung von Geschichte. Die Zurückweisung des philosophischen Status' dieses Staunens, die hier die Form einer Setzung annimmt, scheint indirekt aber auch das Verdikt zu formulieren, im Staunen den durch die Erlebnisse ausgelösten Schock aufzufangen und zu neutralisieren.

Im selben Kapitel seiner Thesen zum Begriff der Geschichte stellt Benjamin fest: „Die Tradition der Unterdrückten belehrt uns darüber, daß der ‚Ausnahmezustand', in dem wir leben, die Regel ist."[5] Daraus leitet

---

2 ibid.

3 In der platonischen und aristotelischen Philosophie wird das Staunen als Anfang des Philosophierens bezeichnet. Zum Begriff des Staunens vgl. zum Beispiel: Rudolf EISLER, Wörterbuch der Philosophischen Begriffe. Vierte Auflage. Dritter Band. Berlin: E.S. Mittler & Sohn, 1930. 154.

4 Vgl. Norbert BOLZ, Auszug aus der entzauberten Welt. Philosophischer Extremismus zwischen den Weltkriegen. München: Fink, 1989. 96.

5 BENJAMIN, Gesammelte Schriften I.2. 697.

Benjamin das Projekt eines historischen Materialismus ab, dessen Aufgabe es sein müsse, *die Geschichte gegen den Strich zu bürsten.* Eine solche Konzeption der Geschichtsschreibung setzt Benjamin dem historistischen Verfahren entgegen. Die Einfühlung des Historismus betreibt in seinen Augen eine Geschichtsschreibung aus der Perspektive der Sieger – sie ist blind gegenüber dem Faktum, daß jedes Dokument der Kultur zugleich ein Dokument der Barbarei ist und daß auch der Prozeß der Überlieferung selbst solche Barbarei in sich trägt. Indem nun der Nazismus als Extrempunkt des „Ausnahmezustands" („in dem wir leben") gedeutet wird, wird er – über eine Reformulierung des geschichtsphilosophischen Regelwerks – als regelhaft entzifferbar. Die Bestimmung des „Ausnahmezustands" als Fortschritt („daß es so weitergeht"), in der der Nazismus als extremer Fortschritt erscheint, wiederholt so noch die Figur einer Kontinuität, eines Übergangs. Das heißt in anderen Worten, daß der Nazismus bei Benjamin als ein Übergangsgeschehen gedeutet wird, als Krise, nicht als Bruch – als ein Geschehen, dessen Kontinuität und Linearität durch den *einen Umschwung* abbrechen würde. Benjamins Apologie der zerstörerischen Gewalt im Zeichen messianischer Erlösung nimmt auf diesen Moment einer revolutionären Reinigung als den *entscheidenden Augenblick* Bezug.[6]

Im Sinne des oben zitierten Satzes von Benjamin, der historische Norm und ahistorischen Ausnahmezustand in ein verändertes Verhältnis bringt, läßt sich der Diskurs der Gewalt, der sich in den literarischen Texten Gertrud Kolmars abzeichnet, als Aufzeichnung der Regelhaftigkeit der Verfolgung in der Geschichte entziffern. Wo Benjamin aber an der Kategorie der Unterdrückung festhält, er die Gewalt des Nazismus also in eine *Tradition der Unterdrückung* zu integrieren sucht, sprechen Kolmars Texte vom *Mord am Nichtidentischen* und vom *Vergessen der Gewalt,* von *Identifikation* und *Verwerfung* – das heißt, sie spüren das Regelhafte der Verfolgung in diesem Mord und in diesem Vergessen, in den Logiken der Identifikation und der Verwerfung auf. Sie werfen daher Fragen auf, die auch Adorno und Horkheimer in ihrer als „philosophische Fragmente" bezeichneten *Dialektik der Aufklärung* formulieren. Wie etwa ein aus dem Jahr 1938 datierender Brief an Gershom Scholem andeutet, knüpft Benjamins Denken einen Zusammenhang zwischen Theorien der modernen Physik,

---

6 Vgl. BOLZ 1989. 90.

Kriegstechnik und einer sich ankündigenden Massenvernichtung, und dies unter dem Signum einer umfassenden Zerstörung des Erfahrungsvermögens.[7]

Demgegenüber wird in den Texten Gertrud Kolmars die Gewalt, die der Nazismus verwirklicht, keineswegs allein als Effekt einer entgleisten Technik oder als Folge einer umfassenden Neutralisation gedeutet: sie wird vielmehr, wie ich zu zeigen versuche, in einer *Konfiguration* von *Verfolgung, Identifikation, Verwerfung* und *Darstellung* situiert. Die Kategorie der *Darstellung* bezieht sich dabei auf zwei unterschiedliche Dimensionen von Bildlichkeit: zum einen auf kulturell konstruierte Bilder des Anderen, die den Anderen als bedrohlich-faszinierend, angst- und haßerregend oder abstoßend darstellen, die also auf den Zusammenhang von *Projektion, Abjektion* (Julia Kristeva) und *Repräsentation* verweisen und durch diesen Verweis den Bezug zum biblischen Bilderverbot aufnehmen; zum anderen auf die Figur des *Apotropos*, das heißt, auf diejenige poetische Wendung, die das Undarstellbare (*Atropos*), das Tödliche abwendet, es durch eine Bildfindung überwindet oder umgeht. Aufgrund dieser doppelten (und doppeldeutigen) Referenz der Kategorie der Darstellung entsteht eine Nähe, zugleich aber auch eine deutliche Verschiebung zu Benjamins Kritik der Repräsentation, wie er sie vor allem in seinem 1921 verfaßten Essay „Zur Kritik der Gewalt"[8] entwickelt. Gleichzeitig drängt sich aber eine unauflösbare Ambiguität der Argumentation Kolmars auf: sie gründet darin, daß Kolmars Texte zwar einerseits Motive für eine Kritik des Totalitären bieten, sich jedoch andererseits diesem Totalitären auch öffnen, bei-

---

7 Benjamin schreibt in diesem Brief, in dem er sich mit der elliptischen Poetik Franz Kafkas befaßt: „(...) sollte ein Einzelner (der Franz Kafka hieß) mit *der* Wirklichkeit konfrontiert werden, die sich als die unsrige theoretisch z. B. in der modernen Physik, praktisch in der Kriegstechnik projiziert. Ich will sagen, daß diese Wirklichkeit für den *Einzelnen* kaum mehr erfahrbar, und daß Kafkas vielfach so heitere und von Engeln durchwirkte Welt das genaue Komplement seiner Epoche ist, die sich anschickt, die Bewohner dieses Planeten in erheblichen Massen abzuschaffen. Die Erfahrung, die der des Privatmanns Kafka entspricht, dürfte von großen Massen wohl erst gelegentlich dieser ihrer Abschaffung zu erwerben sein." Gershom SCHOLEM, Theodor W. ADORNO (Hg.), Walter Benjamin. Briefe 2. Frankfurt/M.: Suhrkamp, 1978. 762. Diese Briefstelle deutet auch an, wie sehr sich Benjamin in einer Position *zwischen zwei Katastrophen* fühlte, in einem Zustand, der mit dem *entre-deux-morts* Lacans parallelisiert werden könnte.
8 Walter BENJAMIN, „Zur Kritik der Gewalt". In: BENJAMIN, Gesammelte Schriften II.1. Frankfurt/M.: Suhrkamp, 1977. 179–203.

spielsweise in ihrer Diskussion revolutionärer Gewalt, aber auch in ihrem Verdikt eines mit der Moderne verknüpften Uneigentlichen, in ihrem Träumen vom Auszug aus der Kultur und in ihrer imaginären Restitution einer prämodernen Harmonie und Einheit. In Kolmars Texten verbündet sich demnach die Kritik der Gewalt mit einer Apologie der Gewalt, das Begehren des Barbarischen mit dessen Verkennung.

Meine hier vorgeschlagene Lektüre versucht, dem verstreuten, oft auch verdeckten Diskurs der Gewalt in den Texten Gertrud Kolmars zu folgen, um die benannte Konfiguration von Verfolgung, Identifikation, Verwerfung und Darstellung aufzudecken. Dabei beabsichtigt die vorliegende Studie in keiner Weise, die Gewalt zu *identifizieren*, sie – im Kontext einer Argumentation der Inkriminierung – gleichsam abschließend zu bezeichnen und kennzuzeichnen; vielmehr geht es ihr eher darum, diese Gewalt diskursiv zu durchlaufen und die Spuren dieses Vorgangs festzuhalten. Drei Bewegungen, die einander berühren oder für Momente ineinander übergehen, möchte ich dabei voneinander abheben – sie entsprechen den drei Sequenzen, die meine Untersuchung gliedern: eine Bewegung der *Identifikation*, in der es um die Frage nach Formen der Aneignung des Anderen und Modalitäten seiner Tilgung geht; eine Bewegung der *Konversion*, die Momente der Umkehrung und der Konkretion einführt; und eine Bewegung der *Verwerfung*, die Ausschließungsprozesse, aber auch Ambiguitäten der Darstellung und des Gedächtnisses verhandelt.

Die erste Sequenz versucht, das *Konzept der Identifikation* im Rekurs auf das Denken von Emmanuel Lévinas und die psychoanalytische Theorie Sigmund Freuds und Jacques Lacans zu entwickeln. Was die Theorie Lacans angeht, so beziehe ich mich hier vor allem auf seine Konzeption des *Spiegelstadiums* (stade du miroir), von welcher aus sich sein Begriff des *Imaginären* entwickelt. In der Struktur des Imaginären werden, so erklärt Sigrid Weigel,  „über Operationen der Identifikation Differenzen verkannt oder ausgelöscht"[9]. Im Licht dieser theoretischen Konzeption erscheint demnach das Imaginäre, das sich auf das *Bild* des *Ähnlichen* stützt, als eine geschlossene, unverletzte Ganzheit, welche den Mangel und das Nicht-Identische auszuschließen sucht. Die Potentiale der Aggressivität und der Destruktivität, die, wie hier schon andeutungsweise erkennbar, dem Prozeß der Identifikation

9 Sigrid WEIGEL, Topographien der Geschlechter. Kulturgeschichtliche Studien zur Literatur. Reinbek bei Hamburg: Rowohlt, 1990. 31.

19

innewohnen und die daher auch den Vorgang der Repräsentation prägen, sollen dabei genauer untersucht werden. Um der Frage nachzugehen, wie das Thema der Destruktivität im Feld der Textualität wiederauftaucht, wie es sich in eine figurative Rede übersetzt, werde ich versuchen, die theoretischen und textuellen Orte, die dem Antlitz und dem Mord bei Lévinas und bei Kolmar zukommen, zueinander in Beziehung zu setzen (oder miteinander in Konflikt zu bringen). Dabei geht es mir um Korrespondenzen zwischen literarischen und theoretischen Motiven.[10] In vorliegenden Arbeiten zu den Schriften von Lévinas und zur Literatur Kolmars wurde dem Thema/der Textfigur des Mordes – und, was Kolmar angeht, auch der Figur des Gesichts – kaum Aufmerksamkeit geschenkt. Schon hier sei aber vorweggenommen, daß in Sprache und Lektüre der Texte von Lévinas und von Kolmar sich eine unreduzierbare und uneinholbare Differenz einzeichnet zwischen dem *Mord* und der Vernichtung der *Endlösung* (wobei sich die Schriften von Lévinas, im Unterschied zu Kolmars Texten, auf das *Wissen* von der *Endlösung* beziehen). Diese unreduzierbare Differenz bricht gerade im Realen einer namenlosen, absoluten, mit nichts vergleichbaren Verlassenheit auf, die vielleicht unaussprechlich ist, also nicht symbolisierbar: bei Kolmar ist von *Verlassensein* die Rede[11], bei Lévinas von *délaissement*, wenn er schreibt: *La violence n'ose plus dire son nom. Ce qui fut unique entre 1940 et 1945, ce fut le délaissement.*[12]

Das als zweite Sequenz eingeschobene Zwischenstück, das die Bewegungen der *Identifikation* und der *Verwerfung* teilt, markiert Momente der *Konversion* in Kolmars Texten und lokalisiert deren Schreibposition in der Duplikation zweier rhetorischer Gesten – der Apostrophe und der Apotrope. Die Figur der *Apostrophe* (die der *Katastrophe* entgegenläuft) bringt einen Anspruch und

10  Für die Frage nach der Gleichsetzung von Philosophie und Literatur siehe Jürgen HABERMAS, Der philosophische Diskurs der Moderne. Zwölf Vorlesungen. Frankfurt/M.: Suhrkamp, 1985. 243–247, und Anselm Haverkamps Hinweis, Habermas' Argument der „Einebnung des Gattungsunterschiedes" bediene sich, ohne es zu bemerken, seinerseits rhetorischer, nicht philosophischer Kriterien: Anselm HAVERKAMP, „Kritik der Gewalt und die Möglichkeit von Gerechtigkeit: Benjamin in Deconstruction". In: HAVERKAMP (Hg.), Gewalt und Gerechtigkeit. Derrida – Benjamin. Frankfurt/M.: Suhrkamp, 1994. 7–50; hier 10.

11  Gertrud KOLMAR, „Susanna". In: Karl OTTEN (Hg.), Das leere Haus. Prosa jüdischer Dichter. Stuttgart: Cotta, 1959. 291–336; hier 336. Vgl. dazu Kapitel 5.2 der vorliegenden Arbeit.

12  Emmanuel LÉVINAS, Noms propres. Montpellier: Fata Morgana, 1976. 141. Eigennamen. Meditationen über Sprache und Literatur. München, Wien: Hanser, 1988. 101.

eine Anrede oder Anschrift an ein Abwesendes zum Ausdruck, die vom Ort des Anderen aus(er)gehen. Demgegenüber unternimmt die Figur der *Apotrope*, wie schon angedeutet, eine poetische Wendung oder Drehung, die sich nicht an ein Abwesendes wendet, sondern etwas Gegenwärtiges – das Undarstellbare, Tödliche, vor dem jede Wendung und jede Darstellung versagt – abzuwenden sucht (genauer: sich von diesem Gegenwärtigen abzuwenden sucht). Beide rhetorischen Figuren thematisieren einen Zusammenhang von *Begehren, Sprache und äußerster Bedrohung*.

Figuren der *Verwerfung*, die das antisemitische Phantasma strukturieren und im Realen der *Endlösung* wiederkehren, werden in der dritten Sequenz diskutiert. Hier geht es um eine projektive Konzeption des Anderen, in der dieser die Gestalt des Verächtlichen, des Widerwärtigen und des zu Verabscheuenden annimmt: *la femme abjecte*, wie man anspielend auf Julia Kristevas Begriff des *abject* sagen könnte – ein Ausdruck, der die Verknüpfung von Weiblichkeit und Abjektion in Kolmars Texten berücksichtigt. Das *Konzept der Verwerfung* wird vor allem anhand von Theoremen entwickelt, die sich in einzelnen Schriften von Freud, Lacan, Adorno und Horkheimer, Lyotard und Kristeva finden.

An bestimmten Stellen in meinem Text taucht (wie eine Spur, die sich verdeckt fortschreibt) die Sprachszene eines deutschen Träumers auf: ein Passus aus dem *Handwörterbuch des deutschen Aberglaubens* (1931/32), dessen Struktur der Verwechslung und Ersetzung in das Imaginäre des antisemitischen Diskurses hineinführt.

Die Untersuchung der Figuren und der Struktur einer Rede von Gewalt und Verfolgung – oder einer Rede, in die Gewalt eingedrungen ist – geschieht anhand exemplarischer textueller Konstellationen, die in den vom Beginn der zwanziger Jahre bis zum Februar des Jahres 1940 entstandenen literarischen Werken Gertrud Kolmars zu finden sind.[13] Wie Benjamins Thesen zum Begriff der Geschichte, seine letzte uns überlieferte Arbeit, bricht auch das literarische Œuvre Gertrud Kolmars im Jahr 1940 ab; später entstandene Texte, vor allem auch ihre in hebräischer Sprache geschriebenen Gedichte, sind offenbar verlorengegangen. Kolmars Literatur entsteht *vor Auschwitz*, vielleicht auch *angesichts Auschwitz* (das heißt, in einem örtlichen

---

13 Die entstehungsgeschichtlichen Daten des literarischen Œuvres von Gertrud Kolmar sind teilweise noch immer ungeklärt; dies betrifft vor allem die Zyklen „Mein Kind", „Weibliches Bildnis" und „Tierträume". Dazu Gertrud Kolmar 1894–1943. Marbacher Magazin 63, 1993, bearbeitet von Johanna WOLTMANN. 79 und 172–182.

und zeitlichen *davor*), noch ohne ein Wissen um die Bedeutung dieses Wortes: *das Schlimmste*, wie Jacques Derrida schreibt[14], steht noch aus. Diese den Texten Kolmars eingeschriebene historische Datierung – *vor* einem Geschehen, das das Kontinuum des Historischen brechen wird – darf nicht übersehen werden.

Nicht oder nur am Rande geht es meiner Lektüre um die Erkundung der in den Koordinaten einer „Biographie" beschreibbaren Situation eines Subjekts in der Verfolgung – einer Verfolgung, die diesem Subjekt ja den Eigennamen aberkennt, es in die Namenlosigkeit stürzt. Einige biographische Daten sollen aber doch vorausgeschickt werden. Kolmars bürgerlicher Name war Chodziesner – und unter diesem Namen erschien im Jahr 1938 im Jüdischen Buchverlag Erwin Löwe (als dritte selbständige Veröffentlichung[15]) der wenig später eingestampfte Gedichtband *Die Frau und die Tiere*, denn seit dem Herbst desselben Jahres war es Juden verboten, Pseudonyme zu benutzen.[16] Gertrud Kolmar, die „eine gerühmte Vergessene" genannt werden kann[17], wurde am 10. Dezember 1894 in Berlin als älteste Tochter des Rechtsanwalts Ludwig Chodziesner und seiner Frau Elise, geborene Schoenflies, geboren, in ein assimiliertes, großbürgerliches Milieu. Wie Walter Benjamin war Kolmar eine Enkelin von Hedwig Schoenflies-Hirschfeld, die durch ihre zahlreichen Reisen nach Griechenland, in die Türkei und in den Vorderen Orient bekannt wurde – Spuren des Interieurs ihrer Wohnung am Blumeshof 12 finden sich sowohl in Benjamins *Berliner Kindheit um Neunzehnhundert*[18] wie auch in der Lyrik und in Briefen Gertrud Kolmars. Die

---

14 Jacques DERRIDA, Gesetzeskraft. Der „mystische Grund der Autorität". Frankfurt/M.: Suhrkamp, 1991. 124.

15 Die vollständigen bibliographischen Nachweise dieser drei Publikationen lauten: Gertrud KOLMAR, Gedichte. Berlin: Egon Fleischel & Co, 1917. Gertrud KOLMAR, Preussische Wappen. Berlin: Verlag Die Rabenpresse, 1934. Gertrud CHODZIESNER, Die Frau und die Tiere. Gedichte. Berlin: Jüdischer Buchverlag Erwin Löwe, 1938. Vgl. dazu die bibliographischen Notierungen in: Gertrud KOLMAR, Das lyrische Werk. München: Kösel, 1960. 610–611. Vgl. auch: Marbacher Magazin 63, 1993.

16 siehe Julius BAB, Leben und Tod des deutschen Judentums. Berlin: Argon, 1988. 114.

17 Ingulf RADTKE, „Gertrud Kolmar – Eine gerühmte Vergessene". In: Wider das Vergessen. Herausgegeben von der Deutschen Akademie für Sprache und Dichtung, Darmstadt, und der Stadt- und Universitätsbibliothek Frankfurt am Main. Frankfurt/M. 1985. 9–13.

18 Walter BENJAMIN, „Berliner Kindheit um Neunzehnhundert". In: BENJAMIN, Gesammelte Schriften IV.1. Frankfurt/M.: Suhrkamp, 1972. 235–304.

jüngere Schwester Hilde Wenzel hebt zurückblickend hervor, Gertrud Kolmar sei als einzige der Familie „schon als junges Mädchen dem zionistischen Gedanken zugänglich" gewesen und habe „die Einflüsse der wilhelminischen Epoche bewußt ab[gelehnt], obwohl ihr Vater diesem Geist, trotz seiner Zugehörigkeit zum Judentum, durch seine Tätigkeit stark verhaftet war."[19] Kolmar gelang es nicht, Deutschland rechtzeitig (das heißt, in jenem richtigen Moment, der wie eine Entstellung von Benjamins *entscheidendem Augenblick* vorkommt) zu verlassen. Sie blieb bei ihrem Vater in Berlin (die Mutter starb 1930), durchlebte dort alle Phasen der Erniedrigung und der Verfolgung der Juden. Nach dem verordneten Verkauf des elterlichen Hauses in Berlin-Finkenkrug am 23. November 1938 im Zuge der sogenannten Arisierung jüdischen Vermögens teilt sie mit ihrem Vater, der am 9. September 1942 nach Theresienstadt deportiert wird, und einer wachsenden Zahl von Zwangsmietern eine ihr zugewiesene Wohnung in Berlin-Schöneberg, äußerst bedrängt, recht- und schutzlos, jeder Willkür ausgeliefert. Im Juli 1941 wird sie zur Zwangsarbeit in einer Kartonagenfabrik verpflichtet. Ende Februar 1943 wird sie mit dem 32. Osttransport nach Auschwitz deportiert. – Am 21. August 1951 wird sie – postum – erneut registriert, erhält eine weitere Kennziffer (52095) beim Standesamt im Berlin-Wilmersdorf, nachdem sie vom Amtsgericht Schöneberg für tot erklärt wurde.[20] Als Datum ihres Todes wird der 2. März 1943 angegeben, der Tag der Deportation (ihr wirklicher Tod in Auschwitz, wo sie – unter den 1.818 an diesem Tag deportierten Juden – am 5. oder 7. März angekommen sein muß[21], das Undarstellbare dieses verordneten Todes, wird dadurch wiederum verdeckt).

---

19 Hilde WENZEL, „Nachwort". In: Gertrud KOLMAR, Das lyrische Werk. München: Kösel, 1960. 596. Vgl. dazu Werner E. MOSSE, Arnold PAUCKER (Hg.), Juden im Wilhelminischen Deutschland. 1890 – 1914. Tübingen: Mohr, 1976. Shulamit VOLKOV, Jüdisches Leben und Antisemitismus im 19. und 20. Jahrhundert. München: Beck, 1990 (vor allem 111–145).

20 Siehe Beatrice EICHMANN-LEUTENEGGER, „Die Dichterin Gertrud Kolmar, 1894–1943". In: Bulletin des Leo Baeck Instituts, 85, 1990. 15–32. Zu Gertrud Kolmars Biographie vgl. Beatrice EICHMANN-LEUTENEGGER (Hg.), Gertrud Kolmar. Leben und Werk in Texten und Bildern. Frankfurt/M.: Jüdischer Verlag, 1993. Siehe auch: Marbacher Magazin 63, 1993. Vgl. dazu auch Marion A. KAPLAN, „Jewish Women in Nazi Germany: Daily Life, Daily Struggles, 1933 – 1939". In: Feminist Studies No.3. Fall 1990. 579–606. Arnold PAUCKER (Hg.), Die Juden im nationalsozialistischen Deutschland. 1933 – 1943. Tübingen: Mohr, 1986.

21 Johanna Woltmann dokumentiert den Wortlaut des Telegramms, das die Ankunft der Deportierten in Auschwitz verzeichnet: Marbacher Magazin 63, 1993. 141.

Ein großer Teil des literarischen Werkes konnte nur dadurch gerettet werden, daß die Texte immer wieder abgeschrieben und ins neutrale Ausland versandt wurden. Seit April 1940 hatte Kolmar begonnen, Hebräisch zu lernen. In einem Brief vom November 1940 nennt sie das Hebräische ihre „Vätersprache", die ihre Muttersprache, das Deutsche, ganz in den Hintergrund treten lasse – eine Verschiebung, die Züge einer imaginären Immigration trägt.[22]

Es ist vielleicht nicht unwesentlich, sich das Faktum vor Augen zu halten, daß die geläufigen Kategorisierungen der Exilforschung den konkreten Ort, an dem Gertrud Kolmars Texte geschrieben wurden und der sich in sie einzeichnete, nahezu ignorieren[23]; er kommt in ihnen nicht vor: denn es handelt sich hier gleichsam um ein *Exil ohne Emigration*. Kolmar ist eine Exilantin, die nicht emigrieren konnte, weder freiwillig noch unfreiwillig, weder nach innen noch nach außen – und dieses Faktum bezeichnet eine eigentümliche Verzerrung gegenüber der Situation der Emigration. Die *unheimliche Paradoxie* ihres Exilortes – „zuhause", mitten in Deutschland (und an keiner Stelle finden sich bei ihr Hinweise auf die Imagination eines „anderen" Deutschland) – zeigt sich schon daran, daß Kolmar im geographischen Raum ihrer „Muttersprache" bleibt; das heißt, sie erleidet gerade jene Form des Sprachverlusts nicht, welche der Dichter Joseph Brodsky zum zentralen Ereignis der Exilierung erklärt, wenn er „the condition we call exile" als „first of all, a linguistic event" bestimmt.[24] Diese unheimliche Paradoxie zeigt sich aber auch darin, daß Kolmar im Unterschied etwa zu den in die Vereinigten Staaten geflüchteten Exilanten eine „legale Identität" besitzt. Es ist aber ein Besitz, der eine Ausbürgerung – aus Recht, Gesellschaft, und Welt überhaupt – bezeugt, denn er beruht auf der Tilgung all dessen, was zuvor, das heißt seit der Aufklärung und der bürgerlichen Emanzi-

---

22 Gertrud KOLMAR, Briefe an die Schwester Hilde. 1938 – 1943. München: Kösel, 1970. 84–85. Diese Briefsammlung wirkt wie ein Negativ, in welches sich nur die Konturen, die Bruchlinien der Einwirkung von Gewalt und Verfolgung einzeichnen.

23 Damit sind die zunächst die Kategorien des „Exils" und der „inneren Emigration" gemeint. Ruth Wolf versucht diese begriffliche Schwierigkeit zu umgehen, indem sie den Ausdruck „inneres Exil" wählt: WOLF, „Wandlungen und Verwandlungen. Lyrikerinnen des 20. Jahrhunderts". In: Gisela BRINKER-GABLER (Hg.), Deutsche Literatur von Frauen. 2.Band. München: Beck, 1988. 334–352; hier 342.

24 Joseph BRODSKY, „The Condition We Call Exile". In: The New York Review of Books. January 7, 1988. 16–19.

pation, kulturell mit den Begriffen von Legalität und Identität verbunden war.[25]

Um Widerstände und Aporien in der historischen Repräsentation und Interpretation des mit den Begriffen der *Shoa* oder der *Endlösung* bezeichneten Geschehens theoretisch zu reflektieren, hat Saul Friedländer in seinen jüngsten Arbeiten[26] den Begriff der *Übertragung* eingeführt, den er aus der Psychoanalyse Sigmund Freuds in das Feld der Historiographie transponiert.

Freud beschreibt das Phänomen der Übertragung unter dem Aspekt der Behandlungstechnik als eine Weise der Entstellung, wobei unbewußte Wünsche aktualisiert werden. Diese Entstellung wird in der analytischen Situation als Widerstand eingesetzt, der den Zugang zum Unbewußten versperrt. Die Funktion der Entstellung besteht also zunächst darin, vor der Aufdeckung des Verdrängten, der Enthüllung des eigenen pathogenen Materials zu schützen: der Widerstand, so erklären Jean Laplanche und Jean-Bertrand Pontalis, „wird durch seine Entfernung zum Verdrängten bestimmt; andererseits entspricht er einer Abwehrfunktion."[27] Freud beschreibt die Übertragung als Form einer *Kompromißbildung*, denn – so führt er in seiner kurzen Abhandlung „Zur Dynamik der Übertragung" aus dem Jahr 1912 aus – die Übertragung schließe einen Vergleich zwischen den Anforderungen des Widerstands und den Anforderungen der Forschungs-

---

25 Siehe hierzu Hannah Arendts Schilderung der absurden Situation der Exilierten: „We Refugees". In: Menorah Journal, Januar 1943. 69–77. Auch in: ARENDT, The Jew as Pariah. Jewish Identity and Politics in the Modern Age. Hg. Ron FELDMAN. New York: Grove, 1978. 55–66. Deutschsprachige Übersetzung in: ARENDT, Zur Zeit. Politische Essays. Hg. Marie Luise KNOTT. Berlin: Rotbuch, 1986. 7–21. Arendt stellt bitter-ironisch fest, die Illegalität der Staatenlosen bringe die jetzt wörtlich gewordene Weltlosigkeit der Juden als Exilierte zum Ausdruck. Siehe Dagmar BARNOUW, „Der Jude als Paria. Hannah Arendt über die Unmündigkeit des Exils". In: Exilforschung. Ein internationales Jahrbuch. Bd. 4: Das jüdische Exil und andere Themen. München: text + kritik, 1986. 43–61; hier 44.

26 So beispielsweise in seinem Aufsatz „Trauma, Transference and ‚Working through' in Writing the History of the *Shoah*". In: History and Memory. Studies in Representation of the Past. Vol. 4, No.1, Spring/Summer 1992. 39–59. Deutschsprachige, leicht gekürzte Fassung: „Trauma, Erinnerung und Übertragung in der historischen Darstellung des Nationalsozialismus und des Holocaust". In: Die Juden in der europäischen Geschichte. Sieben Vorlesungen. Hg. Wolfgang BECK. München: Beck, 1992. 136–151.

27 Jean LAPLANCHE, Jean-Bertrand PONTALIS, Das Vokabular der Psychoanalyse. Frankfurt/M.: Suhrkamp, 1973. 624.

arbeit.[28] Überträgt man die Funktionsweise dieses Mechanismus von der Situation der analytischen Behandlung auf die Situation wissenschaftlicher Lektüre und Interpretation, so kehrt sich an dieser Stelle die Beziehung, die das lesende und analysierende wissenschaftliche Subjekt und sein Gegenstand (der Text) miteinander eingehen, um: nun wird sich das wissenschaftliche Subjekt in der Position des Analysanden denken müssen, der gleichsam von seinem Gegenüber, dem Text und dessen Lektüre, gelesen wird.

Der Widerstand möchte eine Konstellation konservieren, in der die Anziehung des Unbewußten gegenüber jener der Realität überwiegt – eine Konstellation, die, wie Freud (hier noch „diesseits" des Lustprinzips) erläutert, dadurch entstanden ist, daß die Libido „in die Regression geraten [ist], weil die Anziehung der Realität nachgelassen hatte."[29] Im Horizont der Kategorien eines „Realen" – der „realen Beziehung" oder der „realen Situation" – scheint auch jener merkwürdige Halbsatz zu stehen, der Freuds Abhandlung über die Dynamik der Übertragung abschließt: es seien gerade die Übertragungsphänomene, so erklärt Freud, die „uns den unschätzbaren Dienst erweisen, die verborgenen und vergessenen Liebesregungen der Kranken aktuell und manifest zu machen, denn schließlich kann niemand *in absentia* oder *in effigie* erschlagen werden."[30] Wenn wir Freuds Aussage, es sei unmöglich, jemanden bildlich oder abwesend zu erschlagen, auf seine wenige Sätze zuvor formulierte Feststellung beziehen, der Patient wolle „seine Leidenschaften agieren, ohne auf die reale Situation Rücksicht zu nehmen"[31], so bemerken wir, daß hier innerhalb der Rede über die Dynamik der Übertragung eine fast unmerkliche Verlagerung stattfindet: und zwar von der analytischen Beziehung, in welcher Analytiker und Analysand, Historiker und historisches Material oder der wissenschaftliche Interpret und sein literarisches Material sich miteinander oder gegeneinander verbünden, auf die Situation der wirklichen Verfolgung.

---

28 Sigmund FREUD, „Zur Dynamik der Übertragung" (1912). In: FREUD, Gesammelte Werke Bd. VIII. 364–374; hier 369.

29 ibid. 368.

30 ibid. 374.

31 ibid. 374.

Auch die literaturwissenschaftliche Analyse unterliegt derartigen Übertragungs-, Gegenübertragungs- und Projektionsvorgängen, die vor dem eigenen pathogenen Material schützen und das Skandalon der eigenen Geschichte leugnen – immer im Bemühen, einen Vergleich zu schließen zwischen den Anforderungen des Widerstands (also der Abwehr und der Leugnung) und den Anforderungen der Forschungsarbeit (der Arbeit des Erinnerns, des Wiederholens und des Durcharbeitens). Das Schließen eines solchen Vergleichs zwischen Leugnung und Erinnern geschieht auf dem Weg der *Symbolisierung*. Zu diesen Vorgängen zählen nun auch Verleugnungsstrategien wie diejenige einer Identifikation der Nachkommen der Täter und Zuschauer mit den Opfern oder einer Selbstidentifikation der Nachgeborenen durch die Rede über die Opfer, durch deren idealisierende und sentimentalische Restitution.[32] Sowohl der von Schuld getragene Diskurs, der *Auschwitz* als absoluten Referenten setzt und so dazu tendiert, erneut eine Teleologie in die Rede einzuführen, als auch der Diskurs, der Schuld abwehrt, bergen in sich ein stabilisierendes Moment, ein Moment der Selbstbestätigung und der Sinnstiftung – es scheint sogar, als würden beide Diskurse einander in dieser stabilisierenden Wirkung komplementieren (und dies markiert einen durchaus neuen, veränderten Aspekt der Komplizität zwischen Philosemitismus und Antisemitismus nach 1945). In dem so wenigstens andeutungsweise definierten komplexen, von Projektionen, Leugnungen und Ambivalenzen durchzogenen Feld bewegt sich auch die Argumentation der vorliegenden Studie.

Ein solches Moment der Verleugnung scheint mir indessen auch darin zu liegen, daß die bisher vorliegenden wissenschaftlichen und essayistischen Arbeiten zur Literatur Gertrud Kolmars die Topoi der Gewalt, des Verbrechens und des Mordes, die ihre Texte durchziehen, aber auch die Verwobenheit von Grauen und sexueller Lust, das heißt, die Begehrensstrukturen, die die Situation der Verfolgung und die Darstellung dieser Situation durchlaufen oder ihr zuwiderlaufen, weitgehend ausblenden

---

32 Durch diese Restitution wird ein „böses" Verbrechen in einen „guten" Tod, das heißt in ein (für die Täter und ihre Nachkommen) stabilisierendes Bild überführt. Zur Figur der „falschen" Identifikation vgl. meinen Aufsatz „Unheimliches Verstehen. Zu einem Roman von Hans Keilson". In: Luzifer-Amor. Zeitschrift zur Geschichte der Psychoanalyse. Heft 9, 1992, 48–56.

oder sie in einer symbolisierenden Redeweise auflösen.[33] Der Focus, den
etliche Arbeiten auf den Aspekt der Verwandlungskunst, des Metamor-
photischen der Poetologie Kolmars legen, ist, so scheint mir, implizit oft
verknüpft mit Wiedergutmachungs- und Rekuperationsphantasien. Dieser meist verschleierte Wunsch wird beispielsweise in einem Essay der
amerikanischen Schriftstellerin Cynthia Ozick auf eine doppelbödige
und ambivalente Weise artikuliert, wobei ihre Argumentation – unter
dem Eindruck der Metaphorik des Feuers – gezeichnet ist von einem
eigentümlichen Oszillieren zwischen Körper und Text: „What has been
recovered is not the record of the harrowings – though there is this

---

33 Eine solche Redefigur findet sich beispielsweise in dem Kommentar zur postumen
Verleihung des Kritiker-Preises 1955/56 an Kolmar, wenn von der „Fürsorge [der Deut-
schen Akademie für Sprache und Dichtung] für das Werk der so grausam vom Schicksal
geschlagenen Dichterin" gesprochen wird (zitiert nach RADTKE 1985. 11). Als Varia-
tion einer derartigen symbolisierenden Redeweise erscheint mir auch der Versuch, eine
Zeile aus dem 1933 veröffentlichten Gedicht „Die Fahrende" – „Irgendwann wird es
Zeit, still am Weiser zu stehen, / Schmalen Vorrat zu sichten, zögernd heimzugehen, /
Nichts als Sand in den Schuhen Kommender zu sein" (Kolmar 1960. 11) – als eine
Antizipation des anonymen Todes im Vernichtungslager zu deuten, wie es etwa Beatrice
EICHMANN-LEUTENEGGER 1990. 16 unternimmt: die Redefigur der Antizipation
verdeckt gerade das Unvorstellbare der Vernichtung, die Differenz zwischen *Tod*, *Mord*
und dem, was das Wort *Auschwitz* bedeutet (eine Bedeutung, von der Kolmar *nicht wissen*
konnte). Amy COLINs Aufsatz „Gertrud Kolmar: Das Dilemma einer deutsch-jüdischen
Dichterin". In: Frank-Rutger HAUSMANN, Ludwig JÄGER und Bernd WITTE (Hg.),
Literatur in der Gesellschaft. Festschrift für Theo Buck zum 60.Geburtstag. Tübingen:
Gunter Narr, 1990. 247–257 tendiert in meinen Augen dazu, das *Thema der Gewalt* im
Paradigma feministischer Kritik am Phallozentrismus einzuschließen. Dagmar C. G.
LORENZ situiert in ihrem Beitrag „Jüdisches Selbstbewußtsein und die kritische Dar-
stellung des jüdischen Selbsthasses im Werk Gertrud Kolmars". In: Begegnung mit
dem ‚Fremden'. Akten des VIII. Kongresses der Internationalen Vereinigung für Ger-
manische Sprach- und Literaturwissenschaft. Hg. Eijiro IWASAKI, Yoshinori SHICHIJI.
Bd. 8: Emigranten- und Immigrantenliteratur. München: Iudicium, 1992. 128–138 das
Motiv der Marginalität und des Abscheus im Kontext einer Thematisierung „jüdischen
Selbsthasses". Eine davon verschiedene Position, die eine solche Symbolisierung der
Gewalt aufbricht, nimmt der Beitrag von Hans-Peter BAYERDÖRFER, „Die Sinnlichkeit
des Widerlichen. Zur Poetik der ‚Tierträume' von Gertrud Kolmar". In: Hansgerd DEL-
BRÜCK (Hg.), „Sinnlichkeit in Bild und Klang". Festschrift für Paul Hoffmann zum
70.Geburtstag. Stuttgart: Hans-Dieter Heinz Akademischer Verlag, 1987. 449–463 ein.
In diesem Beitrag finden sich auch Anmerkungen zur literaturgeschichtlichen Situierung von Kolmars Poetik (ibid. 449–454). Eine ausführliche Dokumentation der Se-
kundärliteratur zu Gertrud Kolmar bietet der bibliographische Anhang der vorliegenden Arbeit.

besides – but the *whole blazing body of her poetry*, unconsumed."[34] Ozick inszeniert das, was sie „the marvelous recovery of Gertrud Kolmar's poetry" nennt, als Wiederkehr einer einzelnen aus den ungezählten verlorenen, vernichteten Stimmen – „a voice comes up out of its grave" –; sie imaginiert Kolmar als „a woman (...) who flies up alive from the cataclysm on the sinewy flanks of these poems."[35] Das Spannende und Beunruhigende dieser Imagination – und das hebt Ozicks Text unter den Arbeiten, die sich mit Kolmar beschäftigen, durchaus hervor – liegt in dem merkwürdigen Schwanken ihrer Metaphorik zwischen Wiederauferstehung und Wiederkehr der Toten (einer Wiederkehr, die eine Konfrontation mit dem Realen im Sinne Jacques Lacans bedeutet).

Eine Analogie zu Benjamins Zurückweisung des philosophischen Staunens bietet eine Passage aus einem jüngeren Essay Saul Friedländers, der sich mit dem *Unbehagen* befaßt, welches die historische Darstellung und Interpretation der *Endlösung* ständig begleitet. Wie bei Benjamin ist auch hier von einem Moment der Erstarrung die Rede – welche etymologisch mit dem Staunen zusammenhängt –, von einer Eklipse, die in keine Erkenntnis, in keinen Diskurs überführbar ist.

Friedländers Essay geht (ohne dies direkt zu benennen) aus von jener Figur einer Kontinuität, die sich in Benjamins Geschichts-Denken dadurch erneut einschreibt, daß dieses dem Paradigma von Katastrophe und Erlösung verhaftet bleibt. An den Anfang seines Textes stellt Friedländer ein Zitat aus Benjamins Thesen zum Begriff der Geschichte: „Die Vergangenheit führt einen heimlichen Index mit, durch den sie auf die Erlösung verwiesen wird."[36] Diese Sätze, so betont Friedländer, formulierte Benjamin *vor* dem Ausbruch jener Katastrophe, deren Opfer er selbst werden

---

34 Cynthia OZICK, „Foreword". In: Dark Soliloquy. The Selected Poems of Gertrud Kolmar. Translated and with an Introduction by Henry A. SMITH. New York: The Seabury Press, 1975. vii-ix; hier viii. (Hervorhebung von mir).

35 ibid. viii-ix. Die Geburtsmetapher taucht auch in der Einleitung Johanna Woltmanns zu der von ihr bearbeiteten Dokumentation Gertrud Kolmar 1894–1943. Marbacher Magazin 63/1993 auf: „Zu entdecken ist die *Geburt der Dichterin* Gertrud Kolmar aus den Zusammenhängen der hier vorgelegten Dokumente. Um diesen Kern herum lassen sich fast alle Zeugnisse, die noch aufzufinden waren, gruppieren: die biographisch-autobiographischen, die philologischen, die poetologischen; auch Photographien, Manuskripte, Wirkungsgeschichtliches." ibid. 2.

36 Walter BENJAMIN, „Über den Begriff der Geschichte". In: BENJAMIN, Gesammelte Schriften I.2. 693.

sollte.[37] Die Unverständlichkeit und Dunkelheit, die als innerster Kern einer immer genaueren Erforschung und Rekonstruktion der Ereignisse der *Endlösung* in der historischen Interpretation zurückbleibt, die sogar zunimmt, führt Friedländer am Ende seines Essays zu der Vermutung: „Thus, notwithstanding all efforts at the creation of meaning, it [die „Endlösung"] could remain fundamentally irrelevant for the history of humanity and the understanding of the ‚human condition.' In Walter Benjamin's terms, we may possibly be facing an unredeemable past."[38]

In einem wenige Jahre später publizierten Text knüpft Friedländer an die Feststellung der Uneinlösbarkeit und Unerlösbarkeit dieses Vergangenen die Anforderung des *Durcharbeitens*, einen Ausdruck, den er ebenfalls der Praxis der Psychoanalyse Freuds entlehnt[39]: „Working through", so schreibt er, „may ultimately signify, in Maurice Blanchot's words, ‚to keep watch over absent meaning'."[40] Vergegenwärtigen wir uns für einen Moment den Sinn, der dem Begriff des Durcharbeitens bei Freud zukommt: der Begriff des Durcharbeitens figuriert, wie Laplanche und Pontalis vermuten,[41] als ein Knotenpunkt zwischen dem Erinnern und dem Wiederholen. Der „lösende Charakter" des Durcharbeitens ermöglicht die Integration einer Deutung, indem er die Beharrlichkeit der Wiederholung

---

37 Saul FRIEDLÄNDER, „The „Final Solution": On the Unease in Historical Interpretation". In: History and Memory. Studies in Representation of the Past No.2, Vol.1, Fall/Winter 1989. 61–76; hier 61.

38 ibid. 73.

39 „Put differently, working through means for the historian to face the dilemma which, according to Jean-François Lyotard, we try to escape in the face of ‚Auschwitz': ‚The silence', writes Lyotard, ‚that surrounds the phrase ‚Auschwitz was the extermination camp' is not a state of mind (*état d'âme*), it is a sign that something remains to be phrased which is not, something which is not determined.'" Saul FRIEDLÄNDER, „Trauma, Transference and ‚Working through'". In: History and Memory. Studies in Representation of the Past. Vol.4, No.1, Spring/Summer 1992. 52. Friedländer unterscheidet dabei zwischen nackten konkreten Fakten und bloßen Daten, um auf einen Verlust an historischem Gewicht aufmerksam zu machen, der mit einer bestimmten Weise der Repräsentation einhergeht: „working through does mean a confrontation with the starkest factual information which loses its historical weight when merely taken as data." ibid. 54.

40 ibid. 55. Friedländer bezieht sich hier auf eine Textstelle in Blanchots Buch *The Writing of the Disaster*, einer Sammlung von Fragmenten. Der kursiv gesetzte Satz „*Keep watch over absent meaning*" bildet ein einzelnes Fragment. Maurice BLANCHOT, The Writing of the Disaster. Lincoln, London: University of Nebraska Press, 1986. 42.

41 LAPLANCHE und PONTALIS 1973. 123–125; hier 124.

beendet, und zwar dadurch, daß das Subjekt sich in den Widerstand, in Verdrängung und Leugnung, vertieft.[42]

Die zu integrierende Deutung, um die es hier geht, wäre nun aber gerade die Abwesenheit von Bedeutung, ihr Fehlen. Ein solches *Wachen über eine abwesende Bedeutung* würde, so Friedländer, „the opaqueness of some ‚deep memory'"[43] aufrechterhalten, das heißt, es würde die Undurchsichtigkeit und die Unverständlichkeit der tiefer liegenden Erinnerung, ihre Resistenz, ihr Undurchlässiges, nicht auflösen, sondern bewahren. Das Gedächtnis wäre geknüpft an eine fortdauernde Textarbeit (die Arbeit der Lektüre, der Tradition, des Schreibens), die das Fehlen von Bedeutung beschützt.

Was Saul Friedländer in der zitierten Passage mit dem Begriff einer *fundamentalen Irrelevanz* umschreibt, stellt eine Korrespondenz – oder eine Respondenz, im Sinne einer „zweiten Stimme" in einem Wechselgesang – dar zu jenem Abbruch tradierter Denkwege, zu jenem Insistieren auf dem unmöglich gemachten Anfang einer Erkenntnis, aus welchem sich Benjamins Zurückweisung des philosophischen Staunens begründete, aus dem sich aber zugleich auch seine Rechtfertigung des historischen Materialismus herleitete. Einer solchen Rechtfertigung wurde aber durch die späteren Ereignisse – durch die von Benjamin wesentlich verkannte Destruktion, die gleichsam eine ironische Inversion seines Begriffs der *reinen Gewalt* darstellt – der Boden entzogen. Anstelle einer Zurückweisung dieser Zurückweisung stellt nun Saul Friedländer die Frage, ob Benjamin, wäre es ihm gelungen, die Katastrophe der Ermordung der europäischen Juden zu überleben, nicht vielleicht hätte entdecken müssen, daß der Anspruch des historischen Materialismus, diesem Geschehen eine Interpretation zu geben, die ihm ein Moment des Erlösbaren oder Einlösbaren abgewinnt, notgedrungen zum Scheitern verurteilt ist.[44]

---

42 Sigmund FREUD, „Erinnern, Wiederholen und Durcharbeiten" (1914). In: FREUD, Gesammelte Werke X. 126–136; hier 135.

43 FRIEDLÄNDER 1992. 55.

44 „After the extermination of the Jews of Europe, Benjamin's messianic gaze may possibly have posed the question on an entirely new level. He may have discovered that historical materialism had little to contribute as a convincing interpretation of these events; he would have wondered, possibly, whether any historical approach could suffice to redeem, that is, to convincingly interpret that past." FRIEDLÄNDER 1989. 61.

Die Kategorie des *Realen* verweist bei Jacques Lacan auf ein nicht symbolisierbares Trauma (das aber den Akt der Symbolisierung antreibt): auf das Traumatische der Leiblichkeit und der Faktizität, auf jenes „schwarze Loch", das sowohl die Ordnung des Imaginären wie auch die des Symbolischen aufbricht. Nimmt man diese terminologische Bestimmung Lacans als Voraussetzung, so könnte man sagen, daß das Geschehen der *Shoa* keinen Ort im Symbolischen findet; daß es vielmehr zwischen den Registern des Imaginären und des Realen schwankt – oder sich innerhalb beider Ordnungen zugleich situiert.[45] Ein solches Schwanken oder Umkippen bringt Thanos Lipowatz in seiner Untersuchung zur *Ethik des Symbolischen* bei Lacan mit der Frage nach der Vorstellbarkeit in Zusammenhang: wenn man, wie Lipowatz vorschlägt, von der partiellen Vorstellbarkeit des Realen ausgeht, und diese Partialität negiert oder leugnet, das heißt, „statt dieser partiellen Vorstellbarkeit eine vollständige verlangt, so ‚kippt' das Reale ins Imaginäre und seine Allmachtsprojektionen um".[46]

Das Problem der Darstellbarkeit – und die Frage nach dem Gewinn an Identifikation, Faszination und Leugnung, den ein solches Umkippen ins Imaginäre für das imaginierende Subjekt oder Kollektiv einbringt – ist in der so umschriebenen analytischen Konstellation also schon involviert.

---

45 Jüngstes Beispiel einer Repräsentation, die der Ordnung des Imaginären zugehört, ist die „zentrale Gedenkstätte der Bundesrepublik Deutschland" in Berlin, die „den Opfern von Krieg und Gewaltherrschaft" gewidmet ist. Gestützt auf eine Verknüpfung von Nationalität und Weiblichkeit (im Innenraum des Denkmals befindet sich eine vergrößerte Fassung der Skulptur „Mutter mit totem Sohn" von Käthe Kollwitz aus dem Jahr 1937 [!]), etabliert diese Repräsentation ein kollektives Gedächtnis, das sich auf die Universalisierung der Opfer gründet: auf eine Gleichschaltung von Tätern und Opfern und ein Zum-verschwinden-bringen der Vernichtung der europäischen Juden. Damit findet nicht nur die *Verlagerung des Focus*, die Saul Friedländer im Zuge der Historisierung befürchtete, ihre Repräsentanz („Aber Historisierung, wie Sie sie präsentiert und wie wir sie hier schon diskutiert haben, könnte eher weniger eine Erweiterung des Blickfeldes als eine *Verlagerung des Focus* bedeuten." Saul FRIEDLÄNDER, Martin BROSZAT, „Um die ‚Historisierung des Nationalsozialismus'. Ein Briefwechsel". In: Vierteljahreshefte für Zeitgeschichte 36, 1988. 339–372; hier 354 [Brief Friedländers vom 8. November 1987]). Vielmehr wird hier auch genau jener Gestus der Umschreibung von Mord in Tod vollzogen, den Kolmars Texte wiederholt thematisieren.

46 Thanos LIPOWATZ, Die Verleugnung des Politischen. Die Ethik des Symbolischen bei Jacques Lacan. Weinheim, Berlin: Quadriga, 1986. 34.

# Identifikation

Was ist das Andere, auf das Ihr Steine werft?
(Nelly Sachs)

Vorm Weltende werden alle Juden zu Christus bekehrt sein, deshalb findet sich nach Spielbähns Weissagung, wenn die glückliche Zeit beginnt, kein Jude mehr in Deutschland.
(Handwörterbuch des deutschen Aberglaubens, Berlin, Leipzig 1931/32, Band 4, S. 817)

# 1. Identifikation und Alterität

Eine Rede vom Vergessen, von der Verneinung des Anderen wird wiederholt herangezogen, um das Vernichtende der Gewalt des Nazismus – genauer jene Radikalisierung der Vernichtung, die sich in dieser Gewalt ausdrückt – zu lokalisieren.

So sieht Jean Améry den Kern des Bewußtseins des Nazismus in einer radikalen *Negation des Anderen*, die sich in einer *Verneinung zugleich des Sozialprinzips und des Realitätsprinzips* äußere.[1] Auch Sarah Kofman setzt in ihrem Buch *Paroles suffoquées* (*Erstickte Worte*) das menschliche Vermögen, zu töten, gleich mit dem Vermögen, den Anderen zu vergessen (*oublier l'Autre*). Die *Endlösung* beschreibt Kofman als Ausdrucksform und als Realisation eines Vergessens, das sie in Anführungszeichen setzt, um zu unterstreichen, daß es sich dabei nicht um einen zufälligen und unglücklichen Ausfall des Erinnerungsvermögens handelt, sondern um ein aktives Projekt, das darauf zielt, den Anderen auszulöschen und die Erinnerung, die er repräsentiert, zu tilgen. Dieser Andere wird von ihr beschrieben als „die unendliche Distanz, die immer wieder neu den Bezug zum Unendlichen behauptet": als Gleichzeitigkeit von Bezug und Entzug, als radikale Suspension. Die emblematische Figur für diesen Anderen, der die Unmöglichkeit jeder Präsenz und Identität in Erinnerung ruft, ist nach Maurice Blanchot der Jude.[2] Der Begriff des Emble-

---

1 Jean AMÉRY, „Die Tortur". In: AMÉRY, Jenseits von Schuld und Sühne. Bewältigungsversuche eines Überwältigten. Stuttgart: Klett-Cotta, 1980. 46–73; hier 66.
2 Sarah KOFMAN, Erstickte Worte. Wien: Passagen, 1988. 26. Hier ist auf eine Problematik hinzuweisen, die Bernard Baas in einer Fußnote aufgreift, nämlich die Problematik der Bezeichnung „der Juden" als diejenigen, welche die Distanz von jedem Ursprünglichen auf sich zu nehmen hätten. Wenn man, so erklärt Baas, „die Juden" als diejenigen darstellt, „die den anderen (durch ihre Existenz selbst) die radikale Unmöglichkeit der Präsenz oder der Identität bezeichnen, in irgendeiner Weise der Referent ihrer Hoffnungslosigkeit und ihrer Angst wären, läuft man Gefahr, somit die Anfangsaussage eines Prozesses zu formulieren, dessen letztes Wort wäre (und schon

matischen berücksichtigt dabei, daß die Erinnerung an die unendliche Distanz, an die radikale Suspension gleichsam aufgehoben wird (im doppelten Sinn Hegels) – deponiert in einem Bild (der emblematischen Figur des Juden), welches innerhalb einer Grammatik der Bildsprache funktioniert. Und auch die Revision des Begriffs der *Integration*, die Theodor W. Adorno vornimmt, ist in diesem Zusammenhang bedeutsam, seine Wendung vom teleologischen Lauern der *Vernichtung des Nichtidentischen* im einst ehrwürdigen Begriff, zusammengefaßt in dem Satz aus der *Negativen Dialektik*: „Auschwitz bestätigt das Philosophem von der reinen Identität als dem Tod."[3]

Die Gesetzlichkeit der Gewalt, von der in Gertrud Kolmars Texten die Rede ist – eine Rede, welche die (noch ausstehende) Wirklichkeit der *Endlösung* immer wieder verkennt – vollzieht sich zunächst nicht über eine Ausschließung des Anderen, sondern über dessen Aneignung – das heißt über einen Akt des Umschließens, der das Nichtidentische dem Identischen einordnet, es integriert und absorbiert. Dies legt einen strukturellen *Zusammenhang von Identifikation und Vergessen* nahe – einem Vergessen, das sich auf den Anderen richtet, auf sein Erinnern an eine unendliche Distanz, eine unreduzierbare Suspension, sein widersprüchliches und gleichzeitiges Behaupten von Distanz und Bezug, das die Vorstellung von Identität und Präsenz erschüttert und durchkreuzt. Um die Gewalt, die im Herzen der Identifikation, im Inneren der Verständigung und der Gemeinschaft (*communio*) wirksam ist, theoretisch zu situieren, soll im folgenden zunächst auf die Bedeutungen eingegangen werden, die der Begriff der Identifikation im Denken von Emmanuel Lévinas und in der psychoanalytischen Theorie Sigmund Freuds und Jacques Lacans annimmt.

Vorausgeschickt sei aber noch eine lexikographische Randbemerkung zum Begriff der „Identifikation". Zwei denotative Felder werden hier

---

gewesen ist): Nun müssen sie für all dies zahlen. Man kann nicht (in welcher modern-theoretischen Version es auch sei) den Mythos der *Auserwähltheit* wiederholen, ohne Gefahr zu laufen, das, was ihn immer begleitet hat, zu wiederholen." Bernard BAAS, „Das Opfer und das Gesetz". In: Riss. Zeitschrift für Psychoanalyse, Nr. 21, Oktober 1992. 26–61; hier 60–61. Diese Problematik der Wiederholung steckt in dem Begriff des Emblematischen, den Kofman hier (wohl nicht absichtslos) einführt.

3 Theodor W. ADORNO, Negative Dialektik. Frankfurt/M.: Suhrkamp, 1975. 355.

unterschieden, nämlich zum einen „das Erkennen eines Objekts als dieses Objekt", das heißt, die Feststellung der Echtheit, des Mit-sich-selbstübereinstimmens eines Objekts oder einer Person; und zum anderen „die (gedankliche) Gleichsetzung mehr oder weniger verschiedener Objekte".[4] Aufschlußreich in dieser lexikalischen Beschreibung sind die Referenzobjekte, die für das erstere der beiden genannten Bedeutungsfelder angegeben werden, welches die Frage der Erkennbarkeit (des Objekts als dieses bestimmte Objekt) betrifft – nämlich „Unfallopfer", Verbrecher, Bild (im Sinne der Zuordnung eines Gemäldes zu einem Künstler, der zuverlässigen Autorisation also), und „Leiche".[5] Denn die Reihung der Referenzobjekte verrät, was bei diesem ersten Bedeutungsaspekt der Identifikation auf dem Spiel steht: die Rückführung eines *ausgebrochenen Körpers oder Bildes* – eines Körpers, der die Spur des Realen ist, oder eines Bildes, das sich seiner Signatur entledigt hat – in die etablierte Zeichen- und Eigentums-Ordnung der Kultur, ein Zurückholen des nicht Identischen, das abweicht, sich der Fixierung widersetzt, unerkennbar bleibt, in das Universum des Selben und Vertrauten. Ein solcher Akt der Rückführung, der sich der Prozedur des Vermessens, der Darstellung und des nachträglichen Bezeichnens verdankt, reagiert auf eine Krise, die sich tief in die Geschichte des erkenntnistheoretischen und ontologischen Denkens eingräbt.

Die Frage nach der Identität stellt, so erklärt Manfred Schneider, die Frage nach der Erkennbarkeit der Abweichung – eine Aufgabenstellung, in der Hermeneutik und Kriminologie zusammenfinden. Den Einzug des philosophischen Begriffs der Identität in die juristische und kriminalistische Bürokratie datiert Schneider auf das Jahr 1792 – auf jenes Jahr also, in dem der neue *Code d'instruction criminelle* erlassen wurde, der in seinen Artikeln 518–520 das Verfahren regelte, demzufolge die Identität entlaufener und wieder festgenommener Verurteilter *einwandfrei* festzustellen war. Die Vorgeschichte, die der so skizzierten Karriere des philosophischen Begriffs der „Identität" vorausgeht oder sie begründet,

---

4 Georg KLAUS, Manfred BUHR (Hg.), Marxistisch-leninistisches Wörterbuch der Philosophie. Bd. 2. Reinbek bei Hamburg: Rowohlt, 1972. 543. Siehe dazu auch Dieter HENRICH, „Identität' – Begriffe, Probleme, Grenzen". In: Odo MARQUARDT, Karl-Heinz STIERLE (Hg.), Identität. München: Fink, 1979. 133–186.

5 Brockhaus WAHRIG. Deutsches Wörterbuch in sechs Bänden. Dritter Band. Wiesbaden, Stuttgart 1981. 702.

kreist dagegen noch um das „Problem der Substantiierung des Subjekts". Die Frage nach der Substanz, nach der Vollmacht und dem Wesen des Subjekts, die sich aus dieser Sicht stellt, führt indessen auf den Grund einer Leere, eines Mangels (das Projekt der Identifikation gerät dadurch von vornherein in die Nähe des Scheiterns). Denn eine solche Substanz kann nicht gefunden werden, da Subjekte, so Schneider, der Inbegriff ihrer Relationen sind: sie sind nichts als die Summe oder der Effekt „ihrer Beziehung zur eigenen Lebensgeschichte und ihrer Beziehung zu anderen"[6] – und, wie man hinzufügen müßte, Effekt ihrer Beziehung zur Ordnung der Sprache (insofern kann man mit Lacan von einer *Vermischung der Subjekte* sprechen). Der Mangel, von dem hier die Rede ist, erinnert an jenes *Moment der Unentscheidbarkeit* (ein Moment im strukturellen wie im genealogischen Sinn), welcher das Subjekt mit dem *fast nichts* der Kastration konfrontiert.

Der Frage nach der Identität *als* Frage nach der Erkennbarkeit der Abweichung würde dann der Schrecken über diesen Mangel zugrundeliegen, und jedes In-Erinnerung-Rufen der Nicht-Repräsentierbarkeit und Nicht-Identifizierbarkeit dieses Mangels würde den Schrecken von neuem beleben.

## 1.1 Heteronome Erfahrung und Bedürfnis der Identifikation (Emmanuel Lévinas)

Eine Bewegung, die nicht zu ihrem Ausgangspunkt zurückkehrt, beschreibt der französische Philosoph Emmanuel Lévinas als eine „heteronome Erfahrung": als eine Bewegung, die sich verliert, als eine Bewegung zum Anderen hin, die den Anderen nicht berührt oder erreicht, die „sich nicht in der Identifikation wiedergewinnt".[7] Das *Kriterium des Heteronomen*, das dabei ins Spiel kommt, weist zum einen darauf hin, daß sich die Erfahrung aus einer fremden Ordnung und von anderen Gesetzen her-

---

6 Manfred SCHNEIDER, Die erkaltete Herzensschrift. Der autobiographische Text im 20. Jahrhundert. München, Wien: Hanser, 1986. 22–23. Schneider diskutiert die Semiotik des Kriminellen im Zusammenhang einer „Vermessung des Raumes der Subjektivitäten", die über das autobiographische Genre geschieht. ibid. 23.

7 Emmanuel LÉVINAS, Die Spur des Anderen. Untersuchungen zur Phänomenologie und Sozialphilosophie. Freiburg, München: Alber, 1983. 215.

leitet, daß also eine Verschiedenheit gemeint ist, die das Gesetz und nicht die Art und das Geschlecht betrifft (wie es die Bezeichnung *Heterogenität* nahelegen würde). Zum anderen wird aber auch eine Veränderung des philosophischen Begriffs der Erfahrung selbst impliziert: er bleibt nicht unberührt.

Demgegenüber entziffert Lévinas eine Bewegung der Rückkehr zu sich selbst, die sich in der Identifikation wiedergewinnt, in der mythischen Erzählung von *Odysseus*, dessen Irrfahrt ihr glückliches Ende findet in der Heimkehr nach Ithaca, dem Ort seiner Herkunft.[8]

Dieser Figur einer glücklichen Heimkehr an den Ort des Ursprungs hält Lévinas eine Bewegung ohne Rückkehr entgegen, die er mit dem Namen *Abraham* verknüpft und in Abrahams Geschichte tradiert findet. Abraham, der aus Ur in Chaldäa nach Kanaan einwandert, verläßt „für immer sein Vaterland (…), um nach einem noch unbekannten Land aufzubrechen, und (…) [gebietet] seinem Knecht (…), selbst seinen Sohn

---

8  Diese Figur bietet die Folie aller Geschichten, die *gut enden,* während umgekehrt die Geschichte des Sündenfalls und der nachfolgenden Vertreibung aus dem Paradies [Bereschit–Anfänge], die den Verlust der Unschuld und die Einführung von Schmerz, Tod, Geschlecht und Arbeit (das heißt den fatalen Bruch einer vollkommenen Einheit) bedeutet, den Prototyp *der* Geschichte darstellt, die *schlecht anfängt.*
Die glückliche Heimkehr des Odysseus verläuft indessen, wie das Epos Homers überliefert, nicht ganz komplikationslos: „Da erwachte der edle Odysseus, / Ruhend auf dem Boden der lange verlassenen Heimat. / Und er kannte sie nicht; denn eine Göttin umhüllt' ihn / Rings mit dunkler Nacht, Zeus' Tochter, Pallas Athene, / Ihn unkennbar zu machen und alles mit ihm zu besprechen: / Daß ihn weder Weib noch die Freund' und Bürger erkennten, / Bis die üppigen Freier für allen Frevel gebüßet. / Alles erschien daher dem ringsumschauenden König / Unter fremder Gestalt: Heerstraßen, schiffbare Häfen, / Wolkenberührende Felsen und hochgewipfelte Bäume." HOMER, Ilias / Odyssee. In der Übertragung von Johann Heinrich VOSS. Vollständige Ausgabe nach dem Text der Erstausgaben (Ilias Hamburg 1793, Odyssee Hamburg 1781). München: Winkler, 1957. XIII. Gesang, 187–196.
Nicht nur verkennt Odysseus bei seiner Ankunft den Ort seiner Herkunft – er wird auch verkannt, als „Fremdling": von Eumaios, dem Hüter der Schweine ebenso wie von seinem Sohn Telemachos und seiner Gattin Penelopeia. Wiedererkannt wird er zunächst einzig von seinem Hund Argos (XVII. Gesang, 300–303) und von seiner Amme Eurykleia, die die Narbe an seinem Körper als Zeugnis seines Namens entziffert: „du bist Odysseus" (XIX. Gesang, 467–475).
Das Motiv der glücklichen Heimkehr durchläuft demnach, bevor es sich entfaltet – bevor der Bann der Fremdheit bricht –, die Struktur einer unglücklichen Verkennung, Schmähung und Verspottung (wobei aber das nachgetragene Wissen des Odysseus um diese Verkennung als Kontrapunkt fungiert).

nicht zu diesem Ausgangspunkt zurückzuführen."[9] Die Bewegung ohne Rückkehr ist demnach geknüpft an ein (väterliches) Verbot, das den Ort des Ursprungs unbetretbar macht und genau in diesem Tabu eine Tradition begründet. Auffallend ist, daß in der Beschreibung und der Antinomie, die Lévinas hier einführt, Odysseus als Held eines *Mythos,* Abraham dagegen als Held einer *Geschichte* figuriert. Diese Variation der Entgegensetzung von Mythos und Geschichte ist vor allem dann aufschlußreich, wenn wir voraussetzen, daß das geschichtliche Denken ein immer unglückliches ist, das mythische Denken hingegen ein glückliches, unversehrtes. *Exil, Geschichte,* und *Versagen der Identifikation* werden in der hier entworfenen Urszene zusammengeführt.

Lévinas konstruiert demnach eine Divergenz zwischen *heteronomer Erfahrung* und dem *Sich-wiedergewinnen in der Identifikation.* An diese Divergenz knüpft sich nun eine doppelte Begründung: einerseits eine Begründung zweier widerstreitender Traditionen des Denkens und der Geschichte, und andererseits eine Begründung zweier unterschiedlicher subjekttheoretischer Konzeptionen, die als verschiedene Formen des Einwohnens, der Implantation (oder *habitation*) des Selbst beschrieben werden – diejenige der von Antike und Christentum geprägten abendländischen Philosophie, die mit einem Beharren im Sein und einer „Enthüllung des Anderen"[10] zusammenfällt, und diejenige einer „Authentizität des Exils", die ein „Aufenthalt ohne *Ort*" genannt wird.[11] Allerdings ist dabei sogleich zu berücksichtigen, daß der Begriff des Authentischen sich auf eine andere Gültigkeit bezieht, denn Lévinas bestimmt gerade „das Nicht-Wahre (...) als wesentliche Form der Authentizität."[12]

In einem Text aus dem Jahre 1957, der noch im Zeichen seiner Auseinandersetzung mit Husserl und Heidegger steht, entfaltet Lévinas den Begriff der Identifikation zunächst in einem erkenntnistheoretischen Zusammenhang. Hier bestimmt er die „Identifikation des Ich", welche als Synonym der „wunderbaren Autarkie des Ich" auftritt, als die „natürliche Form für die Umschmelzung des Anderen in das Selbe. Alle Philosophie

---

9 LÉVINAS 1983. 215–216.
10 ibid. 211.
11 Emmanuel LÉVINAS, „Maurice Blanchot – der Blick des Dichters". In: LÉVINAS, Eigennamen. München: Hanser, 1988. 25-41; hier 37.
12 ibid. 35.

ist Egologie, um einen Neologismus Husserls zu benutzen."[13] Die wunderbare Autarkie des Ich gründet sich selbstverständlich und unbemerkt, in einer Weise, die den Anschein des Natürlichen trägt, auf die Auflösung des Anderen – an anderer Stelle spricht Lévinas auch vom Raub und Opfer des Anderen. Diese Auflösung des Anderen, die eher einer Umwandlung (*Umschmelzung* oder *Verschmelzung*) als einer Integration gleichkommt, erklärt sich aus der Struktur des Identifikationsvorgangs: denn die Identifikation bedarf der Vermittlung, des Rekurses auf ein Allgemeines, das die Form des Neutrums besitzt, wie zum Beispiel das *Sein* Heideggers. An diesem Punkt der Vermittlung aber, so argumentiert Lévinas, löst sich die Andersheit des Anderen, seine nicht einholbare Fremdheit und Einzigartigkeit, auf: „Statt sich in der uneinnehmbaren Festung seiner Singularität zu halten, statt die Stirn zu bieten, wird das fremde Seiende Thema und Objekt. Schon unterwirft es sich einem Begriff oder löst sich in Beziehungen auf."[14] Begriff und Beziehung nehmen teil an der Auflösung des Anderen, die dessen Singularität annulliert. In anderen Worten: der Raub oder die Tilgung des Anderen werden hier gleichbedeutend mit dessen Thematisierung und Objektivierung, sie geschehen im selben Augenblick, also gerade im Zuge der Präsentation oder der Repräsentation des Anderen: „die Andersheit des Anderen (…) schmilzt (…) dahin in dem Gedanken, der sie denkt."[15] Diese Weise des menschlichen Erkennens *in aller Unschuld*, wie Lévinas ironisch anmerkt, ist nur der Anfang: die identifikatorische Aneignung setzt sich fort im In-den-Griff-nehmen des Seienden, im Zähmen und im Besitzen. Erst im Besitz, so erklärt Lévinas, „vollendet das Ich die Identifikation des Verschiedenen."[16]

Im Zusammenhang mit der Unterscheidung zwischen Bedürfnis (*besoin*) und Begehren (*désir*) wird der Begriff der Identifikation dann weiter aufge-

---

13 LÉVINAS 1983. 189. Es handelt sich dabei um die Schrift „Die Philosophie und die Idee des Unendlichen", die zuerst im Jahre 1957 in der *Revue de Métaphysique et de Morale* erschien. Auf den Zusammenhang zwischen Identifikation und Intentionalität kann ich hier nicht näher eingehen.
14 ibid. 190.
15 ibid. 197.
16 ibid. 190. Das egologische Herrschaftsmodell, auf welches Lévinas sich hier bezieht, beruht auf einer Beziehung zwischen Subjekt und Objekt, die für das Denken der abendländischen Philosophie prägend ist: „Das Objekt integriert sich, wie wir wissen, der Identität des Selben. Das Ich macht es zu seinem Thema und danach zu seinem Eigentum, seiner Beute, seinem Raub oder seinem Opfer." ibid. 198.

faltet. Das Bedürfnis, das Heimweh, die Nostalgie, die zu sich selbst zurückkehrt, die die Rückkehr selbst ist, wird von Lévinas als ursprüngliche Form
der Identifikation beschrieben.[17] Dabei unterstreicht er, daß die Struktur
der Identifikation des Selben im Ich nicht einer monotonen Tautologie (im
Sinne der Aussage „ich bin ich") gehorcht; vielmehr bestehe die Originalität
der Identifikation gerade in einem *beständigen Wiederfinden* des Ich durch
alle Alterationen hindurch, im Sinne einer *Wiederholung*, die das Identische
des Wiederholten bestätigt: „Das Ich ist nicht ein Wesen, das immer dasselbe
bleibt, sondern dasjenige Seiende, dessen Existieren darin besteht, sich zu
identifizieren, seine Identität durch alle Begegnisse hindurch wiederzufin-
den. Es ist die Identität par excellence, die ursprüngliche Leistung der Identifikation."[18] Das *cogito* Descartes' wird von Lévinas als die grammatische
Form jener umfassenden, universellen Identität beschrieben, die jedes Heterogene in sich aufzunehmen vermag oder in sich enthält – sie besitzt „das
Knochengerüst des Subjektes, der ersten Person".[19] Dieser Bewegung der
Identifikation bleibt demnach auch noch die Andersheit des *Ich*, das sich
für einen Anderen hält, unterworfen – sie ist „nur das Spiel des Selben"[20],
in gewissem Sinn also ein Spiel des Ich mit sich selbst als anderem. Hier
liegt, wie mir scheint, eines jener Momente des Denkens von Lévinas, von
welchen aus seine prononcierte Differenzierung gegenüber der psychoanalytischen Subjekttheorie ihren Ausgang nimmt.

Lévinas zieht demnach eine Verbindungslinie zwischen *Bedürfnis* und
*Identifikation.* Der Begriff der *Identifikation* wird dabei von ihm nahezu
synonym verwandt mit *Thematisierung* und *Repräsentation*, an anderen Stellen auch mit *Hypostasierung*, das heißt mit Vergegenständlichung und Verkörperung.[21] Das *Begehren* dagegen, das davon unterschieden wird, entsteht für Lévinas *jenseits* oder *außerhalb* all dessen, was einem Subjekt feh-

---

17  ibid. 218.
18  Emmanuel LÉVINAS, Totalität und Unendlichkeit. Versuch über die Exteriorität. Frei-
    burg, München: Alber, 1987. 40.
19  LÉVINAS 1987. 40 (Übersetzung verändert). Im Originaltext lautet die Passage: „Le
    Moi est identique jusque dans ses altérations. Il se les représente et les pense. L'identité
    universelle où l'hétérogène peut être embrassé, a l'ossature d'un sujet, de la première
    personne. Pensée universelle, est un „je pense"." Emmanuel LÉVINAS, Totalité et In-
    fini. Essai sur l'extériorité. La Haye: Martinus Nijhoff, 1971. 25.
20  LÉVINAS 1987. 41.
21  Vgl. Emmanuel LÉVINAS, Wenn Gott ins Denken einfällt. Diskurse über die Betrof-
    fenheit von Transzendenz. Freiburg, München: Alber, 1985. 170.

len oder was es befriedigen und beruhigen kann. Für die „selbstherrliche Identifikation des Ich mit sich selbst"[22] bedeutet das Begehren eine Gefährdung – eine Gefährdung, die aus einem radikalen in-Frage-gestellt-werden, einem aus-der-Fassung-gebracht-werden kommt. Es ist dieses Begehren, in dem Lévinas „unser soziales Sein selbst" verwirklicht sieht.[23] Aufschlußreich ist hier, wie Lévinas Sozialität *nicht* bestimmt; auf diese Weise entsteht eine Koinzidenz zwischen dem Kriterium der Sozialität und demjenigen einer radikalen Erschütterung des Ich.

Die sich hier einstellende Frage nach der Dimension der Sozialität wirft Licht auf einen weiteren Aspekt der Bedeutung der Identifikation bei Lévinas, nämlich seine Revision und Zurückweisung der Vorstellung, es sei die Bestimmung der Kommunikation, sich in der *communio* zu erfüllen, in einer Gemeinschaft also, die jede Trennung, jedes Einzelnsein überwölbt oder überwunden hat. Wenn einer Kommunikation, die *nicht aufgeht*, die die Trennung wahrt, der Makel des Scheiterns oder des Nicht-Authentischen anhaftet, so erklärt sich das daraus, daß in der Kommunikation die Verschmelzung (*fusion*) gesucht wird. Eine solche Suche, so erklärt Lévinas, wird beherrscht von der Vorstellung, „die Dualität müsse sich verwandeln in Einheit (*identité*), die soziale Beziehung müsse sich vollenden in der *communio (communion)*."[24] In einer solchen Vorstellung von Kommunikation oder Intersubjektivität sieht Lévinas den letzten Rest einer Konzeption, die das Sein mit jenem Ereignis gleichsetzt, „durch das die Vielfalt des Wirklichen (*multiplicité du réel*) endet, indem sie sich auf ein einziges Sein bezieht, und in welchem durch das Wunder der Klarheit alles mir Begegnende als von mir Ausgehendes existiert. Ein letzter Rest des Idealismus."[25] Hier rührt Lévinas an einen wesentlichen Widerspruch der Moderne: daran nämlich, daß das Thema der Einsamkeit, der grundlegenden Unvermittelbarkeit (*incommunicabilité*) der Person ein fundamentales Hindernis bietet, „an welchem sich der Elan der universellen Brüderlichkeit verletzt."[26] Für Lévinas besteht ein

---

22 LÉVINAS 1983. 219.

23 ibid. 219.

24 Emmanuel LÉVINAS, Noms propres. Montpellier: Fata Morgana, 1976. 122–123.

25 ibid. 122–123.

26 ibid. 122. Nicht so sehr die Frage der Gewalt, die der Konzeption universeller Brüderlichkeit innewohnt, ist hier angesprochen, sondern eher die Frage danach, welche Reaktionsmuster diese Konzeption zur Verfügung hat, um der Verletzung zu begegnen, sie zu verdrängen oder zu verleugnen.

grundlegender Zug der (christlich geprägten) westlichen Zivilisation darin, daß für sie in der Einheit (*unité*) die Apotheose des Seins liege[27] –
während doch das Wirkliche in einer Beziehung zu dem, was für immer
*anders bleibt*, zu situieren wäre (*situer le réel dans une relation avec ce qui
à jamais demeure autre*).[28] An dieser Stelle eröffnet sich ein unerwarteter
Bezug zu Freuds Begriff des Realen, wie er in der Vorrede schon angesprochen wurde.

Der Identifikation, die auf Einheit aus ist, stellt Lévinas daher das Nebeneinander, die Nähe des Anderen (*voisinage, proximité*) gegenüber oder
zur Seite. Genau dieses die Trennung wahrende Nebeneinander[29] ist es,
das durch das Gelingen des Kennens außer Kraft gesetzt würde. In diesem Sinn beschreibt die Nähe bei Lévinas eine andere Modalität des
Verkennens, das heißt eine Verkennung, die sich von derjenigen unterscheidet, die für Jacques Lacan (als geleugnete Verkennung) das Spiegelstadium konstituiert; bei Lévinas bezeichnet sie eine „Beziehung zu
einer Singularität ohne Vermittlung".[30] Da die Nähe immer auch Abwesenheit ist[31], unterbricht sie die Reduktion, die Rückführbarkeit auf das
Bewußtsein oder auf die Thematisierung.[32] Ein solcher „Bezug" zum
Anderen ist weder Beziehung noch Nicht-Beziehung, sondern ein Ge-
trennt-sein, das auf keine Reziprozität reduzierbar ist und daher keineswegs als eine Dialektik von Trennung und Vereinigung gedacht werden
kann (denn dann würde diese „Beziehung" sich wiederum in einer Totalität situieren). Die Trennung zwischen dem Selben und dem Anderen
darf demnach nicht als eine Entgegensetzung oder als eine Dyssymme-
trie aufgefaßt werden; denn die Entgegensetzung, so erklärt Lévinas,

---

27  ibid. 123.
28  ibid. 123.
29  Jene Nähe, welche „weit entfernt davon, weniger zu bedeuten als die Identifikation,
    genau die Horizonte des sozialen Daseins eröffnet, den ganzen Überfluß unserer Er-
    fahrung von Freundschaft und Liebe hervorsprühen läßt und dem Definitiven unserer
    identischen Existenz alle Möglichkeiten des Nichtdefinitiven hinzufügt." (*Proximité qui,
    loin de signifier moins que l'identification, ouvre précisément les horizons de l'existence sociale,
    fait jaillir tout le surplus de notre expérience de l'amitié et de l'amour, apporte au définitif de
    notre existence identique tous les possibles du non-définitif.*) ibid. 123.
30  LÉVINAS 1983. 297-298.
31  Vgl. ibid. 283.
32  Vgl. ibid. 296.

wäre bloß antithetisch[33] und würde darum der Figur der Totalität treu bleiben.

Von hier aus gewinnt auch der Ort der Rede und der Sprache bei Lévinas klarere Konturen: eine Beziehung des Selben zum Anderen ereignet sich nur in der *Rede.* Denn in der Rede (*discours*), so erklärt Lévinas, „tritt das Selbe – das in seine Selbstheit des „ich" zusammengeballt ist – aus sich heraus, es verläßt sich" (*où le Même, ramassé dans son ipséité de „je"* (…) *sort de soi*).[34] Die Beziehung selbst *ist* die Sprache (*langage*). Zugleich zeichnet sich auch der Begriff der Intersubjektivität schärfer ab, den Lévinas implizit entwickelt: dieser Begriff entsteht gleichsam auf dem Schnittpunkt von Sozialität und Sprache. Er wird nicht als Gegenbegriff zu *Selbstheit* gedacht, sondern er verläuft quer zur Begrifflichkeit des Selben, und er ist von vornherein mit Leiblichkeit verwoben.

Folgt man den dargelegten Bestimmungen, die Lévinas einführt, um das „Verhältnis" zwischen Subjekt und Anderem anders zu denken, so erweist sich, daß die Identifikation dazu tendiert, das Subjekt gegen die Sozialität und das Wirkliche abzuschließen. Doch nicht nur der *prekäre Zusammenhang*, der sich hier *zwischen Identifikation, Sozialität und Wirklichem* eröffnet, scheint mir in unserem Zusammenhang wesentlich, sondern auch eine weitere Unterscheidung, die Lévinas an dieser Stelle trifft – diejenige nämlich zwischen einer Differenz, hinter der sich doch noch ein Gemeinsames (in Form von Entität, Wesenheit) verbirgt, und einer Differenz, hinter der kein Gemeinsames mehr auftaucht (*la différence, derrière laquelle rien de commun ne se lève en guise d'entité*).[35] An die Stelle der Kategorie des einzigartigen Seins setzt Lévinas' (De)Konzeption des Anderen das Kriterium des *Unreduzierbaren*.

Subjektivität konstituiert sich demnach im Denken von Lévinas dadurch, daß sie dem Anderen unterworfen ist – *sujeté* –, daß sie von dessen Andersheit durchzogen wird. Das In-Frage-stellen des Selben (*le même*) durch den Anderen (*l'autre*) geschieht durch einen Einbruch, durch eine Verletzung, die ein Erwachen bedeuten. Das Andere oder der Andere rufen im Selben eine Erschütterung hervor, eine Störung, Verwundung, Inspiration, Begehren, Warten, Aussetzen: „Der Sinn jedes dieser Verben geht jeweils

---

33 LÉVINAS 1987. 66.
34 ibid. 44–45 (Übersetzung leicht verändert). LÉVINAS 1971. 29.
35 LÉVINAS 1976. 10.

auf alle anderen mit über."[36] Die Öffnung, die der Anspruch des Anderen dem Selben versetzt, wird als leibliche gedacht, als Exposition, Entblößung der Haut: *L'ouverture, c'est la dénudation de la peau exposée à la blessure et à l'outrage.*[37] Lévinas' spätere Schriften neigen dazu, diesen Einbruch, diese Verwundung immer tiefer ins Innere des Leibes hinein zu versenken.

Es ist wesentlich, zu verstehen, daß Lévinas diese Beziehung zwischen Subjekt und Anderem, die er als *face-à-face* bezeichnet, als ein Hereinbrechen denkt, als eine wirkliche, radikale und verletzende „Fremderfahrung" (im Unterschied beispielsweise nicht nur zu Heidegger, sondern auch zu Jean-Paul Sartre und Martin Buber).[38] Es ist eine zutiefst asymmetrische Beziehung – eine Beziehung ohne jede Symmetrie und ohne jede Reziprozität. Die Anerkennung meiner Verantwortung für den Tod des anderen Menschen bedeutet eine Unterwerfung, in der ich meinem eigenen Tod nahekomme, und in der ich zugleich mein Sein-für-den-Tod-des-Anderen über mein eigenes Sein-zum-Tod stelle. Lévinas' Denken der Alterität und der Alteration bietet keine Philosophie der Gewaltlosigkeit oder gar eine des Altruismus. Weder verspricht es eine wie immer geartete Gemeinschaft mit dem Anderen noch eine Tröstung, wenn es auch vor einer Vereinnahmung durch ein solches Verstehen nicht geschützt ist. Getragen vom Gedanken einer ganz und gar einseitigen, maßlosen Verantwortung für den Anderen und Obsession durch ihn, spricht es von einer Gewalt, die anders ist und anders situiert ist.

Aufschlußreich scheint mir in diesem Zusammenhang die Apologie der Philosophie des Selben, die Lévinas an einer Stelle in seinen Schriften

---

36 LÉVINAS 1985. 98. An dieser Stelle tritt eine Schwierigkeit der deutschen Sprache (und auch der Schreibweise meines Textes) zutage, die in deren Neigung liegt, in die (an die Stelle der) Subjektposition gesetzte Verben zu substantivieren, wobei sich ihre infinitive Bewegung beinahe verflüchtigt, während sie sich essentialistisch anreichern: das Performative der Sprache – das den *Stil* (im Sinne von Roland Barthes) der Schriften von Emmanuel Lévinas auszeichnet – wird zugunsten des Konstativen zurückgedrängt. Dasselbe Problem zeigt sich auch in den zusammengesetzten Verbformen, die ich im Verlauf dieser Studie benutze – daher vermeide ich bei solchen Formulierungen weitgehend die Majuskel.

37 Emmanuel LÉVINAS, Humanisme de l'autre homme. Montpellier: Fata Morgana, 1972. 104.

38 Eben dies wird in der moralisierenden Lévinas-Rezeption, die bisher im deutschsprachigen Raum dominiert, eingeebnet, wie Elisabeth Weber zu Recht kritisiert. Siehe dazu Elisabeth WEBER, Verfolgung und Trauma. Zu Emmanuel Lévinas' *Autrement qu'être ou au-delà de l'essence*. Wien: Passagen, 1990.

unternimmt: mit der Begründung nämlich, es sei das bleibende Verdienst dieser Philosophie, gegen die Teilnahme des Ich am Anderen protestiert zu haben. „Wie nicht in der Teilnahme versinken (…) ?"[39] Noch die Philosophie des Selben weist also für Lévinas implizit – durch die Absolutsetzung des Ich oder der Identität – die Vorstellung zurück, es könne Bejahung und Wissen, Partizipation und Harmonie zwischen Ich und Anderem geben – eine Vorstellung, die in gegenwärtigen Diskussionen über eine Achtung des Heterogenen nicht selten wirksam ist (wodurch diese sogar noch den Einspruch, den die Philosophie des Selben gegen die Teilnahme am Anderen formuliert, unterschreiten). Am Rande hinzuweisen ist auf die hier erkennbare Korrespondenz jener Zurückweisung der *Teilnahme* am Anderen, die Lévinas vornimmt, zu der von Benjamin formulierten Kritik der *Einfühlung* in der Lektüre der Kulturgeschichte.

An dieser Stelle kommt ein weiterer Begriff ins Spiel, der sich auf andere Weise von der Identifikation absetzt und ein anderes Spannungsfeld eröffnet, nämlich der Begriff der *Verantwortung*, der *Anklage*, der *Obsession*. Im Denken von Lévinas hat die Subjektivität eine Heimsuchung erfahren: durch die Verantwortung für den Anderen, die ohne Wahl geschieht, die eine Besessenheit ist. Durch sie wird die Ordnung der Bilder und der Erkenntnis umgestoßen: eine Ordnung, in der die Repräsentation und die Vorstellung sich noch – oder schon – finden.[40] Berücksichtigt man diese beiden Momente – die Heimsuchung und grundlegende Entfremdung, die das Subjekt erfährt, und das Umstürzen der Ordnung der Bilder und der Erkenntnis – so zeigt sich, daß der Begriff der Anklage bei Lévinas sowohl Züge der Funktion des Symbolischen, wie es in der Theorie Lacans entwickelt wird, als auch Züge der Funktion des Semiotischen im Sinne Julia Kristevas trägt (ohne allerdings mit beiden genannten Funktionen gleichgesetzt werden zu können, denn die Anklage liegt abseits jeder Sprache, gleichsam in ihrem Rücken).

Diese Verantwortung für den Anderen – Lévinas nennt sie *Substitution* – geht der inneren Identifikation voraus, das heißt sie ist älter (*plus ancienne*) als die Identifikation, deren Bewegung die Innerlichkeit abschließt. Dieses Vorausgehen ist *unvordenklich* im Sinne einer Vergangenheit, die nie gegenwärtig war, die aber weder ein vorgestelltes noch ein verdrängtes Vorüber-

---

39 LÉVINAS 1983. 197.
40 ibid. 283.

gegangensein ist. Um die Unvordenklichkeit dieses Vorausgehens zu denken, wird in Lévinas' Schriften eine Subjektivität konstituiert und dekonstituiert, die jeder Ursprünglichkeit vorausliegt, eine *subjectivité pré-originaire*, welche früher ist als das Ich: ein Ich *(soi)*, besessen durch den Anderen, der ihm eine Verantwortung auferlegt, die ebenso unabweisbar ist wie eine traumatische Verletzung *(irrécusable comme un traumatisme)*.[41] Das Unendliche und das Trauma konvergieren demnach bei Lévinas – eine Konvergenz, die die Datierung des Subjekts betrifft. Daher würde ich die Frage, ob dieses Vorausgehen empirisch oder transzendental zu verstehen sei,[42] umformulieren zu der Frage, ob das Trauma bei Lévinas sich in den Grenzen der Bedeutung, die die Psychoanalyse diesem Begriff gibt (das Datum des Einbruchs eines Realen, das nachträglich konstruiert wird) hält oder ob es diese Grenzen überflutet.[43] Das Trauma liegt quer zu der Opposition von Empirie und Transzendenz. Das Unendliche *erscheint* nicht – im Sinne eines Gegenwärtig-seins, einer *Parousia* – es ist nicht reduzierbar auf einen Anfang: als Verunendlichung des Unendlichen *(infinition de l'infini)* kommt es vielmehr aus einer vor-ursprünglichen Vergangenheit, einem Vorübergegangensein, das „niemals repräsentiert worden ist, sich niemals präsentiert hat und demzufolge keinen Anfang hervorbrachte" *(passé qui n'a jamais été représenté, qui ne s'était jamais présenté, et qui, par conséquent, n'a pas laissé germer un commencement)*.[44] Die *Spur* dieses unvordenklichen Vorübergegangenseins jedoch *erscheint* – und genau an dieser Stelle kommt, wie ich später ausführen werde, der Topos des Antlitzes des anderen Menschen im Denken Lévinas' ins Spiel.

Gerade diese Verantwortung, diese unwiderlegbar bezeugte traumatische Verwundung aber ist es, durch die das Subjekt zu seiner unersetzlichen Einzigartigkeit zurückgeführt wird.[45] Die so gedachte Subjektivität steht demnach im Bezug zu einem unreduzierbaren Vorübergegangensein,

---

41 LÉVINAS 1972. 82. Emmanuel LÉVINAS, Humanismus des anderen Menschen. Hamburg: Meiner, 1989. 71.

42 Vgl. Hans-Dieter GONDEK, „Gesetz, Gerechtigkeit und Verantwortung bei Lévinas. Einige Erläuterungen". In: HAVERKAMP 1994. 315–330; hier 316 und 327.

43 Vgl. dazu auch Elisabeth WEBER 1990.

44 Emmanuel LÉVINAS, Autrement qu'être ou au-delà de l'essence. La Haye: Martinus Nijhoff, 1974. 226. Lévinas greift an dieser Stelle auf das *passé surcomposé*, die Zeitform einer gesteigerten Vergangenheit, zurück; vgl. die Anmerkung des Übersetzers der deutschsprachigen Ausgabe: Emmanuel LÉVINAS, Jenseits des Seins oder anders als Sein geschieht. Freiburg, München: Alber, 1992. 316.

45 LÉVINAS 1972. 84. LÉVINAS 1989. 74.

zu einer nicht einholbaren Vergangenheit, die durch meine Verantwortung für den Anderen bezeichnet wird, durch mein in-Anklage-stehen – mein im-Akkusativ-stehen: *me voici* – : hier „hat ‚etwas‘ meine frei getroffenen Entscheidungen überschritten, es hat sich ‚etwas‘ *ohne mein Wissen (à mon insu)* in mich eingeschlichen und entfremdet so meine Identität."[46] Das *me voici* bezeichnet das Ich in seiner unhintergehbaren Verantwortung und Obsession für den Anderen, in seiner an-archischen Passivität (*passivité sans arché de l'identité*)[47], ein Ich, das – als leibliches und sterbliches – schon immer angerufen, vorgeladen, angeklagt ist durch diese Verantwortung: *décliné avant toute déclinaison, possédé par l'autre (…).*[48]

Lévinas formuliert den Begriff der Entfremdung, den er auch als eine Deportation oder als ein Abdriften der Identität beschreibt (*aliénation, déportation, dérive*), daher anders. Die voraufgehende Verwundbarkeit, diese Verletzlichkeit, die Lévinas eine passivere Passivität nennt, wäre die tiefste Dimension des Ich, eine Dimension, die tiefer liegt als das repräsentierende Bewußtsein oder Unbewußtsein, und die bis ins Innerste des menschlichen Leibes, bis in die Eingeweide und bis ins innerste Mark der Knochen reicht: *Le Moi, de pied en cap, jusqu'à la moelle des os, est vulnérabilité.* („Das Ich ist, vom Scheitel bis zur Sohle, bis in das Mark seiner Knochen, Verwundbarkeit.")[49] Und genau in dieser tiefsten Dimension des Ich lokalisiert Lévinas die „unauflösliche Identität" des *soi*, welches „das Geheimnis seiner Identifikation wie eine Kontraktion, wie ein ‚Eintritt nach Innen'" bewahre.[50] Indem Lévinas so das Moment einer unauflöslichen Identität in das Innerste des menschlichen Leibes verschiebt, und zugleich den Leib als etwas bestimmt, das weder ein der Seele entgegengesetztes Hindernis noch ein Grab sei, welches die Seele gefangenhalte, sondern vielmehr dasjenige, durch welches das *soi* die Empfänglichkeit selbst sei, die äußerste Passivität des *in-seiner-Haut-seins*,[51] gewinnt er den

---

46 LÉVINAS 1972. 102. LÉVINAS 1989. 92. Die Wendung *me voici* zeugt von Lévinas' Lektüre der hebräischen Bibel (z. B. Jesaja 6,8 [Newiim Acharonim]).

47 LÉVINAS 1974. 180.

48 LÉVINAS 1974. 222. Lévinas verweist hier in einer Fußnote auf den Gesang der Gesänge: *Je suis malade d'amour.* V,8.

49 LÉVINAS 1972. 104. LÉVINAS 1989. 94–95.

50 LÉVINAS 1983. 306.

51 „Le corps n'est ni l'obstacle opposé à l'âme, ni le tombeau qui l'emprisonne, mais ce par quoi le Soi est la susceptibilité même. Passivité extrême de l'„incarnation" – être exposé à la maladie, à la souffrance, à la mort, c'est être exposé à la compassion et,

Begriff eines Ich, welches als leibliches und sterbliches gedacht ist, als zutiefst entfremdet, verwundet, ausgesetzt und empfänglich – und welches nur darin, in dieser Entfremdung und Verwundung, in diesem Ausgesetzt-sein und Empfänglich-sein, seine Identität als humanes Subjekt besitzt.

Sowohl im philosophischen Denken Lévinas' als auch in der psychoanalytischen Theorie Lacans gründet sich die Konstitution des Subjekts demnach – darauf werde ich im folgenden Abschnitt dieses Kapitels noch zurückkommen – auf eine unhintergehbare Verletzung: auf ein Entfremdet- und Verwundet-sein, das bei Lévinas von der Heimsuchung durch die Verantwortung für den Anderen herrührt, bei Lacan vom Einbruch des Symbolischen. Hier scheint also zunächst eine Kongruenz zu bestehen, selbst wenn man berücksichtigt, daß die Unvordenklichkeit, die uneinholbare Vergangenheit dieser Verletzung bei Lévinas eine andere ist als bei Lacan. Eine Differenz, die einer Umkehrung gleichkommt, ergibt sich aber bei einer Unterscheidung zwischen „primärer" und „sekundärer" Struktur: denn während das identifikatorische und narzißtische Ich *(moi)* bei Lacan als einheitliches gedacht wird – im Unterschied zum gespaltenen (sprechenden und gesprochenen) Subjekt[52] –, bestimmt Lévinas die „primäre", vor-ursprüngliche Struktur der Subjektivität *(soi)* als eine entfremdete und verletzte, das Subjekt des *cogito (le même)* dagegen als eines, das seine Einheit und Identität durch die Integration des Anderen und Verschiedenen unablässig wiederfindet. Das Subjekt des „ich denke", das Ich, das sich denkt, oder das den Anderen denkt, kommt so eher dem identifikatorischen und narzißtischen *moi* Lacans nahe – es ist imaginär, abgeschirmt gegen Intersubjektivität.

Die traumatische Verletzung des Ich durch sein in-Anklage- (im-Akkusativ-) stehen, welche gleichsam den innersten Punkt in Lévinas' Denken der Alterität markiert, beschreibt eine dreifache Vorgängigkeit. Zunächst weist sie auf eine Vorgängigkeit hin, die die *Subjektgeschichte* betrifft, wie sie der Begriff der *subjectivité pré-originaire*, der vor-ursprünglichen Subjektivität, umschreibt („Geschichte" meint hier ein zeitlich gedachtes – das heißt auch

---

Soi, au don qui coûte. En deçà du zéro de l'inertie et du néant, en déficit d'être en soi et non pas dans l'être, précisément sans lieu où poser la tête, dans le non-lieu et, ainsi, sans condition, le soi-même se montrera porteur du monde – le portant, le souffrant, échec du repos et de la patrie, et corrélatif de la persécution – substitution à l'autre." LÉVINAS 1974. 172–173 (Anm. 2).

52  Vgl. Ellie RAGLAND-SULLIVAN, Jacques Lacan und die Philosophie der Psychoanalyse. Weinheim, Berlin: Quadriga, 1989. 24.

Zeitlichkeit öffnendes – Vorausliegen). Doch auch das Register der Philosophie und das Kontinuum philosophischen Denkens selbst ist davon berührt, und zwar insofern, als Lévinas Ethik als *erste Philosophie* bestimmt. Denn die Beziehung des *face-à-face* definiert für Lévinas die ethische Situation – eine Definition, in der Ethik nicht als System von Geboten und Verboten gedacht wird. In der ethischen Situation sehe ich mich der Verpflichtung unterworfen, die mir der Andere in seiner unreduzierbaren Andersheit auferlegt. Diese Verantwortung – meine Verpflichtung, der Verletzlichkeit und der Sterblichkeit des Anderen zu antworten – kommt jeder weiteren Frage zuvor. Dadurch gewinnt die Ethik Unabhängigkeit von der Geschichte – in einer Sprache, die nicht von einer besonderen moralischen Erfahrung herrührt, sondern die aus *nichtphilosophischen Erfahrungen*[53] kommt und an diese gebunden bleibt (aus dem traumatischen Einbrechen des *Realen* im Sinne Lacans, welches mit dem geschichtlichen Datum der *Shoa* verknüpft ist).

Schließlich erstreckt sich die Vorgängigkeit auch auf die Relation zwischen *Eros und Antlitz*, indem Lévinas das zwischen-menschliche Drama des Subjektiven als ein dem erotischen Drama Vorausgehendes bestimmt: wenn man „das zwischen-menschliche Drama (*le drame inter-humain*) und das Unbewußte jenseits der Wachsamkeit (*vigilance*) des transzendentalen Idealismus und der klassischen Psychologie wiederfindet, dann kann man denken, daß das zwischen-menschliche Drama des Subjektiven tiefer liegt als das erotische Drama, welches von jenem getragen wird."[54] Diese Differenz, die die sexuelle überhaupt erst gründet, nennt Thanos Lipowatz *symbolische Differenz*[55]: sie bezieht sich nicht auf ein anders-sein, sondern auf ein anders-als-sein, und zwar dadurch, daß sie die Unmöglichkeit des eins-seins oder mit-sich-selbst-identisch-seins bezeichnet (eine Unmöglichkeit, die sich in der Öffnung oder Verwundung des Subjekts durch das Begehren und durch das Reale zeigt).

Die in Lévinas' Schriften vorgeschlagene Konzeption der Struktur der Subjektivität – das heißt, ihre Destrukturierung – widersetzt sich der Tradition des abendländischen Humanismus und Idealismus, und zwar im Zeichen einer Kritik der Gewalt, die den Horizont der Kritik verläßt, um einen *anderen* philosophischen Diskurs zu beginnen (einen Diskurs, der von der Spur der Gewalt des Nazismus, von der Erschütterung durch den Zivilisations-

---

53 LÉVINAS 1983. 322.
54 LÉVINAS 1972. 122. LÉVINAS 1989. 96 (Übersetzung verändert).
55 LIPOWATZ 1986. 22.

bruch, den das Trauma der Verfolgung und Vernichtung der Juden bedeutet, durchzogen und innerviert ist). Diese Konzeption der Struktur der Subjektivität wendet sich zum Beispiel gegen diejenige J.G. Fichtes, welche das Ich dazu verpflichtet, sein eigener Ursprung zu sein.[56] Sie weist indessen durchaus Bezüge und Korrespondenzen zur Theorie der Subjektivität in der Psychoanalyse Freuds und Lacans auf, welchen im folgenden Abschnitt meiner Untersuchung noch genauere Aufmerksamkeit geschenkt werden soll.


*1.2 Konstitutive Täuschungen*
  *(Sigmund Freud und Jacques Lacan)*


Das Denken Lévinas' schickt das Bewußtsein, das dem Trauma der Anklage ausgesetzt ist, und das durch dieses Ausgesetztsein in eine Resignation – in Abtretung und Verzicht – gestürzt wird (*projetée dans une résignation*)[57], durch eine Nacht hindurch: eine Nacht, die sicherlich, so räumt Lévinas ein, eine Nacht des Unbewußten sei. Es geht hier aber um ein Unbewußtes, das sich nicht im Register dessen findet, was Lévinas als klassische Psychologie bezeichnet. Denn es ist als ein Unbewußtes *jenseits* des Unbewußten konzipiert. Es reicht gleichsam tiefer: es wird in einer Region situiert, die unterhalb des Wechselspiels von Unbewußtem und Sexuellem liegt. Die Zurückweisung der Psychologie und der Psychoanalyse, die Lévinas wiederholt vorbringt[58], bezieht sich auf genau dieses Moment in seiner Theorie der Subjektivität (genauer: in deren Dekonzeption). Nur durch eine solche Zurückweisung wird es möglich, eine Differenz zwischen dem zwischen-menschlichen Drama und dem erotischen Drama einzuführen – eine Differenz, die eine topische Bedeutung erhält, wenn Lévinas schreibt, das erotische Drama werde vom zwischen-menschlichen Drama getragen.[59] Es geht dabei um einen Anderen, der jenseits des Anderen im Unbewußten und jenseits des Anderen im erotischen Drama situiert ist. Die Verletzung durch das in-Anklage-stehen, in der sich die Verantwortung für den Anderen ausdrückt, geht dann der Spaltung der Geschlechtlichkeit voraus: sie liegt tiefer als diese. Die Spaltung der

---

56 LÉVINAS 1972. 81. LÉVINAS 1989. 71.
57 LÉVINAS 1972. 122. LÉVINAS 1989. 96.
58 Vgl. z. B. auch LÉVINAS 1988. 114.
59 Siehe dazu Kapitel 2 dieser Untersuchung.

Geschlechtlichkeit verbirgt oder dramatisiert eine tiefere Verwundung, ein tieferes von-sich-entfremdet-sein – ein Trauma, das nicht als ödipales Drama beschrieben werden kann.

Doch lassen sich mehrere Korrespondenzen zur Theorie der Subjektivität, wie sie bei Freud und bei Lacan entwickelt wird, erkennen – Korrespondenzen, in denen sich aber umgehend eine Entfernung abzeichnet. So läßt sich die theoretische Einbettung und Funktionsweise des Begriffs der Rede bei Lévinas mit Lacans Konzept der symbolischen Ordnung in Verbindung bringen. Dasselbe würde für die Traumatisierung, das in-Anklage-stehen bei Lévinas und Lacans Konzeption der Aphanisis – und beider Betonung der Unvordenklichkeit, die das Einbrechen des Anderen auszeichnet – gelten. In diesem Sinne würden das *soi* Lévinas' und das *je* (das gespaltene und begehrende Subjekt der Äußerung) Lacans konvergieren, wobei aber das *soi* Lévinas' weder dem Register des Imaginären noch dem des Symbolischen zugehören würde, sondern eher dem des Realen, da die Verantwortung für den Anderen die Ordnung der Bilder und der Erkenntnis umstürzt. Eine weitere Korrespondenz der subjekttheoretischen Konzeptionen Lévinas' und Lacans zeigt sich für den Begriff des Begehrens: dieser stellt auch einen Anknüpfungspunkt dar, um die Bedeutung und die Situierung zu skizzieren, die dem Vorgang der Identifikation im psychoanalytischen Vokabular Freuds und Lacans zugesprochen wird.

In der Theorie Freuds erhält der Begriff der Identifikation (Freud spricht von *Identifizierung*) erst allmählich seine tragende Bedeutung in der Beschreibung der Subjektkonstitution.[60] Zuerst tritt der Begriff bei Freud im Zusammenhang mit seiner Darstellung der Traumarbeit auf. Bekanntlich differenziert Freud bei dieser Tätigkeit, die, wie er darlegt, der Entstellung dient, vier Mechanismen, die er als Verdichtung, Verschiebung, Rücksicht auf Darstellbarkeit und sekundäre Bearbeitung bezeichnet. Die *Rücksicht auf Darstellbarkeit* betrifft dabei Verknüpfungen und Substitutionen, das heißt, sie bezieht sich auf Auswahl- und Umwandlungsprozesse, die vorgenommen werden, um eine Vorstellung in Bildern (besonders in visuellen) zu erreichen.[61] In diesem Zusammenhang wird nun die Identifikation als ein Verfahren beschrieben, durch welches die Relation einer – latenten

---

60 Siehe LAPLANCHE, PONTALIS 1973. 220 ff.
61 ibid. 112–113.

– Ähnlichkeit dargestellt wird, und zwar, indem ein bestimmtes Bild durch ein anderes ersetzt wird, also durch den Vorgang einer Substitution.[62]

Freud entfaltet den Begriff der Identifikation dann weiter bei der Erläuterung hysterischer Symptome (im Kapitel über die Traumentstellung), wobei er ihn gegen die Imitation abgrenzt, indem er das Kriterium eines Gemeinsamen einführt, welches im Unbewußten bleibt. Hier beschreibt er die Identifikation als eine Modalität der Aneignung: „Die Identifizierung ist also nicht simple Imitation, sondern *Aneignung* auf Grund des gleichen ätiologischen Anspruches; sie drückt ein „gleichwie" aus und bezieht sich auf ein im Unbewußten verbleibendes Gemeinsames".[63] Taucht der Begriff der Identifikation im Kontext der Traumdeutung also zunächst bei der noch syntagmatisch orientierten Analyse der Traumarbeit auf, so wird er nun mit der Tätigkeit des Unbewußten und der Symptombildung in Zusammenhang gebracht.

Eine zunehmende Bereicherung erfährt der Begriff der Identifikation, wie Laplanche und Pontalis notieren[64], in Freuds späteren Schriften. So erhält er eine Bedeutung bei der Darstellung der psychischen Prozesse, die bei der Trauer und bei der Melancholie bestimmend sind: in der Melancholie, die gleichsam als eine Form der gescheiterten Trauer beschrieben wird, identifiziert sich das Subjekt mit dem verlorenen Objekt. Auch findet der Begriff der Identifikation Verwendung im Zusammenhang mit der Beschreibung des Narzißmus und des ödipalen Dramas, und dann auch in der eigentümlichen Wendung von der Identifizierung (des Knaben) mit dem Vater der persönlichen Vorzeit. Hier ist von einer direkten und unmittelbaren Identifizierung die Rede, die jeder Objektbeziehung vorausgehe[65], während die Identifikation sonst bei Freud dem Feld der Objektbeziehungen angehört. Nicht unwesentlich scheint mir, daß Freud bei seiner Ausarbeitung des ödipalen Dramas die Ambivalenz herausstellt, die die Identifikation prägt. Denn die Identifikation kann dem Objekt gleichzeitig mit Liebe und mit Haß entgegenkommen – und es ist diese Ambivalenz, der sie ihre komplexe und inkohärente Struktur verdankt.

---

62 Sigmund FREUD, „Die Traumdeutung" (1900). In: FREUD, Gesammelte Werke II-III. 1–642; hier 324–325.

63 ibid. 155–156.

64 LAPLANCHE, PONTALIS 1973. 220–221.

65 Vgl. Sigmund FREUD, „Das Ich und das Es" (1923). In: FREUD, Gesammelte Werke XIII. 235–289; hier 259.

Überdies können auch, wie Freud ausführt, mehrere Identifikationen – mehrere psychische Personen – nebeneinander bestehen.

Auf die Annahme, daß beim Vorgang der Identifikation eine *andere Vorzeit* im Spiele ist, weisen Laplanche und Pontalis implizit hin, wenn sie in Erinnerung rufen, daß die Identifikation immer die Markierung ihrer „primitiven Vorbilder" – das heißt, die Markierung der Einverleibung und der Introjektion – trägt: „die Einverleibung vollzieht sich an *Dingen*, und die Beziehung wird mit dem einverleibten Objekt verwechselt".[66] Es scheint mir wesentlich, dieses Kriterium der Verwechslung festzuhalten, da sich in ihm wiederum ein Bezug zum Realitätsbegriff eröffnet. Von hier aus wird auch die Schwierigkeit der Abgrenzung der Identifikation gegenüber der Projektion verständlich – so führt Melanie Klein die Bezeichnung *projektive Identifizierung* ein, um die aggressive Beziehung eines Subjekts zum mütterlichen Körper zu beschreiben.[67]

Die Bereicherung und Differenzierung, die der Begriff der Identifikation in den genannten, unterschiedlichen Aspekten erfährt, führt indessen, so konstatieren Laplanche und Pontalis, „weder bei Freud noch in der psychoanalytischen Theorie zu einer Systematisierung der verschiedenen Modalitäten des Begriffes. Ebenso äußert sich Freud wenig befriedigt über seine Formulierungen zu diesem Thema".[68] Es verdient aber festgehalten zu werden, daß der Begriff der Identifikation bei Freud zum einen im Rahmen der Untersuchung der Traumarbeit und der Entstellung des Traums zum Tragen kommt, das heißt auf dem Feld der Theorie der Repräsentation, und daß er zum anderen zur psychoanalytischen Erklärung der Kohäsion der Masse herangezogen wird, so in der Schrift *Massenpsychologie und Ich-Analyse* aus dem Jahre 1921, welche Überlegungen der beiden Arbeiten über den Narzißmus und über Trauer und Melancholie weiterführt. Darüber hinaus sind für unsere Diskussion die folgenden Kriterien in Freuds Beschreibung der Identifikation beachtenswert: zunächst einmal die *Konstruktion eines Gemeinsamen, das als eine Phantasie auftritt*; dann die *Bestimmung der Identifikation als Aneignung*, und zwar als eine Aneignung, die die Markierung der Inkorporation, also Spuren des Kannibalismus trägt; die *Situierung der Identifikation im Feld der Objektbezie-*

---

66 LAPLANCHE, PONTALIS 1973. 223.

67 Auf das projektive Geschehen werde ich in der dritten Sequenz (*Verwerfung*) näher eingehen.

68 LAPLANCHE, PONTALIS 1973. 222.

*hungen* (bzw. ihrer Substitute und Sedimente); die *Ambivalenz*, das heißt also die Gleichzeitigkeit und Untrennbarkeit der Bejahung und Verneinung, welche für diese Beziehungen prägend ist; und schließlich das *Moment der Verwechslung*, das schon eine Vorausdeutung darstellt auf die Kategorie des *vréel* bei Julia Kristeva, auf die ich später zurückkommen werde, aber auch auf das Motiv der konstitutiven Täuschungen, welches in Lacans Theorie der Subjektkonstitution eine Rolle spielen wird.

Bevor ich aber auf die Subjekttheorie Jacques Lacans eingehe, um den Vorgang der Identifikation von Lacans Konzeption des Spiegelstadiums aus zu beleuchten, soll – in der Form eines kleines Exkurses, der in das Archiv der (ja nur bedingt historischen) Vorstellungswelt des Aberglaubens zurückführt – die Praxis der Identifikation an einem Beispiel erläutert werden. Ich beziehe mich dabei auf eine Textstelle aus dem *Handwörterbuch des deutschen Aberglaubens* (1931/32), derzufolge ein „Riß im Kleid, der Tod bedeutet", „Jude" genannt wird. Die betreffende Passage, die Regeln der Traumdeutung dokumentiert, unversehens aber auch Regeln einer Bildlichkeit festschreibt, die in Träumen wiederauftaucht, lautet: „Träumen von J.n bedeutet Ärger, Klatsch, Verluste. Ein Riß im Kleid, der Tod bedeutet, heißt J."[69]

Das Bild des Risses in dieser Passage verweist auf jene Spaltung, die – als vorausgehende Spaltung des Subjekts, als *Einriß* im Sinne Lacans – diejenige Wunde öffnet, welche die Einschreibung des Todes, die Faktizität der Sterblichkeit für das sich als unverletztes, ganzes Selbst imaginierende Subjekt bedeuten. Die Bedeutung des Todes wird nun aber in dem zitierten Satz aufgehoben – eine Aufhebung (in der doppelten Bedeutung des Ungültig-machens und des Bewahrens), die gerade durch das Verfahren der Identifikation geschieht: denn die Drohung des Todes – das Bild des Risses im Kleid, das diese Drohung „bedeutet" – wird ersetzt durch den Signifikanten „Jude". Dieser Vorgang der Substitution, der sich über eine Namensgebung vollzieht („bedeuten" wird transformiert in „heißen") und der den Tod als Tod des Anderen imaginiert, bringt – für den Deutschen, der träumt – einen doppelten Gewinn. Denn zum einen wird die Relation einer – latenten – *Ähnlichkeit* konstruiert zwischen der imaginären Figur des Juden und der Drohung des Todes, der ursprünglichen Verletzung,

---

69 Handwörterbuch des deutschen Aberglaubens Bd. IV. Berlin, Leipzig 1931/32. 831.

die diese Drohung von Anfang an für das Subjekt bedeutet. Zum zweiten aber, und dieser Effekt ist ebenso bedeutsam, findet die konstruierte Ähnlichkeit ihre *Darstellung*; sie kann sich in der Form einer Darstellung, einer Repräsentanz („Jude" = Tod) verfestigen und objektivieren, wobei sie ihre Mimesis vergißt: nicht nur hat sich das Andere des Todes in den Tod des Anderen verwandelt, sondern der Tod geht im Namen „Jude" unter. Das Aus-der-Welt-schaffen des Todes und das Aus-der-Welt-schaffen „des Juden" werden damit identisch; und, im Gegenzug, wird „der Jude" als dasjenige konstruiert, welches die Erinnerung an den Tod wachhält, der in seinem Namen deponiert wurde – insofern repräsentiert der Signifikant „Jude" genau das Moment des Scheiterns der Verdrängung: er wird zum *Symptom*. Der objektivierende Zug dieser Repräsentation wird besonders unterstrichen durch die Weise, wie die zitierte Passage jüdische Figur und jüdischen Namen im Zirkel von Tod und Verlust amalgamiert. Und – dieses Strukturmoment scheint mir wesentlich zu sein, da es die Dynamik der beschriebenen Konstellation hervorhebt – gerade im Zuge dieser Darstellung kann der ursprüngliche Schrecken erneut verdrängt werden.

Genau durch diese Darstellung, durch diese Benennung, gelingt es also dem Subjekt, das dann zwangsläufig religiös und national konturiert ist, sich abzudichten gegen die ursprüngliche Verletzung, die ihm seine Sterblichkeit versetzt: es gelingt ihm, sich als (ursprünglich) unbeschädigte, vollständige Einheit zu imaginieren. Ohne Tod und ohne Verluste.[70] Vielleicht trägt dieses Gelingen einen Vorschein jener „glücklichen Zeit" in sich, deren Versprechen (gemäß dem diesem Teil meiner Untersuchung als Präskription vorangestellten Zitat aus dem *Handwörterbuch des deutschen Aberglaubens*) den christlichen Traum von der Bekehrung „aller Juden" anfeuert. In diesem Sinn macht die zitierte Passage, die „Tod" und „Jude" identifiziert, auf einen doppelten Zusammenhang aufmerksam: zum einen auf eine Koppelung des jüdischen Signifikanten mit dem Todes-Motiv im Antisemitismus, zum anderen aber auch darauf, daß zwischen dem beschriebenen Vorgang der Identifikation und Erlösungskonzepten offenbar ein verdecktes und indirektes Bündnis besteht.

---

70 Mit dem Wunsch, den Tod zu töten, bringt Hans Keilson die Schändungen jüdischer Friedhöfe in Zusammenhang: KEILSON, „Anstelle eines Kaddish". In: Hajo FUNKE, Die andere Erinnerung. Gespräche mit jüdischen Wissenschaftlern im Exil. Frankfurt/M.: Fischer, 1989. 375.

Doch unternimmt der zitierte Satz nicht nur eine Gleichsetzung, sondern auch eine *Setzung*, wobei das Irritierende dieser Setzung im Modus der syntaktischen Verkettung liegt. Denn die produzierte Kette: Signifikant „Riß"/Signifikat (bzw. undarstellbarer Referent) „Tod"/Signifikant „Jude" impliziert nicht nur einen Austausch des einen durch den anderen Signifikanten – einen Austausch oder eine Substitution, die es, wie schon dargelegt, erlaubt, um der Leugnung eines Realen willen das Signifikat zu verbarrikadieren, die Bedeutung, die Drohung des Todes zu annullieren. Vielmehr scheint sie auch die Möglichkeit einzuräumen, die Ebene des Signifikanten und die des Signifikats auszutauschen und miteinander zu verwechseln: denn die Flucht in den Namen „Jude" erlaubt ja, aus der primären Ordnung der Bedeutung (Signifikant „Riß"/Signifikat bzw. undarstellbarer Referent „Tod") herauszuspringen. Die produzierte Kette schließt so *performativ* den Abgrund, die Leere, in der die Signifikation gründet: sie treibt die Arbitrarität des Zeichens weiter und hebt sie im selben Zuge auf. In anderen Worten: die Analogie, die für das Imaginäre kennzeichnende Ähnlichkeit zwischen Signifikant und Signifikat, wird mittels eines Aktes der Symbolisierung (der Namensgebung) verlassen und durch eine sekundäre Analogie ersetzt. Der Akt der Symbolisierung, der diese sekundäre Analogie konstruiert, *vertieft* aber das Imaginäre.[71] In diesem Sinn tendiert die produzierte Verkettung dazu, das Wechselspiel zwischen dem Gleiten der Signifikantenkette einerseits und der *präsentierenden* Einschränkung auf ein Signifikat andererseits zu konfundieren. Das Moment der Verwechslung, das hier virulent wird, führt genau auf jene Frage einer Hypostasierung des Imaginären, die ich weiter unten erläutern werde und die in der dritten Sequenz meiner Untersuchung – unter dem Aspekt des Ausschlusses des fundamentalen Signifikanten – erneut aufgenommen wird (Kapitel 7.2).[72] Die beschriebene Ver-

---

71 Vgl. dazu das Fragment „Der Dämon der Analogie". In: Roland BARTHES, Über mich selbst. München: Matthes & Seitz, 1978. 48–49.

72 Ein *ähnliches* Beispiel für die Praxis der Identifikation, das nun aber nicht dem Register des Antisemitismus, sondern dem des Philosemitismus entnommen ist, stellt jener Fall einer neuen Namensgebung dar, den Helen Epstein in ihrem Buch *Die Kinder des Holocaust* berichtet: während einer Reise durch Israel begegnet Epstein der jungen Sozialistin „Ilana Edelmann", die in München lebt, in Wien geboren ist. Die mit dem Eigennamen evozierte jüdische Identität Ilanas erweist sich beim näheren Kennenlernen als eine Mystifikation, als eine Tarnung, die ihre wirkliche Herkunft verbirgt: ihr richtiger Name ist, so stellt sich heraus, „Ilse Eichmann" – ein Name, der eine ganz andere – skandalöse – Verwandtschaft assoziiert. Vgl. Helen EPSTEIN, Die Kinder des Holocaust. Gespräche mit Söhnen und Töchtern von Überlebenden. München: dtv,

kettung zeigt genau, wie der Wunsch die Figur „des Juden" erfindet: sie führt insofern nicht auf das Reale „des Juden", sondern auf das Reale des Begehrens, das den deutschen Träumer antreibt.

In der Theorie Jacques Lacans „entsteht" Subjektivität, die durch eine dreifache Exzentrität von „sich" entstellt ist, aus der Verkettung von Imaginärem, Symbolischem und Realem. Das *ursprüngliche Abenteuer* des Spiegelstadiums, jenes für die Genese der Ich-Bildung erste Ereignis, dessen dynamische Struktur vor dem Hintergrund der Narzißmus-Theorie Freuds und der Herr-Knecht-Dialektik Hegels ausgearbeitet wird, bildet für Lacan die *Matrix* aller künftigen imaginär-identifikatorischen Prozesse des Subjekts. Das Spiegelstadium bezeichnet jene Konstellation – oder genauer, jenes Drama – der menschlichen Psyche, im Zuge dessen sich das Subjekt als Ganzheit imaginiert, das heißt, das anfänglich zerstückelte Bild des eigenen Körpers zu einem ganzen Bild umformt – Lacan spricht hier von der „jubilatorischen Aufnahme seines Spiegelbildes durch ein Wesen, das noch eingetaucht ist in motorische Ohnmacht und Abhängigkeit von Pflege".[73] Dieses Bild eines ganzen Körpers – welches in einem Spiegel, aber auch im Blick der Mutter erzeugt wird – symbolisiert die innere Permanenz und Kohärenz des Ich; gleichzeitig aber präfiguriert diese Symbolisierung die entfremdende Bestimmung des Ich.[74] Es ist eine konstituierende Entfremdung, die aggressive Ladungen trägt. Wie Lacan unterstreicht, handelt es sich dabei um eine jedem Altruismus zugrundeliegen-

---

1990. 301–317. Diese Geschichte ist in der amerikanischen Originalausgabe des Buches, die 1979 erschien, nicht dokumentiert. Die Tätigkeit der Phantasie, die eine solche Mystifikation produziert, findet sich in einer kleinen Arbeit Sigmund Freuds aus dem Jahre 1909 dargestellt, die den Titel „Der Familienroman der Neurotiker" trägt. In: FREUD, Gesammelte Schriften VII. 227–231. Auch in diesem Beispiel wird die Relation einer (latenten) Ähnlichkeit (zwischen Täter und Opfer der Judenvernichtung) dargestellt; und zwar geschieht diese Repräsentation der (latenten) Ähnlichkeit, ganz übereinstimmend mit der Erläuterung, die Freud für die Traumarbeit gibt, durch den Vorgang einer Substitution (des deutschen Namens durch den jüdischen Namen). Auch hier geht es um den entstellten Ausdruck eines Wunsches. Vgl. dazu meinen Essay „Unheimliches Verstehen". In: Luzifer-Amor 9. 1992. 48–56; hier 48.

73 Jacques LACAN, „Das Spiegelstadium als Bildner der Ich- Funktion wie sie uns in der psychoanalytischen Erfahrung erscheint" (1949). In: LACAN, Schriften I. Ausgewählt und herausgegeben von Norbert HAAS. Weinheim, Berlin: Quadriga, 1991. 61–70; hier 64.

74 ibid. 65.

de, zumeist verkannte Aggressivität[75] – damit werden hier schon zwei Momente der Verkennung unterschieden, die sich einerseits auf die Illusion der Ganzheit und Einheit, aber andererseits auch auf die Illusion des Altruismus, der Rücksicht auf den Anderen beziehen.

Im Spiegelstadium erkennt und verkennt sich das Ich demnach in dem widergespiegelten Bild, das es selbst als anderen, als ähnlich erscheinend, zeigt. Auf imaginäre Weise, mit Hilfe eines Bildes, tilgt so das Ich ein reales Zerrissen-sein und Unvollkommen-sein. Aber das Bild, welches die Illusion eines unversehrten Ganzen vermittelt, bleibt bedroht, denn die Phantasien der Fragmentierung werden durch den kreativen Akt der Umformung, der die narzißtische Illusion begründet, nur negiert, keinesfalls aufgehoben. Daher beschreibt Lacan das Spiegelstadium als ein „Drama, dessen innere Spannung von der Unzulänglichkeit auf die Antizipation überspringt und für das an der lockenden Täuschung der räumlichen Identifikation festgehaltene Subjekt die Phantasmen ausheckt, die, ausgehend von einem zerstückelten Bild des Körpers, in einer Form enden, die wir in ihrer Ganzheit eine orthopädische nennen könnten, und in einem Panzer, der aufgenommen wird von einer wahnhaften Identität, deren starre Strukturen die ganze mentale Bestimmung des Subjekts bestimmen werden. So bringt der Bruch des Kreises von der *Innenwelt* zur *Umwelt* die unerschöpfliche Quadratur der *Ich*-Prüfungen (*récolements du moi*) hervor."[76] Erst durch den Einbruch der Sprache erhält das Ich seine Funktion als Subjekt: erst durch die Konstitution des Symbolischen, den Einbruch (*intrusion*) des Signifikanten, und durch die Einführung des Dritten, des väterlichen Gesetzes, in die Dyade zwischen Mutter und Kind, wird der andere zum Anderen, zum Zeugen. Hierin erst gründet das Begehren.

In einem späteren Text Lacans wird dieser Moment der Differenzialität, der den Eintritt des Dritten als Zeugen begleitet, ins Innerste der Spiegelbeziehung zurückverlagert, in ihren „reinsten Moment", dann nämlich, wenn das Kind beim Anblick seines Bildes sich zu einem anderen umdreht, um an ihn als Zeugen dieses Wiedererkennens oder Anerkennens zu appellieren. Das jubilatorische Wiederkennen verdeckt dann nicht nur den realen Mangel, die motorische Unzulänglichkeit, sondern „einen viel kritischeren", nämlich den „Mangel am Sein oder an Identität, der das Spiel der Differenzen radikal auszeichnet."[77] In dieser Verlagerung erweist

---

75  ibid. 70.
76  ibid. 67.

sich so nicht nur die Verschränkung von Symbolischem und Imaginärem im Moment des ersten Erkennens und Verkennens; auch die Funktion des Bildes konturiert sich schärfer, indem sich das Bild über den Mangel am Sein oder an Identität legt und ihn verdeckt: es ist dieser Mangel, der viel kritischer ist, der sich so – als Bedrohung und als differentielles Potential – im Herzen des Bildes einschreibt, als dessen geheimer Kern.

Im imaginären Anspruch auf den anderen[78] – in dem der andere die Stelle des *objet a* einnimmt – verdeckt das Subjekt jenen ursprünglichen Mangel oder Einriß, den Freud als die grundlegende Hilflosigkeit des Menschen, als Not, bezeichnet hat. Die Verschiedenheit und Inkongruenz zwischen dem Bild, das den Mangel ausfüllt oder überdeckt, und der Realität wird dabei, wie wir sahen, *unterschlagen*.[79] Die Sprache dagegen *symbolisiert* den Mangel. Das Imaginäre wird bei Lacan als Funktion einer einbildenden Repräsentation bestimmt, welche sich auf der Grundlage einer Präsenz zu etablieren wünscht, indem sie dem Signifikat den Vorrang vor dem Signifikanten gibt. Diese Repräsentation nennt Lacan eine einschränkende, restringierte Form der Repräsentation. Im Unterschied zu ihr macht die metonymische Bewegung des Begehrens jede Identifikation unmöglich, indem sie an ihr vorbeigeht: denn sie bedeutet jene Bedingtheit, aufgrund derer das Subjekt gezwungen ist, die konstituierende Struktur seines Begehrens in eben diesem Einriß (*béance*: Aufklaffen; auch die-Sprache-verlieren, Öffnen einer Wunde) zu finden.[80]

Lacans Theorie zeichnet sehr klar die konstitutiven Täuschungen, denen das Subjekt im Spiegelstadium unterliegt, da es sich notwendig im Zirkel von Unzulänglichkeit, Antizipation und Panzerung, welcher für dieses Stadium kennzeichnend ist, verfängt. Auch die aggressive Spannung, in die das Subjekt gerät, wenn es mit sich selbst identisch sein will, wird als eine der Konstellation des Spiegelstadiums inhärente Bedingtheit deut-

77  Samuel WEBER, Rückkehr zu Freud. Jacques Lacans Ent-stellung der Psychoanalyse. Frankfurt/M., Berlin, Wien: Ullstein, 1978. 97. Vgl. auch ibid. 95 ff.

78  Lacan unterscheidet den Anspruch (*demande*) vom Bedürfnis (*besoin*) einerseits und vom Begehren (*désir*) andererseits. Die Artikulation des Anspruchs gehört zwar der Ordnung des Imaginären an; jedoch bietet der Anspruch schon einen Zugang zum Symbolischen. Siehe hierzu Samuel WEBER 1978. 112.

79  Vgl. Volkhard KNIGGE, „Die Nackten: das Nackte: der Akt. Psychoanalytische Bemerkungen über Imaginäres und Symbolisches am Nackten". In: Detlev HOFFMANN (Hg.), Der nackte Mensch. Marburg: Jonas, 1989. 102–116; hier 110.

80  Vgl. Samuel WEBER 1978. 106.

lich akzentuiert. Diese aggressive Ladung hebt der Begriff des Spiegel-stadiums durch die Doppeldeutigkeit hervor, die das Wort *stade* in der französischen Sprache besitzt. Denn die – neben *Stadium* – zweite Wort-bedeutung – *Stadion* – weist darauf hin, daß es hier nicht um eine zeitlich abgrenzbare Phase innerhalb einer Genealogie geht, sondern vielmehr um einen Schauplatz: genauer – nimmt man Lacans Metaphern der „Are-na" oder des „befestigten Lagers"[81] ernst – um den *Schauplatz eines Kamp-fes*. Die von Lacan hier gewählte Terminologie impliziert nicht nur die Ablösung einer entwicklungsgeschichtlichen durch eine strukturelle Kon-zeption, sondern auch die Betonung der *Unumgehbarkeit* dieses Schauplat-zes. Denn keinesfalls dürfen wir, darauf weist Samuel Weber zu Recht hin, die beschriebenen Täuschungen und Verkennungen im Sinne eines ver-meidbaren, falschen Bewußtseins verstehen:

die Struktur dieses Bewußtseins, des Ich, ist nicht bloß vom Ich verkannt worden, um dann nach einem traditionellen Modell des absoluten Wissens wahrhaft *erkannt* zu werden. Diese Bewegung wäre nur möglich, wenn das Ich tatsächlich das wäre, als was es sich präsentiert: nämlich *mit sich identisch*. Dann erst könnte es hoffen, sich selbst zu erkennen. Aber sofern das Ich immer zugleich und zuerst ein *anderes* gewesen ist und gewesen sein wird, müssen solche Versuche, zu sich *selbst* zu kommen, immer Verkennung und Verleugnung implizieren.[82]

Nicht um die – unvermeidliche – Verkennung, die der Narzißmus ist und zu der er führt[83], geht es mir hier, sondern vielmehr um die aggressive Ladung, die die Leugnung dieser Verkennung umgibt. Jenseits der Aner-kennung der Unhintergehbarkeit jener konstitutiven Täuschungen und ag-gressiven Ladungen, die den Identifikationsprozeß prägen, möchte ich aber noch ein zweites Moment hervorheben: denn ebenso bedeutsam scheint es mir, die konstitutive Funktion, die das Imaginäre (im Sinne Lacans) für die Subjektivität wie auch für die Repräsentation besitzt, anzuerkennen: gerade um nicht die Gefahr – die Gefährdung auch der Ableitung und der Subli-mation der Strebungen des *moi* – aus dem Blick zu verlieren, die aus der Angst kommt, die dem imaginären Anspruch zugrundeliegt[84] und die sich

81 LACAN, Schriften I. 67.
82 Samuel WEBER 1978. 87.
83 Siehe dazu Friedrich A. KITTLER, „„Das Phantom unseres Ichs' und die Literaturpsy-chologie: E.T.A.Hoffmann – Freud – Lacan". In: Friedrich A. KITTLER, Horst TURK (Hg.), Urszenen. Literaturwissenschaft als Diskursanalyse und Diskurskritik. Frank-furt/M.: Suhrkamp, 1977. 139–166; hier 152.
84 Vgl. Samuel WEBER 1978. 107.

aus der aggressiven Spannung begründet, welche der Konstellation des Spiegelstadiums innewohnt. Denn wohin werden diese Angst und diese Aggressivität getragen? Es geht also um eine doppelte Unvermeidbarkeit: die der Verkennung und die des Imaginären. Wie schon angedeutet, wird die Spiegelbeziehung bei Lacan nicht als eine später abgelöste Phase gedacht – vielmehr wiederholen alle künftigen Identifikationsprozesse diese Konstellation und die ihr inhärente Dynamik. Entsprechend bleibt auch das Imaginäre im Inneren des Symbolischen erhalten: in der Bewegung des Metaphorischen, die als imaginäre Funktion das Gleiten der Metonymie, welches die eigentliche symbolische Funktion darstellt, einschränkt und konkretisiert, indem sie diese auf ein Signifikat verpflichtet.

Zweifellos erhält das *ursprüngliche Abenteuer* des Spiegelstadiums, das die Matrix aller künftigen Identifikationsprozesse des Subjekts bildet, in Lacans Theorie seinen Reiz und seine Aussagekraft erst durch seine Stelle innerhalb der drei Register des Imaginären, des Symbolischen und des Realen. Erst durch den Einbruch des Symbolischen wird aus dem Ich, das sich zu identifizieren versucht, ein Subjekt der Äußerung (*sujet de l'énonciation*) – das heißt, ein Subjekt, das spricht und gesprochen wird in demselben Zuge, in dem es in der Signifikantenkette verschwindet (*fading*[85]). Hierin erst gründet die Intersubjektivität.[86] Wie Emmanuel Lévinas bindet also auch Jacques Lacan das Ereignis der Intersubjekti-

---

85  Jacques LACAN, Die vier Grundbegriffe der Psychoanalyse. Das Seminar Buch XI (1964). Weinheim, Berlin: Quadriga, 1987. z. B. 217–219.

86  Den Ausdruck *Intersubjektivität* verwende ich an dieser Stelle zunächst im Sinne der Charakterisierung des öffentlichen Raums, die Hannah Arendt vornimmt, wenn sie von jenem räumlichen Zwischen spricht, das die Menschen zugleich verbindet und trennt, so daß sie versammelt werden, ohne ineinander zu fallen (oder übereinander herzufallen). Der öffentliche Raum, so Arendt, „gathers us together and yet prevents our falling over each other". Hannah ARENDT, The Human Condition. Chicago: The University of Chicago Press, 1958. 52. Einen davon unterschiedenen Begriff der Intersubjektivität schlägt Lacan vor, wenn er vom „Bezug eines ‚ich' auf das gemeinsame Maß des reziproken Subjekts, oder auch: der anderen als solcher, also: insofern sie für-ein-ander andere sind" spricht: „Dieses gemeinsame Maß ist gegeben durch eine bestimmte *Zeit zum Begreifen*, die sich als eine wesentliche Funktion der logischen Reziprozitätsrelation erweist. Dieser Bezug des ‚ich' auf andere als solche muß in jedem kritischen Moment verzeitlicht werden, um dialektisch den *Moment, die Zeit zum Begreifen zu schließen*, darauf zu reduzieren, nur so lange zu dauern wie der *Augen-Blick*." Jacques LACAN, „Die logische Zeit und die Assertion der antizipierten Gewißheit". In: LACAN, Schriften III. Weinheim, Berlin: Quadriga, 1986. 101–121; hier 119.

vität an die Voraussetzung einer Spaltung, eines Bruchs oder Aufklaffens. In dieser Funktion, durch die das Subjekt von vornherein von sich entfremdet wird, konvergieren die Anklage und die Verantwortung bei Lévinas und das Symbolische bei Lacan. Sowohl Lévinas als auch Lacan führen hier also ein heterologisches Deutungsmuster ein, um das Subjekt als eines zu konstituieren, das von *außen*, von einem Anderen her bestimmt wird. Doch die Heterologie dieses Deutungsmusters ist bei Lévinas und bei Lacan verschieden: denn während die psychoanalytische Theorie Freuds und Lacans die Funktion der Entfremdung mit der ödipalen Situation verknüpft, die Bedrohung der Integrität des eigenen Selbst also mit der Differenz der Geschlechter verbindet, wird sie bei Lévinas mit einem der geschlechtlichen Spaltung vorausliegenden *Einbruch* in Zusammenhang gebracht, den er im *Intersubjektiven* situiert – oder: in dem er das Intersubjektive situiert, das er zu einer A-Symmetrie, zu einer A-Reziprozität umschreibt.

Das dieser Spaltung vorausgehende, ganzheitliche *moi* der Spiegelbeziehung, das auf einer fiktiven Linie situiert ist, wird bei Lacan – ähnlich wie das *même* bei Lévinas – als *chancre*, als Geschwür beschrieben, um auf den überbordenden Drang des Ich nach Allmacht, nach absoluter Anerkennung und nach Einheit hinzuweisen[87] – Lévinas spricht hinsichtlich des *même*, welches er die als *Akkumulation von Sein* verstandene Person nennt, von einer „ontologischen Schwellung, die auf den anderen lastet bis zu ihrer Vernichtung".[88] Das Potential an Destruktivität, das dem (sich) identifizierenden Ich in der Theorie Lacans inhärent ist, läßt sich mit den

---

87 Siehe dazu RAGLAND-SULLIVAN 1989. 86. Ragland-Sullivan bezieht sich hier auf eine Formulierung von Stuart Schneiderman, in welcher der *chancre* als „eine Art Überimplementierung intrinsischer [aus dem Innern kommender] Einheit im biologischen Sein" charakterisiert wird. ibid. 86.

88 LÉVINAS 1972. 122–123. LÉVINAS 1989. 102. (Übersetzung leicht verändert). Das Streben des Ich nach Allmacht sei, so erklärt Ragland-Sullivan, „kein bloßes Zeichen von Eitelkeit, sondern ein Zeichen von Selbsterhaltung, denn das erste Begehren des Menschen ist das nach absoluter Anerkennung (das Begehren, begehrt zu werden), verknüpft mit dem Begehren, eine Einheit zu *sein*. Genauso wichtig für sowohl das persönliche wie auch das soziale Wohlergehen ist aber die Minderung des narzißtischen Triebes des Ich (*moi*) nach Machterfüllung und Anerkennung auf Kosten des anderen. Deleuze und Guattari bzw. auch andere Autoren, die vorschlugen, man könne den Mißbräuchen des Patriarchats und Kapitalismus entfliehen, indem man in dem begehrenden Flux des Anderen mitschwimmt, haben Lacan falsch gelesen." RAGLAND-SULLIVAN 1989. 86.

folgenden Worten umschreiben: „Insofern das Ich (Moi) darauf angewiesen ist, sich ‚mit großen Buchstaben' in alles einzuschreiben, ist es strukturell gewalttätig. Tritt es aus dem Imaginären nicht heraus, kennt es nur zwei Strukturvarianten der Beziehung zum Anderen. 1) ‚Du bist wie Ich (Moi) und insofern bist Du nicht'; oder 2) ‚Du bist nicht wie Ich, deshalb darf es Dich nicht geben, Du mußt auf die eine oder andere Weise zum Verschwinden gebracht werden.'"[89]

Wie Lévinas bringt so auch Lacan Identifikation und Intersubjektivität in ein prekäres, widerstreitendes, tendenziell sogar einander ausschliessendes Verhältnis, ohne indessen die interferenzielle Bezogenheit beider aufzugeben. Das Problem der *Destruktivität* wäre demnach mit Lacan beschreibbar als ein Streben nach Einheit, als Streben eines Ich (*moi*), das noch nicht dem Schmerz der Einschränkung, der Zensur und der Entfremdung unterworfen wurde. Doch öffnet Lacan hier eine Paradoxie – oder vielleicht eine Aporie, also das, was *kein Weg* ist[90] und daher wiederum auf einen Mangel, auf ein Fehlen und eine Unmöglichkeit deutet. Denn er weist darauf hin, daß das *phallische Über-Ich, die Ordnung des Gesetzes und der Sprache,* zwar das Individuum vor der Psychose und die Gesellschaft vor dem Genozid bewahrt, aber um den Preis, daß dadurch erst die Tyrannei und die Entfremdung in das Sein der Menschen getragen werden.[91] Bei Lévinas nun übersetzt sich die Aporie, die sich durch diese doppelte Funktion der Ordnung der Sprache und des Gesetzes öffnet, in eine Homogenität – nämlich in die Figur eines *par-delà* und *derrière*. Sie zeigt sich, wenn der Kontext der zitierten Textstelle, die von der „ontologischen Schwellung" handelt, berücksichtigt wird. Im Blick auf die Protestbewegung des Mai 1968 in Paris bemerkt Lévinas:

---

89  KNIGGE 1989. 110.

90  Siehe Jacques DERRIDA, Gesetzeskraft. Der „mystische Grund der Autorität". Frankfurt/M.: Suhrkamp, 1991. 33. Es ist nicht möglich, so erklärt Derrida, die Aporie zu durchqueren, sich einen Weg durch sie hindurch zu bahnen. Die Aporie „versperrt den Durch- oder Zugang. Eine aporia ist das, was kein Weg ist." ibid. Die Aporie – wörtlich *Unwegsamkeit, Unmöglichkeit, Mangel*; zu *aporos: unpassierbar,* aber auch *hilflos* – verweist also wiederum auf Mangel, Ohnmacht, Hilflosigkeit. Gerade daher rührt die Beunruhigung, die von ihr ausgeht; die Tabuisierung der Aporie ist ein Versuch, diese Beunruhigung auszuschalten.

91  Vgl. RAGLAND-SULLIVAN 1989. 86.

Jenseits des Kapitalismus und der Ausbeutung [oder: über den Kapitalismus und die Ausbeutung hinaus] protestierte man gegen ihre Bedingungen [bestritt diese]: die Person, die als eine Akkumulation an Sein verstanden wird, aufgrund der Verdienste, der Titel, der professionellen Kompetenz – ontologische Schwellung, die auf den anderen lastet bis zu ihrer Vernichtung, die eine hierarchische Gesellschaft errichtet, die sich über die Bedürfnisse des Konsums hinaus aufrechterhält und die keine religiöse Inspiration egalitär machen konnte. Hinter dem Kapital an *Haben* lastete ein Kapital an *Sein*.[92]

Hier mutet Lévinas sehr heideggerianisch an. Die Hierarchie der Gesellschaft, Kapitalismus und Ausbeutung, das *capital en avoir* – das, was Lacan als Tyrannei und Entfremdung des Seins der Menschen bezeichnet: Preis für den der Einschränkung des *moi* verdankten Schutz vor Psychose und Genozid – führt Lévinas gerade auf das uneingeschränkte Drängen des *même* zum Sein zurück, auf das *capital en être*, das dieses *même* akkumuliert. Die Schwellung des Ontologischen nimmt hier den Status einer Kategorie an, die Philosophie-Kritik und Gesellschafts-Kritik synthetisiert – vielleicht ein Zugeständnis an den politischen Diskurs. Während also die Bestimmung der Gewaltförmigkeit des *moi* bei Lacan und derjenigen des *même* bei Lévinas sich zunächst einander annähern, zeichnet sich im selben Zuge erneut eine Divergenz ab.

Die Überschneidung, die sich für die Beschreibung der Struktur und der Bedingung des Begehrens in Lacans Theorie und im Denken Lévinas' abzeichnet – und die es erlaubt, die *Aphanisis*, das *fading*, das Aufklaffen (*béance*), von dem Lacan spricht, und Lévinas' Rede von der *responsabilité*, dem *in-Anklage-stehen* vor dem Anderen, der Obsession, der Verfolgung durch ihn, zueinander in Beziehung zu setzen – läßt jedoch noch eine weitere Divergenz außer acht, welche den Ort des Dritten betrifft. Für Lévinas ebenso wie für Lacan ist der Dritte der Zeuge, aber in einem ganz unterschiedlichen Sinn: bei Lacan ist es der die Dyade zwischen Mutter und Kind öffnende Dritte, der in der ödipalen Situation das Moment der Heterogenität einführt und der, in diesem Moment, das Ich unter das Gesetz des väterlichen Namens und unter das Gesetz des Todes

---

92 LÉVINAS 1989. 102 (Übersetzung leicht verändert). Der französische Originaltext lautet: „Par-delà le capitalisme et l'exploitation, on contestait ses conditions: la personne comprise comme accumulation en être, par les mérites, les titres, la compétence professionnelle – tuméfaction ontologique pesant sur les autres jusqu'à les écraser, instituant une societé hiérarchisée, se maintenant au-delà des nécessités de consommation et qu'aucun souffle religieux n'arrivait plus à rendre égalitaire. Derrière le capital en *avoir*, pesait un capital en *être*." LÉVINAS 1972. 122–123.

stellt. Bei Lévinas entsteht mit dem Eintritt des Dritten die Frage nach der Gerechtigkeit und nach dem Urteil, welche eine andere Gewalt begründet. Das Urteil beruft sich auf ein Wissen; die Ethik indessen kommt jedem Wissen zuvor.

Dadurch verschiebt sich auch das Verhältnis zwischen Heteronomie und Sprache: das *fading* des Subjekts und der Rede im Zuge der Unterwerfung unter die Ordnung des Symbolischen einerseits, und das *fading* des Subjekts in der traumatischen Heimsuchung durch den Anderen andererseits – einer Heimsuchung, die in Lévinas' Schriften in die Verfolgung übergeht, durch welche das Subjekt eine *réduction en silence* erleidet, durch welche also eine Stillstellung des Logos bewirkt wird – können einander angenähert, nicht aber identifiziert werden: es besteht eine Nähe und ein unaufhebbarer Unterschied zwischen beiden. Der ursprüngliche Einriß, den das Subjekt durch den Einbruch des Anderen erleidet und der die Illusion seiner Autonomie und seiner Unversehrtheit von vornherein zum Scheitern verurteilt, wird bei Lacan ebenso wie bei Lévinas als ein unvordenkliches, nicht repräsentierbares und nicht erinnerbares Ereignis gedacht. Doch bei Lévinas führt die *Spur* des unvordenklichen Vergangenen auf die Rede vom *Antlitz*, in dem sich diese Spur *leibhaftig* und *unmetaphorisch* mitteilt.


Der identifizierende Akt der Aneignung, der die Markierung der Inkorporation trägt, erscheint in der Theorie Lacans im imaginären Anspruch des Ich auf den anderen, in der Formulierung einer Objektbeziehung also, welche es dem Subjekt ermöglicht, seinen ursprünglichen Mangel zu verdecken und zu überwinden, das heißt, sich als ein unversehrtes Ganzes zu imaginieren, das nicht die Einschreibung der Sterblichkeit trägt. Dem *objet a*, das diesem imaginären Anspruch genügt – und als dessen treffendes Beispiel Lacan das Phantasma bezeichnet[93] –, entspricht die Bewegung der Rückkehr bei Lévinas: das Bedürfnis und das Heimweh, die Nostalgie, die zu sich selbst zurückkehrt, und die von Lévinas als die ursprüngliche Form der Identifikation bestimmt wird.

Damit ist aber implizit die Frage nach der Möglichkeit einer *Hypostasierung des Imaginären* aufgeworfen, das heißt die Frage nach dem, was geschieht, wenn die Bewegung des Imaginären sich verselbständigt und

---

93 Siehe dazu Kapitel 7.2 der vorliegenden Studie.

das Symbolische von innen her aushöhlt, so daß das Wechselspiel zwischen dem Imaginären und dem Symbolischen gestört oder zerstört wird, in jenem Sinn einer *Konfusion* beider Ordnungen, die ich oben anhand der Satz-Logik der Textpassage aus dem *Handwörterbuch des deutschen Aberglaubens* zu beschreiben versuchte. Denn die Analyse dieser Passage, und die Struktur der *Verwechslung* und der *Ersetzung*, die sie hervorhob, deutete ja darauf hin, daß es möglicherweise inmitten der Ordnung der Sprache ein Moment des Psychotischen gibt. Dies weist auf eine Brüchigkeit, ein Ungenügen, ein Außer-Kraft-setzen des Gesetzes selbst hin – auf eine Schwächung des Wertes jenes Gesetzes, dessen entfremdende Funktion für Lacan verbürgen sollte, daß der symbolische (eben nicht der imaginäre) Bezug zum Anderen gewährt und gewahrt wird. In anderen Worten: hier ereignet sich eine Trübung der zuvor beschriebenen Aporie, die Lacans theoretische Konzeption der Verkettung von Realem, Symbolischem und Imaginärem aufzeichnet (nämlich daß die Ordnung des Gesetzes und der Sprache Entfremdung und Tyrannei in das Sein der Menschen trage, aber im selben Zuge das Subjekt vor der Psychose und die Gesellschaft vor dem Genozid bewahre).

Das *fading* des Gesetzes, von dem hier die Rede ist, scheint mir keineswegs identisch zu sein mit jener Verdopplung des Gesetzes in ein beruhigendes und ein verrücktes Gesetz, auf die Slavoj Zizek hinweist, wenn er erklärt, bei Lacan wiederhole sich der Gegensatz zwischen dem Gesetz und dessen Übertretungen im Innern des Gesetzes selbst, so daß das Gesetz selbst als die einzig wahre Übertretung, das höchste Verbrechen, erscheine. Zizek argumentiert, der Umkehrpunkt, an dem das Gesetz selbst als die größte Übertretung erscheint, sei kongruent mit dem, was in der Terminologie Hegels als *Negation der Negation* bezeichnet wird: und diese Übertretung, die das Gesetz dem göttlichen Gesetz angleicht, sei die *einzig wahre Negativität*, die absolute Negativität des Gesetzes selbst (in diesem Moment der Umkehrung erweist sich, daß die Negativität eines partikularen, gewöhnlichen Verbrechens in sich selbst noch ‚positiv‘ ist, in die Positivität verstrickt bleibt).[94] Ich werde im dritten Teil meiner Untersuchung ausführen, daß die Schwächung des Wertes des Gesetzes, um die es mir hier geht, eher mit Kristevas Begriff des *vréel* zu beschreiben wäre: mit einer Wahrheitspraxis also, die an den Signifikanten die Forderung

---

94 Vgl. Slavoj ZIZEK, Der erhabenste aller Hysteriker. Psychoanalyse und die Philosophie des deutschen Idealismus. Wien, Berlin: Turia & Kant, 1992. 58–59.

stellt, *real zu sein, um wahr zu sein*. Im Rekurs auf Lévinas läßt sich darüber hinaus auch aufzeichnen, wie die Gewalt der Negation des Anderen, die mit dem *fading* des Gesetzes indirekt, vermittelt über das Kriterium der Darstellung, zusammenhängt, in ihrer konkreten Bedeutung den Horizont der Negativität (auch den einer *Negation der Negation*) überschreitet.[95] Die Kategorisierungen Lacans scheinen demnach hier nicht auszureichen. Doch werden wir an dieser Stelle schon auf die Bedeutung der Funktion des Gesetzes für die Frage nach der Gewalt verwiesen. Das zeigt sich gerade auch dann, wenn wir die prekäre Funktion des Begriffs der „Legalität" im Blick auf die Verfolgung und die Vernichtung der Juden berücksichtigen: denn bestimmend für die Jahre nach 1933 ist ja die Verkehrung des Rechts in vernichtende Gewalt, wobei der Anschein von Legalität keineswegs aufgegeben, vielmehr sogar bekräftigt wird.

Wie Bernard Baas in Erinnerung ruft, insistiert Lacan auf der Feststellung, daß keine Philosophie, die den Sinn und das Ziel der Geschichte als Erfüllung eines Identifikationsprozesses bestimmt, imstande sei, vom Wiederauftreten der „überaus monströsen, angeblich überwundenen Formen des Holocaust" (der Formen des Brandopfers) Rechenschaft zu geben.[96] In diesem Wiederauftreten sollten solche Philosophien vielmehr gerade „das Faktum erkennen, welches sie desavouiert. Denn das Opfer ist genau das monströse Ergebnis, das die Logik der Identifizierung insgeheim in sich trägt. Das Ergebnis, aber nicht das Endziel: kein Identifizierungsprozeß kann in diesem sinnlosen Punkt der Endlösung zu etwas anderem als zu seiner katastrophischen Begegnung mit dem Gesetz führen, das ihm die blinde und nutzlose Erfüllung des Opfers befiehlt."[97] Der Identifikationsprozeß würde also in diesem Punkt selbst von einer katastrophischen Blindheit und Nutzlosigkeit heimgesucht: von einer Blindheit, die er aber immer schon in sich trägt, ohne es zu wissen – und ohne es zu wollen, gewissermaßen *in aller Unschuld*.

Während Lacans Theorie der Subjektivität, auf Freud rekurrierend, die Täuschungen und die widersprüchlichen Ladungen aufzeigt, welche die imaginäre Struktur des Ich hervorbringen und prägen, betreibt die Konzeption einer *reziproken Identifikation*, die Hans Keilson entwirft (gelegent-

---

95 Vgl. Kapitel 3.2 dieser Studie.
96 LACAN, Seminar XI. 289.
97 BAAS 1992. 56.

lich spricht er auch von *reziproker Projektion*[98]), eine etwas anders gelagerte Revision des Begriffs der Selbsterkenntnis. Es ist eine Revision, die, entwickelt auf dem Grund des Gelebten, des *vécu* (um an einen Ausdruck von Jean Améry zu erinnern), eher eine ethische Praxis im Sinn hat.[99]

Lacan entstellt die klassische Formel der Selbstgewißheit, den Satz Descartes', „Ich denke, also bin ich" (auf dessen universales, jedes Heterogene auflösendes Identifikationsvermögen schon Lévinas hinwies), indem er die Spaltung des Subjekts als konstituierende Bedingung nicht nur der Ichbildung, sondern auch des Sprechens und des Begehrens bestimmt. Die linguistische Form dieser Entstellung stellt der Satz dar: „Ich denke, wo ich nicht bin, also bin ich, wo ich nicht denke".[100] In ähnlicher Weise nimmt nun Hans Keilson eine Verschiebung vor, wenn er das Prinzip der antiken Erziehungslehre, die in die Aufforderung des „erkenne dich selbst" mündet, umformuliert zu dem Satz: „erkenne dich in deinem Widersacher" („... im anderen, den du als Feind, als Widersacher vernichten willst"[101]). Dieser Satz

---

98  KEILSON, „Anstelle eines Kaddish". 374.

99  Der Schriftsteller und Psychoanalytiker Hans Keilson, geboren 1909 in Bad Freienwalde, konnte 1936 aus Berlin in die Niederlande emigrieren; er überstand die Zeit der deutschen Besetzung im Versteck. Sein wissenschaftliches Hauptwerk ist die Studie *Sequentielle Traumatisierung bei Kindern. Deskriptiv-klinische und quantifizierend-statistische Untersuchung zum Schicksal der jüdischen Kriegswaisen in den Niederlanden (unter Mitarbeit von Herman R. Sarphatie)*. Stuttgart: Enke, 1979 (Forum der Psychiatrie, Neue Folge 5). Diese Studie ging aus seiner Arbeit für die von ihm und anderen Überlebenden im Jahr 1945 gegründete Organisation *Le Ezrath Ha Jeled* hervor, welche sich um jüdische Kinder kümmerte, die Verfolgung und Vernichtung als Waisen überlebt hatten. Neben zahlreichen Aufsätzen und Essays zu den Folgen der Traumatisierung, zu Aspekten der Sprachproblematik, zum Antisemitismus der Linken, zur Psychoanalyse im Nationalsozialismus und zu Judentum und Psychoanalyse hat Keilson mehrere Romane und zwei Gedichtsammlungen veröffentlicht.

100  Jacques LACAN, „Das Drängen des Buchstabens im Unbewußten oder die Vernunft seit Freud" (1957). In: LACAN, Schriften II. Weinheim, Berlin: Quadriga, 1986. 15–55; hier 43. Lacan findet jedoch in der Sprache Descartes', wie Ellie Ragland-Sullivan anmerkt, „geradezu eine *passion*, zur Gewißheit zu kommen (bei der es sich keinesfalls um dasselbe handelt, wie die Gewißheit selbst)". Nach Lacan erscheine das cartesianische Subjekt in dem Augenblick, „wo der Zweifel sich als Gewißheit erkennt", und so habe Descartes in einer paradoxen Bewegung „ein Unbewußtes in der menschlichen Seinsweise für sich zugleich anerkannt und verleugnet." RAGLAND-SULLIVAN 1989. 34.

101  KEILSON, „Was bleibt zu tun?" In: Helmut SCHREIER, Matthias HEYL (Hg.), Das Echo des Holocaust. Pädagogische Aspekte des Erinnerns. Hamburg: Verlag Dr.R.Krämer, 1992. 235–249; hier 249.

nimmt die Aggressivität und die Destruktivität, die den Akt der Selbstidentifikation begleiten, als mörderische Potentialität ernst (in Wirklichkeit als das Schlimmste, das schon geschehen ist). Er zieht das Kriterium des Heterogenen auf eine andere Weise in die Konzeption der Subjektivität ein, wie die Rede von der *reziproken Projektion* ankündigt. Denn während die Projektion in der psychoanalytischen Theorie jene Operation beschreibt, durch die das Subjekt Gefühle und Wünsche, selbst Objekte, die es verkennt oder in sich ablehnt, aus sich ausschließt und in einem Anderen, in einem Außerhalb fixiert, weist die Reziprozität dieses Vorgangs auf einen *Austausch der Verkennungen*.[102]

Das identifizierende „ich erkenne mich" in Keilsons Satz ("ich erkenne mich in dem, den ich als Widersacher vernichten will" versus "ich erkenne mich selbst") käme dann dem Akt einer Selbstreflexion gleich, die dadurch, daß die Figur des Anderen als Widersacher in sie eindringt, gerade eine solche identifizierende Bewegung (des selbstgewissen Sich-erkennens) aufbrechen und so die Souveränität des Ich auf andere Weise in Frage stellen würde. Es wäre ein Denken, das den Bezug zum Anderen hält – zu einem Anderen aber, der sich als ein Anderer im Selbst erweist: als eine projektive Figur, die der Effekt eigener Abwehrmechanismen ist. Die Projektion kann als eine solche Beruhigung des Anderen im Selbst gedeutet werden, als ein Umschließen des Anderen durch das Selbst. Einen Akt der Selbsterkenntnis könnte es dann nur geben, wenn der Gang der Reflexion dieses projektive Geschehen berücksichtigt, anders gesagt, wenn sich der Reflexionsprozeß aus der Spannung zwischen dem Selbst und dem projizierten Anderen entwickelt. Das Kriterium der Intersubjektivität wäre nur so erfüllbar.

In Keilsons Reformulierung des „erkenne dich selbst" zum „erkenne dich in deinem Widersacher" scheint das Echo von Sigmund Freuds Beobachtung anzuklingen, der Patient wolle seine Leidenschaften agieren, ohne auf die *reale Situation* Rücksicht zu nehmen: und zwar genau dann, wenn Keilson die Rettung der *menschlichen Situation* an ein *Bewußtsein* sol-

---

102 Keilson erläutert die Dynamik dieser Konstellation mit den folgenden Worten: „Im Haß erkenne ich meine eigenen Grenzen, das was sich abwehre. Und – das gilt sowohl für A wie für B, nicht wahr? … Der Hitler sah in mir die existenzielle Angst, das Losgelöstsein, die er in mir durch seine Aggression hervorruft; und ich sehe in ihm die Aggression, die mir verboten ist. Und das kittet uns zusammen …". KEILSON, „Anstelle eines Kaddish". 374.

cher projektiver Vorgänge bindet. In seinem Essay *Vorurteil und Haß* aus dem Jahre 1964 bemerkt er:

> Solange man sich dieses Projektionsmechanismus und der ambivalenten Ausgangslage (...) bewußt ist, solange noch ein Tropfen Liebe diesen Haß färbt, bleibt die menschliche Situation gerettet. Wenn man die Projektion verabsolutiert und damit die Wirklichkeit verzeichnet, wenn man seine eigene Existenz von der Vernichtung und dem Untergang der anderen abhängig macht, beginnt der letzte Akt der Tragödie.[103]

Der Begriff der Rettung der menschlichen Situation nimmt die eingangs zitierte Wendung Jean Amérys auf, die im Blick auf die Gewalt des Nazismus von einer doppelten Negation – der des Sozialprinzips und der des Realitätsprinzips – spricht. In diesem Zusammenhang sei daran erinnert, daß Emmanuel Lévinas das Wirkliche in einer „Beziehung" zu dem, was für immer *anders bleibt*, zu situieren sucht. Dann wäre genau die Disproportion zwischen Selbst und Anderem dasjenige, was *conscience* (Bewußtsein und Gewissen) ausmachen würde.[104] Diese nicht verstehbare, nicht integrierbare Disproportion, dieses radikale Mißverhältnis – das jedoch nicht als ein Negativum, als eine Abweichung oder als ein Verfehlen des „Verhältnisses" zu denken wäre – wäre kongruent mit Bewußtsein. Hier treffen wir auf die genaue Umkehrung der geleugneten Inkongruenz zwischen Bild und Realität: nämlich auf die Kongruenz von Disproportion und *conscience*. Das Gewissen und das Begehren nähern sich im Denken Lévinas' einander an, indem beide gemeinsam die Möglichkeitsbedingung darstellen für das Bewußtsein: *La conscience morale et le désir ne sont pas des modalités entre autres de la conscience, mais sa condition.*[105] Das Gewissen und das Begehren sind nicht Modalitäten des Bewußtseins, sondern dessen Voraussetzungen.

Nicht nur das Unbewußte wird demnach bei Lévinas aus dem Register dessen, was er als „klassische Psychologie" bezeichnet, herausgetragen und in einer tieferen Region situiert, sondern auch das Bewußtsein. Dieses Bewußtsein wäre dann nicht als eine Modalität des psychologischen Bewußtseins zu denken; vielmehr wäre es dessen Bedingung, „und, in erster Linie, dessen genaue Umkehrung".[106]

---

103 KEILSON, „Vorurteil und Haß". In: Die Zeit, 18.September 1964. 13. Der erste Teil dieses Essays erschien in: Die Zeit, 11.September 1964.
104 Vgl. LÉVINAS 1988. 111.
105 LÉVINAS 1971. 104.
106 LÉVINAS 1988. 111.

# 2. Aneignungsweisen: das verdeckte, das substituierte, das verschwundene Gesicht

Die Adaption, das Einpassen des Anderen in die Maße des Selben sei nicht ohne Gewalt möglich, so schreibt Emmanuel Lévinas.[1] Wie läßt sich aber eine Geste deuten, die auf eine Verletzung oder auf eine Tilgung des Gesichts zielt? *La violence ne peut viser qu'un visage*, erklärt Lévinas in *Totalité et Infini*:

> Im übrigen zielt die Gewalt nicht einfach darauf, über den Anderen zu verfügen in einer Weise, wie man über eine Sache verfügt, sondern sie geht – schon an der Grenze des Mordes – hervor aus einer unbeschränkten Negation (*déjà à la limite du meurtre, elle procède d'une négation illimitée*). Sie kann nur auf eine Gegenwart zielen, die selbst unendlich ist, trotz ihres Eingefügtseins (*insertion*) in das Gebiet meiner Macht. Die Gewalt kann nur auf ein Gesicht zielen.[2]

Das Bedeuten des Antlitzes zeichnet sich demnach aus durch eine tiefe Ambiguität, die in der Duplikation von Verbot und Verführung liegt: nur das leibhaftige Antlitz vermag der Gewalt Einhalt zu gebieten (indem aus ihm das Gebot spricht: „du wirst keinen Mord begehen", welches auf das Unendliche der Transzendenz des Anderen weist[3]) – dies aber zunächst deshalb, weil nur das Antlitz eine Versuchung zur Gewalt bietet.

Im folgenden soll nun jener Geste an der Grenze zum Mord, die auf eine Verletzung oder auf eine Tilgung des Gesichts zielt, nachgegangen werden. Dabei wird versucht, den Topos des Antlitzes in den Schriften von Emmanuel Lévinas und das textuelle Motiv des Gesichts bei Gertrud Kolmar aufeinander zu beziehen, ohne die unterschiedliche Weise der

---

1 LÉVINAS 1988. 112.
2 LÉVINAS 1971. 249. LÉVINAS 1987. 327 (Übersetzung leicht verändert).
3 LÉVINAS 1971. 217. LÉVINAS 1987. 285.

Insertion dieser Textfigur[4] – und ihren sich daraus ergebenden, jeweils verschiedenen textuellen, ästhetischen und theoretischen Stellenwert – ganz auszublenden. Denn zweifellos kann es sich bei einer solchen Beziehung nicht um eine Entsprechung handeln – das Bedeuten des Antlitzes im Sinne von Lévinas (das weder als Metapher noch als Physiognomie figuriert) und das Bedeuten des – immer schon als Bild inserierten – Gesichts in einzelnen literarischen Texten von Gertrud Kolmar ist kein identisches.[5] Doch die Kriterien, die in Lévinas' Rede über Antlitz, Alterität und Gewalt vermittelt werden, erlauben es, das textuelle Motiv des verdeckten, des substituierten und des zum Verschwinden gebrachten Gesichts bei Kolmar als eine Auseinandersetzung mit *Aneignungsweisen*, mit Varianten der Identifikation des Anderen oder der Integration des Nicht-identischen (Theodor W. Adorno) zu entziffern – einer Identifikation, in der sich Züge eines potentiell mörderischen kulturellen Narzißmus erkennen lassen.

Auch bei Gertrud Kolmar wird der Zusammenhang von Gewalt und Alterität zunächst über die Figur des Antlitzes vermittelt. Im textuellen Zusammenhang rückt das Antlitz an manchen Stellen (beispielsweise in der Erzählung „Eine jüdische Mutter") in die Nähe des Geschlechts; das Kriterium der Geschlechterdifferenz und das Kriterium eines Anderen,

---

4 Der Begriff der Textfigur bezieht sich hier zunächst auf das Antlitz als *Figurierung des Anderen* im Text, insofern das Antlitz zur Gewalt einlädt. Bei Kolmar nähert sich diese Figurierung dem Motiv, der Metonymie oder der Metapher; an manchen Stellen wird sie auch vertieft oder thematisiert durch eine historische Signatur (etwa im *Robespierre*-Zyklus, oder, in den Gedichten „Anno Domini 1933" und „Ewiger Jude", durch Zeichen des Ostjüdischen). Bei Lévinas entspricht diese Figurierung einer Gebärde, einer Bewegung des Textes, die das Gesehen-werden und das Bild-werden des Antlitzes gerade zum Scheitern bringt; sie nähert sich eher dem *Thema* in der Musik: dem wiederkehrenden, durch alle Stimmen ausgeführten Hauptsatz in der Fuge. Der Begriff des *Hauptsatzes* müßte hier allerdings sogleich wieder suspendiert werden, da er das Konstative des Satzes fordert; im Unterschied dazu wäre die durch alle Stimmen ausgeführte Wiederkehr eher als *Thema ohne Thematisierung* zu denken.

5 Zur Geschichte der literarischen Beschreibung des Gesichts siehe Peter von MATT, ... fertig ist das Angesicht. Zur Literaturgeschichte des menschlichen Gesichts (1983). Frankfurt/M.: Suhrkamp, 1989. Die Diskussion dieses Buches bezieht sich weitgehend auf das Portrait, auf das leibhaftige Gesicht historisch bezeugter Personen, welches einen „immer neu umworbenen Gegenstand literarischen Schreibens" darstellt. ibid. 112. Das Portrait, das „Weibliches Bildnis" überschrieben ist, wird bei Kolmar aufgelöst in eine Polyphonie von Stimmen und Räumen; auf diese Weise entsteht die Struktur eines Portraits ohne Portraitierung. Vgl. dazu beispielsweise Kapitel 4.3 dieser Studie.

das als Heteronomie aufgefaßt wird, werden dadurch aufeinander bezogen und gleichzeitig voneinander unterschieden. Das Regelhafte der Gewalt, das Kolmars Texte, wie in der Vorrede zu dieser Untersuchung festgestellt, in den Logiken der Identifikation und der Verwerfung aufsuchen, schlägt sich am Ort des Antlitzes nieder: in den Figuren, die ein *gewaltsam verhülltes Gesicht* beschreiben („Die Aztekin"), ein *„ins Fahnentuch" eingeschnürtes Gesicht* („Anno Domini 1933"), ein *durch das „Haupt einer Teufelin" ersetztes Gesicht* („Die Irre"), ein *zu einem einzigen Schrei entleertes Gesichts* (*Eine jüdische Mutter*), ein *mit Steinen beworfenes Gesicht* („Die Drude"), eine *mit einer undeutbaren Schrift beschriebene Stirn* („Ewiger Jude"), oder ein *„zum Abhub der Welt" gemachtes „lebendes Antlitz"* („Die Häßliche"). Die Gesten der Thematisierung, der Identifikation, der Tilgung und der Verwerfung des Anderen – und auch die Geste des Zum-verschwinden-bringens der Spuren dieser Gewalt – werden demnach durch die Figur des Antlitzes übermittelt und lesbar.

Um diese „Schrift" zu entziffern und die Verknüpfung von Antlitz und Mord genauer zu erläutern, soll im folgenden zunächst jener Zusammenhang der Figur des Antlitzes und der Figur – oder der Defigurierung – des Anderen diskutiert werden, den Emmanuel Lévinas in seinen Schriften entfaltet. Denn die Konzeption des Anderen, die Lévinas – als Dekonstitution oder Defigurierung – entwickelt, bezieht sich gerade auf die Frage nach der Gewalt einer uneingeschränkten Negation des Anderen, die, an der Grenze zum Mord, sich nur auf ein Antlitz richten kann.

Das Kriterium einer Negation, die keiner Einschränkung mehr unterworfen, also unendlich ist, die sich an keine Grenze hält und die gerade durch diese Unbegrenztheit die Grenze zum Mord zu überschreiten droht (insofern wird hier schon das Thema des Vergessens der Grenze zwischen dem Figuralen und dem Leiblichen berührt, auf das ich später zurückkommen werde), hält sich gleichsam im Hintergrund dieser Auseinandersetzung. Eben dieses Kriterium der absoluten und unbeschränkten Negation ist es aber, das seinerseits den Diskurs über die Gewalt des Nazismus einschränkt: denn der unreduzierbare Unterschied zwischen der Gewalt, die sich auf ein Antlitz richtet, und der Vernichtung der *Endlösung* zeichnet sich als Bruchlinie in die Schriften von Emmanuel Lévinas ebenso ein wie in die literarischen Texte von Gertrud Kolmar.

## 2.1 Antlitz und Alterität

Wenn hier vom _Topos des Antlitzes_ gesprochen wird, so ist der Ausdruck _Topos_ in seiner wörtlichen Bedeutung gemeint, die er in der griechischen Sprache besitzt, nämlich als Ort oder Stelle, auch im Sinne einer Schriftstelle. Denn, wie schon angedeutet, das _Antlitz (visage)_ bei Lévinas ist keineswegs einfach als Metapher oder als Metonymie zu verstehen. Mit dem Topos des Antlitzes ist im Denken Lévinas' zunächst eine Bewegung des _refus_ verbunden, eine Weigerung, eine Ablehnung, ein Sich-widersetzen oder Sich-entziehen: _le visage se refuse à la possession, à mes pouvoirs._[6] Das Antlitz ist dasjenige, was sich meinem Besitz widersetzt, was sich meiner Macht, meinem Vermögen, meiner Bejahung, meinem Wissen entzieht.

Wäre dann dieses Widersetzen des Antlitzes als eine radikale Nicht-Identität zu verstehen? Keineswegs, denn eine solche Beschreibung würde eine bloße Negation des Identischen bedeuten. Lévinas betont jedoch wiederholt das Von-anderswo-herkommen (_venue d'ailleurs_) und das (gerade dadurch bedingte) Sprechen-können des Antlitzes, das heißt: sein Bedeuten durch sich selbst, ohne Kontext – eine Bedeutung, die der _Sinngebung_ vorausgeht[7] –, sein Recht zu sprechen, mir zu befehlen. Indem der Andere mir sein Antlitz zukehrt, stellt er sich mir „jenseits allen Maßes" entgegen. Diese Resistenz des Antlitzes erhält bei Jacques Derrida die treffende Benennung „befremdlicher und undenkbarer Begriff des irrealen Widerstands".[8] Aufgrund oder angesichts dieser befremdenden und undenkbaren, „irrealen" Resistenz kehrt sich die Struktur meiner Freiheit vollkommen um. Der Andere löst in mir eine Enttäuschung (_déception_) aus – ein Nichtbegreifen, das mit zwei Bewegungen der Subjektivität koinzidiert: mit dem Begehren (das vom Bedürfnis unterschieden wird) und mit dem, was Lévinas als _conscience_ bezeichnet, also mit Bewußtsein und Gewissen. Der Andere beschneidet mein Vermögen, meine Macht absolut, indem er „zu mir spricht und mich aus einem anderen Ursprung der Welt ansieht"[9], als Zeuge eines anderen Ursprungs, oder als Zeuge für etwas, dessen Andersheit jeder Vorstellung

---

6 LÉVINAS 1971. 215. Auf den Bezug dieser Diskussion zum Talmud und zur Kabbala kann ich hier nicht näher eingehen.

7 LÉVINAS 1987. 381. Der Ausdruck _Sinngebung_ findet sich im Originaltext auf deutsch.

8 Jacques DERRIDA, „Gewalt und Metaphysik. Essay über das Denken Emmanuel Lévinas'". In: DERRIDA, Die Schrift und die Differenz. Frankfurt/M.: Suhrkamp, 1976. 121–235; hier 159.

9 ibid.

76

einer Ursprünglichkeit widerspricht. An dieser Stelle ereignet sich in der theoretischen Konzeption des Verhältnisses zwischen Subjekt und Anderem (die eigentlich eine Dekonzeption ist) jener nicht revidierbare Bruch der symmetrischen Beziehung zum Anderen, jene *Krümmung des intersubjektiven Raums*, die sich als *heteronome Erfahrung* im Subjekt niederschlägt. Durch sie konstituiert sich in der theoretischen Konzeption der Subjektivität und Intersubjektivität, die Lévinas vorschlägt, die grundlegende und unrevidierbare Asymmetrie der „Beziehung" zum Anderen – einer „Beziehung", die ein Verbot der Begegnung oder Berührung impliziert.

Das Antlitz des anderen Menschen (*autrui/Autrui*) figuriert nun bei Lévinas als jene Stelle, an der die Spur des abwesenden Anderen (*autre/Autre*), des Unendlichen *jenseits des Seins*, erscheint, und zwar als Spur seines unvordenklichen Vorübergegangenseins. Um diese Bewegung des *jenseits des Seins* anzudeuten, spricht Lévinas von einer dem Gestus der Selbst-Setzung zuwiderlaufenden Verpflichtung, sich-abzusetzen; einen Akt der Absetzung (*résignation*) zu vollziehen (*ré-signation* – das könnte auch heissen: Wieder-Unterschreibung): „in dem Sinne wie man von abgesetzten Königen spricht. Diese Ab-setzung der Souveränität durch das *Ich* ist die soziale Beziehung zum *Anderen*".[10] Das Ethische, so erläutert Lévinas, „ist nicht nur dann, wenn ich den Anderen nicht thematisiere; es ist dann, wenn der Andere mich verfolgt" (*m'obsède*)[11], wenn der Andere mir zur Besessenheit wird, wenn er mir nicht aus dem Sinn geht.

Alle Beschreibungen des Antlitzes in Lévinas' Schriften bleiben „Beschreibungen des Nicht-thematisierbaren", des An-archischen[12]: denn die lebendige Gegenwart des Antlitzes, so betont Lévinas, widersetzt sich der Thematisierung, sie entzieht sich der Identifikation und der Repräsentation – das heißt, der Vorstellung ebenso wie der Darstellung oder der Stellvertretung. Sie „empfängt ihre Ordnung von der *Abwesenheit, in der das Unendliche sich nähert*; von ihrem *Un-Ort*. Sie hat ihre Ordnung *in der Spur ihres eigenen Fortgangs*".[13]

---

10 Emmanuel LÉVINAS, Ethik und Unendliches. Gespräche mit Philippe Nemo. Graz, Wien: Edition Passagen. 1986. 39.
11 LÉVINAS 1985. 130 (Übersetzung leicht verändert).
12 LÉVINAS 1983. 319 (Anm. 16).
13 ibid. 284. Die Thematisierungen, die in meiner Diskussion vorgenommen werden, verschließen sich dieser Resistenz; insofern bleiben sie der Logik der Identifikation verhaftet, die sie zu beschreiben versuchen.

An dieser Stelle scheint es notwendig, wenigstens kurz auf die Bedeutung der *Spur* einzugehen. Denn der Ausdruck *Spur* (*trace*) erläutert bei Lévinas die Art und Weise, in der das Antlitz *bedeutet*, indem es vom absolut Abwesenden her kommt. In der Spur ist die referentielle Beziehung zwischen dem Bedeutenden (*signifiant*) und dem Bedeuteten (*signifié*) nicht eine Korrelation, also weder eine Enthüllung noch eine Verbergung. Daher, so argumentiert Lévinas, unterbreche diese Referenz die Phänomenologie. Lévinas bestimmt sie dann genauer als „die eigentliche *Unrichtigkeit*": eine solche Weise des Bedeutens bleibe eine unaufhebbare Verwirrung (*dérangement*), eine Störung, die nicht reduzierbar und nicht reparabel sei, da sie von einer unumkehrbaren Vergangenheit ausgehe, von einem Schon-vorübergegangen-sein.[14] Dieses ursprüngliche Bedeuten der Spur, welches einer „Beziehung zu einer Singularität ohne Vermittlung" gleichkommt, beschreibt Lévinas an einer Stelle als „Weise, auf der Helle des Sichtbaren Streifen zu hinterlassen".[15] Ein solches Bedeuten, so erklärt er, „zeichnet sich ab in dem Abdruck dessen, der seine Spur hat auslöschen wollen, etwa in der Absicht, das perfekte Verbrechen zu begehen."[16] Das Bedeuten der Spur referiert also nur, daß eine vorausgegangene Spur zum Verschwinden gebracht wurde – eine Spur, die das „ursprüngliche Ereignis" bedeutet hätte. In anderen Worten: die Spur deutet nur noch auf die Spur eines Verschwindens. Im Zuge eines solchen Bedeutens zerbricht die Linearität der Deduktion, auf die jedes Beweisverfahren angewiesen ist, das sich auf Indizien stützt. Auch das *Symptom* im Sinne Freuds, dies sei angemerkt, wäre eine solche Form der Spur, das heißt die Modalität eines Bedeutens, das weder enthüllt noch verbirgt: was im Symptom zur Darstellung gelangt, ist nur das Zum-verschwinden-bringen jener Spur, die – im Sinn einer Korrelation – auf das „ursprüngliche Ereignis" verweisen würde. So stellt Freud für die Tätigkeit der *Entstellung* fest: „Es ist bei der Entstellung eines Textes ähnlich wie bei einem Mord. Die Schwierigkeit liegt nicht in der Ausführung der Tat, sondern in der Beseitigung ihrer Spuren."[17] Lévi-

---

14 ibid. 228.
15 ibid. 297–298.
16 ibid. 231.
17 Sigmund FREUD, „Der Mann Moses und die monotheistische Religion" (1939 [1937]). In: FREUD, Gesammelte Werke XVI. 101–246; hier 144.

nas' Begriff des Anderen (*l'autre*) als dasjenige, was absolut abwesend ist, und Freuds Begriff des Unbewußten geraten hier in eine überraschende Nähe.

Das perfekte Verbrechen wäre dann eines, das auch das Zum-verschwin-den-bringen restlos zum Verschwinden gebracht hätte – oder, bezogen auf Freuds Konzeption des Symptoms: der symptomfreie Körper. Hier zeigt sich nebenher, wie die Beschreibungen der Modalitäten des Bedeutens, der Signifikation, von einer Sprache der Identifikation und der Detektion zehren.

Wenn Emmanuel Lévinas in einem Gespräch mit Françoise Armen-gaud resumiert, im Antlitz des anderen Menschen sei die Verpflichtung und die Ordnung der Sprache (*parole*) Gottes eingeschrieben[18], so führt dies auf ein weiteres Kriterium seiner Rede über das Antlitz, nämlich auf die *Leibhaftigkeit* und die *A-Metaphorizität dieser Einschreibung*. Es ist die Leibhaftigkeit der Blöße selbst, der „Blöße des Prinzips (*nudité du principe*), hinter dem es nichts mehr gibt".[19] Hier treffen wir zum ersten Mal auf jenes Moment der *Konkretion* – in dem die Metaphorizität der Rede durchbrochen wird –, das uns auch in den Texten Gertrud Kolmars begegnen wird. Lévinas markiert dieses Moment einer Konkretion, in-dem er wörtlich darauf hinweist, daß das Entblößtsein, die Nacktheit des Antlitzes keine Stilfigur sei.[20] Dadurch kündigt er an, daß er seine Rede *in genau diesem Moment, an genau dieser Stelle* auf ein außerhalb der Sphäre des Zeichens liegendes Reales verpflichten will. Seine Rede un-ternimmt so rhetorisch eine Arretierung der metonymischen Bewegung – genauer gesagt, eine Arretierung sowohl der metonymischen als auch der metaphorischen Bewegung, da es eben nicht um die Bindung an ein Signifikat, an eine Vorstellung geht, sondern vielmehr um ein Nicht-woandershin-tragen-können. Mit dem Moment eines Durchbrechens der Metaphorizität der Rede ist daher nicht gemeint, daß sich eine Trans-parenz zwischen Zeichen und Bezeichnetem herstellt, sondern, daß „et-was" nirgendwohin fortgetragen und in nichts übertragen werden kann. Was hier also auf dem Spiel steht, ist nicht eine *andere Aussage* (deren Signifikation auf ein „authentisches" Referenzobjekt gegründet wäre und

---

18 Emmanuel LÉVINAS, De l'oblitération. Entretien avec Françoise Armengaud à propos de l'œuvre de Sosno. Paris: Éditions de la Différence, 1990. 26.
19 LÉVINAS 1987. 382. LÉVINAS 1971. 293.
20 LÉVINAS 1983. 117.

das Rhetorische abgestreift hätte), sondern genau jenes *Moment der Arretierung und der Verpflichtung*, das die Ordnung der Rede zerreißt, und in dem Leiblichkeit, Verwundbarkeit und Sterblichkeit ins Spiel kommen. Dieses Moment der Verpflichtung wäre dann eine Stelle, von der die *Frage nach dem Ethischen* ausgeht.[21] Hier zeichnet sich eine Unterscheidung ab zwischen Verpflichtung, Arretierung einerseits, und Vorstellbarkeit andererseits (im Sinne jenes Verlangens nach vollständiger Vorstellbarkeit, die das Reale ins Imaginäre „umkippen" läßt, wie in der *Vorrede* zu dieser Studie erläutert wurde). Dennoch stellt sich aber die Frage, ob die Bewegung einer solchen Verpflichtung der Rede auf ein außerhalb oder jenseits des Zeichens liegendes Reales nicht notgedrungen einen imaginären Zug (im Sinne Lacans) besitzt – und hier knüpft sich erneut jene Problematik des Verhältnisses zwischen der Inadäquanz von Sprache und Realem einerseits, und der Übertragung andererseits an, auf die

---

21  Ein solches Moment der *Verpflichtung* zeichnet sich in dem schon erwähnten Essay Saul Friedländers, „Trauma, Transference and ‚Working through'", ab, und zwar dann, wenn Friedländer erklärt, weshalb er trotz einer scheinbaren Nähe seiner Argumentation zur Dekonstruktion (er verweist hier auf „the avoidance of closure, the ever-questioning commentary and the ‚excess' carried by the *Shoah*") eine Distanz zur Dekonstruktion sucht. Dies geschieht zunächst, indem er auf die *konkrete Realität* dessen, was mit dem Namen *Shoah* bezeichnet wird, verweist. Seine Argumentation unternimmt so eine Überschneidung der beiden Kategorien des Konkreten und des Realen, und zwar unter der Zurückweisung der – von der Dekonstruktion vorgeschlagenen – Vorrangigkeit des Rhetorischen: „Any deconstructionist approach would necessarily demand a primacy of the rhetorical dimension in the analysis of the historical text and the impossibility of establishing any direct reference to some aspects at least of the concrete *reality* that we call the *Shoah*. Moreover, it would exclude any ongoing quest for a stable historical representation. Obviously, the achievement of a total stability of this history and of some totalizing interpretation is neither possible nor desirable. However, coming closer to *significant historical linkage* seems to me to be necessary; it is the corollary of my previous remarks about the growing fragmentation of the history of the Nazi period as a defense mechanism or as the result of some paralysis on the side of the victims. In a sense, what is suggested here is the simultaneous acceptance of two contradictory moves: the search for ever-closer historical linkages and the avoidance of a naive historical positivism leading to simplistic and self-assured historical narrations and closures." Saul FRIEDLÄNDER, „Trauma, Transference and ‚Working through'". In: History and Memory. Studies in Representation of the Past. Vol.4, No.1, Spring/Summer 1992. 52–53. Die zitierte Textpassage fehlt in der deutschsprachigen Übersetzung. Vgl. dazu auch Saul FRIEDLÄNDER, „Introduction". In: FRIEDLÄNDER (Hg.), Probing the Limits of Representation. Nazism and the „Final Solution". Cambridge, London: Harvard University Press, 1992. 1–21.

ebenfalls schon in der *Vorrede* hingewiesen wurde und die Sigrid Weigel als „Ungleichzeitigkeit von Wissen und Überleben" beschreibt.[22]

In seiner „formalen Nacktheit", so erklärt Lévinas, drückt das Antlitz die Sterblichkeit aus und bedeutet ein Gebot, einen ursprünglichen Imperativ[23] – einen Imperativ, der noch über das Gebot („du wirst keinen Mord begehen") hinausgeht, indem er mir (dem Subjekt) die absolute Unterwerfung (*dé-férence*) befiehlt.[24] Doch nicht nur das äußerste Ausgesetztsein, eine extreme „Wehrlosigkeit", „die Verletzlichkeit selbst" drückt sich im menschlichen Antlitz aus. Seine Nacktheit und sein Ausgesetztsein fordern vielmehr auch – und dies hebt Lévinas in seinen späteren Schriften deutlicher hervor – zur „Gewalt des ersten Verbrechens" heraus.[25] Lévinas bezieht so Antlitz und Mord in einer äußersten Nähe aufeinander. Das Antlitz bedeutet im selben Zuge Verbot des Mordes und Verführung zum Mord.

Wesentlich ist nun, wie Lévinas das Bedeuten und die Sichtbarkeit des Antlitzes diskutiert: wie er dessen *signifiance* in einen Widerstreit zum Kriterium der Sichtbarkeit setzt. Hier knüpft er an das Bedeuten der Spur an. Denn das Bedeuten des Antlitzes, ein nacktes Bedeuten außerhalb jeder Ordnung, ist nicht die *sichtbare* Oberfläche des Gesichts des Anderen, nicht dessen plastische Form. Lévinas führt hier eine (bedeutsame) Unterscheidung ein zwischen dem Bedeuten des Antlitzes und den plastischen Formen seiner Vergegenwärtigung, „die es bereits maskieren"[26], „die es mit ihrer Gegenwart in der Wahrnehmung bedecken".[27] Gerade die Weise des Anderen, sich zu vergegenwärtigen, „indem er die Idee des Anderen in mir überschreitet (*dépassant*)", konfrontiert mich mit dem, was Lévinas Antlitz (*visage*) nennt. In jedem Moment zerstört das Antlitz des Anderen das plastische Bild, das es in mir zurückläßt, es überflutet dieses

22 Sigrid WEIGEL, „Zum Bild- und Körpergedächtnis in Anne Dudens *Judasschaf*". In: L.BLATTMANN, A.KREIS-SCHINCK, B.LIEBIG, K.SCHAFROTH (Hg.), Feministische Perspektiven in der Wissenschaft. Zürich: vdf Verlag der Fachvereine, 1993. 95–111; hier 96.

23 LÉVINAS 1985. 261.

24 ibid. 124.

25 ibid. 251; siehe auch 212.

26 ibid. 261.

27 ibid. 211.

Bild und bricht in es ein (*détruit (...) et déborde l'image*)[28] – es vergegenwärtigt sich gerade durch diesen Exzeß, durch diese Bewegung des Zer-
reißens eines Saums, einer Einfassung, jener Umrandung, die ein Bild
auszeichnet (denn das Bild wird als solches konstituiert erst durch seine
Umrandung). Gerade dieses Exzessive verursacht aber die Erschütterung
für das Ich, das sich auf Bilder des Ähnlichen stützt – es ist der Exzeß
des Realen.

Während das Phänomen der *Erscheinung* des Anderen „bereits Bild" ist
(und sich – als Effekt der Identifikation – im Horizont der Phänomenologie aufhält), ist die *Epiphanie* des Antlitzes, sein plötzliches, traumati-
sches Einbrechen, „Heimsuchung" (*visitation*).[29] Erneut fällt hier auf, wie
sehr die Textualität bei Lévinas geprägt ist durch die metaphorischen
Felder des „Außerhalb" (*exposition*) und des „Blicks" (*viser*), wobei ein Ausdruck wie „visitation" (*Heimsuchung*) als ein Drehpunkt innerhalb dieser
Felder fungiert. Von hier aus deutet sich wiederum an, weshalb Lévinas,
wie im vorigen Kapitel beschrieben, die innere Negativität, die innere
Differenz des Ich zu einer Modalität der identifikatorischen Prozesse des
Selbst erklärt, in welchen Andersheit als Andersheit nur vorgespiegelt
wird: nämlich um die Exteriorität zu denken – das Ausgesetztsein (den
Moment, in dem ich ausgesetzt bin, in dem ich mich aussetze und in dem
„etwas" aussetzt), die Leiblichkeit, die tiefste Passivität –, welche die über
jede Verpflichtung hinausgehende Verantwortung für den Tod des Anderen ist, und durch die das Ich zum Zeugen wird.

Das Antlitz trägt demnach eine Spur, die *nicht deduzierbar* ist – im Unterschied zu den deduzierbaren Spuren, welche ein Detektiv sammelt und
liest, um ein vergangenes, ursprüngliches Ereignis zu rekonstruieren: Spuren, deren Deduktion zur *Identifikation eines Verbrechers* führen soll. Lévinas
erklärt daher in einem im September 1987 publizierten Gespräch, man
dürfe das Antlitz des Anderen nicht gleichsetzen mit dem Gesicht:

Das Gesicht ist nicht das einzige Antlitz. Eine Hand von Rodin – das ist Antlitz. Oder
denken Sie an die Stelle in dem Buch des russischen Autors Wassilij Grossman, der zunächst

---

28  LÉVINAS 1971. 43. LÉVINAS 1987. 63.
29  LÉVINAS 1983. 221. Zum Ereignis der Epiphanie und seinen Folgen für den Text vgl.
    meinen Essay „Ein Märchen von der Umwälzung der Weltordnung': Marginalien zur
    *Marquise von O....*". In: Riss. Zeitschrift für Psychoanalyse Nr. 24, Oktober 1993. 43–57
    (Themenheft zu Heinrich von Kleist).

Kommunist war und später, völlig enttäuscht, den Hitlerismus mit dem Stalinismus gleichgesetzt hat. Wurde jemand unter Stalin eingesperrt, schnitt man ihm zunächst die Knöpfe von der Hose ab, ein erster Akt, um die Menschen zu erniedrigen. Und da gibt es diese Stelle in seinem Roman, wo die Verhafteten an einem Schalter in einer Schlange stehen. Sie sehen nur ihre Rücken; aber auf dem Rücken gibt es alles: Freude, Furcht, Hoffnung, Verzweiflung. Der Rücken wird hier zum Antlitz.[30]

Der Gott, dessen Spur sich im menschlichen Antlitz mitteilt: diese Figur, die keine Stilfigur ist – wenn sie vielleicht auch eine Ursprungsmetapher ist, wie Derrida kritisch anmerkt, also keineswegs dem Metaphorischen fremd: „Der Andere sieht Gott ähnlich ...', ist das nicht die Ursprungsmetapher?"[31] – diese Figur birgt für Lévinas Protest gegen Auschwitz. Der Gott hingegen, der noch eine Stimme besitzt, der wie mit einer stummen Stimme spricht und dessen Sprechen gehört wird, ist für Lévinas der Gott, der „sich in Auschwitz das Leben genommen" hat.[32] Nach Auschwitz wäre, so erklärt Lévinas, der Sinn der Erlösung, der Sinn des Messianismus anders zu denken: als eine „Devotion ohne Versprechen", in Form einer Hingabe, die sich in der Liebe zur Tora erfüllt. Es ist die Form einer Zeitlichkeit, die darin gründet, daß wir „nie quitt" sind, daß „die Sache (...) nie erledigt" ist.[33]

## 2.2 Das verdeckte Gesicht: die lesbare Tilgung des Anderen

Die Nacktheit des menschlichen Antlitzes, die in Lévinas' Schriften als Topos, als Stelle einer *signifiance*, nicht aber als Signifikant oder als eine rhetorische Figur fungiert, wird als eine Bedrohung und als eine Exposition beschrieben, die uns zu einem Akt der Gewalt einlädt, und uns zugleich verbietet, einen Mord zu begehen. Die Beziehung des *face-à-face*, des Einander-von-Angesicht-zu-Angesicht-gegenüber-stehens, konstituiert für Lévinas die ethische Situation. Der Frage danach, wie sich eine ethische Situation in eine *koloniale Situation* (Albert Memmi)[34] übersetzt, und

---

30 Emmanuel LÉVINAS, „Antlitz und erste Gewalt. Ein Gespräch über Phänomenologie und Ethik". In: Spuren Nr. 20, September 1987. 29–34; hier 32–33.
31 DERRIDA 1976. 217.
32 LÉVINAS, „Antlitz und erste Gewalt". 31.
33 ibid. 34.
34 Albert MEMMI, Der Kolonisator und der Kolonisierte. Zwei Portraits. Frankfurt/M.: Syndikat, 1980.

wie eine solche Übersetzung literarisch repräsentiert wird, soll nun anhand eines frühen, zwischen 1918 und 1922 entstandenen Textes von Gertrud Kolmar nachgegangen werden, der den Titel „Die Aztekin" trägt.[35] In ihm wird eine später bei Kolmar häufig variierte semantische Figur eingeführt: nämlich das Gesicht, das zum Verschwinden gebracht wird.

In der Form der Rede eines weiblichen Ich – eine solche an die Tradition der Rollenlyrik angelehnte Form des Ich-Monologs benutzt Kolmar häufig – handelt das Prosagedicht von der Liebe einer aztekischen Frau zu einem spanischen Mann. Auffallend in dem Text, der einen Bezug zum historischen Vorgang der Kolonisierung Mexikos durch die Spanier herstellt[36], ist zunächst die Verknüpfung von geschlechtlicher und kultureller Differenz, die in ihm geschieht. Die Beziehung zwischen den beiden Kulturen, die unterschiedlichen Gesetzesordnungen angehören, ist eingeschrieben in das narrative Muster eines Liebesromans – die ersten und letzten Worte des Gedichts, der kurze Satz „ich liebe dich", bilden eine Rahmung um den Text. Das Problem der hermeneutischen Vermittlung der fremden, „entdeckten" Kultur wird als erotisches Verführungsdrama inszeniert.

Die Weise, in der die Antinomie der beiden kulturellen Ordnungen literarisch repräsentiert wird, bedient sich des traditionellen, expressionistisch angereicherten Bildinventars des Exotismus. Die mit Männlichkeit und Modernität verknüpfte „weiße" Kultur Spaniens wird mit den Semantisierungen des „Hellen", „Kalten", „Harten", „Armen" und „Fahlen" be-

---

35  Gertrud KOLMAR, Frühe Gedichte (1917–22) Wort der Stummen (1933). München: Kösel, 1980. 96–7. Auf diese Seitenangaben beziehen sich die im folgenden zitierten Passagen des Textes.

36  Möglicherweise wurde Kolmar durch die Geschichte der Verbindung zwischen dem spanischen Eroberer Hernándo Cortés und der indianischen Sklavin Malinche (Malintzin) inspiriert. Zu den widersprüchlichen Symbolisierungen, die sich auf Malinches Rolle als Geliebte Cortés' und als Dolmetscherin und Unterhändlerin der Conquistadores beziehen (Verräterin, Verführte, Opfer) siehe beispielsweise Barbara POTTHAST-JUTKEIT, „Die Rolle der Frauen in Conquista und Kolonisation". In: Amerika 1492 – 1992. Neue Welten – Neue Wirklichkeiten. Essays. Hg. vom Ibero-Amerikanischen Institut Preußischer Kulturbesitz und Museum für Völkerkunde Staatliche Museen zu Berlin. Braunschweig: Westermann, 1992. 45–52. Die Figur der *Chingada*, der *geschändeten Mutter*, deutet auf eine Verknüpfung von historischer und leiblicher *Schändung*, deren Darstellung sich gleichsam auf den *mütterlichen Körper* stützt. Vgl. Octavio PAZ, „Die Söhne der *Malinche*". In: PAZ, Das Labyrinth der Einsamkeit. Essay (1950). Frankfurt/M.: Suhrkamp, 1985. 70–91.

legt[37], während die als prämodern gekennzeichnete, aztekische Kultur weiblich codiert, mit sexueller Verführung verbunden und mit den Signifikanten des „Dunklen", des „Glänzenden" und „Weichen", des „Bunten" und des „Seltsamen" verknüpft wird. Die Konstruktion der Fremdheit des Weiblichen gründet sich auf eine Beschreibung des weiblichen Körpers, die in diejenige des Körpers eines Tieres übergleitet:

(...) Löse
Den sanften Flaum von meinen kleinen Brüsten,
Wenn du nur willst, und nimm ihn dir.

Während das weibliche Ich einerseits von einer mehrfachen Enteignung spricht, die als ein Effekt der Kolonisierung angedeutet wird („Ich möchte / Dir soviel schenken. Doch ist wenig mein / In deinem Lande"), so will es andererseits zu weiterer Enteignung verführen, wenn es dem geliebten Kolonisator den eigenen Körper zur Fortsetzung der gewaltsamen Landnahme anbietet.

Der Kernpunkt dieser Enteignung liegt indessen in einer Umwertung, die die Koordinaten des Schönen und des Häßlichen berührt („Und auch Schönheit ist nicht mehr mein"). Denn der geliebte „Sonnensohn" und dessen „Brüder" scheinen Furcht und tiefen Ekel vor dem Körper der Frau zu empfinden:

Ich sah,
Du kehrst dich voll Ekel von mir ab,
Von meiner nackten, rötlichbraunen Haut

Hier knüpft die Beschreibung des weiblichen Körpers – als eine Verkörperung der Fremdheit, der Perspektive des spanischen Mannes treu – an den Topos des häßlichen, dunklen, zu versteckenden Körpers, der ein Index der Krankheit und der Ansteckung ist, an.[38] Mit dieser Wendung

---

37 Diese Verknüpfung von Männlichkeit und Historizität (im Unterschied zu Zeitlichkeit) als Signum der westlichen modernen, durch Rationalität und rasenden, destruktiven Fortschritt gekennzeichneten Kultur bildet übrigens eine semantische Konstante im gesamten literarischen Werk Kolmars. Siehe dazu Kapitel 5.2 und 5.3 der vorliegenden Arbeit.

38 Siehe dazu Sander L. GILMAN, „Seuche in Deutschland 1939/1989. Kulturelle Vorstellungen von Rasse, Raum und Krankheit". In: GILMAN, Rasse, Sexualität und Seuche. Stereotype aus der Innenwelt der westlichen Kultur. Reinbek bei Hamburg: Rowohlt, 1992. 281–305.

wendet der Text gleichsam das Beschreibungsmuster des Exotismus um, indem er dessen Kehrseite inszeniert (und so aus dem Klassiker schauer-romantischen Erzählens, *La belle et la bête*, eine Geschlechtertauschge-schichte macht).

Die eigentliche Wendung des Textes besteht nun aber darin, daß – der Anordnung des geliebten Kolonisators entsprechend – nicht der dunkle und häßliche weibliche Körper versteckt wird, sondern das Gesicht:

Sieh, du ließest deine Brüder
Den zarten, winzigen Kopf mir ganz umwinden
Mit schwerem schwarzem Schleier, daß mich keins
Aus deinem Volke mehr erblick und fürchte.
Nun bin ich blind durch dich. Ich hör dir zu,
Führ hinter einem finstren Nebel dich
In meine Welt. Und meine Welt ist schön
Und bunt, dir seltsam fremd.

Der Beschreibung des nackten, noch unverdeckten Gesichts widmet der Text – vor allem verglichen mit der des übrigen Körpers – erstaunliche Geduld und Energie:

Und auch Schönheit
Ist nicht mehr mein. Denn deine Brüder zögern
Vor meinem häßlich-sonderbaren Antlitz
Und flüstern staunend: Ohne hintres Haupt
Von langem dünnen Halse schau es her;
Das sei ein Wunderding. Die enge Stirn
Sei nieder-rückgezwängt. Glattschwarzes Haar,
Bau drüber steil und spitz sich auf, ein Turm.
Ich leb mit Mund und Augen, ihnen ähnlich –
Viel nackter doch mein Auge. Und die Nase
Sei fein, ganz schmal und schnabelhaft gebogen.
Ich seh auf sie mit Vogelsangesicht,
Schmück mich mit Vogelkopfputz; im Gefieder
Späh ich geduckt, ein furchtsam Tier, umher.

Der Gestus dieser Beschreibung gibt die Schaulust der Betrachter wieder – er betreibt eine ethnographische Vermessung. Die Beschriebene *zitiert* die Beschreibung der Kolonisatoren – ein Zitieren, das aber übergeht in die Ich-Rede, was als ein Hinweis auf die Verinnerlichung der Beschrei-bung, das heißt auf die Introjektion eines Bildes, das der Abwehr einer Schrecken und Faszination erregenden Andersheit dient, gelesen werden kann. Insofern ist das Gesicht durch diese Beschreibung schon verdeckt,

86

bevor es wörtlich verhüllt wird; doch Kolmars Text macht gerade dieses doppelte Unsichtbarmachen sichtbar. Inmitten des Verschiedenen (der Konstruktion von Verschiedenheiten) wird eine Ähnlichkeit benannt, deren Andersheit als eine *nacktere Nacktheit* bezeichnet wird. Ähnlichkeit und Entstellung der Ähnlichkeit (durch die nacktere Nacktheit) wird mit dem „Auge", dem Blick verknüpft, also in das Feld der Wahrnehmung gezogen (wie die Kastration).

Die usurpatorische Handlung, die der Kolonisator/der Geliebte hier begeht, besteht demnach in seiner Anordnung, das Gesicht der Frau zu verdecken, um die durch das Andere ausgelöste Furcht bei jenen, die der nun herrschenden Kultur angehören, zu besänftigen. Das Gesicht der Frau ist ein Skandalon, in dem Sexuelles mitschwingt – eine Nacktheit, die schamlos und schreckenerregend ist, und daher bedeckt werden muß. Diese Nähe zwischen Gesicht und Geschlecht, die sich im Skandalösen äußert, rührt an eine Spaltung, die derjenigen der Geschlechterdifferenz ähnlich ist oder vorausliegt (jedenfalls nicht mit ihr identisch ist): diese Spaltung – die weiter oben als *symbolische Differenz* beschrieben wurde, welche die sexuelle Differenz gründet – fügt der imaginären Totalität und Ganzheit des Selbst (der Position der Kolonisatoren) eine irreversible Verletzung zu. Das Moment der Erschütterung der imaginären Totalität und der Leugnung dieser Erschütterung wird in der Konstellation, die der Text herstellt, vom *Ort des Sexuellen* in das *Feld der Kulturgeschichte* (der Geschichte der Kolonisierung) übertragen – und auf diese Weise wird ein anderer Zusammenhang zwischen beiden gestiftet. Es scheint daher, als würde Kolmars Text schon hier den Status und die Funktion des Imaginären in der Kulturgeschichte abtasten. Dabei zeigt der Text, wie Visualisierung und Konstruktion des Anderen im Akt des Betrachtens miteinander verschränkt sind (das Gesicht wird ja nur als betrachtetes und beschriebenes vergegenwärtigt, und zwar als eines, das allein aus der Perspektive der Kolonisatoren gesehen wird). Indem der Text den Ort des destabilisierenden, ebenso faszinierenden wie abstoßenden Anderen im Gesicht aufsucht, bezieht er nicht nur Alterität und Gesicht in extremer Weise aufeinander, sondern er bindet auch den Akt der Aneignung des Anderen an eine Geste der Gewalt, die auf das Gesicht, auf die Nacktheit des Gesichts zielt.

Kehren wir aber zurück zum narrativen Muster des Liebesromans, in welches die Darstellung des Anderen hier eingetragen wird. Ist die Kategorie der Geschlechterdifferenz, die dabei ins Spiel kommt, notwendig, um eine Verknüpfung von Historischem und Leiblichem, von geschichtlicher und leiblicher Gewalt zur Sprache und zur Darstellung zu bringen? Wesentlich erscheint hier indessen, daß die Struktur des Begehrens gekreuzt wird von einer Struktur der Verwerfung und des Abscheus, der Abjektion – und zwar ausgehend von der Verknüpfung sexueller und kultureller Differenz. Es scheint offensichtlich, daß die weibliche Figur von der Hoffnung geleitet wird, der Kolonisator würde auf ihre erotische Verführung (das heißt auf ihren Versuch der kulturellen Mediation) eingehen, wenn erst das störende Andere, das ihr ins Gesicht geschrieben ist, zwar nicht wirklich verschwunden, aber doch zumindest nicht mehr sichtbar ist. Für das weibliche Ich, dem Augen und Mund verbunden werden, ist die Erblindung und das Verstummen, die ihm aufgezwungen werden – eine noch nicht mörderische, sondern nur usurpatorische Gewalt – die *Bedingung einer Beziehung* zu dem Mann (das heißt, die Bedingung für eine erotische wie auch für eine kulturelle Beziehung). Dem Mann wiederum erlaubt das Verdecken des Gesichts der Frau, die aus ihm sprechende störende, verletzende Andersheit zu *thematisieren* – eine Thematisierung, die die Thematisierung der Beschreibung fortsetzt –, und sich diese Andersheit anzueignen, indem sie eine Repräsentanz (die Verhüllung) erhält. Einerseits erlaubt demnach dieser Aneignungsvorgang, die Verletzung der imaginären Totalität zu verdecken und zu verleugnen (die Verhüllung, von der im Text die Rede ist, erscheint wie ein Bild für diese Verleugnung und verrät insofern schon das Projektive der Anordnung). Andererseits bedeutet der Aneignungsvorgang aber auch einen Akt der Verschmelzung, der den Akt der sexuellen Aneignung und der erotischen Verschmelzung zu ersetzen oder ihm zuvorzukommen scheint. Könnte dies als Spur eines Traumas gelesen werden, welches davon herrührt, daß sich hinter der Sprache der sexuellen Verführung ein völliges Versagen der Sprache der kulturellen Kommunikation abzeichnet (und damit das Zusammenbrechen von Kultur überhaupt)? Und daß die Sprache der sexuellen Verführung dieses Versagen verkleidet?

Die Beziehung, die hier gestiftet wird (und deren glückliches Gelingen mehr als fraglich erscheint), läßt sich, so denke ich, nicht als Disproportion beschreiben, sondern nur als Intrige – als eine Intrige, in der sich die weibliche Figur – zwangsläufig – verfängt. Denn mit dem Verdecken des Gesichts willigt das weibliche Ich sowohl in die eigene Erblindung ein als auch in die Darstellung oder Markierung als Verschiedenes, Nicht-Ebenbildliches, die einer Identifikation gleichkommt. Doch ist diese Einwilligung die Bedingung der Beziehung (der kulturellen wie der erotischen), durch die eine Übersetzung der anderen Kultur – oder ein Bewahren des Unübersetzbaren – geschehen und die Dimension der Sozialität eröffnet werden könnte („Nun bin ich blind durch dich. Ich hör dir zu, / Führ hinter einem finstren Nebel dich / In meine Welt."). Die Möglichkeit kultureller Verständigung gründet auf dieser Einwilligung: im Herzen des (erhofften) Verstehens oder der (erhofften) Anerkennung hat ein Gewaltakt – ein Akt der Aneignung, der Identifikation, der eben nicht wechselseitig ist – schon stattgefunden.

In seinem Essay zur Philosophie Emmanuel Lévinas' hat Jacques Derrida das menschliche Gesicht die tatsächliche „inaugurierende Einheit eines nackten Sehens und eines Rechts zur Sprache"[39] genannt. Demnach wäre der *Raub* dieses Rechts die *Voraussetzung*, unter der überhaupt nur die Inauguration einer Sprache zwischen den beiden heteronomen Kulturen sich potentiell ereignete. Derrida beschreibt den Zwang, in der Sprache der Majorität zu sprechen (denn der ethnischen Minorität wird eine Sprache auferlegt) als ein Problem der Übersetzung, als Frage eines möglichen, aber immer unzureichenden Kompromisses zwischen zwei Sprachen. Er bringt diese Frage in Verbindung mit dem Denken der Gerechtigkeit.[40] Die Kompromißbildung, von der in Kolmars Text die Rede ist, beruht dann auf einer noch tiefer liegenden Ungerechtigkeit, indem dem weiblichen Ich das Recht auf Sprache überhaupt aberkannt wird (eine Aberkennung, die durch die symbolische Differenz, durch den von ihr ausgelösten Schrecken, motiviert wird).

Während Walter Benjamin, wie Derridas Lektüre des Essays „Zur Kritik der Gewalt" aus dem Jahr 1921 zeigt, den Glauben an gewaltlose Verhältnisse zwischen Privatpersonen doch wahrt und die Möglichkeit einer gewaltlosen Einigung dort sieht, wo die „Kultur des Herzens" den Menschen „reine Mittel zur Übereinkunft an die Hand gibt"[41], scheint Gertrud Kolmar dies in ihrem etwa zur selben Zeit verfaßten Gedicht zu bestreiten.

---

39 DERRIDA 1976. 218.
40 DERRIDA 1991. 11. Hier scheint Derrida beeinflußt von Lyotards Denkfigur des Widerstreits; gleichzeitig aber auch von den aktuellen Debatten über *political correctness* in USA, die er mit der Dekonstruktion in Berührung bringen möchte.
41 DERRIDA 1991. 100.

Kolmar betont (durch die koloniale Szenerie ihres Textes) gerade die Kontamination von privater und politischer Sphäre. Darüber hinaus aber thematisiert sie auch die Problematik der Assimilation (im Sinne einer Unterwerfung unter die Zeichen- und Gesetzesordnung der herrschenden Kultur) – und zwar genau im kritischen Punkt des *uneingelösten Versprechens*, das diese beinhaltet. Hoffnung und Blindheit der Hoffnung kommen im selben Maße zum Ausdruck. Allerdings bezieht das Gedicht sein doch deutlich spürbares, erotisch getöntes Pathos der Verschmelzung gerade aus dem Machtgefälle zwischen der herrschenden und der kolonisierten Kultur.

Die Position des weiblichen Ich läßt sich noch genauer beschreiben, wenn man berücksichtigt, daß die Intrige, in die sie verwickelt ist, den Regeln einer Ökonomie gehorcht. Denn für die weibliche Figur (und nur für ihre Position) geht es um Verlust, Gewinn und Aufschub; und in diesem Sinne läßt sich die in Kolmars Text inszenierte Gesetzlichkeit, der das Sprechen des Anderen unterstellt wird, als *Ökonomie der Assimilation* entziffern. Der Preis, der dabei zu zahlen ist und der in der Verhüllung des Gesichts sein textuelles Zeichen erhält, ist nicht nur die Beraubung des Rechts zur Sprache, sondern auch ein Akt der Dissimulation: der Zwang  zur Verheimlichung. Denn während die Simulation fingiert, etwas zu haben, das man in Wirklichkeit nicht hat, wird durch die Verkleidung und Verheimlichung der Dissimulation umgekehrt fingiert, etwas das man in Wirklichkeit hat, nicht zu haben.[42] Ersteres scheint eher die Position der Frau in der patriarchalischen Kultur zu umschreiben, das zweite die Konstellation der Assimilation, wie sie den Juden in Deutschland abverlangt wurde (jedenfalls in der Phase ihrer sogenannten „bürgerlichen Verbesserung"). Dieser Modus des Fingierens läßt das *Realitätsprinzip* noch unangetastet[43], was mit der *Lesbarkeit* der Tilgung in Zusammenhang zu bringen wäre. Kolmars Text unterstreicht jedoch die physische Einschreibung dieser Fiktion.

Wenden wir uns daher für einen Augenblick noch dem Zeichen des verdeckten Gesichts selbst zu. Wenn ich es als Zeichen einer *lesbaren Tilgung des Anderen* beschreibe, so deshalb, weil diese Weise der Tilgung – das Verdecken des Gesichts – durch einen leeren Signifikanten dargestellt wird (die

---

42 Vgl. Jean BAUDRILLARD, Agonie des Realen. Berlin: Merve, 1978. 10.
43 ibid.

schwarze Verhüllung), der durchaus mehrdeutig bleibt.[44] Die Mehrdeutigkeit dieses Zeichens zeigt sich, wenn wir die Ökonomie der Achtung, des Respekts vor der Frau, die Sarah Kofman in ihrer Lektüre Kants aufzeichnet, hier berücksichtigen. Kofman erläutert anhand der Schriften zur *Metaphysik der Sitten* und zur *Anthropologie*, wie bei Kant das Verbot des weiblichen Geschlechts zur moralischen Achtung leitet. Da die Frau zum guten Geschmack und zum Anstand erziehen soll, darf sie keinesfalls Ekel hervorrufen. Der „Schleier der Frauen – das Verbot ihres Geschlechts – führt, könnte man sagen, zum Schleier oder zur Maske der Wörter, zur Stellvertretung in der Sprache, zur Eröffnung der endlosen Kette von Ersetzungen, zu einer Supplementarität, in der alle ,klare' – schmutzige, immer schon geschändete – Bedeutung ausgelöscht ist."[45] Demnach wird Weiblichkeit als jener Ort des Anderen bestimmt, von dem die Drohung des Todes ebenso ausgeht wie die Drohung, der eigenen sinnlichen Triebhaftigkeit zu unterliegen, sich „nicht mehr in den Grenzen des Menschlichen" halten zu können, „zu einem Naturobjekt erniedrigt, (…) ein abscheulicher, ekelhafter Gegenstand zu werden: horribile visu."[46] Vor dieser Gefahr soll die Achtung schützen, indem sie eine Differenz einführt, eine „trennende Bestimmtheit", welche Berührung und Verwirrung zu vermeiden hilft.[47] Die Scham der Frau verbürgt gleichsam die Einübung der Männer nicht nur in die Moralität, sondern in die Achtung vor dem Gesetz überhaupt. In diesem Sinn, so erklärt Kofman, „wäre die Achtung der Frauen das Gesetz der Gesetze, ein unter allen geheiligtes Gesetz, conditio sine qua non der Existenz des moralischen Gesetzes, zumindest der Einübung in den Gehorsam ihm gegenüber."[48]

Nun liegt der Achtung aber, wie Kofman hervorhebt, eine fetischistische Geste zugrunde: das heißt, sie ist eine Verehrung, die eine Verleugnung verbirgt. Daher schlägt Kofman vor, die Achtung vor der Frau und das Respektieren des moralischen Gesetzes in Verbindung zu bringen mit je-

---

44  Diese Mehrdeutigkeit zeigt sich schon an dem Motiv der Erblindung selbst, das einerseits auf die rabbinische Tradition des Nicht-sehen-wollens und damit auf das Bilderverbot verweist (siehe hierzu Harold BLOOM, Kafka Freud Scholem. Basel, Frankfurt/M.: Stroemfeld/Roter Stern, 1990. 37), andererseits aber wiederum auf ein Bild anspielt, nämlich auf das Symbol der Synagoge im christlichen Antijudaismus.
45  Sarah KOFMAN, „Die Ökonomie der Achtung. Kant". In: Herta NAGL-DOCEKAL (Hg.), Feministische Philosophie. Wien, München: R.Oldenbourg, 1990. 48–9.
46  ibid. 51.
47  ibid. 52.
48  ibid. 48.

ner Panikreaktion, die Freud im Rahmen seiner kleinen Studie zum *Feti-schismus* aus dem Jahr 1927 als Kastrationsangst beschreibt, und welche von ihm in Analogie gesetzt wird zu jener Panik, die den Erwachsenen später erfaßt, wenn er „Thron und Altar (...) in Gefahr" sieht.[49]

Dieser tiefe Schrecken rührt von der Wahrnehmung einer Abwesenheit her, durch die die narzißtische Illusion der eigenen Unversehrtheit verletzt wird – eine Wahrnehmung, die, wie Freud betont, im Unbewußten haften bleibt und deren andauernde Verleugnung eines erheblichen Aufwandes bedarf.

Geht man von einer solchen Konstellation aus, so ließe sich die Achtung als *Ökonomie dieser Panik*, das heißt als Ökonomie der Kastrationsangst in-terpretieren.[50] Vielleicht werden durch diese Ökonomie die Panik und der aus ihr sprechende Haß auf eine ähnliche Weise in geordneten Bahnen und in Schach gehalten, wie Kofman dies an anderer Stelle für das menschliche Sprachvermögen behauptet, welches sie als Korrelativ des menschlichen Ver-mögens zu töten (den Anderen zu „vergessen") bezeichnet.[51]

Kolmars Text suggeriert indessen, wie wir sahen, eine seltsame Analogie zwischen dem Verbot des weiblichen Geschlechts und dem Verbot des weib-lichen Gesichts. Hier kommen wir auf den Aspekt der Mehrdeutigkeit des Zeichens, welches ein solches Verbot signalisiert, zurück: denn einerseits besitzt es jene Funktion, die Sarah Kofman als Einführung einer trennenden Bestimmtheit bezeichnet, welche Berührung und Verwirrung zu vermeiden erlaubt, und konstruiert so eine Repräsentanz des destabilisierenden Ande-ren in sicherem Abstand. In diesem Sinne wäre das verdeckte Gesicht als ein Zeichen jener Achtung lesbar, welche von Sarah Kofman als eine Öko-nomie der Panik beschrieben wurde: es würde diese Ökonomie (die ja eine Ordnung ist) in Gang halten – und damit die Panik in Schach halten. Zum anderen aber verschiebt der Text die Drohung und den Mangel vom Ort des Geschlechts zu jenem des Gesichts – wobei es sich um ein Gesicht han-delt, das gesehen wird, wie dessen detaillierte Beschreibung aus der Per-

---

49  Der vollständige Satz Freuds lautet: „Eine ähnliche Panik wird vielleicht der Erwachsene später erleben, wenn der Schrei ausgegeben wird, Thron und Altar sind in Gefahr, und sie wird zu ähnlich unlogischen Konsequenzen führen." Sigmund FREUD, „Feti-schismus" (1927). In: FREUD, Gesammelte Werke XIV. 311–317; hier 312.

50  Siehe KOFMAN 1990. 61.

51  Sarah KOFMAN, Paroles suffoquées. Paris: Éditions Galilée, 1987. 81. Erstickte Worte. Wien: Passagen, 1988. 89.

spektive der dominanten Kultur zeigte: um ein Gesicht, das schon Bild ist, das schon thematisiert und beschrieben wurde, und das daher im Sinne von Emmanuel Lévinas seine Andersheit schon eingebüßt hat in dem identifizierenden Blick, dem es in seiner Nacktheit ausgesetzt war.

Darin deutet sich an, daß die Ökonomie der Achtung hier schon durchbrochen sein könnte: denn das Verhüllen des Gesichts läßt sich mit Lévinas als *partielle Negation* beschreiben. Den Begriff der „partiellen Negation" entwickelt Lévinas im „Die ethische Bedeutung des Anderen" überschriebenen Kapitel eines Textes aus dem Jahre 1951, und zwar in einem Zusammenhang, der das Verhältnis von Gewalt und Verstehen erkundet. Ein Verstehen, das dem Seienden eine Bedeutung vom Sein her zuschreibt, und das Seiende so nicht anruft, sondern nennt, vollzieht „im Hinblick auf das Seiende einen Akt der Gewalt und der Negation, der partiellen Negation, die Gewalt ist. Diese Partialität, diese Unvollständigkeit tritt hervor in der Tatsache, daß sich das Seiende, ohne zu verschwinden, in meiner Gewalt befindet."[52] Die partielle Negation gibt also einen Modus des Besitzens an (dazu zählt auch eine bestimmte Weise des Sehens), in der die Unabhängigkeit und die Heteronomie des Seienden verneint wird, das heißt, in der das Von-anderswo-herkommen des Anderen, seine Zugehörigkeit zu einer Ordnung anderen Ursprungs, sein Sich-jedem-Verstehen-entziehen, geleugnet wird, ohne daß allerdings die Existenz dieses Seienden zum Verschwinden gebracht würde. Diesen Modus des Besitzens – die Verhüllung des Gesichts: eine Anordnung, die ja dem Bündnis des Kolonisators mit seinen „Brüdern" entspringt und in der das zugrundegelegte Paradigma kultureller und intersubjektiver Kommunikation sich als eines erweist, das im Sinne von Lévinas Einheit als Erfüllung des Kommunizierens bestimmt – habe ich zuvor eine usurpatorische, noch nicht mörderische Gewalt genannt. Folgt man indessen der Argumentation von Lévinas, so kann der Andere nicht der Gewalt einer Negation ausgesetzt werden, die partiell bleibt. Den Anderen – das, was sich dem Verstehen widersetzt – „kann ich nicht in der Gewalt partiell verneinen, indem ich ihn vom Sein im allgemeinen her begreife und ihn besitze. Der Andere ist das einzige Seiende, dessen Negation nur als ganze geschehen kann: als Mord."[53] Genau an dieser Stelle, die Negation und Mord iden-

---

52 LÉVINAS 1983. 115.
53 ibid. 116. Auf die Revision des Begriffs der Negation in den späteren Schriften Lévinas' werde ich noch zurückkommen.

tifiziert, wendet sich der Diskurs Lévinas' dem *Antlitz* zu, dessen *Gegenwart* die Versuchung zu einer vollständigen, unbeschränkten Negation bietet: denn der unendliche Widerstand, den der Andere meiner Macht entgegensetzt, fordert meinen mörderischen Willen heraus. Und dieser unendliche Widerstand, vor dem mein Vermögen, eine Kontinuität des Besitzes und des Verstehens zu begründen, scheitert, liegt gerade in dem kontextlosen Durch-sich-selbst-Bedeuten des nackten Antlitzes, in dessen Nacktheit, die „nicht eine Stilfigur" ist.[54]

Wenn daher auch das verdeckte Gesicht auf eine lesbare Tilgung des Anderen verweist, die das Realitätsprinzip noch unangetastet läßt und in der das Zeugnis der Tilgung noch nicht verschwunden ist, so hält sich die Gewalt dieses Aktes, die aus einer uneingeschränkten, unbegrenzten Negation kommt, doch schon in der Nähe, an der Grenze zum Mord. Die Verschiebung der Drohung und des Mangels vom Ort des Geschlechts zu dem des Gesichts, die Kolmars Text unternimmt, könnte dann als eine Aussage gelesen werden, welche die Partialität der Negation im selben Zuge konstatiert und widerruft – die Frage nach deren Unbeschränktheit also schon involviert. In der Frage nach der Unbeschränktheit der Negation ist aber noch eine zweite Frage involviert: nämlich diejenige nach dem Verhältnis zwischen der Verletzung des Realitätsprinzips und dem Zum-verschwinden-bringen – dem Zum-verschwinden-bringen des Anderen ebenso wie des Zeugnisses des Anderen, der Spuren der Gewalt.

Abschließend sei hingewiesen auf eine Variation der Textfigur des verdeckten Gesichts, die sich in einem Gedicht Gertrud Kolmars findet, dessen Niederschrift auf den 16. Oktober 1933 datiert ist und das zu dem im Jahre 1933 entstandenen Gedichtzyklus „Wort der Stummen" zählt. Dieser Zyklus kann als Schrift der Anklage und der Zeugenschaft gelten. Die Sprachstruktur des Gedichts, das „Anno Domini 1933" überschrieben ist, ist geprägt durch eine verkürzte Form des Sprechens, die an Kinderverse erinnert. Es beginnt mit den Zeilen:

Er hielt an einer Straßenecke.
Bald wuchs um ihn die Menschenhecke.

Sein Bart war schwarz, sein Haar war schlicht.
Ein großes östliches Gesicht,

---

54 ibid. 117.

Doch schwer und wie erschöpft von Leid.
Ein härenes verschollnes Kleid.

Er sprach und rührte mit der Hand
Sein Kind, das arm und frostig stand:

„Ihr macht es krank, ihr schafft es blaß;
Wie Aussatz schmückt es euer Haß,

Ihr lehrt es stammeln euren Fluch,
Ihr schnürt sein Haupt ins Fahnentuch (...).[55]

Die Figur des verdeckten Gesichts und die in ihr zum Ausdruck kommende
Gewalt hat hier eine äußerste Zuspitzung erfahren. Denn das Gesicht des
Kindes verschwindet in einem „Fahnentuch", das heißt, in (oder unter) einem Kollektivzeichen, das eine eindeutige Referentialität besitzt. Es handelt
sich hier also nicht mehr um einen leeren Signifikanten (wie bei der schwarzen Umhüllung, von der im Gedicht „Die Aztekin" die Rede war). Dadurch
büßt das Zeichen, das an die Stelle des Gesichts getreten ist, seine Mehrdeutigkeit ein. Das Verschwinden des Gesichts wird auch in diesem Text als
Effekt der Ausübung von Gewalt beschrieben. Aber hier wird das Gesicht
nicht nur verdeckt, sondern es wird gefesselt und eingeschnürt. Auf diese
Weise wird es gezwungen, nicht nur die Ordnung, auf die das Kollektivzeichen verweist, zu repräsentieren, sondern auch den Akt der Tilgung, dem
es unterliegt. Über die Figur des Mannes (der im Gedicht stirbt, an den
Schlägen, die ihm zugefügt werden) stellt der Text eine Nähe her zwischen
der Gewalt, die das Kind erleidet, und physischem Mord. Am Ende des
Gedichts ist dann die Figur des Kindes spurlos im Text verschwunden.
Das Verschwinden des Gesichts im „Fahnentuch" korrespondiert mit
dem Verschwinden der Figur des Kindes im Text und mit dem Verschwinden der Ambivalenz und des Sexuellen im Diskurs der Gewalt. Der Text
mündet in eine Konkretion des geschichtlichen und geographischen Ortes, an dem der Mord geschieht. Die letzten Zeilen des Gedichts lauten:

Ein Galgenkreuz, ein Dornenkranz
Im fernen Staub des Morgenlands.

Ein Stiefeltritt, ein Knüppelstreich
Im dritten, christlich-deutschen Reich.[56]

---

55 KOLMAR 1980. 222.
56 ibid. 223.

## 2.3 Unlesbare Tilgung des Anderen: Verkörperung und Vergewaltigung

Auf eine Geste, die in direktem und wörtlichem Sinn eine Verletzung des Gesichts unternimmt, beziehen sich mehrere Texte Gertrud Kolmars. Ein Beispiel dafür bietet das Gedicht „Die Drude", das sich in der alptraumhaften Szenerie der germanischen Mythologie bewegt. Das sprechende Ich dieses Textes, die Drude – eine Zauberin, die der Vorstellung des Aberglaubens entsprechend eine böse Macht personifiziert –, bemerkt an einer Stelle im Tonfall einer hilflosen Lakonie:

Ich habe ein Otterngesicht,
Das die Knaben mit Steinen schmeißen,
Sehn sie's im Sonnenlicht.[57]

Eine ähnliche Passage, die nun aber eine direkte Verknüpfung zur Verfolgung der Juden in Deutschland im 20. Jahrhundert herstellt, findet sich in dem zum bereits erwähnten Zyklus „Das Wort der Stummen" gehörenden Gedicht „Die jüdische Mutter", dessen Entstehungsdatum mit dem 24. Oktober 1933 angegeben wird. Hier richtet sich die Gewalt nicht explizit auf das Gesicht. Die Stimme der Mutter klagt „die Vielen" an („Ihr! Ihr! O Ehr- und Würdenmänner, schlimmer als Gelichter!"), die ihr Kind demütigen und bedrohen:

Ihr laßt's von Rangenhand mit scharfen Kieseln schmeißen,
Ihr laßt es scheu und einsam in den Winkeln stehn,
Ihr wollt sein neues buntes Schürzchen ihm zerreißen,
Ihr laßt's in seinem Buch die eingemalten Hakenkreuze sehn.[58]

Aber schon in der wenige Jahre zuvor entstandenen Erzählung *Eine jüdische Mutter*, auf die ich weiter unten eingehen werde, zeigt sich ein solcher Bezug – in Form eines direkten Zitats – auf die realgeschichtliche Situation und den wachsenden Antisemitismus im deutschen Bürgertum:

Ein dünnes Heft lag dort auf dem Tische; sie zog es unauffällig heran, lauernd, fast eine Diebin. Der Umschlag sprach: „Hugin – Deutsche Wehr – Blätter für völkisches Denken", und zwischen den Titeln umkrallte ein Rabe ein Hakenkreuzschild. Sie blätterte ein wenig

---

57 KOLMAR 1960. 14. Dieser Text ist nicht genau datierbar. Er zählt zu dem Zyklus „Weibliches Bildnis", findet sich aber nicht in dem noch 1938 erschienenen (und wenig später eingestampften) Band *Die Frau und die Tiere*.
58 KOLMAR 1980. 228.

herum; es bot sich da, was sie suchte. „... hat Juda hinterlistig das Joch für germanische Nacken gezimmert." „Der wahre Feind ... geht plattfüßig, dickbäuchig, krummnäsig, schwarz tagtäglich an euch vorüber." „Die Söhne und Töchter Israels ... Schmarotzerpflanzen am deutschen Stamme ..." Martha schaute empor. Ihre Augen sprühten. Sie funkelte so, wenn je ihr Geliebter aus alter Abneigung, frischem Unmut ihr Volk, ihre Rasse schalt. Denn Albert wuchs unter Menschen auf, die alle Gebresten und Schwächen der Zeit auf den Juden wie Steine werfen.[59]

Das mit Steinen beworfen-werden, das in den drei zitierten Textpassagen mehrere rhetorische Register durchläuft, seinen realgeschichtlichen Bezug aber gerade dann akzentuiert, wenn man die einzelnen Textstellen zueinander in Beziehung setzt, ist geradezu ein Ritual alltäglicher antisemitischer Verfolgung – erinnert sei hier nur an die im Sommer 1939 im Pariser Exil abgeschlossene Schrift *Leben und Tod des deutschen Judentums* von Julius Bab, in der er seine Beschreibung von Kontinuitäten der Mentalität und des politischen Handelns, von Gegenläufigkeiten, die den Emanzipationsprozeß der Juden in Deutschland von Anfang an prägten, einleitet, indem er das Faktum erwähnt, daß noch die Kinder Moses Mendelssohns „im Berliner Tiergarten beschimpft und mit Steinen beworfen" wurden.[60]

Zwei Weisen der Tilgung des Anderen, die wiederum von einer Gewalt zeugen, welche sich auf das Antlitz richtet, wobei aber eine bestimmte Grenze verletzt oder vergessen wird, und die ich deshalb *unlesbar* nennen möchte, sollen nun im folgenden diskutiert werden. Ebenso wie die lesbare läßt sich die unlesbare Tilgung als eine Form der Thematisierung des Anderen interpretieren, das heißt als Modalität der *Identifikation* und der *Repräsentation* des Anderen. Dabei markiert der Übergang von der lesbaren zur unlesbaren Tilgung einen Bruchpunkt in der Struktur der Gewalt. Die Kategorie der *Unlesbarkeit* bezieht sich also nicht auf eine Leere der Signifikation, sondern eher auf ein exzessives Moment in ihr – auf ein Verschwinden des Verschwin-

59 Gertrud KOLMAR, Eine jüdische Mutter. München: Kösel, 1978. 230.
60 BAB 1988. 36. Vgl. zum Beispiel auch das Gedicht „Kinderlied aus Mauthausen" von Stella Rotenberg, das sich auf die folgende Passage aus Evelyn Le Chênes Buch *Mauthausen, The History of a Death Camp* bezieht: „When the prisoners arrived at the small station of Mauthausen, the village children would gather round and throw stones. As they descended from the train they would be taunted with: You'll soon be up the chimney on Totenberg. (Death Hill.)" Die entsprechende Gedichtzeile lautet: „Die Lokomotiv tut einen Pfiff da sammeln wir ein die Stein (...)". Stella ROTENBERG, Die wir übrig sind. Darmstadt: J.G. Bläschke Verlag, 1978. 14.

dens, das dem Anderen sein Zeugnis nimmt. Dieses Zum-verschwinden-bringen des Verschwindens berührt sich mit jenem Vorgang, den Adorno und
Horkheimer in der *Dialektik der Aufklärung* als „Ausfall der Reflexion"[61] bezeichnen – und hier zeichnet sich schon ein wesentlicher Zug dieses Geschehens ab: es vollzieht sich *innerhalb* der Ordnung des Symbolischen, das
heißt, es suspendiert jene Funktion, die das Gesetz im Sinne Lacans ausübt,
und trägt dadurch ein Moment des Psychotischen in die Ordnung des Symbolischen hinein (oder weist darauf hin, daß ein solcher Moment, gleichsam
als Rest, im Herzen des Symbolischen virulent bleibt).

### 2.3.1  Das substituierte Gesicht

Vom Akt einer Substitution handelt das zum „Dritten Raum" des „Weiblichen Bildnisses" gehörende Gedicht „Die Irre", welches die Titelunter-
schrift „Beaune, Côte d'Or, den 14.10.1927" trägt, aber nicht in den 1938
veröffentlichten Band *Die Frau und die Tiere* aufgenommen wurde.[62] Der
Text gibt Zeugnis von einer Gewalttat, die schon geschehen ist – und hier
zeigt sich ein wesentliches Moment der Poetologie Kolmars: indem sie,
angelehnt an die Tradition der Rollenlyrik, Redepositionen einführt, die
ein (oft weibliches) „ich" zur Sprache kommen lassen, gibt sie diesem
„ich" die Möglichkeit zur Klage und zum Zeugnis zurück. Wenn Ungerechtigkeit sich darin begründet, daß der Kläger seiner Beweismittel beraubt wird, und daher das Unrecht, das er erlitten hat, *nicht darstellen*
kann, das Unrecht also nicht figurierbar ist und in diesem Sinn spurlos
verschwindet[63], so erstatten Kolmars Texte dem „ich", das klagt, die Mög-

---

61  Theodor W. ADORNO, Max HORKHEIMER, Dialektik der Aufklärung. Philosophische
Fragmente (1944). Frankfurt/M.: Fischer, 1971. 170.

62  Gertrud KOLMAR, Das lyrische Werk. München: Kösel, 1960. 90–91. Siehe hierzu
meinen Essay „Der phantasmatische und der decouvrierte weibliche Körper. Zwei Paradigmen der Kulturation". In: Feministische Studien Nr. 2, November 1991 (Themenheft Kulturelle und sexuelle Differenzen. Hg. Sabine SCHILLING und Sigrid WEI-
GEL). 65–78 (hier vor allem Anm. 2). Der historische Kontext ist hierbei zu berücksichtigen: bekanntlich hatte sich der Antisemitismus in Deutschland seit den achtziger
und neunziger Jahren des 19. Jahrhunderts, und dann besonders nochmals mit dem
Jahr 1919, nach dem Ende des ersten Weltkrieges, deutlich verstärkt.

63  Diese Konstellation beschreibt der Begriff des *Widerstreits* (*Le différend*), den Jean-François Lyotard in seinem gleichnamigen Buch entwickelt. Vgl. dazu Kapitel 5.2 dieser
Studie.

lichkeit zur Darstellung seines Unrechts zurück. Durch dieses poetologische Verfahren wird die Unlesbarkeit der Gewalt nicht aufgehoben, sondern eher versetzt in eine Rückläufigkeit: die Spuren der Gewalt (und die Spuren dessen, was ich als Zum-verschwinden-bringen des Zum-verschwinden-bringens bezeichne) werden entzifferbar.

Wiederum in der grammatischen Form der ersten Person Singular, kreist die Rede der „Irren", eines weiblichen „ich", das aufgelöst, de-subjektiviert ist und sich zu einem abstoßenden Wesen gewandelt hat, um die Fragmentierung des eigenen Körpers, die einhergeht mit einer Fragmentierung der inneren und äußeren Topographie. Der Kopf der weiblichen Figur wurde „zerbrochen und abgeschlagen", ihre Augen liegen abgelöst auf den Feldern

(...) bestellt mit Schwermut,
Und darum habe ich keine Blicke noch Tränen mehr.

Ihre Verfolger:

Jäger und Schergen, Henkersknechte,
O Gendarmen der ganzen Welt in Wut!

verweist sie auf ihre Hände:

Mein häßliches Haupt tut doch nicht das Schlechte;
Schaut her! Meine Hände sind gut.

Ihre Suche nach dem Grab ihres Kindes –

Mein Kind wohnt ganz allein
Im Garten unter dem harten, mächtigen Stein

– gleicht einer permanenten stillgestellten Bewegung, in der Suche und Flucht ineinander kippen und das Ich dennoch immer an dieselbe Stelle fixiert bleibt:

Die Stadt wächst immer größer, je weiter ich gehe,
Sie reckt sich, verrückt sich, daß ich mein Ziel nie erreichen mag.
Wenn ich abends am Friedhofstor stehe,
Kehrt es sich von mir fort, jedesmal, in den morgigen Tag.

Die Jäger, Polizisten und Mörder werden in diesem Text vorgestellt als Hüter jener Ordnung, in der die weibliche Figur die Stelle der „Teufelin" einnimmt. Diese *Placierung* innerhalb der sozialen und der symbolischen Ordnung wird als Effekt einer Substitution beschrieben, einer *Enthauptung* und *Behauptung*, deren Struktur derjenigen einer Idolisierung ähnelt: denn an die Stelle des abgeschlagenen Kopfes wurde der „Kopf einer Teufelin" gesetzt, das heißt, das Gesicht wurde ersetzt durch ein Götzenbild, welches Zeitlichkeit und Sprachlichkeit gegenüber resistent bleibt. An dieser Stelle möchte ich die betreffende Textpassage als Ganzes zitieren:

O seht! O seht! Welch einen Kopf muß ich tragen!
Rot und gelb, halb Schwefel, halb Ton.
Der meine ward mir zerbrochen und abgeschlagen
Vom Fallbeil der Großen Revolution.
Da hat mich der Böse durch alle Sternentiere, Löwen und Widder, gehetzt
Und mir im Krebs den Kopf einer Teufelin aufgesetzt.

Das Böse wird als Akt der Substitution gedacht, als Akt einer Ersetzung, die der *Repräsentation* dient. Die Struktur der Repräsentation, von der hier die Rede ist, generiert indessen zwei Figuren des Bösen – „der Böse", der den Akt der Ersetzung unternimmt, und „die Teufelin", die der Effekt der Ersetzung ist. Bei beiden handelt es sich um Personifikationen des Bösen: das heißt, der Text thematisiert gleichsam die Überschneidung oder Verschränkung zweier Phantasmen.

Der hier beschriebene Akt der Substitution könnte zu jener Serie von Operationen und Torturen gezählt werden, die als literarische und kulturelle Phantasien seit dem Ende des 18. Jahrhunderts in deutschsprachigen Texten herumgeistern. So etwa bei Johann Gottlieb Fichte, wenn er in seinem 1793 veröffentlichten *Beitrag zur Berichtigung der Urteile des Publikums über die Französische Revolution* erklärt, den Juden „Bürgerrechte zu geben, dazu sehe ich wenigstens kein Mittel, als das, in einer Nacht ihnen allen die Köpfe abzuschneiden, und andere aufzusetzen, in denen auch nicht eine einzige jüdische Idee sei"[64] – eine Formulierung, die auf beinahe unheimliche Weise in der Metaphorik des Gedichts von Gertrud Kolmar wiederkehrt. Oder bei Achim von Arnim, wenn er in seinem im Jahr 1811 bei der *Christlich-deutschen Tischgesellschaft* gehaltenen (sehr er-

---

64 Johann Gottlieb FICHTE, „Beitrag zur Berichtigung der Urteile des Publikums über die Französische Revolution" (1793). In: FICHTE, Schriften zur Revolution. Hg. Bernard WILLMS. Köln, Opladen: Westdeutscher Verlag, 1967. 34–213; hier 115. Die Argumentation Fichtes billigt den Juden Menschenrechte zu, verweigert ihnen aber Bürgerrechte (eine Position, die sich selbst als tolerant lobt). Vgl. dazu Léon POLIAKOV, Geschichte des Antisemitismus. Bd. V. Worms: Heintz, 1983. 204.

folgreichen) Vortrag „Über die Kennzeichen des Judenthums" die Montage der Figur eines *reinen Juden* als chemische Operation inszeniert;[65] oder auch in Oskar Panizzas Erzählung „Der operirte Jud'" (1893) und in Mynonas parodistischer Gegengeschichte „Der operierte Goj" (1922).[66]

Der in Kolmars Text dargestellte Akt der Substitution zeugt von einer Gewalt, deren Struktur von zwei unterschiedlichen Aspekten geprägt wird. Zunächst läßt sich erkennen, daß das Gesicht hier nicht mehr verdeckt, sondern ersetzt wird: es geht um einen Austausch oder ein Vertauschen. Die Thematisierung des Anderen, welche die Verletzung, das Durchbrechen der Identität des Selbst durch den Anderen aufhebt oder unterbindet, dient nun einer *Umwendung* des nicht identifizierbaren Anderen – dessen Spur in der leiblichen Nacktheit des Antlitzes erscheint, wie Lévinas ausführt – in einen *identifizierbaren Anderen*. Dieser andere funktioniert im Sinne des *objet a* Lacans. Die Umwendung des nicht identifizierbaren Anderen in einen identifizierbaren Anderen, die das Gedicht Kolmars metonymisch beschreibt, gestattet es dem Selbst, der zu großen und dauernden Erschütterung, der Destrukturierung des Ich zu entkommen, die das Nicht-identifizieren-können auslöst: sie erlaubt eine Identifikation, die gleichbedeutend wird mit der Etablierung einer stabilisierenden Repräsentanz des Bösen. In der Gewaltförmigkeit dieser Substitution scheint sich zunächst etwas *anderes als Mord* auszudrücken, da sie ja nicht in der Enthauptung endet, sondern die Behauptung *ausführt*, das Böse, Teuflische, Widerwärtige sei nun in physischer Gestalt dargestellt, visualisiert und identifiziert – und zwar in einem *anderen* Körper, außerhalb des Selbst (dem Satz des „nicht wie ich" entsprechend). Anknüpfend an Sigmund Freuds Gleichsetzung des abgeschnittenen Hauptes der Medusa mit der Drohung der Kastration[67] könnte man vermuten, daß die beschriebene

---

65 Achim von ARNIM, „Über die Kennzeichen des Judenthums" (1811). In: Achim von ARNIM, Werke in sechs Bänden. Band 6: Schriften. Frankfurt/M.: Deutscher Klassiker Verlag, 1992. 362–387.

66 Oskar PANIZZA, „Der operirte Jud'". In: PANIZZA, Der Korsettenfritz. Gesammelte Erzählungen. München: Matthes & Seitz, 1981. 265–292. MYNONA (Salomo FRIEDLAENDER), „Der operierte Goj. Ein Seitenstück zu Panizza's operirtem Jud'". In: MYNONA, Trappistenstreik und andere Grotesken. Freiburg: Heinrich, 1922. 67–80. Auch in: PANIZZA 1981. 279–292.

67 „Kopfabschneiden = Kastrieren. Der Schreck der Meduse ist also Kastrationsschreck, der an einen Anblick geknüpft ist." Sigmund FREUD, „Das Medusenhaupt" (1940 [1922]). In: FREUD, Gesammelte Werke Bd. XVII. 45–48; hier 47.

Substitution, indem sie diese Geste weitertreibt und zugleich aufhebt, an die traumatische Erfahrung der Kastration, den Schrecken der Trennung und des Verlustes, der ihr innewohnt, rührt, um sie sogleich zu verdecken und zu leugnen – und zwar genau durch jene Geste der *Behauptung*, die eine stabilisierende Repräsentanz des Bösen etabliert (*außerhalb* des sich nun als intaktes und unversehrtes Ganzes imaginierenden Selbst). Die Literarisierung, die Kolmar wählt, enthüllt einerseits dieses Moment der Leugnung als eines, das im Herzen der Darstellung wirksam ist (einer Darstellung, die Verfolgung begründet); andererseits zeigt sie, wie gerade durch die Konstruktion und die Repräsentation des Anderen Andersheit abgewehrt und getilgt wird (und zwar jene Andersheit, die mit einem Nicht-identifizieren-können zusammenhängt). Hier mündet die Gewalt also in eine Repräsentation, die auf die Begierde zu sehen antwortet: diese Repräsentation stillt die Begierde nach einer Visualisierung des Bösen; sie erfüllt den Wunsch nach einer Darstellung des Schreckens, die Genuß gewährt, und in diesem Sinn stellt sie das Reale der Begierde dar.

Auf die Bedeutung des Moments der totalen *Sichtbarkeit* für die symbolische Struktur des Idols hat Jean-Luc Marion hingewiesen: der Blick, so erklärt er, „macht das Idol, nicht das Idol den Blick – das heißt, daß das Idol mit seiner Sichtbarkeit die Intention des Blicks erfüllt, der nichts anderes will als ebendies – sehen."[68] Das Idol ist also bloßer Effekt – der Intentionalität des Blicks (der Terminologie der Phänomenologie entsprechend) oder des Wunsches, der Begierde des Blicks (in der Terminologie der Psychoanalyse). Einen solchen besitzergreifenden oder enthüllenden Blick, der schon erstarrt sein muß, um durch das Idol fixiert werden zu können, nennt Marion idolatrisch. Schon erstarrt, durchdrungen von der Begierde zu sehen, ist dieser idolatrische Blick nicht mehr dazu in der Lage, sein Blicken zu sehen, das heißt, er kann seine Perspektivität und sein Ursprungsmoment, die Intention und die Begierde, die den Blick konstituieren, nicht mehr reflektieren. Zudem unterbindet die Intention dieses Blicks die Möglichkeit, daß sich das Angeschaute entzieht oder verhüllt; sie erfüllt den Wunsch, die Omnipotenz des Blicks, seine Leugnung, daß ihm etwas entzogen bleibt, bestätigt zu sehen (und besänftigt dadurch die Angst vor der Kastration). Dem Erblickten zwingt die Inten-

---

68 Jean-Luc MARION, „Idol und Bild". In: Bernhard CASPER (Hg.), Phänomenologie des Idols. Freiburg, München: Alber, 1981. 112.

tion dieses Blicks, die Begierde, die ihn leitet, die paradoxe Logik auf, als Anderes *zugleich völlig ausgewischt* und *total sichtbar* zu sein.

Emmanuel Lévinas bezeichnet diese Weise des voyeuristischen Starrens mit dem Wort *de-visager*, das ein Entkleiden, eine Entblößung des Antlitzes meint, ein Sich-ihm-entledigen, und das dadurch den identifizierenden Gestus unterstreicht, der diesem begierigen Sehen-wollen innewohnt. Lévinas erklärt (in einem in deutscher Sprache geführten Interview):

> Denn was ich vom Antlitz des Anderen sage, ist auch eine Art zu denken, in der das Antlitz nicht im Gesehen-werden erscheint. Zwar kann man das andere Gesicht als ein Portrait oder als eine Plastik ansehen. Aber es gibt hier zwei Worte: visage, das heißt Gesicht; und devisager: das bedeutet, jemanden anzusehen, aber gerade in dem Sinn, das Gesicht gleichsam wegzuschieben. Im Deutschen kann man das nicht ausdrücken.[69]

Das *dévisager* wird also mit Sichtbarkeit und Beschreibung (Portrait und Plastik) verknüpft, mit einer Beschreibung, in der eine Undarstellbarkeit getilgt wird. Ein solches Hinsehen bedeutet eine identifizierende Bewegung, wobei es sich um eine Bewegung des Abscheus, der Faszination, aber auch um eine bejahende, umarmende Bewegung handeln kann. Lévinas insistiert demgegenüber, „das Verhältnis zum Anderen als nicht-begriffen oder als nicht-umarmt, wie ich es phänomenologisch erscheinen lasse", rühre daher, „daß dieses Verhältnis kein Bejahen und kein Moment des Wissens ist."[70]

Die Figur des weiblichen Ich in Kolmars Text konfrontiert uns demnach mit einem *Paradox der Idolisierung*, welches sich darin zeigt, daß der Akt der unlesbaren Tilgung des Anderen einhergeht mit einem der Intention und der Begierde des Blicks entsprechenden *totalen Sichtbarmachen*. Möglicherweise ist es dieses paradoxe Strukturmoment einer Koinzidenz von (totaler) Sichtbarkeit und (unlesbarer) Tilgung, das auch der Präsentation imaginärer jüdischer Figuren im antisemitischen Diskurs zugrundeliegt. Die Tilgung des Anderen wird also verborgen – genauer: zum Verschwinden gebracht – in seiner idolisierenden Repräsentation, und umgekehrt setzt der Akt der Idolisierung diese Tilgung in Gang.

Indem nun das sprechende „ich" des Textes das ihm gewaltsam aufgezwungene Bild zum Leben erweckt, unterstützt und bekräftigt es gerade

---

69 Emmanuel LÉVINAS, „Antlitz und erste Gewalt". 31. Stéphane Mosès danke ich für die Antwort, die er mir mit diesem Text gab.

70 ibid. 31.

jene Ordnung, durch die es gepeinigt und dehumanisiert wird, die es in die Verbannung und in den symbolischen Tod treibt. Denn es handelt sich dabei um eine Symbolisierung in einem doppelten Sinne: das weibliche „ich" des Textes ist symbolisch *fixiert*, da das Teufelsbild das Böse schlechthin repräsentiert und auf eine jahrhundertealte christliche Bildtradition verweist; gleichzeitig aber ist es auch symbolisch *tot*: ortlos, sozial ausgeschlossen, verfolgt von der Wut der Ordnungshüter – eine weibliche Ahasver-Figur. Die Gewalt, der das „ich" des Textes unterworfen ist, erweist sich so als eine *Placierung* (in einem kulturellen Code), die eine *De-placierung* (im Sinne der Exilierung, des Ausschlusses) nach sich zieht.[71] Symbolische Fixierung und symbolischer Mord gehen also Hand in Hand.

Dies führt nun zu dem zweiten Aspekt, der für die Struktur der Gewalt der Substitution prägend ist: nämlich die Verletzung, oder genauer: das *Vergessen* jener Grenze, die eine Unterscheidung zwischen der Dimension des Bildlichen und der Sphäre des Leiblichen inauguriert und bewahrt. Denn Kolmars Gedicht läßt sich auch als metonymische Darstellung des Vorgangs der *Verkörperung* entziffern.[72] Das sprechende Ich des Textes verkörpert das Bild des Bösen und des Abscheulichen – als hätte Kolmar diesen Satz wörtlich genommen urِd diese Wörtlichkeit figurativ inszeniert, um den buchstäblichen Sinn, den realen Kern, den sie in ihm spürte, zu enthüllen. Die Verkörperung, die ein vollständiges und täuschend *ähnliches* Bild herstellt, tritt als Modalität der *imaginären Anwesenheit* auf. Die weibliche Figur wird in einen imaginären Kontext hineingezogen und in ihm placiert. Damit wird das Feld der Sprache (die in Abwesenheit und Mangel gründet) verlassen. Der Zusammenhang von Identifikation, Substitution und Bedeutung wird dadurch gleichsam umgedreht: im Unter-

---

71 Ein Traum, den Charlotte Beradt in ihre während der dreißiger Jahre in Deutschland entstandene Sammlung *Das Dritte Reich des Traums* aufgenommen hat, erzählt von dieser Koinzidenz der Placierung und der Deplacierung: „Zwei Bänke stehen im Tiergarten, eine normal grün, eine gelb (Juden durften sich damals nur noch auf gelb angestrichene Bänke setzen), und zwischen beiden ein Papierkorb. Ich setze mich auf den Papierkorb und befestige selbst ein Schild an meinem Hals, wie es blinde Bettler zuweilen tragen, wie es aber auch „Rassenschändern" behördlicherseits umgehängt wurde: „*Wenn nötig, mache ich dem Papier Platz.*"" Charlotte BERADT, Das Dritte Reich des Traums. Frankfurt/M.: Suhrkamp, 1981. 104. Beradt beschreibt den Träumer, einen jüdischen Rechtsanwalt und Notar, als einen älteren Menschen, „in dessen Leben der Begriff „Bürgerliches Ansehen" immer eine große Rolle gespielt hatte". ibid.
72 Zu Verfahrensweisen der Verkörperung siehe WEIGEL 1990.

schied zu jener Konzeption der Entstehung von Bedeutung, nach der sich Sprache als ein Bedeutungssystem aufgrund eines Systems von Substitutionen konstituiert, wird hier die Substitution als ein Ereignis innerhalb der Ordnung des Imaginären beschrieben, als Bedingung der imaginären (und eben nicht symbolischen) Anwesenheit. Symbolische Fixierung und imaginäre Anwesenheit fallen hier ineinander.

An der Stelle des weiblichen Körpers materialisiert sich so einerseits der Wunsch, die symbolische Kastration, durch die der Phallus vom Signum der Vollständigkeit und Allmacht zum Signifikanten des Mangels und der Abwesenheit wurde, *ungeschehen zu machen*, andererseits der Impuls, die Unterscheidung zwischen der Sphäre des Leiblichen und jener des Bildlichen unkenntlich zu machen, die Differenz zwischen der Dimension des Zeichens und jener des Realen zum Verschwinden zu bringen.

Dabei ereignet sich eine Gleichsetzung, ein Kollabieren der Grenzziehungen zwischen den beiden heterogenen Ordnungen des Leiblichen, der *soma*, und des Zeichens, des *semeion* (das noch *vor* der Gründung des Symbolischen liegt, also vor jener Entsagung, die, wie Lipowatz erklärt, aus der radikalen Enttäuschung der imaginären Formationen entsteht[73]). Es entsteht eine „Figur", in der *soma* und *semeion* verschmolzen sind. Jener Bezug zwischen diesen beiden Ordnungen, der den im Zuge der Operation der Substitution produzierten ganzen Körper kennzeichnet, deutet auf einen mimetischen Impuls, der seine Mimesis permanent zu verdrängen sucht: auf eine Fusion und Konfusion nicht nur zwischen Körper und Bild, sondern vielmehr auch zwischen dem figurativen, dem übertragenen und dem buchstäblichen Bedeuten einer Aussage oder einer Drohung. In diesem Sinne kreist Kolmars Text um den Umschlagspunkt der Phrase in Leibhaftiges – wobei das Wort „Umschlagspunkt" vielleicht selbst nur für einen blinden Fleck steht, und so auf ein spiegelbildliches Moment innerhalb der theoretischen Analyse deutet.

Das Strukturmoment, um das es mir hier geht, ist also die Gleichzeitigkeit und das Zusammenspiel einer radikalen *Detextualisierung* (denn es handelt sich um einen realen Körper) und einer extremen *semiosis*, einer äußersten Verzeichlichung (denn dieser Körper funktioniert als ein Signifikant innerhalb einer Kette von Signifikanten) – und es stellt sich die Frage, ob nicht gerade dadurch an dieser Stelle die Kategorie der Geschlechterdifferenz ins

---

73 LIPOWATZ 1986. 234. Zur Unterscheidung von *semeion* und *sema* vgl. auch ibid. 233.

Spiel kommt.[74] Nicht die Materialisierung einer kulturellen Einschreibung am weiblichen Körper als solche erscheint daher hier in erster Linie wesentlich, sondern jene inhärente Dynamik, auf die sie verweist, nämlich die Labilität, die Unbeständigkeit des Figurativen, sein Umkippen ins Wörtliche, sein Drängen auf eine *Realisierung*.[75] Dieses Drängen impliziert eine Verletzung des Realitätsprinzips im Sinne Freuds – oder, wie man auch sagen könnte, eine Aufgabe der Rücksicht auf die reale Stuation, einen Triumph der Befriedigung auf halluzinatorischem Wege[76] – und im selben Zuge ein Unlesbar-machen der Tilgung des Anderen.

Auf das Sich-losreißen von der Realität, so führt Freud in seiner im Jahr 1924 verfaßten Arbeit *Der Realitätsverlust bei Neurose und Psychose* aus, folgt bei der Psychose der Akt der Schöpfung einer neuen Realität, welche sich an die Stelle der äußeren Realität setzen will, während sich die neu geschöpfte Realität der Neurose „wie das Kinderspiel gern an ein Stück der Realität an[lehnt]".[77]

---

74  So argumentiert Elisabeth Bronfen, in der skandalösen Rückkehr des Todes zum wörtlichen Ausdruck zeige sich ein Moment der Geschlechterdifferenz. Elisabeth BRONFEN, Over Her Dead Body. Death, Femininity and the Aesthetic. Manchester: Manchester University Press, 1992. 95–111. Zum Zusammenhang von Körper und Realem innerhalb der Ordnung des Symbolischen siehe ibid. 52–53.

75  Lion Feuchtwanger schreibt am 21. März 1933 in *The New York Times* die folgenden Sätze, die auf denselben prekären Zusammenhang von Figurativem und Wörtlichem deuten, wobei die Einschätzung, die Feuchtwanger gibt, die wirkliche Situation völlig verkennt: „The unfortunate thing is that these people [the police organization] have taken the former wild speeches of Hitler *too literally*. (...) The result is pogroms such as Germany has not seen since the Jewish persecutions of the fourteenth century. I greatly pray that the government may succeed in calling a halt before the ill treatment, the torture, the slaughter of the thousands of Socialists, Catholics and Jews lead to a civil war such as the world has never seen." Zitiert nach: Die jüdische Emigration aus Deutschland 1933 – 1941. Die Geschichte einer Austreibung. Eine Ausstellung der Deutschen Bibliothek, Frankfurt/M., unter Mitwirkung des Leo Baeck Instituts, New York. Ausstellung und Katalog: Brita ECKERT. Unter Mitwirkung von Werner BERTHOLD. Mitarbeiterin: Mechthild HAHNER. Frankfurt/M.: Buchhändler-Vereinigung, 1985. 19. (Kursivierung im Zitat von mir).

76  Siehe Sigmund FREUD, „Formulierungen über die zwei Prinzipien des psychischen Geschehens" (1911). In: FREUD, Gesammelte Werke VIII. 229–238; hier 231.

77  Sigmund FREUD, „Der Realitätsverlust bei Neurose und Psychose" (1924). In: FREUD, Gesammelte Werke XIII. 361–368; hier 368. 361. Diese Wendung von der Anlehnung der imaginierten Objekte an greifbare und sichtbare Dinge der wirklichen Welt führt Freud schon bei seiner Unterscheidung zwischen Spiel und Phantasieren ein, die er in seiner Arbeit „Der Dichter und das Phantasieren" (1907/1908) unternimmt. In: FREUD, Gesammelte Werke VII. 213–223.

Freud unterscheidet die Realitätsflucht der Psychose von derjenigen der Neurose unter anderem darin, daß das Ich in der Neurose einen Triebanspruch verdrängt, um in der Folge ein Moment der Realität fluchtartig zu vermeiden; das Ich in der Psychose dagegen weist ein Stück der Realität von sich und verleugnet es, um sodann einen aktiven Umbau der Realität vorzunehmen, einen Akt der Substitution, dessen Beschreibung genau in der Metapher vom aufgesetzten „Kopf einer Teufelin" wiederkehrt. Diesen widersprüchlichen Realitätsbezug verdeutlicht Freud, wenn er feststellt: „Die Neurose verleugnet die Realität nicht, sie will nur nichts von ihr wissen; die Psychose verleugnet sie und sucht sie zu ersetzen."[78] Dabei betont Freud die Vielschichtigkeit und die Permanenz des Kräftefeldes, innerhalb dessen sich die erwähnten Vorgänge abspielen – das abgewiesene Moment der Realität wird sich, so vermutet Freud, dem Seelenleben immer wieder aufdrängen, da der Umbau der Realität partiell mißlingen wird.[79]

Indessen inszeniert der Text Gertrud Kolmars den Prozeß der Auflösung der materiellen Realität im Imaginären dadurch, daß er sich aus der psychotischen, entgleisten Rede eines weiblichen Ich heraus bildet, welches gleichsam den Faden verloren hat (und sich am Faden der Flucht und der Suche entlang tastet). Da das Ich in der Psychose aus der symbolischen Ordnung, welche die zwischenmenschliche Realität gliedert und strukturiert, ausgestoßen wird in eine isolierte, losgelöste Rede, lassen sich deren Referenzpunkte nicht festmachen – wir werden bei der Lektüre des Textes ganz in den dissoziativen Sog der psychotischen Rede hineingezogen. Die Grenzlinie, die es ermöglichen würde, zu unterscheiden zwischen den „inneren" Bildern, die sich der *folie*, der psychotischen Symptomatik des sprechenden Ich verdanken, und jenen „äußeren" Bildern, die von der herrschenden Kultur entworfen und auf den weiblichen Körper projiziert werden, wurde vom Text ausgewischt.

Verweist also die Rede der „Irren" auf Verleugnungsprozesse im Inneren des sprechenden Ich oder auf solche im Herzen der Kultur, welche das Ich beschuldigt, „das Schlechte" zu tun und es daher verfolgt? Im letzteren Fall wäre die Rede (und der Körper) des sprechenden Ich als ein *Symptom* der herrschenden Kultur selbst entzifferbar – als ein Symptom, welches

---

78 FREUD, „Der Realitätsverlust bei Neurose und Psychose" (1924). In: FREUD, Gesammelte Werke XIII. 365.

79 ibid. 366. Siehe auch den dritten Teil (*Verwerfung*) der vorliegenden Arbeit.

auf ein Projektionsgeschehen deutete und in welchem sich die *verleugnete Realität* einer traumatisierenden, das Selbst ursprünglich verwundenden und beschneidenden Wahrnehmung abzeichnete. Der Text weigert sich indessen, diese Frage zu lösen; vielmehr läßt er sie als Frage bestehen, als berühre sie einen blinden Fleck, oder als sei der Text selbst von Panik durchdrungen.

Vielleicht liegt die Irritation dieses Textes von Gertrud Kolmar gerade darin, daß er uns mit einer tiefen Doppeldeutigkeit des Anderen konfrontiert. Denn in der *folie* der weiblichen Figur, in ihrer entgleisten, losgelösten Rede, drückt sich eine Aufgabe der Souveränität, ein Getroffen-sein aus, eine „Erfahrung", in der ein radikal Anderes begegnete, dessen schockhafter Einbruch jeder sinnlichen Wahrnehmung, jedem Bewußtsein und jeder Repräsentation zuvorgekommen ist. Andererseits stellt jedoch die weibliche Figur, indem sie das Böse und das Abstoßende im wörtlichen Sinne verkörpert, auch selbst ein Anderes dar, aber in Form eines *projektiven Anderen* oder als Effekt einer *Abjektion*, das heißt in der Form einer (für die Identität des Selbst, des der herrschenden Kultur angehörenden Subjekts) stabilisierenden, Kontinuität, Unversehrtheit und Homogenität verbürgenden Repräsentanz, durch welche der Mangel im Selbst verdeckt oder nach außen getragen wird. Im selben Zuge aber wird – um einen Gedanken von Emmanuel Lévinas zu wiederholen – der Horizont des sozialen oder intersubjektiven Daseins geschlossen. Indem der Text die beiden genannten Aspekte des Anderen aufeinander bezieht und in einer einzigen metaphorischen Figur ineinandergleiten läßt, scheint er genau jene Spannweite auszumessen, die sich in den Schriften von Emmanuel Lévinas zwischen der Rede über die Verfolgung und der Rede über den Mord ausbreitet. Wenn die Verfolgung ein *von außen* Identifiziert-werden genannt wird, ohne jede Möglichkeit einer Apologie, einer Verteidigung, so öffnet sich die tiefe Ambiguität dieses dem-Anderen-nicht-entkommen-können.

Fassen wir zusammen, zu welchem Punkt uns unsere Überlegungen bis hierher geführt haben: der traumatisierende Einbruch des Anderen bei Lévinas oder die *Aphanisis*, das Schwinden vor (oder das Verschwinden in) der Signifikantenkette bei Lacan, welche den Bezug zur Sprache und zum Anderen in der Welt überhaupt erst eröffnen, strukturieren eine Konfiguration oder ein Geschehen, das gleichsam *unterspült oder hintertrieben wird* durch eine Hypostasierung des Imaginären. Eine solche Hypostasierung des Imaginären bedeutet eine äußerste Gefährdung für die Ordnung des Intersubjektiven (die den *symbolischen* Bezug zum Anderen wahrt) – sie kann diese Ordnung sogar zusammenbrechen lassen. Dies geht einher mit einer Überführung von Heteronomie in Homogenität: denn die Heteronomie, das einem anderen Gesetz, einer anderen Ordnung Zugehörig-sein und von ihr Abhängig-sein, welches sich in dem Von-anderswoherkommen des Antlitzes mitteilt, wird dabei zugunsten einer Homogenität ausgelöscht, die sich in der Bewegung der Selbstidentifikation herstellt, entsprechend der Beziehung des Ich (*moi*) zum anderen im Spiegelstadium. Dieser spiegelbildliche (*imaginäre*) Bezug zum anderen folgt der Logik der beiden schon weiter oben zitierten Sätze, die die strukturelle Gewalttätigkeit des im Imaginären situierten, einheitlichen Ich (*moi*) angeben: „Du bist wie Ich (Moi), und insofern bist Du nicht", oder: „Du bist nicht wie Ich, deshalb darf es Dich nicht geben, Du mußt auf die eine oder andere Weise zum Verschwinden gebracht werden".[80]

Wenn wir die von Lévinas vorgeschlagene Situierung des Wirklichen in einer Beziehung zu dem, was – nicht identifizierbar und dauernd – *anders bleibt*, hier berücksichtigen (und damit kommen wir auf die zu Beginn dieses Kapitels skizzierte Überlegung zurück), so zeigt sich eine Implikation dieser Umwandlung von Heteronomie in Homogenität, nämlich jene Zurückweisung und Verleugnung des Wirklichen, in der ein *psychotisches Moment* im Innersten der kulturellen oder symbolischen Ordnung sichtbar wird.

### 2.3.2 Das zum Verschwinden gebrachte Gesicht

Die Figur des vergewaltigten Kindes in Gertrud Kolmars Erzählung *Eine jüdische Mutter* nimmt jenes Motiv der gewaltsamen Entblößung auf, das Emmanuel Lévinas mit dem Begriff des *devisager* umschreibt. Die Beschreibung der auf das Gesicht des Kindes bezogenen Gewalt unterliegt in diesem Text, der in den Jahren 1930 und 1931 entstand, einer deutlichen Sexualisierung: Kolmar unterstreicht hier das Sexuelle der Begierde, von welcher die Aneignung des Anderen getragen wird.

---

80 KNIGGE 1989. 110.

Die im Berlin der ausgehenden zwanziger Jahre situierte Erzählung schildert die Geschichte einer alleinstehenden Frau, die den Namen Martha Jadassohn trägt und deren Marginalität und Isolation von Anfang an betont werden, indem sie als „das jüngste und letztüberlebende Kind"[81] polnisch-jüdischer Immigranten bezeichnet wird. Das Kernereignis der Erzählung ist die Vergewaltigung der fünfjährigen Tochter Martha Jadassohns. Martha findet ihr Kind nach dem Verbrechen noch lebend; verstümmelt und von Entsetzen gezeichnet verbringt es noch einige Tage im Krankenhaus, bevor es von seiner Mutter durch Gift getötet wird. Das Leben Marthas erfüllt sich von nun an einzig in der Suche nach dem Täter. Sie versichert sich dabei der Hilfe eines jungen, deutschen Mannes, den sie zu ihrem Liebhaber erwählt. Der Mann verläßt sie schließlich. Im Erinnern das Kind wiederfindend tötet sie sich selbst. Der Text verknüpft die Beschreibung ihres Selbstmords mit einer Pressenotiz über den Unfalltod eines Mannes (der einen sehr gewöhnlichen deutschen Namen trägt); dieser wird aber nicht als Täter identifiziert, es könnte sich daher auch um eine zufällige Koinzidenz handeln. Die Perspektive der Erzählung konzentriert sich auf die leibliche Verletzung des Kindes, auf die Zeichen der psychischen Verletzung, die das Kind und die Mutter davontragen, und auf die Wahrnehmung, die Phantasien und die Kommentare jener Menschen, die von dem Verbrechen erfahren und mit denen Martha in Kontakt gerät. Der Sexualverbrecher selbst bleibt völlig anonym.[82]

Für die Mutter bedeutet die Vergewaltigung ihres Kindes eine traumatische Erfahrung, die sie der Geborgenheit der dialogischen Situation entreißt. Die dyadische Konstellation, in der sie vor dem Verbrechen mit dem Kind lebte, ist aber eine nachträgliche, denn sie beruht auf der Abwesenheit

---

81 KOLMAR 1978. 19.

82 Zur Darstellung des Mörders in Texten der Weimarer Republik vgl. z. B. Maria TATAR, „Crime, Contagion, and Containment: Serial Murders and Their Representation in the Weimar Republic". In: Rudolf KÄSER, Vera POHLAND (Hg.), Disease and Medicine in Modern German Cultures. Cornell University: Center for International Studies, 1990. 91–107. Die Figurierung des Mörders im öffentlichen Diskurs der zwanziger und dreißiger Jahre als dämonisches Rätsel, die Maria Tatar darstellt, prägt auch manche Reaktionen der Figuren in Kolmars Erzählung, wie etwa der folgende Ausruf zeigt: „daß unser Herrgott *das* zuläßt! ... daß der keinen Blitz vom Himmel schickt und den Satan totschlägt! Denn das ist ein Satan – jawohl!" (KOLMAR 1978. 62.). Die Pathetisierung des Bösen, die aus diesem Zitat deutlich wird, erlaubt es, das Verbrechen aus der eigenen Mitte auszuschließen. Für das Böse ist der Himmel zuständig – und die Bürokratie.

ihres nichtjüdischen, deutschen Ehemannes, des Vaters ihres Kindes (dessen Eltern geben Martha die Schuld am frühen Tod ihres Sohnes: sie habe ihn aus der „Heimat"[83] vertrieben). In der Beschreibung dieser Beziehung dominiert das Wechselspiel der Identifikationen: der Exotisierung Martha Jadassohns durch ihren Ehemann, dessen Beharren auf einer Taufe des gemeinsamen Kindes, steht die libidinöse Energie gegenüber, die Mutter und Kind in einer Symbiose aneinanderbindet. Die duale Faszination zwischen Mutter und Kind läßt sich als eine Art zweites Paradies, als Surrogat der ersten symbiotischen Beziehung, verstehen. In diese sekundäre Dyade bricht nun der anonyme Gewalttäter ein. Er nimmt durch diese Intervention die Position eines Dritten ein, der auf der einen Seite die dialogische Abschirmung öffnet, indem er einen verstärkten Bezug Marthas zur umgebenden Gesellschaft (Nachbarn, Krankenhaus, Polizei, das Tanzlokal, der neue Liebhaber) erzwingt, der aber auf der anderen Seite eine Schließung einführt, einen Rückstoß in die Ordnung des Imaginären, indem er das Kind seiner Gewalt unterwirft und es sich gleichsam einverleibt. Der *Einbruch des Symbolischen* wird in der Erzählung demnach aufs engste zusammengedacht mit *identifizierender Gewalt*. Imaginäres und Symbolisches brechen ineinander. Der Text erzeugt so eine Konstellation, welche die Wirkungsweise des Imaginären im Innern des Symbolischen und die Ambiguität der strukturellen Verweisung beider Register aufeinander erkundet.

Kolmars Text beschreibt diesen Aneignungsvorgang als eine gewaltsame Assimilation, eine gewalttätige Angleichung, wobei Gesicht und Geschlecht erneut in mehrfacher Weise verknüpft werden. Die Spur des Verbrechens, welches dem Kind durch das Aufreißen der Vulva eine riesige Wunde zufügt, wird sichtbar auf dessen scheinbar unversehrtem Gesicht: sein Gesicht ist wie ein Abdruck dieser Tat. Die Zerstörung des Gesichts, dessen *Defiguration*, wird textuell auf doppelte Weise dargestellt: zum einen dadurch, daß es zu einem bloßen Umriß entleert wird, zu einer toten Fläche (dies könnte als Zeichen für das *fading* Lacans gelesen werden) – eine „kleine schmerzvolle Sonne, die bleichte, die kühler geworden und stumm,

---

83 KOLMAR 1978. 27. Wie Beatrice Eichmann-Leutenegger berichtet, trägt das Typoskript, das sich im Nachlaß fand, den Titel „Die jüdische Mutter", welcher jedoch gestrichen und durch die Worte „Die Verfolgte" ersetzt wurde. Eichmann-Leutenegger vermutet, die Streichung sei wesentlich später von Hilde Wenzel, der Schwester Gertrud Kolmars, vorgenommen worden; vgl. EICHMANN-LEUTENEGGER 1990. 31. Zur Interpretation der nichtjüdischen, männlich konnotierten Welt in dieser Erzählung siehe COLIN 1990, LORENZ 1992 und ERDLE 1988.

ein matter, sinkender Stern"[84], mit unbelebten Augen.[85] Zum anderen zeichnet sich die Traumatisierung, die das Kind erlitten hat, dadurch in sein Gesicht ein, daß es zum Ausdruck einzigen Entsetzens wird – und so als bloßer Schrei erscheint:

Da verzerrte es sich: das Antlitz war Fratze, die Augen waren Entsetzen. Da schrie es. Es schrie. Unrettbar. Nicht hoch, durchdringend, doch unheimlich. Unmenschlich. Und dann wie abgewürgt, wie erstickend. Einer drückte die Gurgel: es keuchte. In Todesängsten. In Qual ....[86]

Der Verbindungsfaden zwischen dem Kind und seiner Mutter ist zerrissen: auch als Martha in sein Blickfeld gerät, brechen sein Körper, seine Gesichtszüge in entsetzte Panik aus –

aber als sie die Mutter sah oder hätte sehn müssen, kam diese Unruhe in ihre Züge, wieder dies zuckende Bangen, auch ihr kleiner Körper ängstigte sich, machte Bewegungen, nutzlose, schwache, wie ein Gebundener, der an Stelle und Ort vor etwas Gräßlichem flüchtet. Und seine Kehle röchelte Laute, zu ermattet schon, um noch zu schrein. Ihm hatte ein Menschenangesicht Grauenhaftes getan, nun schauderte es vor jedem. Es floh. Das Kind floh vor seiner Mutter.[87]

---

84 KOLMAR 1978. 73. Dieses Motiv kehrt in einigen Gedichten aus dem im Jahr 1933 entstandenen Zyklus *Das Wort der Stummen* wieder, wobei es immer in einer semantischen Verknüpfung auftritt mit unwiederbringlichem Verlust, einem schmerzlichen Verlöschen: so im Gedicht „Trauriges Lied", welches das Datum des 20. Oktober 1933 trägt: „ – O du bräunliches Blumengesicht! – " (KOLMAR 1980. 199), oder in dem auf den 10. Oktober 1933 datierten Gedicht „Begraben": „Ich trug eine schmale Truhe / Mit einer sonngelben Rose" (ibid. 205), oder in dem Gedicht „Garten", das mit dem Datum des 24. September 1933 versehen ist: „Die schwefelfarbige Rose erlischt" (ibid. 207). Das Gedicht „Die gelbe Rose", datiert auf den 18. August 1933, stellt einen expliziten Zusammenhang her zwischen diesem poetischen Motiv und dem Tod, der kein natürlicher ist, sondern von Haß und Verfolgung herrührt: „In Augenlöchern, auf Zähnen heiligen Spott: / Und ob sie wiehern und stampfen wie stolz gezüchtete Pferde, / Der Nordmann besser sich preist als Jude und Hottentott / Und der Priester im engen Himmel ihm schafft einen neuen Gott – " (ibid. 212). Der Verweis auf solche textinternen Bezüge soll jedoch nicht die Annahme statischer Bedeutungsstrukturen unterstützen, sondern vielmehr auf die Verkettung von Metaphern aufmerksam machen, die sich durch die verschiedenen Texte Gertrud Kolmars ziehen und dabei eine wachsende semantische und referenzielle Bereicherung erfahren. Die *gelbe Farbe*, die die Bezeichnung als Anderer aufruft, die Geschichte des Antisemitismus und der Verfolgung, sickert an mehreren Stellen in Kolmars Texten durch.
85 KOLMAR 1978. 81.
86 ibid. 83.
87 ibid. 89.

Das vergewaltigte Kind hat sein Vermögen verloren, zu sehen, Unterschiede wahrzunehmen, den Blick auszutauschen, zu *zeigen*, daß es seine Mutter wiedererkennt. Es ist kein sprechendes Wesen mehr; es wurde seines Vermögens zu sprechen beraubt. Es wird zum physischen Zeichen der zerstörten Symbiose zwischen Mutter und Kind, zugleich aber auch zum physischen Zeichen einer gewaltsamen Assimilation.

Das Gesicht des Kindes figuriert gleichsam als eine leere Fläche, in die sich die Zeichen des Täters gewaltsam und unwiderruflich eingegraben haben – ganz im Sinne jenes Hereinbrechens des Wahrgenommenen in den Körper, das Walter Benjamin in seinem Fragment *Über das Grauen I* als Vorgang einer Entleibung beschreibt, in welchem der Körper (s)einer bestimmten Grenze beraubt wird: „Das Wahrgenommene, vor allem das im Gesicht Wahrgenommene bricht nun in ihn hinein. (…) Ein Mensch kann im höchsten Schrecken dazu kommen, den nachzuahmen, vor dem er erschrickt."[88] Diese Nachahmung, dieser Abdruck der Zeichen des Täters, kann als gewaltsame Assimilation gedeutet werden: denn das Gesicht des Kindes hat seine Eigenheit verloren, und wird dadurch dem „kühlen uneignen Gesicht"[89] jener Frau *ähnlich*, in deren bürgerlichem Hause Martha Jadassohn später zum ersten Mal mit dem Anblick einer antisemitischen Hetzschrift konfrontiert wird.

Deutlicher noch zeigt sich die Wirkung der gewaltsamen Assimilation in der Zerstörung des Sprachvermögens. Benjamin bezeichnet „Sprachlosigkeit" und „Ausdrucksohnmacht" als „Urerlebnis" im Grauen: „mit der Depotenzierung des Leibes im Grauen fällt auch der Gegenpol der Sprache weg, und zwar nicht nur die akustische, sondern Sprache im weitesten Sinn, als Ausdruck, dessen Möglichkeit von hier aus als unbegreifliche Gnade, dessen Gewohnheit als nachtwandlerisches Gehen auf einem Seile

---

88 Walter BENJAMIN, Gesammelte Schriften VI. 75–77; hier 76. Interessant in diesem Zusammenhang sind zwei Momente, die Benjamin in seinem ersten Fragment über das Grauen hervorhebt: zum einen die Bedeutung des Gesichts – wenn Benjamin schreibt, „unvergleichlich viel stärker und leichter als von allen andern Wahrnehmungen" könne das Grauen „von solchen des Gesichts ausgelöst werden" – und zum anderen die Funktion des mütterlichen Körpers – Benjamin vermutet in der „Erscheinung der Mutter" den „eidetischen Idealfall des Grauens". ibid. 75. Vgl. dazu Sigrid WEIGEL, „Passagen und Spuren des ‚Leib- und Bildraums' in Benjamins Schriften". In: WEIGEL (Hg.), Leib- und Bildraum. Lektüren nach Benjamin. Köln, Weimar, Wien: Böhlau, 1992. 49–64; hier 61–62.
89 KOLMAR 1978. 228.

erscheint."[90] Reduziert auf das Präverbale und zu Symbolisierungen nicht mehr imstande, ist die Sprache des Kindes eindimensional geworden, monoton, monologisch, bar jeglicher Differenzen; sie hat ihr Vermögen eingebüßt, durch Unterscheidungen Bedeutung zu schöpfen. Der Schrei des Kindes breitet den sprachlichen Aspekt des gewaltvollen Geschehens aus, das Kind spricht zu uns, aber was es ausdrückt, ist ein *Kollabieren des Sprachlichen*, ein zusammengebrochenes Sprechen. Dieses Sprechen ist nicht mehr welthaltig, sondern „Unwelt"-haltig[91] – es zeugt nur noch vom Versinken der Welt. Man könnte sagen, daß es so spiegelbildlich dem unartikulierten Schreien der Masse *entspricht*, welches in seiner totalitären Monotonie Widerspruch ausschließt und Schweigen erzwingt: „mich mit Schweigen verkleiden vor brüllenden Kehlen, versiegelten Ohren", lautet eine Zeile des Gedichts „Mädchen" (es findet sich in der 1938 veröffentlichten Sammlung *Die Frau und die Tiere*[92]).

Hier zeigt sich demnach zum einen, daß an dieser Stelle erneut ein spiegelbildliches Moment ins Spiel kommt – ein Moment des Analogischen, das auf das Imaginäre verweist. Zum anderen wird hier aber auch deutlich, wie Kolmar das Thema der politischen, sozialen, leiblichen Destruktion auf das Feld der Sprache überträgt.

Die sprachliche Entgegensetzung von „Eignem" und „Uneignem" ist dabei von Kolmar nicht zufällig gewählt. Die Verknüpfung von Eigenem und Antlitz, Ausdruck des Wunsches, die Individualität der Person und das Vermögen zu sprechen zu wahren in der Verfolgung, tritt in einer Passage des Gedichts „Heimweh" zutage, welches die Datierung „26. August 1933" trägt:

Dieses eigne Antlitz möcht ich halten,
Das von Worten überfließt,
Möcht es neigen so, es schweigsam falten,
Wie den Kelch die Blume schließt,
Bis es nicht den harten Hohn aus Steinen,
Schuttgefasel mehr vernimmt[93]

Nicht nur zeigt sich hier eine *Koinzidenz von Antlitz und Sprache*. Das Antlitz, die Fülle der Worte, wird bedroht und verletzt durch eine Rede, in

90 BENJAMIN, Gesammelte Schriften VI. 77.
91 KOLMAR 1978. 66.
92 KOLMAR 1960. 59.
93 KOLMAR 1980. 238.

deren metaphorischer Beschreibung der schon früher erwähnte Topos antisemitischer Verfolgung (das mit Steinen beworfen-werden) wiederkehrt – nun verbunden mit einer Zurückweisung der ideologisierten Rede der Masse. Das Falten des Antlitzes, um sich zu schützen, zu verbergen vor der höhnischen, verächtlichen Sprache des Antisemitismus, kehrt wieder, wie wir später sehen werden, in den Fältelungen, im Zusammengefalteten der metaphorischen Rede, in der Poetologie.

Da die Sprache des Kindes nur noch ein einziges monologisches Schreien ist, Ausdruck eines endlosen Entsetzens, funktioniert sie im Sinne einer widerspruchslosen Repräsentation oder Abbildung der Ordnung des Täters. Der gewaltsame Akt der Insertion eines Zeichens in den Körper, welche zu einer leiblichen Repräsentation der eingeprägten Bedeutung führt, fällt hier zusammen mit dem als versuchter Mord beschriebenen Auswischen des Gesichts.[94] Das Gesicht des Kindes kann nur noch von dieser Tat zeugen. Hier eröffnet sich ein anderer Zusammenhang zwischen der Macht zu sprechen und der Macht zu töten (oder ein anderer Aspekt desselben Zusammenhangs, welchen Sarah Kofman benannte): die wirklichen Opfer bleiben stumm, sie vermögen allenfalls, unartikuliert zu schreien, und ihr Schreien oder ihr Schweigen findet keinen Eingang in die Ordnung der Sprache.

Der Vergewaltiger läßt das Kind als ein verdinglicht-dehumanisiertes Körper-Objekt zurück, als ein „Schreiding"[95], wie der Text es in einem Wort verdichtet, „dies, dies Ding, das stumpf nun dalag, blind und zerstört, und das eine Perle gewesen war an ihrem Hals, ihr im Herzen."[96] Er hinterläßt es als Abfall, als schmutziges, zerrissenes Etwas, das kaum unterscheidbar von den übrigen zerschlissenen und weggeworfenen Gegenständen in einem Müllhaufen liegt, in einem fensterlosen Schuppen, „einem Abort gleich"[97], der sich in einem völlig verwahrlosten Gebiet nahe einer Laubenkolonie befindet („Siedlung Müllabfuhr"[98]). Kolmar be-

---

94  Ein solcher Moment des Verschwindens des Gesichts wiederholt sich an einer späteren Stelle in der Erzählung, nämlich als Martha von ihrem Liebhaber geschlagen wird: „Sie bewegte sich, machte wohl Schritte. Er holte scharf aus. Als Martha ihr Gesicht wieder fand, war er im Nebel ertrunken." KOLMAR 1978. 222.
95  ibid. 84.
96  ibid. 83.
97  ibid. 58.
98  ibid. 57.

schreibt diese Szene, die das Entsetzen der Mutter und die Ununterscheidbarkeit des kindlichen Körpers vom Müll, von Weggeworfenem, in einem Blick zusammenfaßt, mit den folgenden Worten:

es war dunkel drinnen, ein Düster voll Spinneweben und Schmutz. Sie stieß mit dem Fuße den Eimer um, Obstreste, Zeitungsfetzen. Da lag ein Bettsack, ein rotes Kissen, aufgeschlitzt, draus das Seegras quoll. Und da ... Sie starrte, eine Sekunde nur, und glaubte es nicht. Sie glaubte es nicht. Dann glitt sie schreiend zu Boden. Sie schrie. Sie stürzte über ihm nieder. Sie fiel in den Winkel hin, wo es lag, in Unrat geschmissen, zusammengeknüllt, ein Papierwisch, ein Schuhputzlumpen.[99]

Die zitierte Passage der Erzählung korrespondiert mit einem anderen Text von Gertrud Kolmar, auf den ich später noch eingehen werde, nämlich mit dem ebenfalls in der 1938 publizierten Sammlung enthaltenen Gedicht „Die Lumpensammlerin" aus dem Zyklus „Weibliches Bildnis". Die letzte Strophe dieses Gedichts lautet:

Sanft wälzt der große Schatten sich
Vor meinen Fuß mit Sack und Karre,
Wächst dicht und grau: und wirft, wenn ich
Den heißen Stock einst stütz und starre,
Auch mich zu unserm Müll. Auch mich.[100]

Diese Sätze, die wiederum auf die Figur Ahasvers anzuspielen scheinen, zeugen in indirekter Weise von der Verfolgung. Zugleich verweisen sie aber auch auf ein Charakteristikum der Poetologie Kolmars, nämlich auf die Fortschreibung einzelner Motive in ihren Texten, durch die sich eine Prosastruktur ergibt, welche diese gleichsam supplementiert (und insofern dazu berechtigt, von einem *Diskurs* der Texte zu sprechen).

Wie läßt sich nun der Akt der Vergewaltigung – als der öffentliche und semiotische Akt, der er ist – entziffern? Im Unterschied zur *Kosung*, die für Emmanuel Lévinas den Berührten *unberührt läßt*, da sie sich der Verschmelzung, der Unifikation widersetzt (sie würde der Bewegung des Begehrens entsprechen), läßt sich die Vergewaltigung als Akt einer Identifikation und einer Enthüllung beschreiben, der den berührten Körper in keiner Weise unberührt läßt, sondern vielmehr den Abdruck dieser Tat auf ihm hinterläßt, den Körper des Opfers bedeckt und durch ihn hin-

---

99 ibid. 59.
100 KOLMAR 1960. 131.

durch spricht. Mieke Bal weist auf die doppelte Unsichtbarkeit hin, die das Opfer einer Vergewaltigung erleidet: nicht nur wird im wörtlichen Sinne das Opfer durch den Täter verdeckt, indem er es sich unterwirft, sondern auch die Subjektivität, das Selbstbild des Opfers wird durch die Vergewaltigung zerstört. Es erfährt eine temporäre Narkotisierung, eine irreversible Veränderung; oft wird es sogar auf Dauer zerstört.[101] Die Individualität des Opfers, die Form der Person verschwindet hinter jener des Vergewaltigers – und dieses mit der *Präsentation* des Täters einhergehende Verschwinden prägt, wie gezeigt wurde, die Metaphorik von Gertrud Kolmars Erzählung.

Verborgenheit ist ein Zug der Individualität, gewaltsame und vollständige Enthüllung ist dagegen ein Akt, der das Einzeln-sein vernichtet.[102] Der Achtung des Anderen als einer gewaltlosen Achtung des Verborgenen[103] gegenüber erweist sich die gewaltsame Assimilation des Anderen, die bei Kolmar anhand der Zerstörung des Gesichts und des Schoßes dargestellt wird, als ein Aufreißen der Verbergung des Anderen: als eine gewaltsame Entblößung. Ein ähnliches Bild für eine gewaltsame Entblößung finden wir bei Nelly Sachs, in dem Gedicht „Hände der Todesgärtner", welches zu dem Zyklus *In den Wohnungen des Todes* gehört: „des Leibes Tabernakel aufbrechend".[104]

Auch bei Lotte Paepcke findet sich eine Textstelle, die das Moment des Geheimnisses mit Leiblichkeit verknüpft:

In jedem einzelnen ihrer Opfer fanden sie jenen Saum, jene nicht zu benennende Stelle, die überall ist: in der Biegung des Fingergelenks, auf der Fläche der Stirn, auf der Sohle des Fußes, – in jedem Menschen wußten sie jenes Geschehnis zu treffen, durch das er lebt. Sie wußten ihn dort aufzuspüren, in jenem ortlosen Ereignis, das dieser Mensch war, auf rätselhafte, einmalige Weise im ganzen Reich der Schöpfung: er allein. Sie drangen in dies, sein äußerstes Geheimnis ein, das nicht einmal er selbst kannte. Und damit hatten sie ihn getötet.[105]

---

101  Vgl. hierzu Mieke BAL, Reading Rembrandt: Beyond the Word–Image Opposition. Cambridge: Cambridge University Press, 1991.

102  Günther Anders schreibt: „Verborgensein ist wahrscheinlich die conditio sine qua non individuellen Seins. (...) Wahrheit wird verhindert durch das Individuum sein." ANDERS, Die Antiquiertheit des Menschen. Zweiter Band: Über die Zerstörung des Lebens im Zeitalter der dritten industriellen Revolution. München: Beck, 1980. 421.

103  Vgl. DERRIDA 1972. 189.

104  Nelly SACHS, Fahrt ins Staublose. Frankfurt/M.: Suhrkamp, 1961. 15.

105  Lotte PAEPCKE, Unter einem fremden Stern. Frankfurt/M.: Verlag der Frankfurter Hefte, 1952. 107.

Es ist eine Entblößung, die mit einer Entleibung im Sinne Benjamins, das heißt mit einer Entgrenzung und Entleiblichung des Körpers, einhergeht.

Die Analogie von Gesicht und Schoß, die Kolmars Erzählung herstellt – das noch unzerstörte Gesicht des Kindes wird beschrieben als „feucht und kühl und süß wie die Erdbeere"[106], sein unverletzter Schoß, „der wie eine Knospe glomm", als „eine unerschlossene Blume"[107] – zeigt, daß die Zerstörung des Schoßes jener des Gesichts vorgeschoben ist. Zudem legt dieser Bezug nahe, daß die Tilgung des Anderen, seine Verdinglichung und das Unterbinden seines Sprachvermögens, für Kolmar sexuell codiert und am Ort der Geschlechtlichkeit situiert ist. Die Erzählung bezieht das Aufreißen der Verborgenheit auf das begierige Aufbrechen der kindlichen Vulva – eine tiefe Verletzung, die eine autistische Begierde stillt, eine Begierde zu sehen, zu entblößen, die hier sexuell geladen ist.

Indem Kolmars Text die Zerstörung des Schoßes als eine dem Auslöschen des Gesichts vorgeschobene zeigt, werden in ihm Antlitz und Geschlecht konzeptionell in einer ähnlichen Weise aufeinander bezogen, wie Emmanuel Lévinas dies unternimmt, wenn er erklärt, das zwischen-menschliche Drama gehe dem erotischen Drama des Subjektiven voraus und werde von diesem getragen: „das zwischen-menschliche Drama des Subjektiven [liegt] tiefer (...) als das erotische Drama, welches von jenem getragen wird. Der Eros setzt das Antlitz voraus."[108] Das heißt, daß das-jenige, was Lévinas als erotisches Drama bezeichnet (und hierzu zählt auch das Drama der Vergewaltigung) das zwischen-menschliche Drama *trägt* (*porte*); das erotische Drama verkleidet und übermittelt das zwischen-menschliche im selben Zuge. Der Eros setzt das Antlitz voraus (*suppose*) und macht es geltend – und dies bedeutet zugleich, daß die Gespaltenheit der geschlechtlichen Differenz auf die *Heteronomie*, die *radikale Exzentrizität* verweist, die durch die Verwundung und Verwundbarkeit des Leiblichen *übermittelt* wird: sie verweist auf diese und verbirgt sie.

In diesem Sinne könnte man sagen, daß das Drama der Vergewaltigung, von dem Kolmars Text erzählt, ein intersubjektives Drama (welches das

---

106 KOLMAR 1978. 15.
107 ibid. 66.
108 LÉVINAS 1972. 122. LÉVINAS 1989. 96 (Übersetzung verändert). Im französischen Text lautet die Passage: „on peut penser que le drame inter-humain du subjectif est plus profond que le drame érotique et que celui-là porte celui-ci. L'éros suppose le visage." LÉVINAS 1972. 122 (Anm. 8).

deutsch-jüdische berührt) zugleich verkleidet und übermittelt. Darüber hinaus trägt die Diskussion um Absenz und Entblößung, die in der Erzählung geführt wird, aber auch einen sprachtheoretischen Aspekt. Denn die Möglichkeit der Sprache ist geknüpft an die Bedingung, daß die Absenz, der Mangel, der der Signifikation zugrundeliegt, gewahrt wird und die absolute Trennung in der Rede aufrechterhalten wird. Daher nennt Lévinas die Metapher (die der Sprache, nicht dem Metaphorischen bei Lacan entspricht) ein Zurückwerfen, eine Verschiebung oder ein Verweisen in die Absenz, oder, wie man auch übersetzen könnte, eine Rücksendung, wie eine Ladefläche, die leer zurückkommt – *la métaphore – le renvoi à l'absence*. „Die Abwesenheit, zu der die Meta-pher hinführt", so erklärt Lévinas, „würde nicht ein anderes, aber noch zukünftiges oder schon vergangenes Gegebenes sein. Die Bedeutung würde nicht über eine enttäuschte Wahrnehmung hinwegtrösten, sondern *die Wahrnehmung überhaupt erst möglich machen.*"[109] Die Zerstörung des Vermögens des Kindes, zu sprechen, deutet an, daß die Zukunft der Rede, der Metapher in diesem Sinne, das heißt, das Vermögen der Sprache, das sich auf Abwesenheit gründet, vernichtet wird. Die Destruktion von Antlitz und Sprache und die Hypostasierung des Imaginären laufen hier ineinander, und markieren einen Punkt, an dem der Andere und die Sprache inmitten der Ordnung des Symbolischen *verschwinden*.

Die Vergewaltigung ist eine Handlung, die den Anderen usurpiert und die auf die Absorption, die Tilgung von Differenz ausgerichtet ist. Für Martha Jadassohn dagegen bricht durch diese Gewalttat eine Differenz auf, die sich auch darin zeigt, daß der Faden der Kommunikation zwischen Mutter und Kind zerreißt. Für den Blick Marthas ist das Gesicht des Kindes entstellt, defiguriert. Das Verbrechen an ihrem Kind fügt ihr eine traumatische Wunde zu, die sie *irre* werden läßt, die sie losreißt von der ihr vertrauten Welt. Spiegelbildlich wiederholt sich die zerstörte Sprache des Kindes in ihrem Stammeln und Stummwerden, als Reaktion auf „das Unsägliche" der Gewalt[110], und als Ausdruck dafür, daß ihr sprachlicher Kontakt zu der sie umgebenden Welt abbricht, der Faden ihrer Stimme zerreißt: „als ihr großes Gesicht einen Schein blasser wurde, als ihre Hand sich krampfhaft schloß, als die Nägel sich in die Handfläche bohrten, sich der Mund wortlos öffnete, Atem zog und wieder zusammentat, schnap-

---

109 LÉVINAS 1972. 19. LÉVINAS 1989. 12 (Übersetzung verändert).
110 KOLMAR 1978. 72.

pend fast wie ein Fisch auf dem Sand mit den meerfernen, unverstehenden Augen."[111] „Wie eine blinde Bettlerin war sie"[112], „eine stammelnde Irre"[113]; „sie schrie"[114], „ihre Stimme, zu stark gespannt, knackte, riß mitten durch".[115] „Ich rede irr."[116] Und auf ihr verzweifeltes Fragen, als sie noch nach ihrem verschwundenen Kind sucht, erhält sie Antworten, die ihr „wie eine leere, verdorrte Schote ohne Fruchtkörner"[117] erscheinen. Die Thematisierung der untergehenden Sprache zeigt, wie – im Feld des Imaginären – die Figuren Marthas, des Kindes und der schon zuvor erwähnten bürgerlichen deutschen Antisemitin durch spiegelbildliche Bezüge und Analogien miteinander verkettet sind.

Das Irre-werden durch die traumatisierende Verletzung (eingeleitet durch einen abrupten Wechsel von der auktorialen zur Ich-Erzählform) mündet an einer Stelle des Textes in eine Passage, die sich weder als Metonymie noch als Metapher noch als Allegorie lesen läßt; vielmehr markiert sie eher ein *punctum* im Sinne von Roland Barthes:

Am mohnroten Lampenschirm ihr zu Häupten hing eine Puppe aus schwarzem Stoff mit spitzer Mütze, weißem Gesicht und dünnen, schlenkrichten Gliedern. Die Puppe bin ich. Ich hänge mit unsichtbarem Faden an einem blutigen Licht. Das glüht ....[118]

Das Glühen des blutigen Lichts (an dem das sprechende Ich hilflos *hängt*) kippt um in ein Abbrechen der Rede. Das Abbrechen oder Zerreißen der Rede wiederholt spiegelbildlich die Unsichtbarkeit und Undarstellbarkeit des hilflos Ausgeliefert-seins. In der beschriebenen Konstellation, die von Mord, Transzendenz und Unsichtbarkeit handelt (im Bild des blutigen, glühenden Lichts gefaßt), ist das Ich bloßes, passives Objekt. Diese Passage stellt einen Moment der *Dekompensation* innerhalb des Textes dar, auf welchen in einem späteren Kapitel noch näher einzugehen sein wird.

Indem nun Martha Jadassohn das Kind tötet, schließt sie den klaffenden Abgrund zwischen sich und ihrem Kind, verbirgt dessen Qual und bringt sie zum Verstummen. Durch diese Tat, die jener der gewaltsamen Assimila-

111 ibid. 35.
112 ibid. 37.
113 ibid. 41.
114 ibid. 65.
115 ibid. 51.
116 ibid. 65.
117 ibid. 57.
118 ibid. 154.

tion ähnlich ist und zugleich davon völlig verschieden, wird Martha in das Paradigma der Gewalt hineingezogen. Gleichzeitig unterläuft die weibliche Hauptfigur in Kolmars Erzählung dadurch die Gleichsetzung von Vergewaltigung und Selbstmord – jene Gleichsetzung, die von Mieke Bal als ein kultureller *common place* gewertet wird[119], welcher die (beruhigende) Vorstellung vermittelt, das Opfer sei selbst verantwortlich für seine Destruktion. Marthas Tat verkehrt die Gleichsetzung von Vergewaltigung und Selbstmord und macht die Verknüpfung oder die Koinzidenz von Vergewaltigung und Mord sichtbar. Überdies konstatiert sie implizit, daß die Traumatisierung des Kindes irreversibel ist, und daß dieses eine Verbrechen niemals vergessen oder integriert werden kann, da es „unbeschreiblich, unvorstellbar …"[120] ist, also weder in eine Vorstellung noch in eine Darstellung Eingang findet.

Das tote Kind, sein Grab und sein Portrait – das heißt, die Repräsentanz, in die das Reale des Schmerzes überführt wurde – erfüllen von da an für Martha mehr und mehr die Funktion eines Fetisch. Dem Ritual der „Totenbeschwörung" werden Gedächtnispraktiken der jüdischen Tradition entgegengehalten (so erinnert sich Martha beispielsweise an den für den Propheten Elia am Sederabend bereitgestellten Becher[121]). Die Weise ihres Erinnerns ist geprägt von einer tiefen Ambivalenz: sie läuft Gefahr, in die Idolatrie zu entgleiten, und ist zugleich doch moralisch notwendig, da sie die Weigerung beinhaltet, das Vergangene zu leugnen. Das erlittene Verbrechen und die Weigerung, es zu vergessen, machen die Isolation und die Verlassenheit Marthas sichtbar und verschärfen sie noch.[122] Kolmars weibliche Hauptfigur gehört in diesem Sinne jener Ordnung an, die Vladimir Jankélévitch als *l'ordre controversable de l'ambiguïté* bezeichnet hat.[123] Gerade weil sie die konventionellen Formen des Trostes und des Gedenkens verweigert, wird sie erneut ausgeschlossen: „Es hat immer nachts zwischen mir und dir diese Kindesleiche gelegen", wird ihr von ihrem Liebhaber erklärt, als er sie verläßt.[124] Der Gedächtnisverlust, das Verdrängen einer traumatischen Wunde, das Vergessen der Gewalt, erweist

---

119 Vgl. BAL 1991.
120 KOLMAR 1978. 64.
121 ibid. 104.
122 Zur Topographie der „Vorstadtwelt", die die Mentalität im Deutschland der dreißiger Jahre skizziert, vgl. ERDLE 1988. 155–157.
123 Vladimir JANKÉLÉVITCH, Béatrice BERLOWITZ, Quelque part dans l'inachevé. Paris: Gallimard, 1978. 139.
124 KOLMAR 1978. 235.

sich daher als eine der Voraussetzungen für soziale und kulturelle Zuge-hörigkeit: als eine Bedingung jener Beziehung, die Rudolph M. Loewen-stein in seiner psychoanalytischen Studie zum Antisemitismus als *kulturelles Paar* bezeichnete.[125] Der Begriff des *kulturellen Paars*, den Loewenstein an die Stelle des euphemistischen (auch euphorischen) Ausdrucks „deutsch-jüdische Symbiose" setzt, impliziert dabei, daß die erotischen Verbindun-gen, die die weibliche Hauptfigur in Kolmars Erzählung eingeht und in denen das Kind als Übergangsobjekt fungiert, die prekäre Konstellation der Akkulturation und der Assimilation ständig reflektieren und insofern die konventionelle Semantik der Liebe sprengen.

Am Ende der Erzählung geht Martha in völliger Einsamkeit („durch die geöffnete Schranke über das stumme Gleis"[126]) dem Tod entgegen. In dem Augenblick aber, in dem sie sich das Leben nimmt, kehrt das Kind zu ihr zurück. Eine vielleicht kabbalistisch inspirierte Wendung des Textes spitzt dieses Geschehen zu einem messianischen Moment zu:

Ihr hatte ein Kronreif aus weilendem Licht, den Torheit erblindet wähnte, zerbrochen, sich lautlos geklärt und gefügt.[127]

Der Akt ihres Selbstmordes könnte als ein Augenblick der Selbstschöpfung interpretiert werden, oder, in den psychoanalytischen Kategorien Jacques Lacans, als eine radikale ethische Haltung kompromißloser Insistenz, die dem Todestrieb folgt: als ein Akt, der aus dem Rahmen einer Theorie des Aussprechens herausfällt (und der insofern der einzig mögliche erfolgreiche Akt ist). Zugleich aber restituiert diese Tat nachträglich von neuem eine Gleichsetzung der Vergewaltigung mit dem Selbstmord – und dadurch wird das Mörderische des Gewaltverbrechens erneut überdeckt, während der Selbstmord der Ordnung göttlicher Gerechtigkeit unterstellt wird.

Die narrative Modellierung der Erzählung, die von einem (zweiten) Pa-radies ausgeht, welches durch den Sündenfall oder eine Katastrophe zer-bricht, um in eine Versöhnung oder eine Zusammenführung zu münden, scheint zu vermitteln zwischen einer Denkfigur der idealistischen Philo-sophie und der Metaphorik des jüdischen Messianismus. Der Text eröffnet zwar einen Raum, in dem die Vergewaltigung des Kindes symbolisch ge-

---

125  Rudolph M. LOEWENSTEIN, Psychoanalyse des Antisemitismus. Frankfurt/M.: Suhr-kamp, 1968. 151.
126  KOLMAR 1978. 242.
127  ibid. 242.

deutet werden kann, das heißt als poetisches Bild für etwas anderes (für den Untergang der Sprache oder für die Zerstörung jüdischer Existenz[128]). Doch insistiert er, wie ich zu zeigen versuchte, auf der physischen Konkretion dieses erzählten Geschehens. Zugleich sucht er die Gewaltförmigkeit der erzählten Konstellationen auch an den Stellen auf, die ich als *spiegelbildliche Momente* beschreibe: diese markieren einen Ausfall der Sprache, der Reflexion oder des Diskursiven; sie weisen auf das hin, was Jacques Derrida primitives, prä-logisches Schweigen nennt und als *schlimmste Gewalt* bezeichnet: schlimmste Gewalt „einer unvorstellbaren Nacht, die nicht einmal das Gegenteil des Tages ist, einer absoluten Gewalt, die nicht einmal das Gegenteil der Gewaltlosigkeit ist".[129] Lévinas beschreibt diese Gewalt als das Trauma, das die Verfolgung ist: in ihr wird das Subjekt getroffen, heimgesucht, ohne Vermittlung des Logos, das heißt, aller sprachlichen und rechtlichen Mittel beraubt.[130] Es geht also um ein Schweigen *vor* oder *jenseits* des Einbruchs der Sprache oder des Logos, das aber weder als eine Nicht-Figur noch als *chora* (im Sinne Kristevas) zu verstehen ist. Insofern bezeugt dieses Schweigen erneut einen Ort oder einen Moment, in dem die Funktion des Gesetzes (im Sinne Lacans) inmitten der Ordnung des Symbolischen außer Kraft gesetzt wurde.

Ein solches Außer-Kraft-setzen der Funktion des Gesetzes – im Sinne eines Durchbruchs oder Schwindens, einer Umkehrung des *fading* – besitzt sowohl einen geschichtlichen als auch einen strukturellen Aspekt (daher ist von *Moment* und *Ort* die Rede). Der Begriff des prä-logischen Schweigens berührt sich mit Benjamins Beschreibung der Sprachlosigkeit im Grauen, ist aber nicht mit ihr gleichzusetzen, denn Benjamin spricht im Fragment *Über das Grauen II* von einem anderen *Verlassensein*:

Die Sprachlosigkeit im Grauen ein Urerlebnis. Plötzlich im Vollbesitz aller übrigen Kräfte, inmitten von Menschen, am hellen Tag von Sprache, von jeder Ausdrucksmöglichkeit verlassen zu sein. Und das Bewußtsein: daß diese Sprachlosigkeit, Ausdrucksohnmacht so tief im Menschen wohnen, wie andererseits das Vermögen der Sprache ihn durchdrungen hat, daß auch diese Ohnmacht von Ahnen her als Atavismus ihm überkommen sei.[131]

---

128 Zur symbolischen Funktion der Figur des Kindes siehe das Kapitel *Apotrope und Apostrophe. Das Kind als Phantom (anstelle eines Nachworts)*.
129 DERRIDA 1976. 197.
130 LÉVINAS 1974. 193.
131 Walter BENJAMIN, „Über das Grauen II". In: BENJAMIN, Gesammelte Schriften VI. 77.

# 3. Negation, Transzendenz und Mord

Die Rede vom „Antlitz des Anderen" geht, wie wir sahen, an mehreren Stellen in den Schriften von Emmanuel Lévinas über in eine Rede vom Mord, welcher vom Tod unterschieden wird. Der Mord scheint diese Rede vom Antlitz des Anderen zu grundieren und zugleich ihren Abgrund zu markieren.

Indem der Tod keinem Horizont angehört[1], öffnet er eine Differenz, die *anders bleibt*[2]: dieser Gedanke stellt eine äußerste Nähe her zwischen der unmerklichen, bleibenden Andersheit des Anderen (*le semblable-différent*), von der Vladimir Jankélévitch spricht[3], und der Einzeichnung der Sterblichkeit, die jeder Bedeutung, jeder Signifikation zugrundeliegt und ihr die Markierung des Scheiterns gibt. Tod und Mord geraten daher bei Lévinas in eine diskursive Nähe (ohne die Getrenntheit beider aufzugeben) – sie markieren jene Bedingung, von der Sprachlichkeit, Subjektivität und das Denken des Ethischen ihren Ausgang nehmen und durch die doch im selben Zuge die metaphorische Rede eingeschränkt oder durchbrochen wird. Ein solcher Moment der *Restriktion oder Punktuation der metaphorischen Rede* deutet sich in dem schon zitierten Passus an, in dem Lévinas erklärt, die Nacktheit des Antlitzes sei keine Stilfigur[4], und dadurch – wie ich weiter oben ausführte – zu erkennen gibt, daß sein philosophischer Diskurs sich *in diesem Moment, an dieser Stelle* auf ein außerhalb der Dimension des Zeichens liegendes Reales verpflichtet (auf etwas, das jenseits der Vorstellung ist, jenseits auch der Ebene des Signifikats). Einigen Aspekten der komplexen und vielschichtigen Rede über die Sterb-

---

1 LÉVINAS 1987. 341,
2 Vgl. Elisabeth WEBER 1990. 93.
3 JANKÉLÉVITCH, BERLOWITZ 1978. 139. Darauf komme ich in der dritten Sequenz der vorliegenden Studie, *Verwerfung*, zurück; vgl. Kapitel 7.2
4 LÉVINAS 1983. 117.

lichkeit und über den Mord in den Schriften von Emmanuel Lévinas soll im folgenden nachgegangen werden, indem die Korrespondenzen der Kategorien des Mordes, der Negation und der Transzendenz untersucht werden. Dies geschieht zum einen, um das im vorhergehenden Kapitel eingeführte Kriterium der unbeschränkten Negation erneut in Frage zu stellen und in seiner Begrenztheit aufzuzeigen, zum anderen, um von einem anderen Ort her eine Annäherung an die Figuren des Mörders, des Liebhabers und des Gottes bei Kolmar zu versuchen. Zunächst wird anhand des Begriffs der *Obliteration* die Verknüpfung von Leiblichkeit und Geheimnis näher betrachtet.

## 3.1 Die Obliteration

Lévinas bestimmt die *Vor-ursprünglichkeit des Ethischen*, indem er fragt:

Sind die Fäden des Ethischen nicht schon *vor* dem Wissen gespannt? Ist der Denkende, angesichts des anderen Menschen (…) nicht der wehrlosen Nacktheit des Antlitzes ausgesetzt, dem wahren Gesicht, dem Elend des Menschseins? Hatte er sich nicht dem Elend des Nacktseins ausgesetzt, aber auch der Einsamkeit des Antlitzes und damit dem kategorischen Imperativ, dafür die Verantwortung zu übernehmen?[5]

Die Vor-ursprünglichkeit, die die Zeitform des Ethischen angibt und damit das Ursprungsdenken des philosophischen Diskurses untergräbt, betrifft demnach ein Datum oder ein Wissen, das dem Wissen des Denkenden vorausgeht.

Das Elend des Menschseins wird bei Lévinas an anderer Stelle mit Leiblichkeit und mit Sterblichkeit verknüpft, mit dem allein, als Einzelner und Einziger, in den Raum der Sterblichkeit gestellt-sein, der unwiderruflichen Annäherung des Todes ausgesetzt. Dabei wird eine Intrige zwischen den drei Worten *misère*, *secret* und *mystère* entfacht. *La forme même du corps humain cache un secret* – Lévinas zitiert diesen Satz aus dem Sohar, dem bedeutendsten Werk der Kabbala, um fortzufahren: *Là on peut discuter. Je pense que le secret, c'est la misère, la mortalité. Peut-être secret sans mystère, misère sans mystère. Le regard droit, il voit la mort devant lui … Il y a là un secret dans la misère.*[6]

---

5 Emmanuel LÉVINAS, Außer sich. Meditationen über Religion und Philosophie. München, Wien: Hanser, 1991. 203.
6 LÉVINAS 1990. 24.

Das Geheimnis, das durch die Form, den Ausdruck oder die Verfassung des menschlichen Körpers verborgen wird, ist kein Wert, nichts Unendliches oder Erlösendes, sondern die Sterblichkeit, die ursprüngliche Verwundung, die durch die Leiblichkeit der menschlichen Existenz eingeschrieben ist. Die Leiblichkeit des Menschen beschreibt für Lévinas die ontologische Ordnung eines primären Selbstverlustes, einer ursprünglichen Selbstentfremdung (*le régime ontologique d'une aliénation première de soi*).[7] Die hybride Verfaßtheit des Leibes, deren konkreter Ausdruck der Satz sei, daß der Leib sich zwischen Gesundheit und Krankheit halte, erweist sich darin, daß über ihn das „für sich" (*pour soi*) der Person nicht nur verkannt wird, sondern auch mißhandelt werden kann; nicht nur wird es beleidigt und verletzt, sondern es wird auch gezwungen, ihm wird Gewalt angetan. „„Ich bin alles was Sie wollen', sagt Sganarelle unter den Schlägen."[8]

Die Leiblichkeit verbirgt ein Geheimnis – ein Geheimnis, das eben dieses Elend des Menschseins, die Sterblichkeit, *ist*. Die Unterscheidung zwischen *secret* und *mystère*, die Lévinas hier trifft, schließt die religiöse und kollektive Konnotation des Geheimen aus: der Leib hütet ein Geheimnis, das aber nicht als ein Mysterium aufzufassen ist – welches einer Verinnerlichung zugänglich wäre –, sondern vielmehr als ein Verborgenes oder Verschwiegenes, das mit *Exteriorität* – mit dem, was „die Mitte des Innersten zerreißt"[9] – zusammenhängt. Hinzuzufügen wäre hier, daß *secret* auch *Einzelhaft* im juristischen Sinn bedeuten kann.

Nun prägt sich im Antlitz, wie Lévinas andeutet, auch eine geheime Abstumpfung aus, ein heimliches Abgedichtetsein, eine Atrophie, die vielleicht von diesem Elend herrührt, und die ein Skandalon darstellt: *cette obtusité secrète dans le visage est scandaleuse.*[10] Und hier zeigt sich der Wert jenes Verfahrens, das Lévinas *oblitération* nennt – ein Ausdruck, der mit dem Wort *Entwertung* übersetzt werden könnte[11] und ein Unleserlich-werden, eine Löschung oder Tilgung meint, in Anlehnung an eine künstlerische Praxis, die die plastische Form des menschlichen Körpers oder des

---

7 LÉVINAS 1971. 250. LÉVINAS 1987. 329.

8 LÉVINAS 1987. 334. Im französischen Text lautet die Passage: „A travers lui [le corps], on ne méconnaît pas seulement, mais on peut maltraiter le „pour soi" de la personne, on ne l'offense pas seulement, on la force." LÉVINAS 1971. 254.

9 LÉVINAS 1985. 59–60.

10 LÉVINAS 1990. 24.

11 Die wörtliche Bedeutung von *oblitération* ist, neben Unleserlichwerden, Unkenntlichwerden und Verwittern, auch (Post) Entwerten, Abstempeln; (biol.) Schrumpfung.

menschlichen Gesichts, genauer gesagt, ihre Vollständigkeit und ihre unversehrte, perfekte Kontur, zerbricht, verstümmelt und „entfremdet", indem sie sie zwischen Materialblöcke preßt. Das Verfahren der Obliteration,
die Verletzung, die der plastischen Form dabei zugefügt wird, verrät für
Lévinas dieses Skandalon einer geheimen Stumpfheit: sie erkennt es, erkennt es an und macht es erkennbar, wobei sie dennoch ihre Empathie
nicht aufgibt: „sie ist voller Mitgefühl."[12] Und noch ein zweites Skandalon
(vielleicht das primäre) verrät sich durch die Obliteration hindurch, nämlich die traumatische Faktizität der Einzigartigkeit, des zu-Ende-gehens,
welche zur *condition humaine* gehört: „das Ungültigwerden. Das Billet mit
dem man nicht mehr reisen kann."[13] Dieses Ungültig-werden ist etwas
anderes als Unbeständigkeit oder Vergänglichkeit – es ist ein *Verfallen*, auf
das sich das Kriterium des Unreduzierbaren bezieht. In diesem Sinn ist
die Obliteration geradezu die Umkehrung dessen, was oben als lesbare
oder unlesbare Tilgung bezeichnet wurde: denn die Obliteration visualisiert Leere, Abwesenheit und Verfallen, sie enthält einen Appell an die
Rede, an die Sozialität.[14] Und sie zeigt das Skandalon, das Anstößige einer
Verborgenheit, der kein Mysterium innewohnt. Denn sie ist *peut-être secret
sans mystère*: ein Verschweigen ohne Geheimnis.


## 3.2 Erste Gewalt und erstes Verbrechen

Der Begriff der *ersten Gewalt* taucht bei Emmanuel Lévinas im Zusammenhang des Nachdenkens über Gerechtigkeit auf. Zwar wird die Gerechtigkeit als Zug einer Rede benannt, die dem Begehren der Exteriorität Raum
gibt, im Unterschied zur Sprache der objektiven Erkenntnis: die Rede, so
erklärt Lévinas, „zeigte sich als Gerechtigkeit in der Geradheit [der Öffnung oder] des Empfangs, den sie dem Antlitz bereitet" (*dans la droiture
de l'accueil fait au visage*).[15] Die Gerechtigkeit des Diskurses, die schon als
Frage an den Text beginnt, würde sich dann darin erweisen, daß dieser
von dem unendlichen Recht des Anderen und der absoluten Asymmetrie,

---

12  LÉVINAS 1990. 24. In das Gespräch ist ein Diskurs über Ästhetik hineinverwoben, der
    hier unberücksichtigt bleibt.
13  ibid. 32.
14  ibid. 28.
15  LÉVINAS 1971. 80. LÉVINAS 1987. 112.

in die dieses Recht mich stürzt, durchquert wird. Die Einzigartigkeit dessen, dem die Verantwortung für den Anderen auferlegt ist, konvergiert mit der Ungeduld der Gerechtigkeit, die nicht warten kann. In diesem Sinn geht für Lévinas das Kriterium der Gerechtigkeit den Kriterien der Wahrheit und der Freiheit voraus.

Doch in seinen späteren Schriften scheint Lévinas eine deutlichere Differenzierung zwischen dem Begriff der Gerechtigkeit und dem Denken des Ethischen einzuführen. Nun hebt er hervor, daß die Frage nach der Gerechtigkeit – und ebenso die nach der Gesellschaft, die bei Lévinas keineswegs einem Genus gleichkommt, welcher ähnliche Individuen vereinigt[16] – in dem Moment entsteht, in dem ein Dritter eintritt und mir gleichsam als zweiter Anderer gegenübertritt, wodurch die Maßlosigkeit meiner Verantwortung für den Anderen eingeschränkt wird. Dem Faktum, daß der Andere, mein Nächster, Dritter ist im Verhältnis zu einem Anderen, der seinerseits auch Nächster ist, diesem Umstand verdankt sich, wie Lévinas einräumt[17], das Entstehen des Denkens, der Philosophie, des Bewußtseins, der Gerechtigkeit – nicht aber das Ereignis der Sozialität, welches sich aus der ethischen Situation des *face-à-face* herleitet. Sozialität und Gesellschaft sind also bei Lévinas nicht gleichzusetzen – und dies ist, wie schon zuvor ausgeführt, für die Konzeption der Intersubjektivität in seinem Denken nicht unwesentlich. Während nun das Ethische dem Wissen vorausgeht, wird das Verlangen nach Gerechtigkeit als „der Ruf an das Wissen"[18] bestimmt. Denn das Wissen ermöglicht einen Vergleich der verschiedenen Anderen, ein Abwägen und ein Urteil. Erst mit dem Eintreten des Dritten konstituiert sich das Urteil. Lévinas bezieht sich hier auf eine Stelle aus dem Talmud, indem er erklärt, vor dem Urteil dürfe das Gesicht nicht angesehen werden, erst danach – nachträglich. Die Gerechtigkeit ist daher immer eine Gewaltausübung gegenüber der ersten vorgängigen Bewegung, die Lévinas in der Exposition und der Verantwortung für den Anderen bestimmt: „Gerechtigkeit ist erste Gewalt, sie ist sicher Gewalt. Aber sie ist nicht das Antlitz. Sie ist immer das Nachdenken über das Antlitz des Anderen, und das ist immer eine Gewalt gegenüber dem Ersten."[19] Die erste Gewalt, die Gewalt des Nachdenkens

---

16 LÉVINAS 1971. 235. LÉVINAS 1987. 309.
17 LÉVINAS 1983. 329.
18 LÉVINAS, Antlitz und erste Gewalt 33.
19 ibid. 33.

über das Antlitz, die nicht ohne Vorstellung auskommen wird, die Gewalt der Gerechtigkeit, unterscheidet sich aber nicht nur vom Antlitz, sondern auch vom Mord, den ich als erstes Verbrechen bezeichne. In diesem Sinne konvergieren der Status und die Funktion der ersten Gewalt (und eben nicht der Mord) mit dem, was Julia Kristeva als *das Thetische* benannt hat, durch das eine Trennung zwischen Ich und mütterlicher *chora* eingeführt wird (und dessen Scheitern zur Psychose führt).[20]

Jeder neue Tod, so zitiert Lévinas eine Bemerkung von Vladimir Janké-lévitch, ist ein neuer *erster Skandal*.[21] Doch was ist der Mord?

Das Antlitz in seiner Nacktheit und seiner äußersten Entblößung, nicht als *Bild*, sondern „als die Blöße des Prinzips (*la nudité du principe*), hinter dem es nichts mehr gibt"[22], und in seiner Unfaßbarkeit, die die Idee des Anderen in mir permanent vernichtet und überbordet, lädt zum Mord ein und verbietet ihn im selben Zuge, macht ihn möglich und unmöglich. Das Bedeuten des Antlitzes (*la signifiance même*, die in der Exteriorität liegt[23]) *ereignet* sich, so erklärt Lévinas, *konkret* als eine Versuchung zur totalen Negation und zugleich als unendliche Resistenz gegen den Mord des Anderen, insofern als er Anderer ist (*se produit concrètement comme une tentation de la négation totale et comme la résistance infinie au meurtre de l'autre en tant qu'autre*).[24] Während die *Gewalt des Verstehens* und die *Negation der Repräsentation* für Lévinas darin liegen, daß beide, das Verstehen wie die Repräsentation, den Akt einer *partiellen, unvollständigen Negation* vollziehen, geht beim Anderen der Versuch einer partiellen Negation fehl: denn da der Andere sich dem Verstehen ebenso wie der Darstellung entzieht, kann die Negation des Anderen nur als ganze geschehen – als Mord.[25] Der Mord wäre so einerseits eine Radikalisierung, ein Weitertreiben des Wunsches, den Anderen zu verstehen und darzustellen, andererseits würde er die Erfahrung des Nicht-Verstehens tilgen, die Erfahrung auszulöschen suchen, daß mein Vermögen, den Anderen „aufzunehmen", ihn zu erfassen, zu identifizieren, zu besitzen, zu integrieren, scheitert. Die Totalität,

---

20 Julia KRISTEVA, Die Revolution der poetischen Sprache. Frankfurt/M.: Suhrkamp, 1978. 47 und 53–61.
21 LÉVINAS 1972. 12. LÉVINAS 1989. 7.
22 LÉVINAS 1971. 293. LÉVINAS 1987. 382.
23 ibid.
24 LÉVINAS 1971. 293. LÉVINAS 1987. 383.
25 LÉVINAS 1983. 116.

welche die Denkfigur einer Negation der Negation in sich trägt, sprengt Lévinas also auf, indem er vom Mord und von der Tilgung der Erfahrung eines Scheiterns spricht – und dies geschieht über die Einführung der Kategorien der Leiblichkeit und der Sterblichkeit.

In seiner Schrift *Totalité et Infini. Essai sur l'extériorité* (1971) beschreibt Emmanuel Lévinas den Mord demnach noch als einen Versuch und als eine Versuchung zur totalen Negation, zur vollständigen Vernichtung; nämlich dann, wenn er feststellt, der Mord würde Macht ausüben „über das, was der Macht entkommt" (*le meurtre exerce un pouvoir sur ce qui échappe au pouvoir*).[26] Doch zeichnet sich hier schon eine Revision des Begriffs der totalen Negation ab, eine Revision, die vom Denken der *Grenze der Negativität* ausgeht und eine Unterscheidung der Bewegung der Negativität von derjenigen der Transzendenz unternimmt. Die Grenze der Negativität, so konstatiert Lévinas, bezeugt sich im Grauen des radikal Unbekannten, in welches der Tod den Menschen leitet (*dans l'horreur de l'inconnu radical où mène la mort, s'atteste la limite de la négativité*).[27] Auf die doppelte Bedeutung des Wortes *horreur*, nämlich sowohl *Schrecken* und *Entsetzen* als auch *Abscheu*, soll hier schon hingewiesen werden; in der dritten Sequenz dieser Studie werde ich darauf zurückkommen.

Die Thematisierung einer solchen Grenze – die angibt, das „etwas" sich nicht innerhalb dieser Grenzen hält – wird nun auch bestimmend für die Beschreibung der mörderischen Gewalt. Auch die mörderische Gewalt leitet den Menschen in das Grauen und den Abscheu vor einem radikal Unbekannten, in einen Abgrund, der an keinen Horizont gebunden ist. Dieses *keinem-Horizont-angehören* des Mordes wird von Lévinas in der folgenden Passage des Kapitels *Notes sur le sens* (aus dem Band *De dieu qui vient à l'idée*, 1982) verknüpft mit einem *Moment der Konkretion*. Die konkrete Bedeutung der mörderischen Gewalt, so betont er hier, sei nicht eingeschränkt auf die Negation, und ebenso sei es sicher voreilig, anzunehmen, die Intention der Negation wäre erschöpft durch die Idee der Vernichtung:

„Mörderische Gewalt, deren *konkrete* Bedeutung sich nicht auf die Negation beschränkt – die schon reine Qualität des Urteils ist und deren Intention man – sicher verfrüht – durch die Idee der Vernichtung zu erschöpfen meint, so wie man vorschnell die Nacktheit oder die wehrlose Ausgesetztheit des Antlitzes, seine Preisgabe als vereinsamtes Opfer und das

26 LÉVINAS 1971. 216. LÉVINAS 1987. 284.
27 LÉVINAS 1971. 31. LÉVINAS 1987. 47.

Zerbrechen seiner Formen in seiner Sterblichkeit auf die Sichtbarkeit, auf die Phänomenalität beschränkt – auf die Erscheinung einer Form im Inhalt eines Ganzen unter der Sonne und den Schatten des Horizontes.[28]

Ebenso wie das Unendliche bei Lévinas sich nicht innerhalb der Grenzen des Bildes des Horizontes hält (das heißt, nicht innerhalb des bildlichen Vergleichs oder Kompromisses, zu dem die Phänomenologie das Unendliche gezwungen hat), hält sich auch die mörderische Gewalt nicht innerhalb der Grenzen des Bildes der Vernichtung.

Deutet Lévinas hier auf eine radikale Andersheit, auf ein radikal Unbekanntes der mörderischen Gewalt? Darauf, daß sie in keinen Horizont integrierbar ist und daß sie „auf uns zurückkommt"? Die zitierte Passage weist hin auf ein Uneingeschränktes, Exzessives ihrer konkreten Bedeutung, dessen Nicht-Eingrenzbarkeit der Nacktheit des Antlitzes entspricht. Es zeigt sich jedenfalls, daß die mörderische Gewalt sich nicht mehr unter der Kategorie der Negativität denken läßt und daß sie die Negation überbietet, daß ihre Intention über die Idee der Vernichtung hinausgeht. Sie ist unendlich im Sinne eines Unendlichen, welches jede phänomenologische Konzeption überschreitet.

An dieser Stelle sei kurz zusammengefaßt, in welcher Weise sich nun Konturen einer anderen Bestimmung der Gewalt erkennen lassen. Diese Bestimmtheit entsteht im Schnittpunkt dreier Beschreibungen: sie beziehen sich zum einen auf die – im vorhergehenden Kapitel dieser Arbeit erläuterte – Gewalt des prä-logischen Schweigens (eine Gewalt, die von der Gewalt der Rede, des Thetischen oder des Symbolischen unterschieden ist, die ihr ausweicht oder zuvorkommt), zum zweiten auf die Gewalt einer scheinbaren Negation des Anderen, wie sie oben beschrieben wurde, und zum dritten auf jene Gewalt, die der Bewegung der Suche nach der *arché*, nach dem Ursprung oder Urbild, eingeschrieben ist[29] – auf diesen Aspekt komme ich später zurück. Ebenso wie die Gewalt des prä-logischen Schweigens die Antithese von Tag und Nacht oder Gewalt und Gewaltlosigkeit überschreitet, überschreitet auch die Gewalt der Negation des Anderen (in ihrer konkreten Bedeutung) die Figur oder den Horizont der Negativität. Beide Gewaltformen halten sich also nicht innerhalb der Grenzen des bildlichen oder sprachlichen Vergleichs – ihnen ist etwas Exzessives inhärent.

---

28 LÉVINAS 1985. 212.
29 Vgl. DERRIDA 1976. 214.

132

Doch wenden wir uns Kain, dem ersten Mörder, zu. Kain realisiert gleichsam in dem Augenblick, in dem er Abel tötet, jenes Nichts, das dem Tod im abendländischen philosophischen und religiösen Denken traditionell zugesprochen wird, indem der Tod in der Abfolge von Sein und Nichts situiert wird. Lévinas erklärt, die Leidenschaft des Mordes, die spontane Intentionalität dieser Leidenschaft, ziele auf die Vernichtung (*l'anéantissement*) und habe in diesem Sinn den Tod als Nichts (*néant*) in sich aufgenommen. Wenn Lévinas schreibt, daß Kain, als er Abel tötete, „dieses Wissen um den Tod besessen haben" muß[30], so könnte dies auch bedeuten, daß Kain den Sinn für den Tod als Nichts, als Verschwinden, dem Sein entgegengesetzt, schon empfangen hat (einen Sinn, der einer Verkennung gleichkommt). Denn „die Identifikation des Todes mit dem Nichts", so schreibt Lévinas, „entspricht dem Tod des Anderen im Mord" (*l'identification de la mort au néant convient à la mort de l'Autre dans le meurtre*)[31]; die Identifikation ist diesem Tod angemessen, sie trägt seine Maße. Die Verkennung, die der Identifikation inhärent ist, entspricht so auch jener Verkennung, die Tod und Mord gleichsetzt, die Differenz zwischen ihnen nivelliert oder neutralisiert, indem sie sie unter den Horizont der Negativität stellt.

Da das im Antlitz ausgesprochene Verbot, zu töten, bestehen bleibt, und so auch meine moralische Unmöglichkeit, den Anderen zu vernichten, hat die Bewegung der Vernichtung im Mord für Lévinas einen nur relativen Sinn, nämlich „als Ausfertigung bis zur Grenze einer Negation (*comme passation à la limite d'une négation*), die am Inneren der Welt versucht wird. Diese Bewegung führt uns in Wirklichkeit zu einer Ordnung, von der wir nichts aussagen können, nicht einmal das Sein, die Antithese des unmöglichen Nichts."[32] Angemerkt sei hier eine Koinzidenz der Bewegung der Vernichtung, wie Lévinas sie beschreibt, mit dem Begriff des Phantasmas in der Theorie Lacans: die Struktur des phantasmatischen Satzes, so erklärt Lacan, lasse sich nicht kommentieren, sie lasse sich einfach nur zeigen.[33] Das heißt, es gibt keine Metasprache, die darlegen könnte, was innerhalb des phantasmatischen Satzes geschieht – ebenso wie es keine Metasprache gibt, die beschreiben könnte, was in der Vernichtung geschieht.

---

30 LÉVINAS 1971. 258. LÉVINAS 1987. 340.
31 ibid.
32 LÉVINAS 1971. 258–259. LÉVINAS 1987. 340.
33 Siehe LIPOWATZ 1986. 66.

Dem Begriff der *négation* fügt Lévinas jenen der *abnégation* hinzu, der das Subjekt auf Abtretung und Verzicht führt, auf eine äußerste Passivität und Schwäche, ein Versagen (*défaillance*) des Seins, das sich vielleicht in den Tränen ausdrückt.[34] Die Gewalt aber, die nicht ein solches unterdrücktes Schluchzen wäre oder die ein solches Schluchzen für immer erstickt hätte[35], wird bei Lévinas ausdrücklich aus der Genealogie der Verbrechen, welche sich mit dem Namen Kains verbindet, ausgeschlossen: sie erhält den Namen Hitlers. Sie wäre innerhalb der Urszene der Zivilisation, die sich um den Namen Kains organisiert, nicht mehr figurierbar. Kain würde das Wissen um den Tod als Nichts in sich tragen. Der von Kain begangene Mord (die mit seinem Namen verknüpfbaren Verbrechen) würde also noch eine Verbindung zum Tod, auch zum eigenen Tod, halten (mag diese Verbindung auch im Unbewußten liegen und sich einer Verkennung verdanken). Die

---

34 LÉVINAS 1972. 11. LÉVINAS 1989. 6. Die Erzählung von Kains Verbannung liest sich wie eine Verdopplung der Sündenfall-Geschichte, in der sich die Themen der Triebsublimierung und des Verbots des Bodens konkretisieren.
Vor dem Brudermord spricht „der Ewige" zu Kain: „Sieh, wählst du gut die Gabe / Oder ungut, / Ist an der Tür die Sünde, kauernd. / Nach dir geht ihr Trieb, / Doch du kannst ihrer Herr sein." Der Dialog zwischen Kain und „dem Ewigen", der dem Mord folgt, lautet: „Und nun: / Verflucht bist du, / Fort von dem Ackerboden, / Der seinen Mund geöffnet, / Um deines Bruders Blut von deiner Hand zu nehmen. / Wenn du den Boden baust / Wird er dir fortan seine Kraft nicht geben; / Und schweifend, flüchtig wirst du sein auf Erden." Da sprach Kain zum Ewigen: „Zu groß ist meine Schuld zum Tragen! Hast du mich heute ja vom Ackerboden fortgetrieben, vor deinem Angesicht muß ich mich bergen, schweifend und flüchtig soll ich sein auf Erden – und so wird jeder, der mich findet, mich erschlagen." Da sprach der Ewige zu ihm: „So soll denn, wer immer Kain erschlägt, siebenfältige Rache leiden." Und der Ewige setzte Kain ein Zeichen, daß ihn nicht erschlage, wer immer ihn fände. [Bereschit–Anfänge 4, 7–16]. Zitiert nach: Die Heilige Schrift. Auf Veranlassung der Jüdischen Gemeinde Berlin herausgegeben von Harry TORCZYNER. Erster Band: Tora/Fünfbuch. Frankfurt/M.: J.Kauffmann Verlag, 1934. 7–8.
Die zitierte Passage erinnert daran, daß die ursprüngliche Bedeutung des Kainszeichens ein Verbot ausspricht, denjenigen, der ortlos und flüchtig wurde, zu erschlagen. Das Zeichen tradiert zwar das Gedächtnis des vorausgegangenen Mordes; es ist aber an die zukünftigen Mörder adressiert und verwebt dadurch vergangenen und künftigen Mord – einen künftigen Mord, der das Gedächtnis an das Scheitern der Triebsublimierung und dessen Repräsentanz, das Verbot des Bodens, die Ortlosigkeit, zu verdrängen sucht. Darüber hinaus zeigt die zitierte Textpassage, daß das Wissen um den Tod als Nichts verknüpft ist mit dem Wissen um das Verbot des Bodens und mit dem Gedächtnis daran, daß das Scheitern der Triebsublimation eine permanente Bedrohung bleibt; insofern stellt die Geschichte von Kain eine Urszene der Zivilisation dar.
35 ibid.

Gewalt jedoch, die „Tochter oder Adoptivtochter Hitlers" ist[36], hätte diese Verbindung und dieses Wissen ganz und gar eingebüßt; sie wäre völlig fühllos gegen den Schmerz der Gewaltausübung, sie hätte das unterdrückte Schluchzen für immer erstickt, und hätte zugleich die Vorstellung des Todes als Nichts für immer unmöglich gemacht. Ist auch dies eine Implikation des Diktums, die Gewalt des Nazismus, der Massenmord an den europäischen Juden, habe eine Tötung des Todes bewirkt?

Die Thematisierung einer mörderischen Gewalt, deren Intention sich nicht erschöpft in der Idee der Vernichtung, deutet vielleicht nicht nur auf die Transzendenz dieser Gewalt, in dem Sinne, daß sie – wie der Tod – unvorhersehbar ist, da sie keinem Horizont angehört, sondern auch auf ein Nicht-Entzifferbares in ihr.

Dieses Moment eines Nicht-Entzifferbaren und Nicht-Repräsentierbaren führt zurück auf die Frage danach, ob die Verfolgung, die das Ich bei Lévinas durch den Anderen erfährt, konvergiert mit dem *realen Datum* der Verfolgung und Vernichtung der europäischen Juden, oder mit dem Heimgesucht-werden durch das Gedächtnis dieses Datums.[37] Das „Spiel der Differenz und der Analogie", in dem sich, so Derrida, das Antlitz bei Lévinas hält: Differenz und Analogie zwischen dem Anderen des Unendlichen (*autre*) und dem des anderen Menschen (*autrui*)[38] – kehrt in der Rede über die Verfolgung wieder: in Momenten dieser Rede, die den Ort oder den Augenblick einer Aporie, Nähe, *différance* markieren, welche die Verfolgung durch den Anderen und das reale Datum der Verfolgung und der Vernichtung aufeinander bezieht (ohne eine stabile Kongruenz oder Differenz zu entwickeln). Durchkreuzt wird diese Rede durch die Rede über den *Mord* – und durch den unreduzierbaren Unterschied, der den Bezug zwischen dem *Mord* und der Vernichtung der *Endlösung* aus dem Feld der Analogien heraushält.


Auf eine äußerst irritierende Weise erhält indessen das Subjekt bei Lévinas seine unersetzliche und unreduzierbare Einzigartigkeit (das heißt seinen eigentlichen Subjektstatus) nicht nur durch seine Verantwortung für den An-

---

36 ibid.
37 Vgl. dazu GONDEK. In: HAVERKAMP 1994. 329. Siehe dazu auch die Differenz, die für Elisabeth Weber *Verantwortung für den Anderen* und *Verfolgung durch den Anderen* auseinandertreibt: Elisabeth WEBER 1990. 192, 201–203.
38 Jacques DERRIDA, „Den Tod geben". In: HAVERKAMP 1994. 331–445; hier 409–410.

deren – und für den Tod des Anderen –, sondern auch gerade dadurch, daß es *ermordet werden* kann, daß es der Möglichkeit, der Drohung des Mordes ausgesetzt ist. Wenn Lévinas das Subjekt als ein von Geburt an verwaistes, elternloses oder atheistisches Geschöpf bezeichnet, so insistiert diese Bezeichnung darauf, daß der Ursprungsmoment des Subjekts uneinholbar vergangen ist – ein Vergangensein, das verwoben ist mit jener Struktur der *subjectivité pre-originaire*, die oben erläutert wurde, und der die Vorladung oder Anweisung (*assignation*) entspricht, welche an das Subjekt ergeht, bevor es sie denkend einholen kann.[39] Lévinas wendet sich hier gegen eine idealistische Konzeption der Subjektivität, wie sie etwa diejenige Fichtes darstellt, in der, wie er erklärt, das Subjekt dazu verpflichtet werde, sein eigener Ursprung zu sein, das heißt, abwesend von seiner Geburt und von seinem Tod zu sein, ohne Vater und ohne Mörder, und genötigt werde, sich seinen Vater und seinen Mörder selbst zu geben, sie zu deduzieren – das heißt, gezwungen, das Nicht-Ich aus seiner Freiheit abzuleiten, dabei Gefahr laufend, im Wahnsinn unterzugehen.[40] Das Subjekt hebt sich demnach „vom Sein nicht durch eine Freiheit ab, die es zum Herrn der Dinge werden ließe, sondern durch eine vor-ursprüngliche Empfänglichkeit (*susceptibilité pre-originaire*), die älter ist als der Ursprung".[41] Diese Empfänglichkeit ist Leiblichkeit. Das von außen als unersetzlich Vorgeladen-sein erweist sich im Leiblich-sein, im In-seiner-Haut-sein, hilflos ausgeliefert. Das Subjekt bei Lévinas ist nicht nur fähig zu sterben[42], sondern es ist auch der Drohung des Mordes ausgesetzt. Der Andere, der vom Geschehen der Transzendenz untrennbar ist, hält sich in der Gegend, aus der der Tod kommt, und aus der möglicherweise der Mord kommt.[43] Der Andere, von dem in dieser Textpassage die Rede ist, ist *autrui*, der andere Mensch, nicht mehr der Andere, dem der Mord gilt, *autre*, die Spur des Unendlichen, die sich im menschlichen Antlitz mitteilt.

Zu berücksichtigen ist in diesem Zusammenhang, das soll wenigstens am Rande erwähnt werden, die Weise, in der bei Lévinas hier die Geschlechterdifferenz ins Spiel kommt. Durch seine Unberührbarkeit, seine Jungfräulichkeit bleibt das Weibliche für Lévinas der Drohung des Mordes entzogen

---

39  Vgl. Elisabeth WEBER 1990. 118.
40  LÉVINAS 1972. 81. LÉVINAS 1989. 71.
41  LÉVINAS 1972. 83. LÉVINAS 1989. 73.
42  Vgl. hierzu Elisabeth WEBER 1990.
43  LÉVINAS 1971. 259–260. LÉVINAS 1987. 341.

– so wie das Weibliche, oder ein Zug des Weiblichen, in manchen Momenten in seinen Schriften ohne Antlitz ist: in signifikanter Unterscheidung zu der in Kapitel 2 beschriebenen Substitution von Gesicht und Geschlecht bei Gertrud Kolmar. Für Lévinas hält sich die Geliebte in ihrer Virginität; sie ist im selben Zuge faßbar und dennoch unberührt, unbeschädigt (*intacte*) in ihrer Nacktheit, jenseits des Objekts und des Antlitzes (*au-delà de l'objet et du visage*), und auf diese Weise jenseits des Seienden, oder über das Seiende hinaus.[44] Daher ist das Weibliche bei Lévinas verletzbar und unverletzbar, es ist der Vergewaltigung zugänglich und zugleich unzugänglich (*le Féminin essentiellement violable et inviolable*); als „Eternel Féminin" – in Großbuchstaben, wie das *moi* des Imaginären bei Lacan – entzieht es sich sogar der Berührung der Lust. Es ist eine Zerbrechlichkeit, die sich an der Grenze zum Nicht-Sein aufhält (*fragilité à la limite du non-être*), zu einem Nicht-Sein, an dem sich nicht nur das findet, was nicht mehr ist, sondern auch das, was noch nicht ist, das Zukünftige. Die Jungfrau, das heißt, das Weibliche in dieser Unberührtheit und Unberührbarkeit, „bleibt unfaßbar, sterbend ohne Mord, ohnmächtig werdend, sich in seine Zukunft zurückziehend, jenseits jedes der Antizipation versprochenen Möglichen."[45] Das Weibliche entzieht sich dem Mord also nicht dadurch, daß das Verbot, einen anderen Menschen zu töten, inmitten meines Vermögens, ihn zu töten, steht und bestehen bleibt (und mich, den Mörder, ansieht), sondern vielmehr dadurch, daß das Weibliche durch seine Unberührtheit und Unberührbarkeit bei Lévinas in eine Gegend gerückt wird, in der sich eine Negation oder Trübung des Antlitzes ereignet. Diese Gegend ist zwar der Gewalt, der Vergewaltigung, zugänglich, nicht aber dem Mord.[46] Wie besonders die Verknüpfung von Weiblichkeit und Abjektion bei Gertrud Kolmar zeigt, gibt es eine solche Gegend des Entzugs und des Schutzes für das Weibliche in ihren Texten nicht.

Über das Kriterium der Geschlechterdifferenz kehrt demnach ein ontologisierender und metaphorisierender Zug in Lévinas' Denken zurück,

---

44 LÉVINAS 1971. 289. LÉVINAS 1987. 377.

45 ibid (Übersetzung verändert).

46 Vgl. LÉVINAS 1971. 294: „Le féminin est visage où le trouble assiège et déjà envahit la clarté." Das Weibliche ist Antlitz, dessen Helle oder Klarheit von der Verwirrung, der Undurchsichtigkeit bedrückt und schon besetzt wird. LÉVINAS 1987. 384. Zum Antlitz der Geliebten und der Animalität siehe LÉVINAS 1971. 295. LÉVINAS 1987. 385–386. Zu einer Kritik des Diskurses über Weiblichkeit in den Schriften von Lévinas siehe Cathérine CHALIER, Figures du féminin. Lecture d'Emmanuel Lévinas. Paris 1982, auf deren Studie Elisabeth Weber hinweist; Elisabeth WEBER 1990. 179.

der das Bild des Weiblichen trifft – in ihm hält sich ein Rest an Idealismus oder Essentialismus, der dem Weiblichen die Leiblichkeit nimmt: jene Leiblichkeit, deren Extrem das äußerste Entblößtsein in der Verfolgung bezeichnet.

Gerade in dem *Phénoménologie de l'éros* überschriebenen Kapitel von *Totalité et Infini*, und zwar an einer Stelle, die von der Signifikation handelt und zum Prinzip des „du wirst keinen Mord begehen" überleitet, welches für Lévinas das eigentliche Bedeuten des Antlitzes (*la signifiance même du visage*) darstellt[47], kommt Lévinas auf jene Bewegung zu sprechen, die ich zuvor als eine Verpflichtung des Diskurses auf ein außerhalb des Zeichens liegendes Reales bezeichnet habe. Die Bedeutung des Antlitzes, so Lévinas, rühre von der essentiellen Koinzidenz her, in der das Seiende und der Signifikant zusammenfallen, nicht im Sinne einer Verschmelzung, sondern in der Form einer Kongruenz (*la signification du visage tient à la coïncidence essentielle de l'étant et du signifiant*).[48] Das Seiende wird dabei als Seiendes definiert durch die Exteriorität, das Ausgesetzt-sein. Dieses äußerste Entblößtsein ist die Verlassenheit des Verfolgten: er ist „ohne jede Hilfe, in sich wie in seiner Haut – und diese Inkarnation ist nicht metaphorisch gemeint; denn in seiner Haut sein ist eine extreme Form, ausgeliefert zu sein, die nicht den Dingen widerfährt".[49] Ebenso wie die Nacktheit des Antlitzes bezeichnet also auch die Inkarnation, die Leibhaftigkeit, das In-seiner-Haut-sein, ohne Zuflucht und ohne Möglichkeit, sich mit sprachlichen Mitteln zu verteidigen (*acculé à soi, en soi parce que sans recours à rien, en soi comme dans sa peau*)[50], im philosophischen Diskurs von Lévinas einen Moment, der *nicht mehr verschiebbar oder übertragbar ist*, der sich auf ein Reales bezieht, auf ein Nicht-entweichen-können, auf eine Verwundbarkeit und eine Verwundung, welche in keiner Metapher mehr aufgehoben werden kann, wenn sie auch die metaphorische Sprache einholt und erschüttert. Die Wendung von der essentiellen Koinzidenz des Seienden und des Signifikanten, welche die Bedeutung des Antlitzes konstituiert, trägt in sich die Anerkennung des Faktums, daß Mord und Verfolgung schon geschehen sind (und weiterhin geschehen).

---

47 LÉVINAS 1971. 294. LÉVINAS 1987. 383.
48 LÉVINAS 1971. 293. LÉVINAS 1987. 382–383.
49 LÉVINAS 1983. 315.
50 LÉVINAS 1974. 178.

Es sei in diesem Zusammenhang daran erinnert, daß Lévinas Identität gerade als das bestimmt, zu dem der Verfolgte, das *soi, obsédé par les autres*, sich hin krümmt, als dasjenige, worauf ihn die Verfolgung zurückbeugt – vor ihr auszuweichen ist deshalb für ihn unmöglich.[51]

Wenn in der vorliegenden Arbeit versucht wird, die Rede vom Antlitz bei Lévinas und die Literarisierung der Figur des Gesichts bei Gertrud Kolmar in eine Beziehung zu bringen, so geschieht dies auch in der Rücksicht darauf, daß – wie eingangs erwähnt – die Rede vom Antlitz, die essentielle Koinzidenz, die sie trägt, von einem Realen, von Mord und Verfolgung, zeugt und auf diese Weise eine Verpflichtung (im oben beschriebenen Sinn) erneut eingeht.

### 3.3 Figurationen des Anderen: Mörder, Liebhaber, Gott

Einige Texte von Gertrud Kolmar widmen jenem Augenblick, der dem Mörder oder dem Verfolger und seinem Opfer gemeinsam ist, und der eine Gemeinschaft zwischen beiden konstituiert[52], eine irritierende Aufmerksamkeit. Diese Aufmerksamkeit berücksichtigt die Intimität, von der die Beziehung des Hasses erfüllt ist. Der gemeinsame Augenblick umschreibt die Situation einer *Kontamination*, einer Trübung oder Verschmutzung, in der die klar voneinander abgegrenzten Positionen des Täters und des Opfers sich verwischen (ohne einander gleichgesetzt oder ausgetauscht zu werden). Im Begehren, das diese Situation durchkreuzt, kündigt sich ein solches Verwischen der Positionen an – zugleich bringt das Begehren das Kriterium der Geschlechterdifferenz ins Spiel, das Lévinas aus der Rede von Mord und Verfolgung heraushält. Das Begehren kommt hier aber nicht einer masochistisch getönten sexuellen Lust gleich: eher nähert es sich dem traumatischen Genießen der *jouissance* – es markiert den Ort der *Durcharbeitung der Angst*, der *Konfrontation mit dem Realen* im Sinne Lacans: jenen Ort, den Lipowatz als den Raum des Unheimlichen und des barbarischen Lusterlebens kennzeichnet.[53]

---

51 Vgl. ibid. 178.
52 Vgl. LÉVINAS 1976. 115.
53 LIPOWATZ 1986. 234.

So zeigt das undatierte Gedicht „Mörder" (aus dem „dritten Raum" des „Weiblichen Bildnisses"[54]), inszeniert als ein Alptraum, dessen Bildzeichen an Hieronymus Bosch erinnern, die äußerste Bedrohung eines weiblichen Ich als ein Nicht-ausweichen-können, in völliger Verlassenheit, ohne Hilfe von außen. Zugleich vermittelt der Text die Affektion und die Inspiration des Ich durch den Verfolger. Das erotische Drama, von dem dieser Text handelt, beginnt mit der Suche anonymer Mörder, die „in der Welt herum[gehen]", nach dem Kind, „das in mir angefacht" und das getötet werden soll; und es mündet in die Zeugung eines zweiten Kindes, die unter dem Hereinbrechen äußerster Gewalt und qualvoller Angst geschieht. Die weibliche Figur erfährt die Bedrohung durch die Verfolgung zuerst in ihrem Unvermögen, ihr ungeborenes Kind vor seinen Mördern zu beschützen. Dies wird als Szenerie eines absoluten, wehrlosen ausgeliefertseins beschrieben, die aber unvermutet eine sexuelle Tönung erhält:

Und ich bin an mein Bett geschweißt
Mit dürrer Kette, die der Rost zerfrißt
Und die doch schwer und gänzlich ohne Mitleid ist,
Nur eiternde Geschwulst aus meinen Armen beißt.

Der Mörder kommt ja schon. Er trägt den Hut,
Einen breiten Hut mit Turmkopf, ungeheuer;
Am Kinn sproßt kleines gelbes Feuer.
Es tanzt auf meinem Leib; es ist sehr gut ....

Der Mörder wird als ein abscheuliches Untier beschrieben, wobei die sexuelle Metaphorik zunehmend an Deutlichkeit gewinnt, so daß die sexuelle Erregung und die Erregung des Abscheus und einer panischen Angst sich verwirren und völlig ineinander aufgehen:

Die große Nase schnüffelt, längert sich
Zu dünnem Rüssel. Wie ein Faden.
Aus seinen Fingernägeln kriechen Maden
Wie Safran, fallen auch auf mich.

In Haar und Augen. Und der Rüssel tastet

Die Figuren des Mörders, des Liebhabers und eines Verfolgers, der die Attribuierung des Metaphysischen trägt, gleiten ineinander:

---

54 KOLMAR 1960. 110–111.

Ich kann nicht mehr ... ich kann nicht ... Laß die Schneide schlagen
Als einen Zahn, der aus dem Himmel blitzt!
Zerstoße mich! (...)

In meinem Schoße ruht das Beil.
Von seinen Seiten brechen eibenhaft zwei Flammen;
Sie grüßen sich und falten sich zusammen:
Mein Kind. Aus dunkelgrüner Bronze, ernst und steil.

Mit diesen Zeilen endet das Gedicht.

Gerade das Ineinandergleiten von Gewaltdiskurs und Liebesdiskurs, das den eingangs beschriebenen Moment der Kontamination sichtbar macht, erlaubt dem Text, das Qualvolle und zugleich Obszöne nicht nur der Situation äußerster physischer und psychischer Bedrohung, sondern auch ihrer sprachlichen Darstellung zu thematisieren – das Scheitern der Metapher vor dem Realen.[55] Dabei scheint es, als würde die metaphorische und narrative Konzeption des Gedichts die semiotische Struktur antisemitischer Mythen – oder anderer Mythen der Feindschaft und des Hasses – gleichsam umkehren, und zwar durch den Rekurs auf genau jene Verschmelzung von politischen Motiven und Sexualbildern, welche, eingefügt in ein pornographisches Szenario, das kitschige Unterfutter antisemitischer Phantasmen ausmacht. Während das *erotische Drama*, das in dem Text dargestellt wird, erneut um den Akt einer Vergewaltigung kreist, deren eigentliches, verdecktes Ziel die Ermordung eines Kindes ist, handelt das *Drama der Textualität* von einer anderen Gewalt, derjenigen nämlich, welche das Ausgeliefert-sein an eine traditionelle, sogar triviale Metaphorik bedeutet, in die die Erfahrung der Verfolgung, der Überwältigung durch Angst und Panik, eingetragen werden soll.

Das Gedicht kann aber noch anders gelesen werden, nämlich als Metapher für den kreativen Akt eines einzelnen Subjekts in der Situation der Verfolgung – und insofern fungiert dieser Text zugleich als Passage zur folgenden, *Konversionen* überschriebenen Sequenz meiner Untersuchung. Denn unter dem Schnitt (durch die Schneide des Beils, die einem „Zahn, der aus dem Himmel blitzt" ähnelt[56]), unter dem Schlag und der

---

55 Gerade dieses Moment der Lust und die Tabuierung, die Kolmar berührt, indem sie den Diskurs über Gewalt mit jenem über Erotik verbindet, blendet Dagmar C.G. Lorenz in ihren Bemerkungen zu diesem Gedicht aus: siehe LORENZ 1992. 135.

56 Hier zeigt sich eine überraschende Ähnlichkeit zur Metaphorik der Gewalt, die wir in der Lyrik von Nelly Sachs finden, in der das Motiv des Messers und der Zähne wiederholt benutzt wird. Vgl. Nelly SACHS, In den Wohnungen des Todes. In: SACHS

Spaltung, die das Ich des Textes durch die Gewalt des Verfolgers erleidet, entsteht eine sekundäre Schöpfung, ein Kind, das „mein Kind" genannt wird – es entsteht (topologisch und substitutiv) an der Stelle, an der das erste Kind unter dem Einbruch der Gewalt stirbt. Der Moment der Spaltung und der Moment der Zeugung fallen zusammen. Auch aus der Intimität des Hasses kann ein Kind entstehen. Geboren wird es aus dem Mordinstrument, welches im Schoß ruht („In meinem Schoße ruht das Beil. / Von seinen Seiten brechen eibenhaft zwei Flammen; / Sie grüßen sich und falten sich zusammen: / Mein Kind. Aus dunkelgrüner Bronze, ernst und steil."). Der kreative Akt formt das Werkzeug, das materielle Zeichen des Mordes selbst um, welches im Innern des weiblichen Körpers zurückbleibt, und die Genese, das Leben der sekundären Schöpfung wird in einer paradoxen Geste an die Dauer der Spaltung, an das Bleibende der Verwundung geknüpft.

Gerade diese paradoxe Geste des Textes weist auf die Intransigenz, auf die Unnachgiebigkeit jenes Geschehens hin, in dem Kreation, Bedrohung und Verletzung miteinander verwoben sind; sie läßt erkennen, daß die Verwundung bleibt, auch wenn an ihrer Stelle ein Kind entsteht. In diesem Sinne beschreibt der Text eine *Konfiguration von Verfolgung, Begehren und Sprache*. Der Akt der kreativen Umformung, der als eine poetologische Anspielung auf die äußerster Bedrohung, einem äußersten Ausgeliefertsein, qualvoller Angst und Verlassenheit abgepreßte literarische Produktivität der Autorin gelesen werden kann (vielleicht auch, darüber hinaus, auf den kreativen Versuch der Verfolgten, von Tag zu Tag zu überleben und die eigene Individualität zu wahren) – dieser Akt wird beschrieben als einer, der zutiefst mit Leiblichkeit und Geschlechtlichkeit verbunden ist.

---

1961. 13 und 15. Das Motiv des Beils verweist vielleicht auf das Morden bei Pogromen oder auf eine Technik der Hinrichtung.

# Konversionen

La justice consiste à rendre à nouveau possible l'expression
où, dans la non-réciprocité, la personne se présente unique.
La justice est un droit à la parole.

Die Gerechtigkeit beruht darauf, von neuem den Ausdruck
möglich zu machen, in dem sich, in der Nicht-Gegenseitigkeit,
die Person in ihrer Einzigartigkeit zeigt. Die Gerechtigkeit ist
ein Recht auf die Rede.

(Emmanuel Lévinas)

# 4. Die Schrift auf der Haut:
# Entziffern des nicht mehr Entzifferbaren

Als das Unverlierbare, angewachsen wie eine Haut, untrennbar von Leiblichkeit und Verwundbarkeit, wird die Zugehörigkeit zum Judentum in
verschiedenen Textpassagen Gertrud Kolmars angedeutet.

So wird der Status der Assimilation in einer Passage der Erzählung *Eine
jüdische Mutter* (aus auktorialer Perspektive[1]) mit den folgenden Worten
charakterisiert:

Sie [Martha Jadassohn] hatte aber die Sitten und Bräuche ihrer Ahnen nicht mitgebracht,
feierte keinen Freitagabend und dachte niemals daran, in den Tempel zu gehn. Sie ließ
ihren Glauben doch nicht. Denn er war ihr nicht angezogen so wie ein Kleid, das man
auswachsen oder verschleißen und leichthin abwerfen kann, sondern war mit ihr geworden
wie eine Haut, verwundbar, doch unverlierbar, unlöslich.[2]

Auf das literarische Motiv des Kleides und der Haut bezieht sich in ähnlicher Weise das Gedicht „Die Leugnerin", welches zum „vierten Raum"
des „Weiblichen Bildnisses" zählt und sich schon in der 1938 veröffentlichten Sammlung *Die Frau und die Tiere* findet. Es beginnt mit den Zeilen:

Einst zog ich Gott mit meinen Kleidern ab.
Ich warf ihn hin. Er hing vom Stuhl herab[3]

Später, im Alleinsein und der verzweifelten Suche nach Gott, von Angst-
bildern heimgesucht („Und mir am Bette kniet' ein blödes Scheuel"), ist
Gott unmerklich gegenwärtig:

---

1  Die Perspektivität, das heißt, das Wechselspiel von Bezeichnetwerden und Selbstbezeichnung – und auch die Selbstbezeichnung durch die von der Majorität gesetzten Bezeichnungen hindurch –, besitzen in diesem Text eine wesentliche narrative Funktion.
2  KOLMAR 1978. 24. Eine andere Passage der Erzählung betont stärker das Moment
   einer Gegenwärtigkeit der Tradition oder eines Einbegriffenseins in ihr, welches dem
   Wissen, dem Bewußtsein vorausgeht: „Sie wußte doch kaum, daß der Väterglaube mit
   ihr, ein Teil ihrer selbst geworden, daß bloßes Verlierenmögen nichts nützte und daß
   sie der Anstrengung, sich zu verstümmeln, gar nicht mehr fähig war." ibid. 107.
3  KOLMAR 1960. 136.

Gott lag sehr fest um meinen Stirnenknochen.

Er war mir angewachsen als die Haut,
Von Glut geschwächt, in Frösten aufgerauht,
Ganz fahl und wund gebeizt von bittren Laugen.
Und fiel als Lid auf jedes meiner Augen.

Die Kategorien der Gegenwärtigkeit „Gottes" und der Leiblichkeit werden
durch die Metaphorik dieser Zeilen (die das Gedicht abschließen) bis in
die Falten und das Wundsein der Haut, bis auf die Knochen miteinander
verwoben.

Jüdische Existenz wird in dieser Weise – situiert im Dreieck von *Verlust,
Unverlierbarem und antisemitischer Bezeichnung* (die in physische Verfolgung
umschlägt) – als leibliche „Erfahrung" im Sinne des unentrinnbar in-seiner-Haut-seins beschrieben (als eine Leibhaftigkeit, die nicht metaphorisch gemeint ist). Wenn Emmanuel Lévinas sich in seinen Schriften auf
eine Wahrheit bezieht, die nicht erkannt, sondern bezeugt werden muß,
so ist eine solche Zeugnisgabe für das Unendliche bei Kolmar eng verbunden mit Leiblichkeit (Gott auf der Haut, auf den Lidern, auf der Stirn).

### 4.1 Demythisierung und Konkretion

Die *Figur des Gesichts* und das *Motiv der Schrift auf der Haut, auf der Stirn*,
konvergieren in Gertrud Kolmars Gedicht „Ewiger Jude", welches das Datum des „20. September 1933" trägt.[4] Während der Text durch seine Datierung einen direkten Bezug zur Verfolgung herstellt (und schon dadurch
eine realgeschichtliche Konkretion unternimmt, die sich einer Mythisierung und Symbolisierung widersetzt), widmet er sich durch seine Überschrift einer fiktiven Gestalt, die nicht nur in christlichen Mythen eine
bedeutende Stelle einnimmt, sondern auch eine Schlüsselfigur der antisemitischen Propaganda während der Zeit des Nazismus darstellt – man
denke nur an den Film „Der ewige Jude" von Veit Harlan. Das heimliche
Zentrum des Textes ist die Figur der *Wiederkehr*.

In ihrer Version der Geschichte des „ewigen Juden" beschreibt Kolmar
Ahasver als halbtoten, alten Mann, bekleidet mit einem zerrissenen Kaf-

---

4 KOLMAR 1980. 213–214. Das Gedicht findet sich in dem Zyklus „Wort der Stummen".
Sämtliche Gedichte dieses Zyklus sind datiert.

tan, was seine osteuropäische Herkunft ausweist (auf die osteuropäischen Juden richtete sich die antisemitische Stereotypisierung zuerst); sie betont seine Unbeholfenheit und Lächerlichkeit, welche von Angst, Unsicherheit und Erschöpfung herrühren:

Immer weiter schleppt mich böser Schritt.

An den Wänden
Vor den Häusern steht die Bank nicht mehr;
Und ich tast mit blöden Händen
Um die Mauern meiner Wiederkehr.

Seine Augen sind erblindet von dem, was er sehen mußte, den Pogromen, mit deren Gedächtnisspuren sie angefüllt sind:

Meine Augen sind nur Aschenhöhlen,
Drin ein roter Funke trüb erstickt.

Seine Häßlichkeit, seine Ruhelosigkeit, die Permanenz seiner Flucht rühren von der Isolation und der Aggressivität her, der er ausgesetzt ist. Die Fatalität, von der der Text spricht, bezieht sich nicht auf eine von Gott verfügte Strafe (eine in christlich geprägten Legenden seit dem 13. Jahrhundert tradierte Deutung), sondern auf den Zusammenhang von Nicht-sterben-können und nie endendem, zeitlosem Vernichtungswillen:

Schlagt die Wunde, Todeswunde,
Ewig dem, der niemals sterben kann!

In diesem Sinn bezieht sich die Fatalität, von der hier die Rede ist, auf den nicht erlaubten, nicht vorgesehenen natürlichen Tod (einen Tod, der kein Mord wäre). Die Figurierung Ahasvers bei Kolmar kommt so dem nahe, was Adorno und Horkheimer in ihren Thesen zum Antisemitismus – welcher sich dem Denken der *Dialektik der Aufklärung* nicht mehr einfügt, sondern vielmehr *Grenzen der Aufklärung* markiert – mit dem Satz formulieren: „Am Zeichen, das Gewalt an ihnen hinterlassen hat, entzündet endlos sich Gewalt."[5] Die Permanenz dieses Zusammenhangs ist es, die in Kolmars Version des Schicksals des „ewigen Juden" berührt wird.

Die seit Mitte des 19. Jahrhunderts in deutschsprachigen Texten überwiegenden Ahasver-Konstruktionen zeichnen sich, wie Adolf Leschnitzer

---

5 ADORNO, HORKHEIMER 1971. 164.

nachweist, durch Mythisierung und Symbolisierung aus, wobei der Reichtum und die Variabilität dieser Figur deutlich zunehmen. So kann sie zum Beispiel als Personifikation des Zeitkritikers oder des Melancholikers fungieren, als Symbolfigur der „Kollektivsünde" des jüdischen Volkes und als Symbolisierung der ungerechten Verfolgung der Juden.[6] Das Mythische und das Symbolische seien dabei, so erklärt Leschnitzer, „an die Stelle der zahlreichen konkreten Züge" getreten.[7]

Demgegenüber verfolgt nun Kolmars Text eine *Strategie der Demythisierung und der Rekonkretion* – oder umgekehrt, er setzt diese Strategie als ein Verfahren ein, das eine Streichung oder einen Ausschluß, nämlich den der geschichtlichen und leiblichen Konkretheit, rückgängig macht. Diese Bewegung der Konkretion bezieht sich nicht nur auf die Begründung, weshalb der erschöpfte, alte Mann sich nicht ausruhen kann („an den Wänden / Vor den Häusern steht die Bank nicht mehr"), sondern auch auf die Beschreibung seines Körpers, die ein Entgleiten ins Metaphorische oder Symbolische vermeidet, indem sie das Leibhaftige der Verfolgung hervorhebt:

Meine Rippen
Hart und faßbar schon wie Totenbein. –
Diese runden, blutgefüllten Lippen,
Die dem Bittenden ins Antlitz spein! ....

Obwohl einerseits eine Anonymisierung der drohenden und erlittenen Gewalt erkennbar ist – sie rührt her von „Lippen", vom „Schritt", vom „Blick" und von der „Stimme" –, begründet sich andererseits die Fatalität der endlosen Flucht gerade durch diese konkrete Gewalt. Zugleich erlaubt die Strategie der Demythisierung und der Rekonkretion, die der Text einsetzt, eine *Umwendung* der Weise, in der der Körper im antisemitischen Diskurs funktioniert.[8]

Der Haß und die Aggression, denen der alte Jude sich ausgesetzt sieht, werden in Verbindung gebracht mit einer Stelle seines Körpers, einem Mal ähnlich, das auf seiner Stirn eingraviert ist, und zwar in Gestalt von

---

6 Avram A. BALEANU, „Ahasverus, der ewige Jude". In: Julius H. SCHOEPS, Neues Lexikon des Judentums. München: Bertelsmann Lexikon Verlag, 1992. 19–22.

7 Adolf LESCHNITZER, „Der Gestaltwandel Ahasvers". In: Hans TRAMER (Hg.), In zwei Welten. Siegfried Moses zum 75. Geburtstag. Tel Aviv: Bitaon, 1962. 470–505; hier 483.

8 Vgl. dazu Sander L. GILMAN, The Jew's Body. New York, London: Routledge, 1991.

Schriftzeichen, die für ihn selbst nicht mehr entzifferbar sind. Er erkundigt sich nach der Einzeichnung dieser Schrift in der Form einer Frage, deren Adressierung verblaßt ist, sie bleibt undeutlich:

Ist bemakelt
Meine Stirn mit wunderlicher Schrift?
So verworren, so gekrakelt,
Daß sie nirgends mehr den Deuter trifft.

Genau dieses Motiv der Schrift auf der Stirn kennzeichnet auch die Stelle, an der der Text in der tradierten christlichen Version des Ahasver-Mythos verankert ist – insofern markiert die Frage nach der Schrift genau den Schnittpunkt zwischen Leib und Text, zwischen dem Körper des verfolgten Juden und dem Text des (christlichen) Mythos. Doch während im späten Mittelalter das Nicht-sterben-können Ahasvers aus einer Gotteslästerung erklärt wird, und Ahasver einem uralten christlichen Wunschtraum[9] entsprechend als reuevoll büßender Sünder imaginiert wird, bringt die Version Gertrud Kolmars zwei andere Textfiguren ins Spiel: einerseits das Motiv der Unentzifferbarkeit, der unverständlichen, verworrenen Schrift, die nicht mehr deutbar ist, und andererseits den konkreten, leiblichen Effekt, den das Wunsch- und Haßbild des „ewigen Juden" im aktuellen (durch die Datierung in den Text eingetragenen) Moment auslöst, also in Deutschland in den dreißiger Jahren des 20. Jahrhunderts.

Die in Frage gestellte unlesbare Schrift auf der Stirn – eine Textfigur, die motivgeschichtlich auf das Kainszeichen anspielt, durch das sich schon die Ambivalenz der tradierten Bedeutung öffnet[10] – trägt im Sinne von Emmanuel Lévinas ein Gewicht an Nicht-Bedeuten (*non-signifiance*). Sie trägt eine Bedeutung, die abwesend, aber nicht völlig verborgen ist – ähnlich dem, was im vorhergehenden Kapitel als *Obliteration* beschrieben wurde. Gerade darin bezeugt sie die Spur des Anderen, die im Antlitz erscheint. Das die-Stirn-bieten (*faire face*) des Anderen bedeutet sowohl seine Wehrlosigkeit wie auch seinen Widerstand, sein Sich-entziehen. Dieses Nicht-Bedeuten der unlesbaren Schrift auf der Stirn, das einerseits

---

9 Vgl. LESCHNITZER 1962. 482.

10 Zunächst besitzt das Kainszeichen die Bedeutung eines Stammeszeichens der Keniter, das (ein) Kain getragen haben soll; es wird dann als Zeichen des Brudermordes gedeutet, als Spur der bösen Tat, die am Täter erkennbar ist. Vgl. dazu Kapitel 3 dieser Arbeit.

auf die Spur des Anderen (*autre*) verweist, andererseits aber auch auf die Geschichte der Akkulturation und der Assimilation, schlägt nun um in Bedeuten – und zwar zum einen durch eine *Rückwendung zur Tradition* (die als *Re-Lektüre* beschrieben wird, wie später gezeigt wird), und zum anderen im *Antisemitismus*. Denn die antisemitische Lektüre der nicht mehr lesbaren Schrift zielt darauf, die Resistenz dieser zeichenhaften Einschreibung zu negieren und aufzulösen. Sie unternimmt eine Entzifferung und Deutung dessen, was sich der Entzifferung entzieht, sich ihr widersetzt: sie deutet die Schrift auf der Stirn, das Zeichen der Erwählung (wie die Lesart der Tradition nahelegt[11]) um in einen Makel, ein Schmutzzeichen, in eine Sündenschrift. Gerade dieses Zeichen verbürgt aber die Heteronomie, die Zugehörigkeit zu einem anderen Gesetz und die Abhängigkeit von ihm, die mit dem Von-anderswo-herkommen des Antlitzes koinzidiert. Die antisemitische Lektüre der unlesbaren Schrift auf der Stirn mündet indessen in einen semiotischen Akt, in die Konstruktion eines zweiten Zeichens. Sie produziert ein „gelbes Zeichen" („Ach, das Zeichen, gelbes Zeichen, / Das ihr Blick auf meine Lumpen näht"), das von nun an eine eindeutige, öffentliche Zuordnung und Überwachung des anderen Körpers garantiert: sie besitzt also eine identifikatorische Funktion, und sie verbürgt zugleich die visuelle Unterscheidbarkeit, konstruiert den Anderen als identifizierbaren (identifizierten) Anderen.[12]

Die *Heteronomie*, die den reziproken, auf Gegenseitigkeit gründenden Bezug zwischen dem Selben und dem Anderen sprengt, wird demnach im Zuge dieses semiotischen Aktes transformiert in eine *Autonomie* und *Homogenität*, deren Dynamik den strukturellen Prinzipien der Identifika-

---

11 Siehe z. B. Deuteronomium [Dewarim] 11,18; eine Textstelle, die zur Schrift der *Tora* zählt (und der inhaltlichen Ordnung der hebräischen Bibel entsprechend zum *Gesetz*, nicht zur *Geschichte*). Das Schwanken der Bedeutungszuweisung jüdischer Existenz zwischen Erwählung, Stolz, und Makel als Ausdruck der prekären Situation der Assimilation angesichts der wachsenden Verfolgung wird auch in Kolmars Erzählung „Susanna" (1939/1940) thematisiert, auf die ich später noch eingehen werde. Dort heißt es an einer Stelle: „Nein. Ich freute mich nicht. Ich hatte vergessen. Ich war nicht stolz, trug kein Zeichen des Königsgeschlechts; ich trug einen Makel. Recht klein war der Makel und störte mich wenig, doch ich deckte ihn zu, wie es ging." Gertrud KOLMAR, „Susanna". In: OTTEN 1959. 291–336; hier 303.

12 Ruth Elias beschreibt dies mit den Worten: „Auf die linke Brustseite mußten wir einen gelben Judenstern aufnähen und waren somit gezeichnet und auch aus ganz großer Entfernung erkennbar." Ruth ELIAS, „Erziehung nach Auschwitz". In: SCHREIER, HEYL 1992. 13–18; hier 13.

tion (und des ihr verhafteten Denkens des Selben) folgt, wie sie im ersten Teil der vorliegenden Arbeit dargelegt wurden. Bestimmend ist dabei eine Beziehung zum Anderen, welche die imaginäre Totalität des Selben oder des Selbst (Lacans *moi* der Spiegelbeziehung) als eine unversehrte und autonome bekräftigt.

In historischer Perspektive knüpft die Thematisierung des „gelben Zeichens", die in diesem Gedicht Gertrud Kolmars aus dem Jahr 1933 unternommen wird, an voraufklärerische Kleiderordnungen an, die den Juden den Zwang zur Kennzeichnung auferlegten[13] – die gesetzliche Verordnung, die alle Juden im Deutschen Reich zum Tragen des „gelben Sterns" verpflichtete, wurde am 15. September 1941 erlassen.[14] Insofern verschränkt Kolmars Gedicht die Perspektive der Historizität und diejenige der Antizipation eines Zukünftigen – eine Verschränkung im *aktuellen Moment*, die die Zeitform eines gesteigerten, in die Vergangenheit zurückweisenden Futurums einführt und damit die *Figur einer Wiederkehr* des geschichtlich Vergangenen (und überwunden Geglaubten) inseriert.

Doch sind innerhalb des Textes zwei signifikante Verschiebungen erkennbar. Einerseits nämlich verschiebt der Text den Akt der Konstruktion und der Befestigung des „gelben Zeichens" an den Kleidern des alten Juden in den – kulturell codierten, aber auf das einzelne Individuum bezogenen – *Blick* der anonymen Zuschauer und Gewalttäter. Andererseits wird in ihm erneut jenes Verfahren der Symbolisierung beschrieben, das uns als Praxis der *Verkörperung* schon begegnet ist: der Körper wird als Zeichenträger benutzt, und umgekehrt führt die leibliche Repräsentation zu einer Essentialisierung der Zeichen, deren Ordnung durch die gewaltsame Verkörperung stabilisiert und belebt wird. Der Text situiert diesen semiotischen Akt – der eine Fiktion *realisiert* – innerhalb der Ausübung physischer Gewalt. Die Konstruktion eines Bildes, das heißt, der Akt der Darstellung oder der Repräsentation, wird auf diese Weise als ein Prozeß vorgeführt, der eine sich noch in der Dimension der Signifikation halten-

---

13 Vgl. SCHOEPS 1992. 240: „Mit der Reichspolizeiordnung Kaiser Karls V. von 1530 wurde die Bestimmung, „daß die Juden einen gelben Ring an dem Rock oder Kappen allenthalben *zu ihrer Erkenntnis* öffentlich tragen", zum allgemein geltenden Reichsrecht." (Kursivierung von mir).

14 ibid. 240. Vgl. dazu den am 4. April 1933 in der *Jüdischen Rundschau* erschienenen Artikel von Robert Weltsch: „Tragt ihn mit Stolz, den gelben Fleck!" In: Robert WELTSCH, Tragt ihn mit Stolz, den gelben Fleck. Zur Lage der Juden in Deutschland 1933. Nördlingen: Greno, 1988. 24–29.

de Gewalt und physische Aggression (die in den Mord mündet) unauflöslich aneinanderknüpft. So scheint es einerseits die antisemitische Gewalt zu sein, die dem „ewigen Juden" Gertrud Kolmars die unleserliche Schrift auf seiner Stirn in Erinnerung ruft – und damit auf die Problematik der Assimilation hinweist. Doch andererseits stellt der Verlauf des Textes auch unmißverständlich fest, daß die Unlesbarkeit der Schrift getilgt und an ihrer Stelle ein eindeutiger Sinn, symbolisiert in dem „gelben Zeichen", festgelegt wird – und zwar von einer Instanz, die die Macht der Interpretation und der Signifikation bei sich versammelt. Und dieser Signifikation kann Kolmars Ahasver nicht entkommen: sie schlägt ihn in die Flucht.

Die Bewegung der Demythisierung und der Konkretion, die diese Literarisierung der Geschichte des „ewigen Juden" erkennen läßt, impliziert nun aber keineswegs eine Abwertung der Metapher. Vielmehr scheint sie auf einen Schmerzpunkt des Metaphorischen hinzuweisen, auf eine Punktuation, die die figurative Rede durchzieht und den Umschlagspunkt des übertragenen Bedeutens in ein wörtliches Bedeuten anzeigt – in eine Wörtlichkeit, die sich ebenso auf die zeitliche Aktualisierung wie auf das Konkrete der Leiblichkeit, der physischen Not bezieht, auf die „somatische, sinnferne Schicht des Lebendigen", die, wie Adorno schreibt, der „Schauplatz des Leidens" sei.[15] Dadurch holt Kolmars Text das Somatische, das sich fern von der Dimension des Sinns hält und in dieser unterschlagen oder verdrängt wird, in den Diskurs zurück. Darüber hinaus weist der Text auf das strukturelle Moment einer Verwechslung hin, welche die Unvermeidbarkeit, auf Signifikate (also nicht auf die Dinge selbst) zu referieren, gleichsam widerruft und annulliert. Ein solches Verwechseln des Signifikanten mit dem Realen, oder ein Umgehen mit dem Signifikanten, *als sei er real*, wird von Julia Kristeva mit dem Ausdruck *le vréel* bezeichnet.[16] Diese Weise der Konkretion des Signifikanten, in der das sprechende Subjekt nicht mehr zwischen Zeichen und Referent unterscheidet, der Zwischenraum des Signifikats also ausfällt, macht Kristeva zum einen für die Sprache der Kunst der Avantgarde, zum anderen für den

---

15  Der Satz Adornos lautet vollständig: „Die somatische, sinnferne Schicht des Lebendigen ist Schauplatz des Leidens, das in den Lagern alles Beschwichtigende des Geistes und seiner Objektivation, der Kultur, ohne Trost verbrannte." ADORNO 1975. 358.
16  Julia KRISTEVA, „The True-Real". In: Toril MOI (Hg.), The Kristeva Reader. New York: Columbia University Press, 1986. 216.

psychotischen Diskurs fest (darauf werde ich im Zusammenhang mit Lacans Konzept der *forclusion* im dritten Teil der vorliegenden Untersuchung zurückkommen). Gerade die beschriebene Bewegung der Konkretion in Kolmars Text ist es, die nicht nur diesen Schmerzpunkt des Metaphorischen berührt, sondern die auch für einen Augenblick ein Recht auf die Rede gewährt und ein Moment der Gerechtigkeit in den Diskurs eindringen läßt.

Schon der Titel jenes Gedichtzyklus, dem der Text „Ewiger Jude" zugehört – „Das Wort der Stummen" –, weist darauf hin, daß den Verfolgten das Recht und das Vermögen zur Rede, zur Klage und zum Zeugnis, in der Verfolgung geraubt wird. Diese Beraubung rührt nicht allein von der rechtlichen Ausbürgerung der Juden im nazistischen Deutschland her – einer Ausbürgerung aus der Sphäre des Rechts, die mit Hilfe unzähliger Gesetze und Verordnungen geschieht. Sie ist vielmehr darüber hinaus auch ein unmittelbarer Effekt der Traumatisierung durch die Verfolgung, durch das ihr hilflos, rettungslos Ausgesetzt-sein. Das Sprachversagen, das daraus entsteht, beschreibt Lévinas als eine *réduction au silence*: der Verfolgte, der aus seinem Ort ausgestoßen ist (*expulsé de son lieu*), könne sich nicht mit den Mitteln der Sprache, der Rede, verteidigen oder schützen. Er werde in die schlimmere Gewalt des prä-logischen oder a-logischen Schweigens gestoßen. Denn die Verfolgung bedeute eine Ausschließung der Verteidigung und der Rechtfertigung: *Le persécuté ne peut se défendre par le langage, car la persécution est disqualification de l'apologie. La persécution est le moment précis où le sujet est atteint ou touché sans la médiation du logos.*[17]

Lévinas beschreibt demnach die Verfolgung als den präzisen Augenblick, in dem das Subjekt getroffen oder berührt wird (durch eine tiefe Erschütterung, eine Heimsuchung oder einen Schlag). Dies geschieht ohne Vermittlung des Logos, das heißt, jeden Bezugs, jeder Zuflucht entzogen, beraubt nicht nur aller Mittel der Sprache und der Rede, sondern auch aller Rechtsmittel und Berufungsmöglichkeiten. Schon in der Trauma-Theorie Sigmund Freuds ist die völlige Hilflosigkeit des Subjekts konstitutiv für die traumatische Situation. Dieser Gedanke kehrt bei Lévinas wieder, in einem veränderten Kontext und unter der Überschrift *Sans nom, Namen-los*: gemeint ist hier ein Ohne-Namen-sein, das in einem doppelten Zug sich sowohl auf die Aberkennung des Eigennamens der Ver-

---

17 LÉVINAS 1974. 193.

folgten bezieht[18], als auch auf die Unmöglichkeit der Symbolisierung des Geschehenen. Lévinas erklärt, das, was zwischen 1940 und 1945 einzig war und was vielleicht unsagbar, unaussprechlich bleibt, sei die absolute Verlassenheit und Hilflosigkeit (*délaissement*) der Verfolgten und Ermordeten: „Wer wird von der Einsamkeit jener sprechen, die zur selben Zeit wie die Gerechtigkeit zu sterben meinten (...) und die kein Zeichen von außen bekamen?"[19] Die Großzügigkeit, so Lévinas, „die anscheinend dem deutschen Ausdruck „es gibt" (*il y a*) innewohnt, vermißte man zwischen 1933 und 1945 völlig".[20] Das in der Tradition der idealistischen Philosophie entwickelte Denken des Seins läßt also die Vorstellung zu, eine bestimmte Gruppe von Menschen aus der Sphäre des Rechts und aus jener des Weltlichen überhaupt auszuschließen – zumindest verhält sich dieses Denken einer solchen Vorstellung (und Praxis) gegenüber indifferent, adiaphorisch. Und nicht nur läßt es solch eine Ausschließung oder Verwerfung (eine Beraubung des Rechts, da zu sein) zu – es lädt vielleicht sogar dazu ein, wie Lévinas nahelegt, wenn er, wie schon früher erwähnt, schreibt, die Bestimmung der Person als eine Akkumulation an Sein berge in sich eine „ontologische Schwellung, die auf den Anderen lastet bis zu ihrer Vernichtung" (*tuméfaction ontologique pesant sur les autres jusqu'à les écraser*).[21]

Hier, angesichts dieser absoluten Verlassenheit, einer *désolation nihiliste*, zerbricht für Lévinas das geschichtliche Kontinuum menschlicher Verzweiflung und menschlicher Einsamkeit, und dadurch bricht auch jene uneinholbare Differenz auf zwischen dem Tod, der möglicherweise Mord ist, dem Mord, der mit dem Namen Kains verknüpft ist, und dem Tod in Auschwitz – eine Differenz, die sich (das sei hier wiederholt) in Sprache und Lektüre der Texte von Lévinas und von Kolmar einzeichnet.

---

18  Primo Levi beschreibt die konkrete Bedeutung dieser Enteignung, wenn er aufzählt, was den jüdischen Häftlingen in Auschwitz genommen wird, bevor ihnen das Leben genommen wird: Sprache, Kleidung, Schuhe, Haare, und der Name. „Mein Name ist 174 517; wir wurden getauft, und unser Leben lang werden wir das tätowierte Mal auf dem linken Arm tragen." Primo LEVI, Ist das ein Mensch? (1945 – 1947). Die Atempause (1961 – 1962). München, Wien: Hanser, 1988. 34–35.

19  „Qui dira la solitude de ceux qui pensaient mourir en même temps que la Justice au temps où les jugements vacillants sur le bien et le mal ne trouvaient de critère que dans les replis de la conscience subjective, où aucun signe ne venait du dehors?" LÉVINAS 1976. 142.

20  LÉVINAS 1988. 109.

21  LÉVINAS 1972. 123. LÉVINAS 1989. 102.

154

„Das Wort der Stummen", dessen (notgedrungen scheiterndes) ästhetisches Programm es ist, die Position des Klägers und die des Zeugen einzunehmen – und auf diese Weise der Widerrede einen aktuellen Ort zu geben und die Zukunft eines rechtlichen Diskurses zu bewahren –, kann die Gewalt dieser Reduktion auf das Schweigen in der Verfolgung nicht mindern. Dennoch wird hier versucht, das Verstummen der Verfolgten, ihre sprachliche Entmächtigung, und die Undarstellbarkeit des Unrechts, die dadurch entsteht, für einen Augenblick zu durchbrechen. Dieser Versuch scheint mit der beschriebenen textuellen Bewegung der Konkretion eng verknüpft zu sein.

## 4.2 Re-Lektüre der jüdischen Tradition

Die Zugehörigkeit zum Judentum als das Unverlierbare, unlöslich und verwundbar „wie eine Haut":[22] unter dem äußersten Schmerz, dem traumatischen Schlag, den das Verbrechen an ihrem Kind der weiblichen Figur in Kolmars Erzählung *Eine jüdische Mutter* zufügt und der beschrieben wird wie eine Eklipse, eine Sonnen- oder Mondfinsternis, die das Subjekt heimsucht – in dieser Umnachtung findet Martha Jadassohn Bruchstücke, zerrissene Einzelheiten der hebräischen Sprache (oder sie wird von der Sprache gefunden). Die Textpassage, die davon erzählt, lautet:

Sie schrak vor sich selbst zusammen. Ich kann nicht mehr. Ich verliere jetzt den Verstand. Es ist zuviel. Zuviel. – Sie warf sich herum. Sie drückte sich beide Hände aufs Herz; das schlug zum Zerspringen. Sie faltete diese heißen Hände und fing zu beten an, wispernd, in Hast, wirre, verzweifelte Dinge. Verschen, die sie als Kind gekannt, Bibelsprüche, hebräische Worte, die spärlich ihr aus der Schulzeit geblieben, deren Einzelbedeutung sie längst verlernt.[23]

Sprache und Licht sind bei Gertrud Kolmar eng verknüpft und mit Leiblichkeit, mit dem Körperinnern verwoben.[24]

Die Wendung zur jüdischen Tradition wird in der Erzählung *Eine jüdische Mutter* (die, wie schon erwähnt, in den Jahren 1930 und 1931 verfaßt wurde)

---

22  KOLMAR 1978. 24.
23  ibid. 65.
24  Vgl. zum Beispiel das Gedicht „Wappen von Beckum": „Der Sprache Licht: / Die Wühlmaus trägt ihr Nest in meine Kehle. / Ich stör sie nicht. – / Ein weißer Strom gleißt auf von meiner Seele." KOLMAR 1960. 469. Auch das Gesicht des Kindes in der Erzählung *Eine jüdische Mutter* ist mit Sprache und Erzählen verknüpft.

in einen sehr bestimmten Zusammenhang mit der Verfolgung gebracht, wie das folgende Zitat, das die Perspektive Martha Jadassohns wiedergibt, zeigt:

Wir müssen nur wieder in uns hineingehn; dahin kann uns keiner verfolgen ... „Israel ist wie der Staub der Erde: alle treten ihn mit den Füßen; der Staub aber überlebt alle.“[25]

Der Akt der Dissimilation in dem Moment, in dem das Scheitern des Assimilations- und Emanzipationsprojektes erkennbar wird, wird als eine Form des Widerstands, der Gegenwehr oder auch der Abwehr eingesetzt, aber auch als Möglichkeit einer Bindung des isolierten, losgelösten Ich.[26]

Wie wird nun die *Referenz auf die jüdische Tradition* textuell dargestellt? Sie wird einerseits verbunden mit *Leiblichkeit und Verwundbarkeit*, wie schon angedeutet wurde; andererseits wird sie mit *Sprachlichkeit* verknüpft.

Gedacht als sprachliche, bedeutet diese Weise der Referenz keine Re-Identifikation mit einem Originären, sondern eher ein *Erinnern im Sinne der Re-Lektüre einer Schrift*: die Struktur der Referenz ist von vornherein geprägt durch die Figuren der Schrift und der Nachträglichkeit. Ein Moment der Entfremdung ist dabei immer inhärent, wie der folgende Passus aus der Erzählung „Eine jüdische Mutter“ andeutet:

Ihr bißchen Hebräisch war längst doch verschüttet, Glasperlen in einem löchrigen Säckchen, das sie als Kind besaß.[27]

---

25 KOLMAR 1978. 231. Diese Sätze umschreiben die Reaktion Martha Jadassohns, als sie in dem Haus, in dem ihr Geliebter wohnt, eine antisemitische Hetzschrift („Blätter für völkisches Denken“) findet (in nächster Nähe zum Klavier). Die Sicht, die sich in ihrer Reaktion ausdrückt, ist nahezu kongruent mit jener Haltung, die die *Jüdische Rundschau* in der ersten Zeit nach 1933 vermittelte, wie etwa die von Robert Weltsch herausgegebenen Artikel aus dieser Zeitschrift zeigen; siehe WELTSCH 1988. Hans Keilson bemerkt dazu: „Die hierin zum Ausdruck gebrachte narzißtische Aufwertung des „Jüdischen“ gegen die abwertend-vernichtende Tendenz des traditionellen, deutschen Nationalsozialismus, die Mechanismen der Verkehrung ins Gegenteil, Symbolbildung usw. sind einem Psychoanalytiker vertraute Abwehrmechanismen.“ Hans KEILSON, „Psychoanalyse und Nationalsozialismus“. In: Jahrbuch der Psychoanalyse. Bd. 25. 1989. 9–27; hier 11.

26 Kolmar äußert sich einer als völlige Verleugnung der eigenen Tradition aufgefaßten Assimilation gegenüber wiederholt kritisch. Vgl. zum Beispiel KOLMAR 1978. 74–75.

27 KOLMAR 1978. 138. Martha Jadassohns Besuch in einer Synagoge wird mit den folgenden Worten beschrieben: „Sie ertappte beschämt sich selbst dabei, wie sie im wenig geschmückten Raume ein Schnörkelstück, einen Zierat suchte, ihren Blick darauf hinzuhängen.“ Sie setzt diese Besuche fast widerwillig fort, „wie unter gewissem Zwange, wie einer den Freund seiner Jugend besucht, den ihm Jahre zuinnerst entfremdet.“ ibid. 138–139.

Um sich des Reichtums der jüdischen Tradition zu vergewissern und um Namen zu finden, „die mir wieder gemäß", das heißt, um dem Gefangensein, der Fixierung in den vernichtenden antisemitischen Bezeichnungen zu entkommen, wendet sich das weibliche Ich in dem Gedicht „Die Jüdin" einem vergessenen, verschütteten Ort zu, den es zu erkunden, zu entziffern sucht.

Der zum ersten Raum des Zyklus' „Weibliches Bildnis" zählende Text (der vor 1933 entstanden sein muß)[28] setzt ein mit der Zeile: „Ich bin fremd." Dieser einzelne Satz, in dem sich ein Ich in extremer Reduktion bezeichnet, entspricht dem Maß einer ganzen (in diesem Gedicht aus jeweils vier Zeilen bestehenden) Strophe – er wird umgeben von einem weiten leeren Feld.

Um der Einsamkeit und Isolation zu begegnen, umschließt und rüstet das weibliche Ich seinen Leib mit Türmen:

Weil sich die Menschen nicht zu mir wagen,
Will ich mit Türmen gegürtet sein

Die Türme fungieren als Metonymie einer Differenz, wobei eine Überschneidung zwischen Leiblichkeit, Weiblichkeit und jüdischer Tradition konstruiert wird, wenn man die textuelle Anspielung auf eine Passage des zu den Hagiographen [Ketuvim] zählenden Gesangs der Gesänge berücksichtigt: „Ich bin eine Mauer und meine Brüste gleich Türmen" (Hoheslied [Schir-ha-Schirim] 8,10). Der Bezug auf diese Passage nimmt indessen eine Um-Schrift vor, denn in Kolmars Text ist der Leib nicht der Körper einer Geliebten, sondern der Körper einer Verstoßenen.

Das Äußere der Türme kehrt sich um, so wie der Textraum sich plötzlich auffaltet. Diese Bewegung der Inversion entspricht der Entdeckung einer Öffnung in der Gegenwart. Das sprechende „ich" findet sich wieder im Inneren einer Ruine, eines zerfallenden, verlassenen Raums, der eine polylogische Struktur besitzt. Es bewegt sich in diesem geschichteten und gezeiteten Raum auf der Suche nach Anknüpfungspunkten innerhalb der eigenen, verschütteten Tradition, die ein Vorgängiges bezeichnet.

---

28 KOLMAR 1960. 36–37. Dieses Gedicht wurde zuerst veröffentlicht in der Sammlung *Die Frau und die Tiere*, Berlin: Jüdischer Buchverlag Erwin Löwe, 1938 (bald darauf eingestampft). Zum Entstehungsdatum des Gedichts siehe Marbacher Magazin 63, 1993. 79 und 176.

Ach, diese Mauer morscht schon wie Felsen,
Den tausendjähriger Strom bespült;
Die Vögel mit rohen, faltigen Hälsen
Hocken, in Höhlen verwühlt.

In den Gewölben rieselnder Sand,
Kauernde Echsen mit sprenkligen Brüsten –
Ich möcht eine Forscherreise rüsten
In mein eigenes uraltes Land.[29]

Das „ich" verkleidet sich nun mit den mythischen Gewändern der Vergangenheit, die „tot", „in Truhen, verschüttet vom Staube, / Liegen". Dieses Sich-kleiden und -verkleiden erlaubt ihm, sich neu zu verwurzeln und, im selben Zuge, sich zu schützen:

Ich kleide mich staunend. Wohl bin ich klein,
Fern ihren prunkvoll mächtigen Zeiten,
Doch um mich starren die schimmernden Breiten
Wie Schutz, und ich wachse ein.

Der Schutz, die Zuflucht und Abwehr, die dadurch gewährt werden, gehen indessen einher mit einer erneuten Entstellung:

Nun seh ich mich seltsam und kann mich nicht kennen,
Da ich vor Rom, vor Karthago schon war

Atem, Töne und Name formen den Faden des Gedächtnisses, der das „ich" mit dem Vergangenen verknüpft. Diese Momente der Verknüpfung durch die Dimension der Sprache und des Sprechens, durch den Atem, die Töne und die Namen, die Eigennamen im Sinne von Emmanuel Lévinas sind, werden durch das Blasen des Schofar und die Verborgenheit eines Gefäßes dargestellt. „Die Posaune von Jericho", die „jene höhnischen Wände zerblies", „schwärzt sich in Tiefen, verwüstet, verbogen; / Einst hab ich dennoch den Atem gesogen, / Der ihre Töne stieß." Und das Drängen der Namen, welches von der Verborgenheit des Gefäßes herrührt, erzeugt einen plötzlichen Glanz, der Schmerz auslöst:

---

29 Die zitierte erste Zeile der vierten Strophe des Gedichts – „Ach, diese Mauer morscht schon wie Felsen" – spielt an auf ein zuerst 1905 veröffentlichtes Gedicht von Else Lasker-Schüler aus den *Hebräischen Balladen* (1913/1920), das den Titel „Mein Volk" trägt und dessen erste Zeilen lauten: „Der Fels wird morsch, / Dem ich entspringe / Und meine Gotteslieder singe …". Else LASKER-SCHÜLER, Werke. Hg. Sigrid BAUSCHINGER. München: Artemis & Winkler, 1991. 40–41.

Von dem verborgenen Goldgefäß
Läuft durch mein Blut ein schmerzliches Gleißen,
Und ein Lied will mit Namen mich heißen,
Die mir wieder gemäß.

Himmel rufen aus farbigen Zeichen.

Die Metapher des Blutes stellt hier einen doppelten Bezug her zur Leiblichkeit und zur Genealogie, während das Motiv des Gleißens als eine
Anspielung auf das hebräische Wort „Sohar" (Glanz) – und so auf das
messianische Versprechen – gelesen werden kann.[30]

Das beim Namen Genannt-werden und das Gerufen-werden gehen von
Tönen und Zeichen aus – nicht ein Himmel streut Zeichen aus, sondern
genau umgekehrt, die Zeichen sind es, die sprechen und rufen, und aus
welchen ein Moment der Transzendenz, des Außerhalb, hervorgeht. Der
Text, die schriftliche Überlieferung, ist das Primäre. Die Anrede ist in der
Schrift.

Im Gerufen-werden treffen Namens-Gebung und Gesetz-Gebung zusammen. Die Offenbarung des Namens und das Durchbrechen des Verstummens sind verbunden. Dieses Gerufen-werden – „ich habe dich bei deinem
Namen gerufen" – wird in einer Passage der prophetischen Bücher der
hebräischen Bibel beschrieben, welche von Verfolgung, Zerstreuung,
Angst, Schutz, Befreiung und Heimkehr handelt.[31] An diesen ersten Anruf
erinnert das Rufen, von dem hier die Rede ist.

Der Eigenname, der in der Offenbarung als Einzelner und Einzigartiger
gerufen wird, wird von Franz Rosenzweig in seiner Schrift *Der Stern der
Erlösung* (1921), wie Elisabeth Weber erläutert, als dasjenige beschrieben,
was zugleich unfliehbar, ganz und gar besonders und begriffslos ist.[32] An
diese Bestimmung des Eigennamens bei Rosenzweig knüpft Lévinas an,
indem er die Resistenz hervorhebt, mit der sich die Eigennamen einer
Auflösung (oder Aneignung) durch den Sinn und durch das Verstehen
widersetzen. Gerade diese Resistenz, dieses Sich-entziehen ist es, welches
das Sagen (*le dire*) und vielleicht überhaupt das Sprechen ermöglicht, während das Gesagte (*le dit*) Wissen und Wahrheiten als unveränderliche, sta-

---

30 Vgl. Anm. 24. In einem ähnlichen Sinn, als Verwandlung von Leid in Leuchten, deutet
   Hans-Peter Bayerdörfer die textuelle Chiffre des Karfunkels der Kröte: BAYERDÖR-
   FER 1987. 457.
31 Jesaja 43. [Newiim Acharonim].
32 Elisabeth WEBER 1990. 121–122.

bile Identitäten vermittelt. Unter dem Aspekt des Bewahrens der Trennung stellt Lévinas eine Korrespondenz her zwischen *Sagen* und *Begehren*: sagen, so erklärt er, „ist Begehren, das sich gegen das Herannahen des Begehrenswerten verzweifelt wehrt, weil es von ihm vertieft wird".[33] Hier deutet sich eine Überschneidung von Antlitz und Eigennamen an, denn das *Sagen* dieser Namen bedeutet ein Antlitz: *Les noms de personnes dont le dire signifie un visage – les noms propres au milieu de tous ces noms et lieux communs – ne résistent-ils pas à la dissolution du sens et ne nous aident-ils pas à parler?*[34] Ein Gesagtes ohne Sagen (*dit sans dire*), das einen nicht mehr aufzuspaltenden, nicht mehr zu unterbrechenden Sinn vermittelt, kommt dagegen einem totalitären Akt gleich.

Für Lévinas wird das Exil, dessen Authentizität das Nicht-Wahre als wesentliche Form besitzt,[35] zur Metapher oder, vielleicht genauer, zur Signatur eines anderen Sprechens. Die metaphorische Wendung „Himmel rufen aus farbigen Zeichen" könnte auf ein solches anderes Sprechen hindeuten, auf einen Bruch mit der Immanenz, auf eine *zerstreute* Sprache, deren Zeichengabe die Bedeutung fortwährend überbietet.

Kolmar semantisiert demnach die Ruine als einen Raum, der die Struktur eines Textes besitzt – eines Textes, der nicht nur entziffert werden kann, sondern der auch seinerseits das sich in ihm bewegende Ich entziffert. Das Gedicht selbst wiederum bietet eine Fülle von Referenzen auf die hebräische Bibel (neben Verweisen auf die prophetischen Schriften [Newiim Rischonim und Newiim Acharonim] – die Bücher Josua, Jesaja, Jeremia – Anspielungen auf die Genesis [Bereschit] und auf die Hagiographen [Ketuvim] – etwa auf den Gesang der Gesänge [Schir-ha-Schirim] und das Buch Ijob). Einer Lektüre, die diese Referenzen im einzelnen aufzeichnete, würde sich das Gedicht in einer analogen Weise auffalten, wie dies eingangs für das „ich" des Textes beschrieben wurde. Das Gedicht stellt diese Referentialität dar: der Text fungiert als Metonymie des referentiellen Reichtums.

Doch läßt sich das Bild der Ruine auch als anamnetischer Raum lesen. Indem das sprechende Ich ihn betritt, beginnt es, die Schrift der Überlieferung, die sich aus Zeichen, Stimmen, Farben, Stoffen und Tönen zusammensetzt, *rückwärts zu lesen*, um einen Kommentar von Walter Benja-

---

33 LÉVINAS 1988. 50.
34 LÉVINAS 1976. 9.
35 LÉVINAS 1988. 35.

min zu einer der Parabeln Franz Kafkas aufzugreifen. Diese rückwärtige Lektüre läßt sich als ein Erinnern verstehen, das der Rettung der „eigenen" Vergangenheit dient. Gegenüber Benjamins Konzeption des Erinnerungsprozesses, der Bruchstücke der Vergangenheit einsammelt, beschreibt Kolmar das Erinnern hier jedoch eher als ein Auswickeln eingeschlossener, archivierter Dinge. Bei den Resten, die das Ich während seiner Suche, seinem Hinabsteigen in die Tiefe der Überlieferung noch findet, handelt es sich nicht um materielle Überreste des wirklich Gewesenen, sondern um Fragmente erzählter und niedergeschriebener Geschichte, das heißt, um Bruchstücke von Zeichen. Die Ruine stellt daher die Verräumlichung – oder, wie man mit Benjamin sagen könnte, den *Schauplatz*[36] – einer als Erzählung aufgefaßten vergangenen Zeit dar. Der Grabraum des Gedächtnisses, in dem sich das Ich bewegt, *ist* die Schrift.

In diesem Sinne scheint es berechtigt, davon zu sprechen, daß Kolmar die Rückwendung zur jüdischen Tradition als einen *Lektüreprozeß* inszeniert. Die metonymische Figurierung, die dieser Text entfaltet, läßt aber gleichzeitig auch eine Auffassung der Tradition als einer Allegorie im Sinne Benjamins zu. Denn sie wird als textueller Raum vorgeführt, dessen referentielle Bezüge sich auf Zeichen richten (auf Signifikanten also, nicht auf Signifikate), und der als Schrift, die zugleich lesen will und gelesen werden will, „fixiertes Bild und fixierendes Zeichen in einem" ist.[37]

Die Referenz auf Erzählungen der hebräischen Bibel, die in der Weise geschieht, wie es das Gedicht „Die Jüdin" beschreibt, erfüllt die doppelte Intention einer *Aktualisierung* und einer *Camouflage*. Dabei werden wesentliche Um-Schreibungen der überlieferten Erzählungen vorgenommen. Ich möchte dies im folgenden an zwei Gedichten Kolmars zeigen, die den Figuren „Judith" und „Esther" gewidmet sind. Die beiden Texte nehmen jenes Motiv kultureller Mediation und Komplizität auf, das schon in dem etliche Jahre zuvor entstandenen Gedicht „Die Aztekin" erkennbar war. Die Verknüpfung von kultureller und sexueller Differenz – und die Verschränkung von Begehren und Geschichte, die sich in dieser Verknüpfung zeigt – scheint hier aber eher nahezulegen, daß das erotische Drama, welches das Drama des Intersubjektiven trägt und verkleidet, als eine Chif-

---

36 Walter BENJAMIN, „Ursprung des deutschen Trauerspiels". In: BENJAMIN, Gesammelte Schriften I.1. Frankfurt/M.: Suhrkamp, 1974. 203–430; hier 353 und 355.
37 ibid. 359.

fre für die tiefe *Ambivalenz* des christlich-jüdischen (oder deutsch-jüdischen) Beziehungsgefüges gelesen werden könnte (im Sinne des *kulturellen Paares* bei Loewenstein).

Das Gedicht „Judith", das zum „zweiten Raum" des „Weiblichen Bildnisses" zählt[38], wickelt gleichsam die Figur der Retterin Judith erneut aus. Der Überlieferung zufolge errettet Judith ihre Stadt Bethulia, das Land Judäa (Yehuda), Jerusalem und den nach der Rückkehr aus dem babylonischen Exil neu erbauten Tempel vor der Übermacht der Assyrer, indem sie deren Feldherrn Holofernes verführt, ihn drei Tage lang in erotischem Genuß hält und ihn schließlich tötet. Kolmars Text nimmt die heroische Phantasie der Verknüpfung von sexueller Verführung und geschichtlicher Rettung angesichts einer drohenden Katastrophe auf, doch entwirft er die Figur der Judith als eine Mörderin, die von Grauen und äußerster Einsamkeit umhüllt ist. Das Gedicht setzt ein mit Sätzen, die das Entsetzen, das Verrückt-sein durch das Geschehene zeigen:

Wo ist Tau? Wo ist Sand? Wo der Mond? Wo ein Stern?
Wo sind meine Diener, meine Gesellen?
Ich werf ihnen Schreie, die irr vergellen;
Sie suchten all einen andern Gefährten und Herrn.

Nicht so sehr die Affektion und der erotische Genuß, welche der Text nicht verbergen will: – „dein Lächeln der Wollust", „die Lästerung deiner glitzernden Lende" (in deren Semantisierung als Sünde sich vielleicht eine Strafangst aufgrund der leidenschaftlichen Hingabe an die feindliche Kul-

---

38 KOLMAR 1960. 70–72. Dieses Gedicht findet sich in dem 1938 veröffentlichten Band *Die Frau und die Tiere*. In einem Brief an ihre Schwester Hilde Wenzel vom 16. Dezember 1941 äußert sich Kolmar zu den Ausgaben der hebräischen Bibel, die sie benutzt: „Du hast Dir eine Bibel gekauft – und ich besitze vier! Eine alte Lutherbibel vom Jahre 1854, die Muttis Mutter (laut Eintragung) 1855 geschenkt bekam, dann die, allerdings nicht vollständige, Bibel mit den Bildern und Randzeichnungen von Lilien, ferner die ganz neue handliche Dünndruckbibel (ohne neues Testament), die den Hebraisten der Universität Jerusalem, Professor Torczyner zum verantwortlichen Herausgeber hat und vermutlich auch den zuverlässigsten deutschen Text bietet. (...) Ich selbst aber greife, wenn ich in meiner hebräischen Bibel – denn die besitze ich auch noch – lesen will und dabei eine Übersetzungshilfe brauche, stets wieder zum Torczyner. Die Lutherbibel las ich mein ganzes Leben lang (...)". KOLMAR 1970. 118–119. Vgl. Die Heilige Schrift. Auf Veranlassung der Jüdischen Gemeinde Berlin herausgegeben von Harry TORCZYNER. Frankfurt/M.: J.Kauffmann Verlag, 1934 ff.

tur niederschlägt) –, unterscheidet Kolmars Version der Judith-Geschichte vom Text der Überlieferung. Vielmehr sind es zwei andere Momente.

Zum einen nämlich wird hier der historische Effekt der Errettung und der Bewahrung vor Verfolgung bestritten. Während der Überlieferung zufolge Gott „den Kriegen ein Ende setzt"[39], so daß es „niemand" mehr wagte, „die Israeliten zu beunruhigen, solange Judith lebte, und auch lange Zeit nach ihrem Tod"[40], wird die Tötung des Holofernes in Kolmars Text als Auslöser immer neuer antisemitischer Gewalt vorgestellt:

Und Drohung ist über mir.
Die Drohung wird über Israel lagern
Gleich Flügeln von Raben, krächzenden, magern,
Und plump vor ihm stehn als ein horniger Stier.

Das Haupt wird wieder und wieder sein.
Mit greisen Flüchen, in roten Jahren,
Blondsträhnig oder mit düsteren Haaren
Wird es Haß und Zerstörung gen meine Städte spein.

Das göttliche Gesetz hat sich in Kolmars Version zum Gesetz der Drohung, des Hasses und der Destruktion gewandelt, wobei die Drohung der Kastration, die in den Repräsentationen Judiths als *phallische Frau* abgewehrt wird[41], als Drohung der Verfolgung wiederkehrt. Diese Umdeutung läßt sich als ein Moment der Aktualisierung lesen. Der Text insistiert auf der unerschütterlichen Totalität des Hasses: das jüdische Volk kann der Drohung nicht entkommen, jede Gegenwehr, die der Verfolgung Gewalt entgegensetzt, um eine Katastrophe abzuwenden, mündet in neue Verfolgung. Dadurch entlarvt der Text die Ikone des wehrlosen jüdischen Opfers als eine Phantasie, die den Wunsch der Vernichtung in gleichsam erlaubte, scheinbar der Aggressivität entledigte Bahnen leitet.

Ein zweites Moment der Unterscheidung liegt darin, daß Judith in der Überlieferung von ihrem Volk verehrt und nach ihrem Tod betrauert wird, während sie in der Version Kolmars von ihrem Volk verlassen wird.

---

39 Judit 16,2.
40 Judit 16,25.
41 Siehe dazu Mary JACOBUS, „Judith, Holofernes und die phallische Frau". In: Barbara VINKEN (Hg.), Dekonstruktiver Feminismus. Literaturwissenschaft in Amerika. Frankfurt/M.: Suhrkamp, 1992. 62–96.

Schau rückwärts! Kniet vor eurem Lager dein Land
Mit dem weinenden Flehn von Müttern und Greisen,
Dem rechtlos geängstigten Staunen der Waisen
Und schüttet Dank aus zerfetztem Gewand?

Es folgte dir kindhaft in stillem Vertraun.
Es hüllte sich ein und hat dich verlassen,
Um nicht dein Lächeln der Wollust zu fassen,
Nicht die Lästerung deiner glitzernden Lende zu schaun.

Judiths Beziehung zu ihrem Volk wird hier in das narrative Muster vom Liebesverrat eingetragen. Auch in der darin angedeuteten Kritik der Assimilation läßt sich ein Moment der Aktualisierung erkennen. Die Voraussage, mit der der Text endet –

Und ob du gepflanzt mit dem Schwerte bist,
Dir sind schon die Wurzeln vom Erdreich gerissen:
Du magst einmal wandern und nicht mehr wissen,
Wo dein Vaterland ist.

– enthüllt eine Doppeldeutigkeit: denn sie kündigt eine Permanenz des Exils an, die Geschichte der aufgezwungenen Diaspora; und zugleich weist sie voraus auf die traumatische „Erfahrung" der Verfolgung in einer Situation des „Verlustes" der jüdischen Tradition oder der „Entfremdung" von ihr.

Die Figur der Komplizität einer marginalisierten und verfolgten Kultur mit der herrschenden (wobei kulturelle und sexuelle Komplizität verknüpft werden) kehrt in dem vermutlich im Frühjahr 1937 entstandenen Gedicht „Esther" wieder.[42] Auch Esther wird in der Überlieferung als Retterin in einer Situation drohender Vernichtung beschrieben, wobei diese Geschichte sich aber in der Diaspora, in Persien, abspielt. Der persische König Ahasveros erwählt sie, die ihre jüdische Herkunft verbirgt, zur Königin. Ihr Pflegevater Mordechai, der sich weigert, sich vor Haman, dem Minister des Königs, zu verneigen, wird gemeinsam mit allen Juden in Persien mit dem Tod bedroht. Die Argumentation, die Hamans Vernichtungswunsch begründet, kann als Klassiker des Antisemitismus gelten:

---

42 KOLMAR 1960. 73–74. Zum Entstehungsdatum dieses Gedichts siehe Marbacher Magazin 63, 1993. 180.

Und Haman sprach zum König Ahasveros: Es gibt ein Volk, zerstreut und abgesondert unter allen Völkern in allen Ländern deines Königreichs, und ihr Gesetz ist anders als das aller Völker, und sie tun nicht nach des Königs Gesetzen. Es ziemt dem König nicht, sie gewähren zu lassen."[43]

*Entgegen dem Gesetz* sucht Esther den König auf, um ihn und Haman zweimal zu einem Gastmahl bei sich einzuladen, bei dem sie um ihr eigenes Leben und das ihres Volkes bittet. Der Überlieferung zufolge endet die Geschichte damit, daß Haman an dem Galgen gehängt wird, den er für Mordechai vorbereitet hatte, und daß ein vom König autorisierter, öffentlicher Widerruf der ausgesprochenen Vernichtungsdrohung verkündet wird.

Die Abwendung der Katastrophe gelingt demnach im Text der Überlieferung mit den Mitteln der Dissimulation, des diskursiven Wechselspiels und der Einführung eines Gesetzes, das den rechtlichen Status der Juden verbürgt. Kolmars Version dieser Erzählung dagegen akzentuiert zunächst die Momente, die Esther von ihrer (nichtjüdischen) Umgebung abheben: Esther unterscheidet sich zum einen durch ihr Begehren, das nicht der Liebe, „die in Abendländern spricht", ähnlich ist, und zum anderen durch die Qual, die sie trägt, und die sie fern hält von der Gemeinschaft (der imaginären Ganzheit) des Sieges, des Lichts und des Glücks:

Sie aber trug die Qual, die ewige Niederlage
Als Last, als Krone, und sie schwieg.

Zugleich aber, in ihrem Schweigen und ihrer Schwäche, agiert Esther als Übersetzerin für einen einzelnen, anonymen Zuschauer, den das Gedicht in der rhetorischen Wendung einer Apostrophe einführt:

So fern den andern, ihrem Prunk aus Funkeln, Klang und Macht
Begann sie und entdeckte langsam dem Beschauer
Die Lande Juda, Benjamin mit ihrer Völker Trauer
Und die gestirnte große Nacht.

In diesem Sinn trägt das Gedicht noch einen Moment des Pathos, der Hoffnung auf die Möglichkeit einer diskursiven Vermittlung zwischen der herrschenden Kultur und jener der verfolgten jüdischen Minorität – einer Hoffnung, die schon allzusehr durch das Vereinzelt-sein der weiblichen Figur und des (vielleicht wirklichen, vielleicht aber auch imaginären) Adressaten ihres Sprechens getrübt ist. Durchkreuzt wird diese Hoffnung

---

43 Ester 3,8. [Ketuvim].

indessen durch eine deutliche Lücke in der Um-Schreibung: durch das Faktum nämlich, daß das in der Überlieferung tragende Ereignis, die Gesetzgebung, welche den Rechtsstatus – und dadurch die Existenz – der jüdischen Minorität verbürgt, in der Version, die Kolmars Text bietet, nicht einmal angedeutet ist – auch nicht negativ, als ausbleibendes Ereignis.

Eine Verknüpfung von *Genus* und *Geschichte* prägt sich im Gedicht „Wir Juden" aus, welches zum Zyklus „Das Wort der Stummen" gehört und das Datum des 15. September 1933 trägt.[44] Diese Verknüpfung – die im Zeichen der Verfolgung geschieht – dient der Unterscheidung einer jüdischen von einer nichtjüdischen Genealogie: sie bereitet insofern die Ambiguität und Differenz zwischen *Heterogenität* und *Heteronomie* vor, die erkennbar wird, wenn man das Gedicht „Dagon spricht zur Lade" in die Lektüre einbezieht (auf diesen Text, der die Datierung 4. April 1937 trägt, werde ich später zurückkommen). Die Konstruktion eines Antagonismus zwischen der von Verfolgung geprägten, „negativen" Geschichte des jüdischen Volkes und der imperialen Geschichte der anderen europäischen und asiatischen Völker, die der Text vornimmt, führt zur Entgegensetzung einer Semantik der Macht, des Vitalismus und der Freiheit auf der einen Seite, und einer Semantik der Entkräftung und des Entzugs auf der anderen:

Denn der Grieche schlug aus Berggestein seine weißen Götter hervor,
Und Rom warf über die Erde einen ehernen Schild,
Mongolische Horden wirbelten aus Asiens Tiefen empor,
Und die Kaiser in Aachen schauten ein südwärts gaukelndes Bild.

Und Deutschland trägt und Frankreich trägt ein Buch und ein blitzendes Schwert,
Und England wandelt auf Meeresschiffen bläulich silbernen Pfad,
Und Rußland ward riesiger Schatten mit der Flamme auf seinem Herd,
Und wir, wir sind geworden durch den Galgen und durch das Rad!

Vermittelt wird dieser genealogische Antagonismus mit einer Diskussion der Idolisierung: das sprechende Ich des Textes hält fest an der Weigerung, den „Arm", „den ein strotzendes Zepter schwellt", das „erzene Knie", den „tönernen Fuß des Abgotts harter Zeit", zu „küssen". Es widersetzt sich der Autorität und dem Anspruch auf Verehrung, den das Idol ausstrahlt. Dem kulturellen Code der Idolisierung, der der imperialen Geschichte unterlegt scheint, wird dadurch ein anderer kultureller Code, eine andere Gesetzlichkeit entgegengehalten, nämlich diejenige der Gerechtigkeit.

---

44 KOLMAR 1980. 224–226.

Der Text ist ein verzweifelter Monolog, ein Monolog, der keinen Adressaten mehr besitzt und der dieses Fehlen eines Zuhörers kompensiert oder übersetzt durch die Anrede der jüdischen Gemeinschaft. „Nur Nacht hört zu" – dies ist die erste Zeile des Gedichts. Der Ruf nach Gerechtigkeit, nach *Darstellung* des Unrechts, welcher das Verstummtsein und die Unsichtbarkeit der Opfer durchbrechen würde, ist in die Form eines ohnmächtigen Konjunktivs gefaßt:

O könnt ich wie lodernde Fackel in die finstere Wüste der Welt
Meine Stimme heben: Gerechtigkeit! Gerechtigkeit! Gerechtigkeit!

Die monologische Rede kippt um in eine leidenschaftliche Liebeserklärung (und diese Form der Adressierung zeigt, wie die Kategorie der Geschlechterdifferenz nun in eine genealogische Diskussion überführt wird, die das Gedächtnis der Kontinuität der Verfolgungsgeschichte aktualisiert): „Nur Nacht hört zu: Ich liebe dich, ich liebe dich, mein Volk, / Und will dich ganz mit Armen umschlingen heiß und fest". Die bewußte *Identifizierung mit den Angegriffenen*, die in diesem Text, in der Geste der Umarmung, vermittelt wird, erinnert an die Haltung des französischen Philosophen Henri Bergson: *J'ai voulu rester parmis ceux qui seront demain des persecutés*[45] (angesichts der Bedrohung wendet sich Bergson mit diesem Satz von seinem Wunsch ab, zum Christentum zu konvertieren).

Der den Text bestimmende Gestus der Identifikation des „ich" mit einem „wir", welches über eine Genealogie der Verfolgung, der Folter und der Hinrichtung definiert wird, wirkt wie ein Reflex jener gewaltsamen Identifikation „der Juden", die der nazistische Antisemitismus in Gang setzt. In der Gemeinsamkeit des Genus, die in den zitierten Textpassagen konstruiert wird, spiegelt sich die Polarität des mörderischen Phantasmas. Gerade durch das heroische Pathos dieser Geste zeichnet sich eine Spur der verzweifelten Hilflosigkeit der Verfolgten ein. Die erhoffte Inversion der Entmachtung, der Wehrlosigkeit wird aus den folgenden Worten deutlich:

Und die dürre Kralle, die elende Faust, die aus Scheiterhaufen und Strick,
Ihre Adern grün wie Vipernbrut, dem Würger entgegensprang.

---

45 zitiert nach Hans KEILSON, „Psychoanalyse und Judentum". In: SCHOEPS 1992. 376–379; hier 378. Bergson, dessen Denken sich von den Traditionen des Judentums weitgehend gelöst hatte, lehnte das Angebot, von den antisemitischen Gesetzen der Vichy-Regierung ausgenommen zu bleiben, ab. Henri Bergson starb im Januar 1941, vermutlich an einer Lungenentzündung, die eine Folge seines winterlichen Schlangestehens bei der Registration als Jude war.

Im selben Zuge aber wird in diesem Text das Geschehen der Gegenwart (des Jahres 1933 und davor) als eines gedeutet, das die Wiederkehr des voraufklärerischen Judenhasses im 20. Jahrhundert in Deutschland ankündigt – die Wiederkehr jenes Hasses und jener vernichtenden Gewalt, von der die jüdischen Gemeinden seit dem 11. Jahrhundert, so zum Beispiel während der Kreuzzüge und der sich seit 1348 ausbreitenden Pestepidemie, heimgesucht wurden.

Das Gedicht endet mit den folgenden Zeilen:

Knöchel. Ich schlepp' doch Ketten, und gefangen klirrt mein Gehn.
Lippen. Ihr seid versiegelt, in glühendes Wachs gesperrt.
Seele. In Käfiggittern einer Schwalbe flatterndes Flehn.
Und ich fühle die Faust, die das weinende Haupt auf den Aschenhügel mir zerrt.

Nur Nacht hört zu: ich liebe dich, mein Volk im Plunderkleid:
Wie der heidnischen Erde, Gäas Sohn entkräftet zur Mutter glitt,
So wirf dich du dem Niederen hin, sei schwach, umarme das Leid,
Bis einst dein müder Wanderschuh auf den Nacken der Starken tritt.

Mit diesen Worten öffnet der Text den Horizont einer Umkehrung, eines „Umbruchs" der Exil- und Verfolgungsgeschichte, durch den die Figur des Überlebens wieder eingeführt und das Paradigma von Katastrophe und Erlösung bekräftigt wird. Dies geht einher mit der Konstruktion einer Konvergenz zwischen griechischem und jüdischem Denken, zwischen Mythos und Geschichte (im Sinne von Emmanuel Lévinas).

Das Motiv der *Verrenkung*, das auf die in der Tora überlieferte Erzählung von Jakobs Kampf mit dem Engel verweist (Genesis [Bereschit] 32, 25–29), variiert dieses Deutungsmuster, wie die letzten Zeilen des Gedichts „Die Häßliche" zeigen:

Uns ward das lebende Antlitz zum Abhub der Welt gemacht;
Den Räuber hüllt prunkendes Pelzwerk, den Vogel liebliche Tracht,
Der Schleiche hat ein Vater die Füße ausgerenkt;
Nun wartet sie vor ihm im Staube, daß er ihr Flügel schenkt.[46]

---

46 KOLMAR 1960. 121–122. Das Gedicht gehört zum „vierten Raum" des „Weiblichen Bildnisses". Vgl. hierzu den Brief Gertrud Kolmars an ihre Schwester Hilde Wenzel vom 8. Dezember 1941, in dem Kolmar das Aktive ihrer Haltung betont und dazu die Erzählung von Jakobs Kampf mit dem Engel heranzieht: „Ich lasse Dich nicht, Du segnest mich denn." Gertrud KOLMAR, Briefe an die Schwester Hilde. München: Kösel, 1970. 117.

Der Schlag auf das Hüftgelenk, die Verrenkung, die dadurch geschieht, ist in der Überlieferung verbunden mit dem Akt der Namensgebung, durch den die Genealogie begründet wird – Jakob erhält den Namen Israel. Ausgesetztheit, Leiblichkeit und Erwählung sind in dieser Passage des Textes miteinander verwoben.[47] Die Nähe und der Unterschied, welche die Thematisierung der Verrenkung hier gegenüber den vorhergehenden geschichtlichen Perioden auszeichnet, wird aus einem Zitat Rahel Varnhagens und dessen Kommentierung durch Margarete Susman deutlich. Rahel Varnhagen bezieht das Motiv der Verrenkung auf eine Sprachfigur – das Paradoxon –, dessen Widersprüchlichkeit, Verrätselung und Verfremdung auf das Kriterium der Undarstellbarkeit zurückgeführt wird. Margarete Susman schreibt dazu im Jahr 1929:

Und wenn Rahel von sich selbst sagt: „Gestern habe ich erfunden, was ein Paradox ist: eine Wahrheit, die noch keinen Raum findet, sich darzustellen und daher mit einer Verrenkung hervorbricht" – so können wir heute sagen, daß ihre Wahrheit nicht so sehr eine geschichtlich verfrühte, wie eine in der geschichtlichen Welt, in der sie lebte, grundsätzlich undarstellbare war.[48]

Im textuellen Diskurs Gertrud Kolmars dagegen rückt der Aspekt der leiblichen Verwundung, der physischen Bedrohung und des Schmerzes, der nirgendwo hin getragen werden kann und in diesem wörtlichen Sinn nicht metaphorisch ist, wieder ganz in den Vordergrund, und zwar gerade im Rekurs auf die Überlieferung.

In der zitierten Wendung „Uns ward das lebende Antlitz zum Abhub der Welt gemacht" drückt sich – grammatologisch und existentiell – eine äußerste, radikale Passivität aus. Der Ausdruck „Abhub" benennt zunächst ein Sich-abheben, Abgehoben-sein von der Dimension des Weltlichen, welches dann durch die Bedeutungen von „Rest", „Abfall", „Unreinem", „Abschaum" ergänzt oder eingeschränkt wird. Diese Passivität deutet auf das Unterworfen-sein unter eine Gesetzlichkeit, in der Gott und Verfolger sich einander annähern. Darin wird der Versuch erkennbar, die wirkliche Qual der Verfolgung in den Text der Überlieferung einzutragen, ihr eine religiöse Bedeutung zu geben, und dabei zugleich ein kollektives „wir" zu

---

47 Vgl. dazu Lévinas' Beschreibung des Talmud als Kampf gegen den Engel (angesichts der Gefahr der Idealisierung und Idolisierung des Gesetzes) und die Kommentierung, die Hans-Dieter Gondek gibt: GONDEK, in: HAVERKAMP 1994. 317–318.
48 Margarete SUSMAN, Frauen der Romantik. Köln: Melzer, 1960. 98.

generieren. Das Pathos dieses Entwurfs verhüllt nur notdürftig die umfassende Hilflosigkeit, die sich auch in der sozialen Bodenlosigkeit, im Fehlen eines politischen und nationalen Status, ausdrückte. Zu berücksichtigen ist hier allerdings das Faktum, daß Kolmar mit der Vorstellung vom „verworfenen Rest" ein Motiv des christlichen Antijudaismus aufgreift: Kolmars Darstellung stützt sich auf dieses Motiv des Antijudaismus – und damit trägt ihre Darstellung die Markierung der Verwerfung, die dieses Motiv produzierte. Das weiter oben angesprochene Problem der *Introjektion* antisemitischer Beschreibungen und Bilder, die zum Zeichenvorrat einer Kultur gehören, kehrt hier innerhalb der Struktur der Metaphorik wieder: dadurch wird auf die *Symmetrie* dieses Mechanismus zum Vorgang der Projektion verwiesen.[49]

Das Sich-abheben und Verworfen-werden, Weggeworfen-werden, ist in dem zitierten Satz Kolmars aufs engste verknüpft mit dem Antlitz, das als ein lebendes, leibliches bestimmt wird – und dies liest sich wie ein Reflex jenes Diktums von Emmanuel Lévinas, die Gewalt könne sich nur auf ein Antlitz beziehen. Die antisemitische Verfolgung erscheint dann als Kern jener auf das menschliche Antlitz gerichteten Gewalt, die den Anderen als Anderen – in seiner Resistenz gegenüber jeder Identifikation, seinem Sich-jedem-Verstehen-entziehen – vernichten will.

## 4.3 Repräsentationale Entkräftung und referentielle Pluralität

Die Entgegensetzung einer Semantik der Entkräftung und des Entzuges auf der einen Seite, und einer Semantik der Stärkung, der Macht und der Freiheit auf der anderen, kehrt – nun aber als eine poetologische Frage, eingebunden in eine Diskussion der Repräsentation und der Hermeneutik – wieder in dem Gedicht „Kunst", das zu dem im Jahre 1937 entstandenen Zyklus „Welten" gehört.[50] Der Text entwirft eine *negative Semiotik*. Dieser Entwurf ist, wie gezeigt werden wird, an das Denken des

---

49 Vgl. hierzu LAPLANCHE, PONTALIS 1973. 236.
50 KOLMAR 1960. 545–546. Der Gedichtzyklus „Welten" entstand in der Zeit vom 17. August bis zum 20. Dezember 1937; vgl. Marbacher Magazin 63/1993. 182. Der Titel „Zueignung", unter dem sich das Gedicht „Kunst" in der Sammlung *Das lyrische Werk* verzeichnet findet, stammt, wie Woltmann dokumentiert, von Hermann Kasack. ibid. 182.

Bilderverbots geknüpft. Er trägt gleichsam die Kritik des Vitalismus in die Diskussion der Repräsentation hinein.

Das Gedicht setzt ein mit der Beschreibung eines künstlerischen Schöpfungsaktes:

Sie nahm den Silberstift
Und hieß ihn hingehn über die weiße matt glänzende Fläche:
Ihr Land.

Das leere Papier, in das Schrift- oder Bildzeichen eingetragen und dadurch „Welten" geschöpft werden können, bezeichnet hier den einzig noch verbliebenen offenen Raum, auf welchen der Bewegungsspielraum für das weibliche Subjekt, von dem in diesem Text die Rede ist, sich reduziert hat – zugleich aber verweist das Weiße der Fläche auf die Einschreibung des Todes. In diese leere Fläche zeichnet der Silberstift eine Reihe kahler Berge, „über Öde sinnend", um sie sodann hinter einer Wolke verschwinden zu lassen:

Ihre Leiber
Schwanden umhüllt, vergingen hinter dem bleichen Gespinst
Einer Wolke.

Das so erstellte Bild stellt Leere oder Wüste dar. Der Text referiert den Akt der Zeichnung oder der Darstellung als Verfahren einer Ent-Gegenständlichung oder einer De-Figuration.

Dieses Bild wird in eine schriftlose Schwärze inseriert:

So hing das Bild vor dem schwarzen Grunde, und Menschen sahen es an.

In der Form der Einfügung des Bildes vor einem schwarzen Grund wiederholt sich die rhetorische Struktur des mise-en-abîme, welche in einer Tautologie besteht – das Bild verdoppelt sich nach innen. Der schwarze Grund wäre dann ebenfalls ein Bild, dessen Muster das inserierte Bild, welches leer, defiguriert ist, rezitiert.

Aufschlußreich ist nun, wie die Betrachter dieses defigurierte Bild entziffern. Deren Deutung wird in dem Text als direkte Rede wiedergegeben:

„Wo ist Duft? Wo ist Saft, gesättigter Schimmer?
Wo das strotzende, kraftvoll springende Grün der Ebenen
Und der Klippe bräunlich verbranntes Rot oder ihr taubes graues Düster?
Kein spähender Falke rüttelt, hier flötet kein Hirt.

Nie tönen groß in milderes Abendblau die schön geschwungenen Hörner wilder Ziegen.
Farbenlos, wesenlos ist dies, ohne Stimme; es redet zu uns nicht.
Kommt weiter."

Diese letzten Worte markieren eine Zäsur, eine Spaltung innerhalb des Textes: das Gedicht unterbricht sich hier, eine Lücke schiebt sich zwischen diese letzten Worte und den Satz „Sie aber stand und schwieg", der die kürzere, zweite Hälfte des Gedichts einleitet. Diese Spaltung verdeutlicht die Ausschließung, die sich auf das Bild, auf dessen poetologische Form, ebenso bezieht wie auf die Figur der Zeichnerin.

Der dann folgende zweite Teil des Textes inszeniert ein Auffalten oder Umstülpen des Bildraums – in einer Bewegung der Inversion, die jener ähnlich ist, die schon bei der Analyse des Gedichts „Die Jüdin" beschrieben wurde. Die Zeichnerin wird im Zuge dieser Inversion aus dem zeitlichen und räumlichen Kontinuum, das heißt aus der Dimension des Historischen und des Sozialen, herausgetragen (ein Wörtlich-werden der metaphorischen Bewegung selbst, des Woanders-hin-tragens).

Sie aber stand und schwieg.
Klein, unbeachtet stand sie im Haufen, hörte und schwieg.
Nur ihre Schulter zuckte, ihr Blick losch in Tränen.
Und die Wolke, die ihre zeichnende Hand geweht,
Senkte sich und umwallte, hob und trug sie empor
Zum Schrund ihrer kahlen Berge.
Ein Wartender,
Dem zwei grüngoldene Basilisken den Kronreif schlangen,
Stand im Dämmer auf, glomm und neigte sich, sie zu grüßen.

Das messianische Versprechen, das hier figurativ eingelöst wird, wiederholt in modifizierter Form jenen Moment in der Erzählung *Eine jüdische Mutter*, in dem das Aufhören des Verzweifelns, die Annäherung an den Tod und die symbolische Vorwegnahme der Erlösung durch den Akt des Selbstmordes (einen *Akt*, durch den das Subjekt die Grenze des Symbolischen überschreitet und sich in den Abgrund des Realen stürzt) in einem einzigen Augenblick koinzidieren.[51] In der zitierten Textpassage deutet sich an, daß die messianische Hoffnung die Tönung des erotischen Begehrens annimmt, wobei das Attribut der Basilisken vielleicht, anspielend auf eine

---

51 Die entsprechende, zuvor schon zitierte Textstelle lautet: „Ihr hatte ein Kronreif aus weilendem Licht, den Torheit erblindet wähnte, zerbrochen, sich lautlos geklärt und gefügt." KOLMAR 1978. 242.

Stelle in den prophetischen Schriften [Newiim Acharonim] (Jesaja 14, 29), eine Umkehrung der Bedrohung ankündigt und Verteidigung und Schutz verspricht – es wirkt wie ein *pharmakon*, ein Gegenzauber (oder, im Sinne Lacans, als eine „phallische" Inversion von Ohnmacht in Allmacht).

Das weibliche Subjekt in diesem Text überwindet also seine Isolation, indem es in dem geschöpften Bild verschwindet, in es „eingeht": die Fläche des Bildes hat sich geöffnet zu einem mehrdimensionalen Raum, oder genauer: sie wurde zu einer Schwelle. Analog zur Offenbarung am Sinai, welche in der Überlieferung die Wanderung der Hebräer in der Wüste unterbricht und im biblischen Text eine Unterbrechung der Erzählung anzeigt[52], markiert das Herabsenken der Wolke hier den Abbruch der historischen Zeit. Die Rettung des weiblichen Subjekts, die mit einer Stillstellung der Zeit und einem Abbruch der Geschichte, einer Flucht aus ihr, gleichgesetzt wird, ereignet sich innerhalb des Textes im Text, im Rahmen einer doppelten Fiktionalität. Diese Wendung des Textes erscheint so als eine Imagination, die einen mimetischen Umschlag, der Rettung bedeutet, antizipiert.

Kehren wir nun zurück zu der am Anfang dieses Abschnitts gestellten Frage nach den Verfahren der Repräsentation und der Hermeneutik, die hier verhandelt werden. Die Einzeichnung der Wolke, welche die Form der Berge zum Verschwinden bringt, kann als Metonymie einer Streichung gelesen werden. Durch diese Streichung, die ein schon Dargestelltes nachträglich verzeichnet und verbirgt, wird ein gegenständliches Bild, das eine feste, eindeutig identifizierbare referentielle Beziehung zu dem von ihm Abgebildeten eingegangen ist, transformiert in ein konkretes, bedeutungsleeres (nicht bedeutungsloses) Zeichen, dessen referentielle Bezüge offen, flüchtig und variabel sind. Im Zuge seiner Defiguration wird das Bild zu einer graphischen Spur. Diese Transformation dient einer Auflösung und Vervielfältigung des eindeutigen, linearen Bezuges zwischen Signifikant und Signifikat, der eine Transparenz zwischen beiden herstellte und so eine mimetische Kongruenz erzwang. Die textuelle Darstellung der Verhüllung, die auf diese Weise geschieht, entspricht genau jener schon weiter oben erwähnten Bewegung, die Emmanuel Lévinas als ein *Zurückwerfen oder Verschieben in die Absenz (renvoi à l'absence)* bezeichnet.[53]

---

52 Siehe hierzu Stéphane MOSÈS, „Paul Celan: Die Posaunenstelle". In: MOSÈS, Spuren der Schrift. Von Goethe bis Celan. Frankfurt/M.: Athenäum, 1987. 134–150; hier 141.
53 LÉVINAS 1972. 19. LÉVINAS 1989. 11.

Die Leere, die in das Bild eingedrungen ist, bedeutet eine Öffnung, die sich in einer doppelten Geste an die Betrachter, die Zeitgenossen, das heißt in den Raum der Sozialität, wie auch aus der historischen Zeit heraus wendet. Die Einzeichnung der Wolke, die die Entleerung nachträglich einführt, bezieht sich auf eine Passage der hebräischen Bibel, die *Namen* überschrieben ist und der inhaltlichen Ordnung nach die Grundlage der Bücher des Gesetzes darstellt (Exodus [Schemot] 19, 16–19). Sie beschreibt die Errettung des jüdischen Volkes durch Moses, den Auszug aus Ägypten, die Offenbarung und die Gabe der Tora: „Als nun der dritte Tag kam und es Morgen war, da erhob sich ein Donnern und Blitzen und eine dicke Wolke auf dem Berge und ein Ton einer sehr starken Posaune; das ganze Volk aber, das im Lager war, erschrak. Und Mose führte das Volk aus dem Lager Gott entgegen, und es trat unten an den Berg."[54] Erneut wird mit dem Verweis auf die biblische Erzählung von der Offenbarung am Sinai eine Beziehung hergestellt zu jenem Moment, in dem Namens-Gebung und Gesetz-Gebung zusammentreffen, wobei hier der Aspekt der Rettung stärker akzentuiert wird. Die Darstellung der Verhüllung, die Ent-gegenständlichung, die an dem Bild vorgenommen wird, dient daher der Erzeugung eines Bildes, dessen Sprache eine Analogie zur Erzählung von der Offenbarung am Sinai zu formulieren scheint. Die Absenz kippt um in eine Adressierung der Transzendenz. Rettung ist geknüpft an die Treue zum Bildverbot, an Verlust und Abwesenheit, die durch jene Streichung der abbildlichen Ähnlichkeitsbeziehung entstehen, welche ich als repräsentationale Entkräftung bezeichnet habe.[55] Einerseits entwirft der Text so eine Konstellation von Defiguration, Ausschließung und Rettung, andererseits zeichnet sich in ihm eine Koinzidenz von Rettung und mimetischem Umschlag ab.

Wenn wir die zeichentheoretische Diskussion, die Jacques Derrida in seinem Buch *Randgänge der Philosophie* entwickelt, hier einbeziehen, läßt sich eine Nähe zwischen dem leeren, defigurierten Bild bei Kolmar und

---

54 Exodus [Schemot] 19, 16–17. Vgl. die Passage des Mussaf-Gebets „Schofarot", die Stéphane Mosès zitiert, in der von einem „Wolkendickicht" gesprochen wird: MOSÈS 1987. 144–145.

55 Vgl. zur Diskussion des abbildlosen Bildes und zum Verhältnis von Bilderverbot und Mimesis: Gertrud KOCH, „Mimesis und Bilderverbot in Adornos Ästhetik". In: KOCH, Die Einstellung ist die Einstellung. Visuelle Konstruktionen des Judentums. Frankfurt/M.: Suhrkamp, 1992. 16–29 (auch 13–15). Zu Bilderverbot und Kunst der Moderne vgl. Babylon. Beiträge zur jüdischen Gegenwart. Heft 12, Oktober 1993.

den *blancs* bei Mallarmé erkennen: wie Derrida erklärt, erschöpfen diese sich nicht „in der einfachen Negativität einer Lücke", sondern sind vielmehr Bedingung für das „Auftauchen des Zeichens",[56] Voraussetzung der *signifiance.* In diesem Sinn könnte man sagen, daß Kolmars Text die *Bedingung von Sprache* erkundet, und zwar die Bedingung, die eine Nicht-Figur ist, „das reine Markieren oder die reine Einschreibung von ‚dieses Stück Papier, worauf ich dies schreibe' – ".[57] Hier zeigt sich eine Verknüpfung zu jener anderen, *zerstreuten* Sprache, deren Zeichengabe die Bedeutung ständig überbietet, und so die Verfestigung von Bedeutung und Sinn immer wieder aufbricht.

Eine Adressierung der Betrachter findet in dem Sinne statt, daß es sich bei dem leeren, defigurierten Bild um einen pluralen Text handelt, einen *texte scriptible* in der Terminologie von Roland Barthes.[58] Ein solcher Text öffnet sich für die Einschreibung der verschiedenen Lektüren der Betrachter. Seine mimetische Struktur kommt den ästhetischen Codes abstrakter Malerei sehr nahe. Die Verhüllung, die Streichung, die das Dargestellte verschleiert und den transparenten Bezug zwischen Signifikant und Signifikat trübt oder durchkreuzt, eröffnet einen intersubjektiven Raum, der eine endlose Auslegung ermöglicht. Die paradoxe Struktur dieses entgegenständlichten, defigurierten Bildraums liegt demnach darin, daß in ihr Selbstreferentialität und Öffnung zum Anderen koinzidieren – Öffnung zum anderen Menschen, zum Leser oder Betrachter, und zum Anderen in der Schrift. Das leere, defigurierte Bild bietet so einerseits einen intersubjektiven Raum, andererseits aber hütet es eine Schwelle, die es zum Ort der Rettung werden läßt. Es ist der Mangel, die repräsentationale Schwäche, welche die *signifiance* generiert und die Vielfalt der Bedeutung erzeugt.

Die Deutung der Betrachter ist jedoch geprägt von der Begierde, zu sehen, also geleitet von dem Wunsch, zu leugnen, daß dem Blick etwas entzogen bleibt. Und diese Begierde, der die Struktur des Idols Rechnung tragen würde, wird von dem defigurierten Bild enttäuscht. Die Intention der Betrachter, wie sie die zitierte direkte Rede verrät, richtet sich auf ein Bild, das gegenständlich und ähnlich ist, „nach der Natur" gemalt, den

---

56  Jacques DERRIDA, Randgänge der Philosophie. Wien: Passagen, 1988. 299–301.
57  Cynthia CHASE, „Die witzige Metzgersfrau: Freud, Lacan und die Verwandlung von Widerstand in Theorie". In: VINKEN 1992. 97– 129; hier 124.
58  Roland BARTHES, S/Z. Paris: Éditions du Seuil, 1970. 10.

geläufigen mimetischen und narrativen Mustern folgend. Dieses erwünschte Bild besitzt eine repräsentationale Kraft, die zum einen von einer bruchlosen Entsprechung zwischen Signifikant und Signifikat herrührt (und auf diese Weise die „Lebensechtheit" der Abbildung verbürgt), zum anderen aber auch von der Symbolik des Dargestellten selbst. Denn auch das Dargestellte, die „Fabel", erfüllt eine repräsentative Funktion, indem sie eine soziale und geschichtliche Ordnung vorführt und diese als natürlich ausgibt – es handelt sich ja um eine pastorale Idylle, ausgestattet mit dem konventionellen Inventar der Pastorale, mit Ziegenherde, Falke und Hirt, und somit um ein Schlüsselmotiv europäischen Denkens.

Die Idylle konstruiert ein unverletztes, ungetrübtes Originäres. Sie erfindet eine Szene der Unschuld und der Harmonie, die sie *vor den Anfang der Kultur* legt, wie Friedrich Schiller in seiner Schrift *Über naive und sentimentalische Dichtung* feststellt.[59] Die Heteronomie, die das erwünschte Bild vom unerwünschten unterscheidet, bezieht sich auf die Verschiedenheit der väterlichen Gesetze, die den in den beiden Bildern verhandelten Ordnungen eingeschrieben sind. Im erwünschten Bild ist es die Gesetzgebung der „Natur" und jener *Hirtenunschuld*, welche die heimliche oder unheimliche Obsession der idealistischen Philosophie (und ihres Geschichtskonzeptes) ausmacht; im unerwünschten Bild ist es die Gesetzgebung der Tora und die Gabe des Namens, welche im Exil geschehen. Das Judentum, so schreibt Emmanuel Lévinas, ist eine extreme Möglichkeit – oder Unmöglichkeit – der Menschheit; es ist der Bruch oder der Riß, der die Naivität, die Natürlichkeit und Ursprünglichkeit des Verkünders, des Botschafters oder des Hirten des Seins aufreißt (*rupture de la naïveté du héraut, du messager ou du berger de l'être*).[60] Das erwünschte Bild – die unverletzte Mimesis dieses Bildes – wird genau von einer solchen Naivität getragen: es stabilisiert eine solche Natürlichkeit. Von dieser Natürlichkeit ist auch die Struktur der Darstellung selbst, die Beziehung zwischen Abbildung und Abgebildetem, erfüllt. Das unerwünschte Bild dagegen, das sich durch Mangel, Abwesenheit, Diffusion, durch eine repräsentationale Schwäche auszeichnet, *präsentiert* eine Trennung oder eine Verlagerung (indem es eine Metonymie abbildet) – eine Trennung, die dazu neigt, die Linearität der semantischen Struktur aufzubrechen und so den Akt des Sich-ein-

59 Friedrich SCHILLER, „Über naive und sentimentalische Dichtung". In: Schillers Werke Bd. 4: Schriften. Frankfurt/M.: Insel, 1966. 287–368; hier 335.
60 LÉVINAS 1976. 54. LÉVINAS 1988. 62.

Bild-machens zu unterbinden. Wiederum zeichnet sich hier die Problematik eines Mimetischen ab, das seine Mimesis (eine Ähnlichkeit, die aber keine Identität ist) zu verdrängen sucht.

Die Betrachter lesen die Leere des Bildes nur als ein Fehlen der ihnen geläufigen repräsentativen Bedeutungsmuster: als Stummheit („es redet zu uns nicht") und als Mangel an Vitalität und Präsenz („farbenlos, wesenlos"). Sie hören seine Anrede nicht und gehen weiter – ein „Haufen", in dem das weibliche Subjekt allein und verstummt steht. Der von dem unerwünschten Bild eröffnete intersubjektive Raum wird zurückgewiesen und geschlossen, weil er von keinem der Betrachter gelesen – das heißt, betreten – wird. In diesem Sinn erzählt der Text auch von der Unmöglichkeit, vom Scheitern einer kulturellen und diskursiven Beziehung (Verbindung und Trennung) zwischen den beiden hier verhandelten Traditionen, die in unterschiedlichen Ordnungen der Repräsentation, der Lektüre und der Gesetzgebung gründen. Es scheint fast, als würden hier zwei Monologe inszeniert, um auf den Zusammenbruch der Intersubjektivität zu verweisen, der sich dahinter abzeichnet.

Die Topologisierung der Schrift, durch die die Fläche des Papiers und der Text zu einem Ort werden, zu einem Land aus Wörtern, geschieht hier nicht durch einen gegenständlichen Unterschied (also nicht durch die Einzeichnung eines Objektes, welches den Eindruck einer räumlichen Tiefe hervorruft), sondern umgekehrt durch einen entgegenständlichen Unterschied (durch die Einzeichnung einer konkreten Leere). Der Akt der Topologisierung bezieht sich aber bei Kolmar nicht nur auf die Schrift, sondern auch auf den Körper. Denn der Körper wird – zum Beispiel im Gedicht „Mädchen" – transformiert in einen Kontinent – „Ich will in meinem Bette ruhn und die Erde bedecken";[61] im Gedicht „Die Einsame" bricht die Oberfläche des Körpers auf:

Ich ziehe meine Einsamkeit um mich.
Sie ist so wie ein wärmendstes Gewand
(...)

---

61 KOLMAR 1960. 59–61. Vgl. auch das Gedicht „Die Unerschlossene": der weibliche Körper wird hier als eine unerforschte Landschaft voller Geheimnisse und Geschichten beschrieben, deren Reichtum sich zwischen den beiden Anfangs- und Schlußzeilen entfaltet: „Auch ich bin ein Weltteil. (...) Ich bin ein Kontinent, der eines Tages stumm im Meere versinkt." ibid. 12–13.

Der Erde Körner sind hineingesät.
Aus meiner Schulter bricht ein Felsengold,
Das Tuch durchschimmernd, das sich schleift und bläht
Und langsam über meiner Stirn zusammenrollt.

Hier wird die Einsamkeit als bergendes, schützendes Kleid beschrieben, wobei das Verhältnis von Körper und Kleidung verkehrt wird, denn es ist das Kleid, das dem Körper entwächst:

Und nun ist Schweigen. Und das Kleid schwillt nun.
Und ich muß wachsen, daß es mir noch ziemt,
Drin Fische, wie sie niemals wirklich tun,
Um meine Brüste schweben, purpurblau gekiemt.[62]

Daß dieser Akt der Topologisierung des Körpers als eine Inversion entzifferbar ist, welche die unter der Bedrohung forcierte, äußerste räumliche und zeitliche Reduktion aufzusprengen sucht, läßt sich erkennen, wenn man auf die Verkettung der Motive „Nacht", „Tuch", „Masken", „Qual" innerhalb des Zyklus „Weibliches Bildnis" achtet. Der Satz „Ich will die Nacht um mich ziehn als ein warmes Tuch / Mit ihrem weißen Stern, mit ihrem grauen Fluch"[63] signalisiert jenen Moment, in dem der Prozeß der „Verwandlungen" einsetzt. Die Verwandlung des weiblichen Körpers (und des Zimmers) in einen Kontinent geschieht in dem Wunsch, „mich mit Schweigen [zu] verkleiden vor brüllenden Kehlen, versiegelten Ohren".[64] Die inszenierten und aufgeführten Rollen indessen, welche die Illusion von Macht und Verführung tragen, werden als „Masken" beschrieben:

(…) Masken, die ich entlehne;
Immer bin ich im Tanz der Qual,
Tanze den Vater, der lahm, bald blind,
Am Hoffenster kauert, den Frühling malt[65]

Der Fluchtpunkt der Korrespondenz zwischen Tanz und Schreibpraxis, die sich hier abzeichnet, liegt in einer apotropäischen Geste: in einer Geste, die eine Verletzung oder eine verwundbare Stelle zu verdecken

---

62 KOLMAR 1960. 123.
63 ibid. 20.
64 ibid. 59–61.
65 ibid. 52–53. Das Illusionäre dieser Masken der Macht, des Glanzes und der Verführung wird in dem Text deutlich betont, wobei durch dessen Schluß das Verhältnis von Körper und Kleid erneut umgekehrt wird.

sucht, und die, wie Sarah Kofman in ihrer Analyse von Freuds Abhandlung über *Das Motiv der Kästchenwahl* erklärt,[66] dem Wunsch erlaubt, die dritte der drei Parzen zu überwinden – *Atropos*, die Unerbittliche, Unabwendbare, die den Lebensfaden durchschneidet. *Atropos* überbringt ein Moment des Todes in einer doppelten Weise: zum einen als dasjenige, was wörtlich unabwendbar ist, dem ich mich nicht entziehen kann, zum anderen als dasjenige, was keine Wendung zuläßt, keinen bildlichen Ausdruck finden kann, sich jeder Darstellung entzieht – das nicht symbolisierbare, den Grund und Abgrund des Symbolischen markierende Reale im Sinne Lacans.

In diesem Moment koinzidieren vielleicht Tod und Mord. *Apotropos* ist dann eine poetische Wendung, die das Undarstellbare, das Tödliche, vor dem jede Wendung und jede Darstellung versagt, abwendet, das heißt, durch eine Bildfindung überwindet oder umgeht – sie erlaubt mir, mich von dem, dem ich nicht entrinnen kann, abzuwenden. Die apotropäische Geste – und die poetische Schöpfung, die sie erzeugt, die den Lebensfaden neu knüpft – ist daher die Bewegung der *Konversion* par excellence.

Hier zeichnet sich eine tiefe Ambiguität der Darstellung ab, auf die zurückzukommen sein wird. Denn jedes Bild ist der Effekt eines apotropäischen Wunsches, und birgt daher in sich eine „schöpferische" und eine „mörderische" Potentialität, die vielleicht untrennbar miteinander verwoben sind. Um diesen Aspekt genauer zu erläutern, ist es hilfreich, uns der Frage nach der *Überwindung* dessen, was den Tod unabwendbar einführt, nochmals zuzuwenden; das soll aber erst später geschehen.

Eine Apologie der flüchtigen und glanzlosen Rede, die das Moment der repräsentationalen Schwäche aufnimmt, wird auch in dem Gedicht „Die Redende" formuliert.[67] Hier wird ein Widerstreit konstruiert zwischen einer Rede, die Schönheit und Durchsichtigkeit im Sinne der Konzeption klassischer Ästhetik ausstrahlt – sie wird mit Metaphern des Goldes, des Kristalls, des Glases beschrieben – und einer von Armut und Mangel geprägten Rede, die „glanzlos läuft / In rohe Kiesel, rötlich weiß gehäutet, /

---

66 Sarah KOFMAN, Konversionen. Der Kaufmann von Venedig unter dem Zeichen des Saturn. Wien: Passagen, 1989. 11.
67 KOLMAR 1960. 43. Das Gedicht gehört zum „zweiten Raum" des „Weiblichen Bildnisses".

In Katzensilber, das nur seltsam läutet / Dem Knaben, dem es tiefsten Schatz bedeutet, / In Honigkuchenbüchsen angehäuft." Das Strahlende und die Transparenz einer Redeweise, die mit dem Metallischen gleichgesetzt wird, wird zurückgewiesen: „Kein durchsichtklares Glaswort", „Kein scharfgeputzes, grell wie Blasmetall".

Die Kritik der „Redenden" an einer „durchsichtklaren" Sprache richtet sich dabei nicht nur auf das Unbewegliche und Ungetrübte einer solchen Redeweise, nicht nur auf die Immanenz, die Dauer und Härte, die ihr inhärent ist. Diese wird zudem auch der Indifferenz verdächtigt, indem sie nämlich „Hohn und Klage", die leiblichen Spuren des Genusses und des Schmerzes leugnen würde –

In Seide funkeln bös geduckte Schwären;
Die Feuerstatt ist Leib, der Krug voll Zähren,
Von Lust zerbrochen, unform vom Gebären.

Ästhetisierende und apotropäische Funktion der Rede werden also deutlich voneinander unterschieden. Die Rede, die dem „durchsichtklaren Glaswort" entgegenhalten wird, verläuft wie etwas Flüssiges, sie bewegt sich springend fort, ist flüchtig und veränderlich. Sie zieht sich wie eine Ader durch einen Kieselstein, oder schimmert auf wie „Katzensilber". Auch mit gedörrten, getrockneten Früchten wird sie verglichen, aus Splittern bestehend, scheinbar unbedeutend, eingeschrumpft, faltig, in sich verborgen.

Doch laßt von diesen unscheinbaren Dingen
Den Brodelkessel mit dem Wasser klingen:
Dann rollen Aprikosen auf wie Schwingen,
Und Pflaumen, Äpfel sind im dunklen Saft.

Die „Redende" plädiert daher für eine Textpraxis, die nicht ästhetisiert, sondern die eine Bewegung der *Kontraktion* unternimmt, eine Geste des Sich-zusammenfaltens (und eben dies bezeichnet, wie schon angedeutet, auch einen Aspekt der Poetologie Gertrud Kolmars). Erst in der Lektüre entfaltet sich die Opazität dieser Rede, die Fülle, der Duft und der Geschmack ihrer Sprache – ein Entfalten nicht eines verborgenen Sinns oder einer Wahrheit, sondern des Reichtums der diskursiven Oberfläche.

In einer solchen Redeweise treffen Undurchsichtigkeit und Durchlässigkeit zusammen. Die Opazität der Rede, ihre referentielle Pluralität, durch die sich der Sinn fortwährend aufspaltet, und ihre Bereitschaft, die Verletzungen und Narben des Leibes, die Spuren des Genießens und des Schmerzes durchschimmern zu lassen, werden gebunden an das Flüchtige, Bewegliche dieser Rede. Auch die Struktur des „Weiblichen Bildnisses" selbst stellt diese Pluralisierung der Referenzen dar, indem die Form des Portraits – einem kubistischen Gemälde ähnlich – aufgesplittert und aufgefaltet wird in vier „Räume", die von einer Vielzahl einzelner weiblicher Figuren oder Stimmen gefüllt und durchquert werden. In diesem Sinn ist das „Weibliche Bildnis" ein *Portrait ohne Portraitierung* – das heißt ein Entwurf, der den mimetischen Anspruch und den Zwang zu einem einheitlichen, konsistenten Selbst aufgibt, und der gleichzeitig die schöpferische Potentialität der apotropäischen Bewegung nutzt.

Überraschend ist nun, daß Kolmar einen Zusammenhang zwischen einer solchen getrübten, unscheinbaren und beweglichen Redeweise und der Drohung der Vernichtung herstellt. Diese indirekte und diskrete, aber bestimmte Verknüpfung geschieht über die Figur der Kröte:

Durch Gekräut, um Kiesel
Hüpf ich als dunkler, bescheidener Sinn
(...).

Komm denn und töte!
Mag ich nur ekles Geziefer dir sein:
Ich bin die Kröte
Und trage den Edelstein ....[68]

Indem Kolmar dieses Gedicht, welches das Datum des 12. Oktober 1933 trägt, in den Zyklus „Das Wort der Stummen" aufnimmt, knüpft sie einen direkten Bezug zur antisemitischen Verfolgung. Die Negativität einer Semiotik der Entkräftung, und eine Nicht-Identität, ein Abweichendes, das in Bildern der Abscheu aufgehoben (das heißt, aufgenommen und getilgt) wird – in kulturell konstruierten Bildern, die den Vernichtungswunsch auslösen und rechtfertigen –, werden hier zusammengeführt.

Die Ambivalenzen der Lektüre thematisiert das Gedicht „Die Dichterin", welches den „ersten Raum" des „Weiblichen Bildnisses" eröffnet.[69] In einer direkten Adressierung wird hier der Leser als Liebender angeredet, als

---

68 KOLMAR 1980. 210–211. Vgl. in diesem Zusammenhang auch das Gedicht „Die Häßliche". In: KOLMAR 1960. 121–122.
69 ibid. 9–10.

der, der begehrt und der begehrt wird. Die Lektüre als ein Wechselspiel des Begehrens (in dem das Buch auf das Begehren des Lesers antwortet und der Leser auf das Begehren des Buches) rückt in eine bestimmte Nähe zu einem Aufbrechen, einem In-Bewegung-setzen des Sinns. Dadurch wird der Objektstatus des Buches, die Objekt-Beziehung, die der Leser zu ihm einnimmt und in welcher er sich den zum Verstummen gebrachten Text aneignet, durchbrochen:

Doch ist es dir aus Pappe nur gemacht,

Aus Druckpapier und Leim, so bleibt es stumm
Und trifft dich nicht mit seinem großen Blick,
Der aus den schwarzen Zeichen suchend schaut,
Und ist ein Ding und hat ein Dinggeschick.

Und ward verschleiert doch gleich einer Braut,
Und ward geschmückt, daß du es lieben magst,
Und bittet schüchtern, daß du deinen Sinn
Aus Gleichmut und Gewöhnung einmal jagst

Und bebt und weiß und flüstert vor sich hin:
„Dies wird nicht sein." Und nickt dir lächelnd zu.

Erst der aus seiner Indifferenz, seiner Unerschütterlichkeit und seinen geläufigen Bahnen herausgerissene Sinn könnte ein solches Begehren freisetzen – wobei das Wort „Sinn" sich hier auf Denken und Bedeutung bezieht, aber auch auf Empfänglichkeit.

Das Wechselspiel des Begehrens in der Lektüre bedingt so auch ein wechselseitiges Erschüttert- und Beschädigt-werden. Der Leser wird „getroffen" vom „Blick" des Buches, er büßt die Stabilität seines Sinns ein, während sich das Buch der Gewalt des Lesers überantwortet, deren Einprägung gerade betont wird – „immer unter liebem Finger nur" will es „Zerknittern dulden", „Befleckung, Mal". Indem die „Dichterin" das Buch mit einem Kleid vergleicht, stellt sie eine Verknüpfung her zwischen dem Gewebe des Stoffes und dem Gewebe des Textes. Beider Textur wird durch die Lektüre angegriffen und gezeichnet (wie schon die Mehrdeutigkeit des Wortes „Mal" anzeigt, dessen Bedeutung als ein markierter Punkt sich auf einen Fleck, auf einen Grenzstein, oder auf einen Zeitpunkt beziehen kann).

Wie sich der Text einem „Flimmern" und einem „Verwittern" öffnen kann, das „aller Form entflieht" – diese Frage stellt das Gedicht „Die Tochter", welches die Widmung „Meinem Vater" trägt.[70] Doch zeigt der Text auch jene Porösität, jene Durchlässigkeit, von der oben die Rede war, wie seine letzte Strophe andeutet:

Und Gespräche wandeln, matt, alltäglich,
Fern dem wilden, blutdurchglänzten Schrei,
Der sich hebt und aussagt, was unsäglich;
Keine Sonne bricht uns Gott entzwei ...
Ach, wie darf ich in Vergleiche rahmen,
Was sich kaum zum Bilde mir geklärt?
Eine Liebe ohne Liebesnamen,
Die oft siecht – und schweigt. Und immer währt.

Der Reim, der den Zweifel an der sprachlichen Form trägt, rahmt dieses Gedicht ein wie ein Vergleich. Das Gedicht setzt ein mit den Worten: „Ob ich formend noch in Händen trage, / Was, ein Flimmern, aller Form entflieht"; diese ersten beiden und die zitierten letzten Zeilen des Textes werden wie lose Enden zusammengebunden. Das *Unsägliche* der Gewalt aber – und die prekäre Situation des alltäglichen Lebens mit dem Vater unter dieser Bedrohung – sprengt die traditionelle Reimform. In diesem Sinn handelt das Gedicht von der grundlegenden Inadäquanz zwischen Sprache und Realem und nimmt das Moment des *Atropos* erneut auf.

Der Scheitelpunkt des Textes, der in dem Satz „Keine Sonne bricht uns Gott entzwei ..." liegt, zeigt – eingebettet in eine Verneinung – eine merkwürdige syntaktische Austauschbarkeit und Ebenbürtigkeit von Subjekt

---

70 ibid. 41–42. Laut der Notiz in dieser Ausgabe war das Gedicht schon in der im Herbst 1938 erschienenen und kurz danach eingestampften Sammlung *Die Frau und die Tiere* enthalten. Die Widmung bezieht sich vermutlich auf Ludwig Chodziesner, Gertrud Kolmars Vater; um ihn nicht allein zu lassen, blieb Kolmar wohl in Deutschland. Vielleicht hätte Gertrud Kolmars Mutter rechtzeitig auf die Emigration aus Deutschland gedrängt – wie es ja häufig die Frauen waren, die die antisemitische Bedrohung sehr viel klarer erkannten und danach handelten. Hilde Wenzel deutet dies in ihrem Nachwort an: „Im Frühjahr 1930 starb nach jahrelanger Krankheit, von Gertrud getreulich gepflegt, ihre Mutter. Hätte sie länger gelebt, wäre wohl manches anders verlaufen. Wahrscheinlich hätte sie in ihrer praktischen, lebenszugewandten Art die ganze Familie bewegen können, Deutschland bei Anbruch des Hitlerregimes rechtzeitig zu verlassen. So aber brachte der alternde Vater nach dem Verlust der geliebten Lebensgefährtin keine Entschlußkraft mehr auf, und Gertrud blieb als einziges der Geschwister bei dem alten Mann, bei dem, was sie für ihre Kindespflicht und ihre Aufgabe hielt. Doch war es ihr nicht vergönnt, durch ihr Opfer das Leben des Vaters zu retten." Hilde WENZEL, „Nachwort". In: KOLMAR 1960. 601.

und Objekt, von „Sonne" und „Gott". Darin deutet sich vielleicht die (zugleich ausgesprochene und verneinte) Ebenbürtigkeit zweier Gesetze an, des Gesetzes des Verfolgers und des Gesetzes Gottes, des jüdischen Gesetzes. Das Wort „Sonne" – ein vielschichtiges Motiv, das auf eine christliche Bildtradition verweist, auf das Strahlen der Heilsgeschichte,[71] das Leuchten der Präsenz, eine alle Differenzen und Verborgenheiten auslöschende Helligkeit – befindet sich dabei in nächster Nähe zum „Unsäglichen".[72]

## 4.4 Lektüren im Moment der Gefahr

Der Verwobenheit von Kultur und Verbrechen gehen einige jener Texte Gertrud Kolmars nach, die im Band *Das lyrische Werk* unter der Überschrift „Alte Stadtwappen. Gedichtkreis" zusammengefaßt wurden – eine Auswahl der in den Jahren 1927 und 1928 entstandenen Gedichte wurde im Jahre 1934 unter dem Titel *Preußische Wappen* veröffentlicht.[73] Diese Gedichte stellen Lektüren, Explikationen von Bildern dar – Lektüren, die eng verknüpft sind mit einer Reflexion der Dimension der Bildlichkeit, mit einer Arbeit an Bildern. Bei den zugrundegelegten Bildern handelt es sich um Wappenzeichen einzelner deutscher Städte, das heißt, um Darstellungen, deren nach den Regeln der Heraldik gestaltete Bildlichkeit gleichzeitig als Erkennungszeichen und als Abwehrzeichen eines bestimmten Gemeinwesens fungiert. Jedes Gedicht der Sammlung trägt einen Titel, in dem

---

71 Vgl. zum Beispiel den manichäistischen Einsatz der Metaphern „Licht" und „Finsternis" in einem Sonett des nazistischen Dichters Gerhard Schumann, welches mit der Zeile endet: „Die Sonne wuchs. Und mit ihr wuchs das Reich." Zitiert in: Klaus VONDUNG, „Angst vor dem Untergang und Sehnsucht nach Erlösung – ein deutsches Syndrom?" In: Werner BOHLEBER, Jörg DREWS (Hg.), „Gift, das du unbewußt eintrinkst ..." Der Nationalsozialismus und die deutsche Sprache. Bielefeld: Aisthesis, 1991. 101–113; hier 105.

72 Eine verschwiegene Referenz zu dieser Passage findet sich bei Antelme – eine Textstelle, die *eine Nähe, keine Analogie* hervortreten läßt: „Sie schreiten die Kolonne ab. Götter. Kein Knopf ihrer Uniformjacke, kein Nagel ihres Fingers, der nicht ein Stück Sonne wäre: die SS glüht. Wir sind die Pest des SS-Mannes. Man darf sich ihm nicht nähern, man darf seine Augen nicht auf ihn richten. Er glüht, er blendet, er läßt zu Staub werden." Robert ANTELME, Das Menschengeschlecht (1947). München, Wien: Hanser, 1987. 29–30.

73 KOLMAR 1960. 459–542.

die betreffende Stadt genannt ist; ihm folgt eine Subskription, welche das Bildmotiv als Objektivation, in sachlichem, neutralisierendem Ton, beschreibt, und an diese Subskription schließt sich dann die Explikation an.

In einem Brief an Walter Benjamin vom 10. Oktober 1934 bringt Gertrud Kolmar die Gedichte dieser Sammlung in vielleicht unfreiwilligem Sarkasmus mit dem literarischen Genre der „Heimatlyrik" in Zusammenhang.[74] Einige dieser Texte tragen in die idealisierte, zeitlos-mythische Sphäre eines natürlichen, prä-historischen oder prä-modernen, „heimatlichen" Raums eine Gewalt hinein, deren Charakterisierung und geschichtsphilosophische Begründung sich einerseits auf eine antimodernen Ideologemen verhaftete Semantisierung von Modernität als Verlust und Entfremdung stützt. Andererseits aber schlägt sich – als ein Moment der Erschütterung der Textstruktur – in der Beschreibung dieser Gewalt auch schon eine Thematisierung der Verfolgung nieder.

Die Lektüren, die in den *Wappen-Gedichten* entfaltet werden, lösen die erstarrten Codierungen der heraldischen Zeichen auf, setzen ihre stillgestellten bildlichen und semantischen Bezüge in Bewegung und transformieren sie in eine aktualisierende Narration – eine Transformation, die die Syntaxis der Bildbezüge verschiebt und dabei eine andere Regelhaftigkeit entdeckt.

Die Lektüren scheinen ein Verstecktes, Unbewußtes, eine verschlüsselte Botschaft zu enthüllen, welche die erstarrte Bildlichkeit der heraldischen Symbolik in sich verschließt. Ihr Verfahren ähnelt dabei jener Praxis, welche Walter Benjamin in einem Brief an Theodor W. Adorno vom 9. Dezember 1938 als *echte Lektüre* entwirft: sie konstruiert ihren Gegenstand „in der historischen Perspektive"; die „Fluchtlinien dieser Konstruktion" aber „laufen in unserer eigenen historischen Erfahrung zusammen".[75]

---

74 Gertrud Kolmar an Walter Benjamin, zitiert nach: Walter Benjamin 1892–1940. Eine Ausstellung des Theodor W. Adorno-Archivs Frankfurt/M. in Verbindung mit dem Deutschen Literaturarchiv Marbach/N. Bearbeitet von Rolf TIEDEMANN, Christoph GÖDDE und Henri LONITZ. Marbacher Magazin 55, 1990. 19–20; hier 20. Die Gedichte beziehen sich auf eine Serie von Sammelmarken, die die Firma Kaffee Hag seit dem Jahr 1913 unter dem Titel „Deutsche Ortswappen" zu Reklamezwecken verbreitete. Einige dieser Sammelmarken sind im Marbacher Magazin 63, 1993 nachgedruckt. 67–75.

75 Walter BENJAMIN, Briefe 2. Herausgegeben und mit Anmerkungen versehen von Gershom SCHOLEM und Theodor W. ADORNO. Frankfurt/M.: Suhrkamp, 1978. 794.

Einer solchen Lektüre erschließen sich, wie Sigrid Weigel ausführt, „Kor-respondenzen zwischen Jetztzeit und Gewesenem" – in ihr wird daher eine Konzeption des Gedächtnisses formuliert, die der „Entwicklungslogik ei-ner linearen Geschichtsschreibung" entgegengesetzt ist.[76]

Entsprechend schreibt sich auch die historische Erfahrung der Autorin der „Wappengedichte" in deren Lektüren ein: diese eröffnen dadurch überhaupt erst einen geschichtlichen Raum, in dem Korrespondenzen zwischen Vergangenheit und Jetztzeit sichtbar und Gedächtnisspuren entziffert werden können (und gründen eine Schreibposition, in der Autorin, Leserin und Chronistin zusammentreffen). Dabei zeigt sich eine Überlagerung zweier Tendenzen: die Tendenz zur Konstitution eines geschichtlichen Raums kreuzt sich mit der Tendenz zur Restitution eines mythischen Vergangenen – letztere fungiert als Projektionsfläche der hi-storischen Aktualisierung, durch welche sich die Moderne als Erfindung erzeugt, als Fiktion ihrer Beziehung zu einem Vergangenen oder Verlo-renen.

So setzt das Gedicht „Wappen von Auras" – dessen Subskription lautet: „Auf grünem Grunde ein silberner Stier (Auerochs)"[77] – dem mythischen und märchenhaften Raum einer vergangenen, gleichsam prä-historischen Wildheit die Bedrohung einer „wesenlosen" Jetztzeit entgegen. Prä-Histo-rie und Prä-Moderne sind dabei nahezu kongruent. Die Primitivität dieser Vergangenheit, die als Ursprungsmetapher figuriert, wird bestimmt als ungezähmte und unbeherrschte, erfüllt von einer natürlichen Ordnung und einer Symmetrie der Macht:

Einst war die Erde wundersam bestreut
Mit Pflanzendickicht, starken, bunten Tieren,
Mit Breithornwiddern, langbemähnten Stieren,
Noch ohne Kette, Joch und Herdgeläut.

Die moderne Zivilisation wird demgegenüber als eine Form der Herr-schaft, der Unterwerfung und der Nivellierung von Verschiedenheit ge-dacht („Kette, Joch und Herdgeläut"), dabei rekurrierend auf die zeitüb-lichen, kritisch gewendeten Beschreibungsweisen der modernen „Massen-gesellschaft":

---

76 WEIGEL 1990. 34.
77 KOLMAR 1960. 465–466; hier 465.

Weit war die Erde, die nun klein und eng,
Da trug sie Wald und Wäldervolk gelassen
Und kann heut kaum das Wesenlose fassen,
Des Menschenschaumtopfs Brodeln und Gemeng.

Ein Moment primitiven Handelns, welches gleichsam noch hinter die Primitivität der mythischen Prä-Historie zurückfällt, wird aber in der folgenden Frage bezeichnet (es handelt sich dabei um die vorletzte Strophe des Gedichts):

Wer hat der Wesen Bürgerbrief zerfetzt,
Ihr Gut geraubt, ihr Schweigen ausgelichtet,
Wer hat den armen Bruder hingerichtet
Und trauernd dann das Denkmal ihm gesetzt?

Durch diese Frage verschiebt sich die zeitliche Ordnung einer linearen Abfolge von „einst" und „jetzt", und die *Konzeption einer kontinuierlichen historischen Entwicklung* wird *aufgebrochen*, indem auf eine jedem zivilisatorischen Handeln widersprechende Gewalt im Herzen der Kultur hingewiesen wird. Damit kommt wiederum jene Figur einer Verkehrung der Historizität ins Spiel, die uns früher schon in der Zeitform eines gesteigerten, in die Vergangenheit weisenden Futurums begegnet war. Die Primitivität der Prä-Historie, deren märchenhafter, fiktiver Zug bei Kolmar eher akzentuiert als geleugnet wird, bietet daher den Schutz eines Mythos oder eines Traumbildes vor der Verheerung durch eine viel schlimmere Primitivität – durch ein Verbrechen, welches im Innersten der Entwicklung der abendländischen Geschichte, verdeckt und unerinnert, wirksam ist, und durch welches der kulturelle oder zivilisatorische Zusammenhang gleichsam von innen heraus zerstört wird. Die Bilder des Prä-Historischen gewinnen daher Züge einer *Urphantasie*.

Die Frage des Textes, die auf diese Verwobenheit von Kultur und Grausamkeit aufmerksam macht (oder sie in Erinnerung ruft), stellt sich im Moment einer historischen Aktualisierung, welche das Verfahren *echter Lektüre* bestimmt – und genau hier ereignet sich jene Erschütterung der Textstruktur, die den Eintritt eines Realen, der Wirklichkeit der Verfolgung, in den Text markiert. Denn die referentielle und semantische Konkretion, die das Wort „Bürgerbrief" in die metaphorische Struktur des Textes hineinträgt, konstituiert einen sehr direkten, unerwarteten Bezug zu einer ganz bestimmten historischen Periode – zu jener der bürgerlichen Emanzipation nämlich und den mit ihr verknüpften Idealen des Mündigwerdens und der Gleichberechtigung aller Menschen. Der *zerfetzte Bürger-brief*, die Annullierung jener Schrift, die das Bürgerrecht jedes Einzelnen beurkundet und durch diesen symbolischen, öffentlichen Akt die Vermittlung des Logos und der Intersubjektivität verbürgt, signalisiert eine Rückläufigkeit des Zivilisationsprozesses: die Brüchigkeit des Gesetzes und den Zusammenbruch einer rechtlichen, politischen und sozialen Übereinkunft.

Die Gewalt im Innersten der kulturellen Entwicklung, die für Gertrud Kolmar jede prähistorische Primitivität überbietet oder ihr zuvorkommt, drückt sich demnach zunächst in einer Aberkennung bürgerlicher Rechte, einem Außer-Kraft-setzen der bürgerlichen Rechtssphäre, im Raub von Besitz und Eigentum, und in einer schamlosen Entblößung des Schweigens aus. Der Ausdruck *ausgelichtetes Schweigen* führt dabei auf eine doppelte Denotation: die einer Ausleuchtung – im Sinne einer Kritik der Rationalität (eine erneute Anspielung auf das Motiv der „Sonne") – und diejenige eines Kahlschlags, eines Bloßlegens. Ein zweiter Aspekt tritt jedoch hinzu, der die Etablierung des kulturellen Gedächtnisses berührt, welche sich über einen Mord vollzieht. Die Hinrichtung des Bruders, jenes mit dem Namen Kain verknüpfte *erste Verbrechen*, mündet in die Errichtung eines Denkmals, welches das Vergessen des Verbrechens erlaubt, indem es die Erinnerung an den begangenen Mord überführt in eine Trauer, die diese Erinnerung auslöscht. Das Denkmal figuriert hier als ein Zeichen, durch welches sich die Übersetzung des Mordes (der nicht vergessen werden könnte) in den Tod (der betrauert werden kann) vollzieht – als Symbol einer Erinnerung, die sich nicht nur auf den Mord, sondern ebenso auf das Vergessen des Mordes gründet.

Ein solcher Übersetzungsvorgang scheint für Kolmar im Kern jeglicher Bildproduktion virulent zu sein – ein Gedanke, der an die Wendung Lacans vom *Mord der Sache*, welcher jeder Symbolisierung voraufgehen muß, erinnert. Doch wäre es verfrüht, diese Wendung Lacans hier einzuführen; denn zum einen nimmt Kolmars Text eine konzeptionelle Verknüpfung zwischen einer Praxis der Produktion von Bildern und einer Praxis des Gedächtnisses vor, die sich von jener Lacans völlig unterscheidet, und zum anderen ist der entscheidende Punkt hier nicht der Mord als solcher, sondern die Überführung von Mord in Tod, das heißt, der Verdrängungsvorgang, der innerhalb der Bilder, also im Zuge der Repräsentation, geschieht. Darüber hinaus – und dies scheint der Kern des Problems zu sein – bezieht sich der Begriff des Mordes bei Kolmar nicht auf jenes Versagen oder jenen Riß, in dem das Symbolische gründet – jenen *Mord der Sache*, der, wie Lacan anhand der *Fort! Da!*-Geschichte Freuds ausführt, dem Ich (*moi*) den Tod gibt (den Tod in die Struktur des Ich einschreibt), um es als begehrendes und sprechendes Subjekt zu konstituieren,[78] oder auf jenen *Mord der mütterlichen chora*, der, wie Kristeva erklärt, in der thetischen Phase das Subjekt als getrenntes setzt.

Vielmehr bezieht sich der Begriff des Mordes bei Kolmar – um auf jene Beschreibung zurückzukommen, die Emmanuel Lévinas für die mit dem Namen Kain bezeichnete Gewalt wählt – auf den Versuch einer vollständigen *Negation des Anderen* (einer Negation, die sich auf das Antlitz des Anderen richtet, in welchem sich dieser *leibhaftig* mitteilt als das, was weder sich offenbart noch sich thematisieren läßt); das heißt, er bezieht sich auf einen Versuch, der einem Triumph des Imaginären gleicht, indem das Faktum der Beschneidung des Selbst durch den Anderen geleugnet, die Erschütterung, die Destrukturierung des Selbst durch die ‚Erfahrung‘ der Heteronomie des Anderen getilgt wird. In diesem Sinne kommt der Begriff des Mordes hier eher der *Figur des hegelschen Mords* nahe, wie sie Lacan im Zusammenhang mit einer weiteren Erläuterung des Spiegelstadiums, anknüpfend an die Deckfunktion des Bildes, ins Spiel bringt: „Was immer das Bild deckt, es zentriert bloß eine täuschende Macht, indem es die Entfremdung, die das Begehren auf dem Feld des Andern ansiedelt, umlenkt in jene obsiegende, totalitäre Rivalität dessen, was von seinesgleichen ihm an dualer Faszination auferlegt wird: Dies Der-eine-oder-der-andere (…) ist die Figur des hegelschen Mords.“[79] Die Figur des hegelschen Mords impliziert demnach, daß sowohl Entfremdung als auch Begehren verschwinden (die ja aneinander gebunden sind): denn Entfremdung wird in Rivalität, Begehren in Faszination umgewandelt – das heißt in anderen Worten, daß die imaginäre, spiegelbildliche Beziehung zum anderen strukturiert ist durch Rivalität und Faszination, während das Bild sowohl Spuren der Faszination als auch Spuren eines geleugneten Begehrens trägt.

---

78 „Das Symbol stellt sich so zunächst als Mord der Sache dar, und dieser Tod konstituiert im Subjekt die Verewigung seines Begehrens. Das erste Symbol, in dem wir Humanität in ihren Überresten erkennen, ist das Begräbnis, und die Vermittlung des Todes ist in jeder Beziehung zu erkennen, in der der Mensch zum Leben seiner Geschichte gelangt." LACAN, „Funktion und Feld des Sprechens und der Sprache in der Psychoanalyse" (1953). In: LACAN, Schriften I. Weinheim, Berlin: Quadriga, 1991. 71–169; hier 166.

79 LACAN, „Von dem, was uns vorausging". In: LACAN, Schriften III. Weinheim, Berlin: Quadriga, 1986. 7–14; hier 13.

Die Bilder, die Symbolisierungen, und das kulturelle Gedächtnis, das an diese Symbolisierungen gebunden ist, bergen demnach in ihrem Inneren eine tiefe *Amnesie*, einen betäubten, anästhetischen Kern. Sie tragen diese Amnesie: sie sind Medien einer glücklichen Trauer, deren Glück vom Vergessen und zugleich vom Gelingen der vollständigen Negation des Anderen herrührt. Es ist eine Negation, die ja nicht erst durch den leiblichen Mord, sondern zuvor durch einen symbolischen Mord, die Beraubung des Subjekt-Status geschieht: durch die Aberkennung der bürgerlichen Rechte, durch materielle Enteignung und durch eine Entblößung des Schweigens, mittels derer der Blick sich ein Verschwiegenes, Geheimes zu eigen macht.

Die Trauer, die diesen Bildern, diesem Gedächtnis innewohnt, läßt das Wissen um das erste Verbrechen verschwinden; es scheint, als wären die Spuren der Mordtat erfolgreich ausgewischt. Die Dialektik dieses Gedächtnisses besteht aber darin, daß das Verdrängte aus den Bildern wiederkehrt.

Die Funktionsweise der Bilder als Medien der *Abwehr einer Erinnerung*, die an ein erstes Verbrechen und an einen ersten Schrecken rührt, als Medien also der Absorption von Schocks im Sinne der theoretischen Konzeption des Ästhetischen bei Adorno, wird auch in dem Gedicht „Wappen von Ahlen" („In Rot ein gerundeter silbriger Aal mit Flügeln und goldener Krone"[80]) thematisiert. Auch in diesem Text taucht die Figur des Mörders auf:

Alles ist seltsam in der Welt;
Ich bin Anfang und Ende.
Wasser, das dir vom Auge fällt,
Mörders Scharlachspende
Netzt meine flügligen Hände.
Ich bin der Aal –
Duck dich, duck dich!
Gebannt und fahl –
Duck dich, duck dich!
Wahrlich,
Ich töt dich.

Ich feuchte tief einen roten Grund
Mit lieblich schlüpfriger Kühle;
Quäl ich lächelnd den Erdschoß wund

---

80 KOLMAR 1960. 461–462.

Die ausgesprochene Drohung von Schmerz, Qual und Tod, die der Text mit Geschlechtlichkeit verknüpft, verweist auf ein Seltsames, Befremdendes „in der Welt", das diese umfaßt hält und ein Wund-sein unablässig erneuert. Die Produktion von Bildern wird hier als magischer Ritus gedeutet, durch den versucht wird, das Böse, Quälende, die Drohung von Schmerz und Tod, aber auch die Wahrheit eines unbewußten Begehrens zu bannen, sie an einen bestimmten Ort, in einem bestimmten Signifikanten zu fixieren. Dies kommt einer Verbannung, einer Ausschließung, einem Vergraben gleich, wie die Metaphorik des Textes ankündigt:

Nun bin ich in Bildern verwünscht und gefeit –
Über mir rascheln die Ähren –
Und mache nur noch von Zeit zu Zeit
Hirnkranke Kinder gebären.

Der Akt der Darstellung erfüllt demnach eine doppelte Intention, nämlich die einer *Abspaltung* und die einer *Projektion*. Er ist auch hier wieder gedacht als Verdrängung eines Begehrens und eines Entsetzens, welches von einem ursprünglichen Bedroht-sein und Verletzt-sein des Lebens jedes Einzelnen herrührt – als Verdrängung einer Wahrheit, der sich auszusetzen das Subjekt nicht imstande ist. Doch scheitert die Verdrängung; die Drohung ist nicht gebrochen – sie kehrt wieder, wobei der Umkehrpunkt im Innern des Bildes liegt. Nun ist es die *Darstellung* des Bösen und Quälenden, das heißt, das projizierte Bild selbst, welches zu einer tödlichen Bedrohung wird, die sich diffus ausstreut. Die zyklische Struktur des Textes, welche durch die Wiederholung der Eingangssequenz – „Duck dich, duck dich! / Wahrlich, / Ich töt dich" – am Schluß des Gedichts entsteht, verdeutlicht, wie sich das Bild über der Drohung des Realen und dem realen Begehren schließt.

Die Gefahr, die Androhung des Mordes, von der dieser Text spricht, liegt demnach in der Leugnung eines Begehrens und einer ursprünglichen Bedrohung und Verletzung – eine Leugnung, die sich über die Repräsentanz dessen vollzieht, was als Grund dieser Bedrohung imaginiert und suggeriert wird. Die Hypostasierung des Bösen, Quälenden im Zuge der Darstellung – im Tiermotiv eines Aals mit Flügeln und goldener Krone, an welches sich eine Kette von Repräsentationen des Bösen (neben dem Drachen und der Schlange auch die Kröte mit dem Edelstein auf der Stirn) anschließt, welche auch in Kolmars Texten figurieren – gewährt (für den betrachtenden Blick) eine gleichzeitige Abwehr und Faszination.

Sie folgt dem Mechanismus der *pathischen Projektion*[81] – wobei das Ausfallen der Reflexion, welches das Pathische der Projektion ausmacht, sich im textuellen Verweis auf die Hirnkrankheit ankündigt. Die Erkrankung der Vernunft, des menschlichen Denk- und Sprachvermögens, wird als ein Effekt der Bildproduktion beschrieben, das heißt, als eine Folge jenes Verwünschens und jener Illusion der Unverwundbarkeit und Unverletztheit, die von den Bildern des Bösen erzeugt und getragen wird.

Das Moment einer Wiederkehr des Verdrängten aus den Bildern bezieht sich im Gedicht „Wappen von Allenburg" („Ein rotes Elchhaupt auf Silbergrund, aus grünem Röhricht steigend"[82]) auf einen doppelten Mord. Der Text handelt von der Tötung eines Tieres, eines Elches, der seine Ermordung kommentiert:

Ich bin das Wilde, Dumpfe, das man schlug,
Das man erschlagen, weil es fremd und stumm;
Was schlau und müde Karren schleppt und Pflug,
Dem legt der Mörder bunten Halsschmuck um.

Die Gewalt, die hier thematisiert wird, besteht wiederum in der Zähmung und Integration, der Unterwerfung und Vernichtung eines Indeterminierten, unaufhebbar Verschiedenen, dessen Fremdheit und Stummheit sich jedem Verstehen entziehen und daher ein (wörtlich benanntes) Entsetzen auslösen. Auch das Thema der Beschönigung, der Ästhetisierung dieser Gewalt wird erneut berührt. Da dieses Tiermotiv wenige Jahre später in einer anderen Textstelle wiederkehrt – in der Erzählung *Eine jüdische Mutter*, auf die bereits eingegangen wurde – läßt sich hier eine implizite Beziehung zwischen der Gewalt, die dem Tier zugefügt wird, und der Verfolgung der Juden vermuten.[83] Die Konfigu-

---

81 Zur Konzeption der *pathischen Projektion* siehe Kapitel 7.2 im dritten Teil dieser Untersuchung. Zur Wiederholung der Drohung, mit der das Gedicht endet, bemerkt Hans-Peter Bayerdörfer: „Mit dieser Wendung des Wappengedichts enthüllt sich, wieder in indirekter Weise, auch dessen verborgene Poetik, d. h. der Sinn, der in der Umformulierung vom Tier- zum Bildgedicht gesucht wird: das abstoßend-faszinierende Tierbild ist nichts anderes als die im Außermenschlichen erscheinende Fratzengestalt des Menschen." BAYERDÖRFER 1987. 456.

82 KOLMAR 1960. 463–464.

83 In der Erzählung wird die Andersheit der weiblichen Figur, Martha Jadassohn, in Beziehung gesetzt zur Porzellanskulptur eines Elches. Dies geschieht im Sinne einer exotisierenden Bezeichnung von außen, die Martha sich aneignet: „Sie sehen ihm ähnlich.

ration von Entsetzen, Mord und Darstellung ist hier aber in einen Kontext gestellt, der wiederum einen projektiven Bezug zu einem vergangenen Ursprünglichen herstellt:

Das tierisch Mächtige hat sie entsetzt,
Das arglos Fromme meuchelt ihre List:
Daß es verende, wund und tot gehetzt,
Die Erdenkindheit. Die doch nicht mehr ist.

Die „Kindheit der Erde", eine noch von kreativer Freude, von Zauber und der Öffnung auf ein Mögliches hin erfüllte vergangene Zeit, wird im selben Moment vernichtet, in dem das, was sich nicht fügt, das Fremde und Verschiedene, „wund und tot gehetzt" wird.

Die Unerbittlichkeit des kulturellen und historischen Prozesses, der als ein unmenschlicher Apparat gedacht ist, wird im Gedicht „Wappen von Loitz an der Peene" beschrieben („Rot; fünf silberne Sterne in senkrechtem Streif zwischen zwei stehenden goldenen Keulen und zwei schwarzen Adlerflügeln"[84]).

Die goldenen Keulen werken Tag und Nacht.
Sie geben nicht Ruhe: alles wird totgeschlagen.
Der hört den Bumm, der einsam im Düster sitzt,
Und hört das Rollen der ewigen Leichenwagen
Und sieht das Schreien, das an sein Fenster spritzt,
Und fühlt: über alles hin
Gehn
Der Sinn
Und Schwingen
Und die Sterne.

Die zitierte Passage wirft von neuem die Frage auf nach dem *Status*, den die Rede vom Totschlagen, vom Erschlagen-werden innerhalb der metaphorischen Struktur der Texte einnimmt. Diese Rede deutet ja nicht nur auf den Akt einer Vernichtung, einer vollständigen Negation des Anderen. Vielmehr markiert sie auch eine Schwelle, eine Öffnung oder

---

(...) Der Elch, der hat sowas Märchenhaftes, sowas ungeheuer Dunkles und Wildes ... was Fremdes ...". – „Sie dachte: Das Mädchen hat recht. Das plumpe, brandrot düstere Tier, das ungefüge, einsame Wesen einer sterbenden Art – das bin ich." KOLMAR 1978. 187–188.
84 KOLMAR 1960. 511–512.

einen Knotenpunkt, an dem das Reale (im Sinne Lacans) in den Text einbricht. Und diese Markierung bringt eine Erschütterung der Textstruktur mit sich, ein Vibrieren oder Reißen, einen Moment der Stumpfheit, der Transparenz oder der Blindheit. Das Gewicht und die Funktion dieser Markierung entsprechen dem, was Roland Barthes als *punctum* beschreibt (und vom *studium* unterscheidet): ein nicht codiertes Detail, das den Blick fesselt, von dem sich der Blick nicht abwenden kann, ein *blindes Feld*, das Erschütterung und Leere auslöst – die Dichte, die Essenz (einer Verwundung), die sich nicht verwandeln, sondern nur wiederholen kann.[85]

Die extreme Anonymität und Neutralität, welche die unerbittliche Mechanik des geschichtlichen und politischen Apparates prägen, und die symbolische Auffüllung der Maschinen-Metapher werden in diesem Text bezogen auf die Einzigartigkeit, die mit der Dimension der Leiblichkeit gegeben ist, mit der Verletzung der Haut, mit dem Schmerz und der Hilflosigkeit, die hier hörbar werden. Das Vernichtende der Gewalt schließt aber auch ein, daß jeder Widerspruch der Gequälten, jeder Aufschrei erdrückt wird:

So kläglich verurteilt stirbt Weinen, so strafbar wird Fluchen;
Der Keulen sauberer Fleiß ist, der recht behält.

Das Gesetz verbietet jeden Widerspruch (unwillkürlich fühlt man sich an den Jahre später entstandenen Zyklus „Das Wort der Stummen" erinnert). Auch das Schluchzen wird erstickt. Es ist ein totalitäres Universum, in der das Recht abgeschafft wurde, da es auf der Seite derjenigen ist, die tatkräftig, gehorsam, unermüdlich morden: Recht verschwindet im Rechtbehalten, in der Richtigkeit, die sich nach einer neuen Ordnung bemißt. Das Töten geht sauber, fleißig und geräuschlos vor sich.

Doch dieses Universum, diese Mordmaschinerie, wird als die verdeckte Kehrseite (oder Innenseite) einer von Lust erfüllten, unterhaltsamen Zerstreuungen gewidmeten Gesellschaft beschrieben:

---

85 „ce que l'action chimique développe, c'est l'indéveloppable, une essence (de blessure), ce qui ne peut se transformer, mais seulement se répéter sous les espèces de l'insistance (du regard insistant)." Roland BARTHES, La chambre claire. Note sur la photographie. Paris: Éditions de l'Étoile, Gallimard, Le Seuil, 1980. 81. Die helle Kammer. Bemerkung zur Photographie. Frankfurt/M.: Suhrkamp, 1989. 59.

Die goldenen Keulen mühn sich um unsere Lust.
Seht, wie sie behend auf das große Paukenfell hüpfen,
Die munteren Tänzer. Wer schweigend in Dämmerung schaut,
Merkt Rotes, Warmes durch seine Hände schlüpfen,
Das versickert aus der gegerbten Haut –

Der Text insistiert auf der unauflöslichen Verwobenheit der Nachtseite des Mordens mit dem Glück des Tages, mit dem lustvollen Genuß des Lebens. Es sind dieselben goldenen Keulen, die alles totschlagen und die tanzen, wobei sie den Rhythmus der Musik angeben; und die, die sich vergnügen, haben selbst das Blut der Ermordeten an ihren Händen, doch das nehmen sie erst dann wahr, wenn sie sich der Nachtseite ihres glücklichen, hellen Universums zuwenden. Es ist ein einzelner, der diese Wirklichkeit sieht und hört, und es sind „wir", die an den Verbrechen beteiligt sind, ohne es zu bemerken (das Pronomen „unser", das ein Kollektivsubjekt benennt, wird an dieser Stelle in den Text eingeführt).

Die Nachtseite des geschichtlichen und kulturellen Prozesses, die verborgene Kehrseite der Welt, ist hier nicht als Krankheit, Verwesung und Tod gedacht, als Exzess der Natur, sondern als Mord, als systematische Massenvernichtung. Wieder begegnen wir in diesem Text einer Transformation des (natürlichen) Todes in Mord. Die Natürlichkeit und das Skandalöse des Todes verschwinden in der anonymen Mechanik des Mordens. Der Text suggeriert, der Verweis auf eine Transzendenz (*Sinn, Schwingen, Sterne*) würde der Gewalt dieser Mechanik noch standhalten; im selben Zuge legt er nahe, daß die Ordnung des Verbrechens dem transzendenten Gesetz ebenbürtig – dabei aber aufgelöst in den Geschichtsraum – ist.

Die Dimension des Gelebten, der Erfahrung, von der die Aktualisierung innerhalb der Lektüre ihren Ausgang nimmt, bezieht sich indessen auch auf das biographische Faktum eines traumatischen Liebeserlebnisses, wie beispielsweise folgende Zeilen aus dem Gedicht „Wappen von Bücken" andeuten:

Deine Krallen spritzten Funken, sehr rot,
Knisterten, kicherten, griffen teuflisch und bös.

Diese liebende Brust, mein atmender Leib
War dein mürbes Leintuch, das müde zerschliß.[86]

---

86 KOLMAR 1960. 481–482.

Auch hier ist die metaphorische Sprache geprägt von einer Gleichsetzung von Körper und Ding – die Haut zerreißt wie Stoff. Der Diskurs der Gewalt, der seinen innersten Moment vielleicht in diesem biographischen Ereignis hat, wird aber angefüllt und fortgeschrieben durch die historische Erfahrung und durch die historischen Traumatisierungen der dreißiger Jahre.[87]

Im Moment der Gefahr enthüllen demnach die Lektüren der *Wappengedichte* ein Unbewußtes, einen Gedächtnisverlust, einen betäubten Kern im Innern der Kultur. Die verschlüsselte Botschaft, derer sie sich annehmen, spricht von einer mörderischen Potentialität, welche sich in der Schönheit der Bildmotive, in ihren erstarrten Codierungen und ihrer äußeren Eindeutigkeit und Bestimmtheit verborgen hält. In dieser mörderischen Potentialität, die von einer Negation des Anderen, des Verschiedenen herrührt, liegt ein Moment der kulturellen und geschichtlichen Entwicklung, das die Vorstellung eines zivilisatorischen Kontinuums (wie sie sich zum Beispiel in der zitierten textuellen Anspielung auf die Bürgerrechte ankündigte) aufsprengt und zunichte macht. Die Korrespondenzen zwischen Jetztzeit und Gewesenem, die in den Lektüren aufgedeckt werden, beziehen sich aber auch auf eine vorausgegangene Verdrängung und die Wiederkehr dieses Verdrängten aus den Bildern.

Als Abwehrzeichen eines Gemeinwesens weisen die Bildmotive, wie die Lektüren der *Wappengedichte* zeigen, auf einen tiefer liegenden Abwehrvorgang hin, der dem sozialen Geschehen zugrundeliegt und auch die Identifikation innerhalb einer sozialen Gruppierung bestimmt: auf die Abspaltung und Projektion, die der Bildproduktion inhärent ist. Die Diskussion der Bildlichkeit, die sich daran knüpft, und die sich im Kontext einer historischen Konkretion des Bilderverbots bewegt, setzt sich mit jener Dimension des Bildes auseinander, in der die Wahrheit eines ursprünglichen Entsetzens, einer Drohung und eines Begehrens geleugnet und zu bannen gesucht wird. Das, was Abscheu und Entsetzen erregt, wird dann als kulturell produzierter Effekt entzifferbar.

---

87 Hier zeichnet sich eine Parallele zu Biographie und Poetologie von Nelly Sachs ab. Siehe dazu Ruth DINESEN, Nelly Sachs. Eine Biographie. Frankfurt/M.: Suhrkamp, 1992.

# 5. Im Vorraum der Zivilisation

*Im Vorraum* ist eine zeitliche Markierung: sie verweist auf eine Figur der Wiederkehr, auf die Verwobenheit von Kultur und Verbrechen, welche die Konzeption eines geschichtlichen Kontinuums der Humanisierung aufsprengt – angesichts des Bündnisses zwischen Fortschritt und Barbarei, welches Sigmund Freud (vor dem März 1938) *mit Erstaunen* beobachtet;[1] und angesichts jener „Rückkehr der aufgeklärten Zivilisation zur Barbarei in der Wirklichkeit", als deren Kern in der *Dialektik der Aufklärung* der Antisemitismus der dreißiger und vierziger Jahre in Deutschland bestimmt wird.[2] Die Markierung *Im Vorraum* bezeichnet also ein verändertes Denken der Geschichte, dessen chronologische Ordnung in eine topologische Ordnung überführt wird: Geschichte erweist sich als Diskontinuum, geprägt durch Wiederholung und Wiederkehr, die teleologische Zeitkonzeption bestreitend. Im selben Zuge deutet diese Markierung aber auch auf einen zweifachen Gegenzug: zum einen auf eine (Re)Investition in das Paradigma einer Dialektik von Sünde und Erlösung, das die Figur der Teleologie zu retten versucht, zum anderen auf die – als konkurrente Gegen-Erzählung eingesetzte – Konstruktion eines vorgeschichtlichen, vormodernen Originären: auf eine Fiktion, welche die Bewegung der *Identifikation* mit einer früheren Intaktheit, einem verlorenen Natürlichen, wieder einführt.

---

1 Sigmund FREUD, „Der Mann Moses und die monotheistische Religion" (1939 [1937]). In: FREUD, Gesammelte Werke XVI. 101–246; hier 156. Das Moment des *Staunens*, das bei Benjamin thematisiert wurde, kehrt hier wieder – bei Freud. Freud geht innerhalb seiner „Vorbemerkung I" zunächst auf die Sowjetunion und Italien ein, um dann bitter-ironisch festzustellen: „Man empfindet es als Erleichterung von einer bedrückenden Sorge, wenn man im Fall des deutschen Volkes sieht, daß der Rückfall in nahezu vorgeschichtliche Barbarei auch ohne Anlehnung an irgendeine fortschrittliche Idee vor sich gehen kann." ibid. 157. Dies war sicher die letzte Erleichterung, die die Deutschen für Freud bereithielten.
2 ADORNO, HORKHEIMER 1971. 6.

## 5.1 Opferungspraktiken

In den Mythen der europäischen Kultur fungiert das weibliche Opfer als ein Medium, durch das sich eine neue kulturelle Ordnung konstituiert. Die Thematisierung des weiblichen Opfers bei Gertrud Kolmar begründet, wie ich zeigen werde, zwei unterschiedliche Deutungsmuster: zum einen die *Dialektik von Sünde und Erlösung*, und zum anderen den *Zusammenhang von Idolatrie und Mord*, den Horkheimer und Adorno in ihren Überlegungen zum Antisemitismus als „mimetische Opferpraxis" kennzeichnen:

Verkleidet als Anklage erst feiert das unterschwellige Gelüste der Einheimischen, zur mimetischen Opferpraxis zurückzukehren, in deren eigenem Bewußtsein fröhliche Urständ. Ist alles Grauen der zivilisatorisch erledigten Vorzeit durch Projektion auf die Juden als rationales Interesse rehabilitiert, so gibt es kein Halten mehr. Es kann real vollstreckt werden, und die Vollstreckung des Bösen übertrifft noch den bösen Inhalt der Projektion.[3]

Die Diskussion beider Deutungsmuster verläuft bei Kolmar über eine Kreuzung von religiösem und sexuellem Diskurs.

Das Gedicht „Die Sünderin"[4] spielt erneut auf das Motiv der sexuellen und kulturellen Mésalliance an, indem zugleich eine Beschuldigung und eine Verteidigung gegen den Vorwurf der Promiskuität vorgebracht wird: „Wem sollte ich meine rote Hölle schenken?", fragt die „Sünderin" im ersten Satz des Gedichtes. Die Metaphorik des Feuers führt hier sexuelle Leidenschaft, das Schreien nach Erlösung, und die Hexenverfolgung des Mittelalters zusammen. Die Projektion der Kastrationsangst – den Mythen des Volksglaubens entsprechend, welche die Hexenverbrennungen legitimieren sollten – weist das weibliche Ich des Textes zurück:

Das ist wahr. Ich bin nicht die Lasterhafte. Ich bin nicht die Böse,
Die dem Toten die Mannheit raubt, des Vogels kindliches Auge durchsticht,
Die dem vertrauenden Knaben den zarten Wirbel zerbricht.
Ich fresse mich selbst in dem sengenden Schrei: Erlöse!

Jenen, die auf dem Holzstoß prasselnde Bisse zermalmen,
Bin ich gleich, ich, das Weib, das Geschlecht, Mutter, Gebärerin.
Über die Zeugenden, die Gezeugten lodert mein Herz ewig hin.
Meine Seele kniet und singt Psalmen.

---

3 ibid. 166.
4 KOLMAR 1960. 66–67. Das Gedicht zählt zum „zweiten Raum" des „Weiblichen Bildnisses".

Der Text benennt die Mythen des Aberglaubens, rezitiert sie, um sie als Fiktionen und Projektionen zu enthüllen („Ich bin nicht ..."). Doch unterstreicht er indirekt ihre Macht in der Wirklichkeit, wenn er eine Gleichsetzung zwischen der weiblichen Figur und den Verfolgten, Gefolterten und Verbrannten vornimmt („Jenen (...) Bin ich gleich ..."). Dabei faßt der Halbsatz „die auf dem Holzstoß prasselnde Bisse zermalmen" die Hexenverfolgung, die Ketzerverfolgung durch die Inquisition und die Verfolgung der Juden zusammen – und zwar gerade unter dem Aspekt der Häresie. Kolmar stellt dadurch einen Zusammenhang her zwischen der Verfolgung und dem Abweichen vom herrschenden Dogma, von der durch die herrschende (kirchliche) Institution vertretenen Lehre.

Im selben Zuge aber investiert der Text in das narrative Paradigma von Sünde und Erlösung, um daraus den Gewinn einer sinngebenden Deutung der geschichtlichen Katastrophe zu ziehen.[5] In diesem Sinn weigert sich der Text, eine Destruktion zu denken, die von jeder Implikation eines Opfers absieht; andererseits zeichnet sich in ihn als Negativ das Unbegründbare der Verfolgung ein, das sich in den Registern von Bestrafung und Krieg nicht wiederfindet. Wenn daher die Überschneidung von religiösem und sexuellem Diskurs hier dazu dient, die Dialektik von Sünde und Erlösung erneut zu bekräftigen, könnte man sagen, daß der Text die Figur der „Sünderin" zugunsten dieses Deutungsmusters opfert. Der Rekurs Gertrud Kolmars auf dieses narrative Paradigma belebt von neuem eine sinngebende Signatur der Geschichte, die in der Geschichte der Moderne und in der modernen jüdischen Geschichtsschreibung zunächst in den Hintergrund getreten war.[6] *Im aktuellen Moment* geht es dann in diesem Text um ein Wiedererkennen einer vertrauten Struktur in einem doppelten Sinn: um ein Wiedererkennen der geschichtlich vertrauten Struktur der Verfolgung, in der sich Konventionen des Mittelalters wiederholen, und um ein Wiedererkennen der kulturell vertrauten Struktur der Sinngebung von Zerstörung und Verfolgung.

---

5 Es gibt mehrere Textstellen in der hebräischen Bibel, die den Abfall Israels von Gott als Prostitution bezeichnen: vgl. z. B. in den prophetischen Büchern Hosea 1,2; 3,1.

6 Siehe Yosef Hayim YERUSHALMI, Zachor: Erinnere dich! Jüdische Geschichte und jüdisches Gedächtnis. Berlin: Wagenbach, 1988. Vgl. hierzu zum Beispiel 115 (Anm. 11) und 117 (Anm. 29). Über den Zusammenhang eines bestimmten jüdischen Geschichtsverständnisses hinaus handelt es sich hier um ein Motiv, das für das Geschichtsdenken im frühen 20. Jahrhundert insgesamt charakteristisch ist.

In seiner Studie über den *Sündenbock*[7] hebt René Girard die Ambivalenz hervor, die dieser Weise der Opferung inhärent ist. Denn das Opfer ist gleichzeitig bedeutsames Gift (*pharmakos*) und heilendes Gegengift (*pharmakon*), es wird im selben Zuge als verwirrende, störende, verunreinigte und verdorbene Substanz und als deren erleichterndes, linderndes Heilmittel aufgefaßt. Daher, so Girard, sei der Sündenbock gleichzeitig eine beklagenswerte, erbärmliche und eine hochgeachtete, geheiligte Figur.

Dieser Aspekt der Achtung motiviert vielleicht die aktive Tätigkeit des Opfers, seine Einwilligung, seine Bewegung in das Zeichen (in das Zum-Zeichen-werden) – eine Bewegung, die in Gertrud Kolmars Gedicht „Das Opfer" wie narkotisiert erscheint: „so wandelt sie ohne Willen, gebunden, im Traum", lautet der zweite Satz dieses zum Zyklus „Welten" zählenden, im Herbst 1937 entstandenen Prosagedichts.[8] „Das Opfer" führt uns in einen Raum, in dem Menschenopfer (wieder) stattfinden, in dem das mit der jüdischen Tradition verbundene Verbot eines solchen Opfers ebenso wie das Verbot der Idolatrie durchbrochen wird. Der Text handelt von einem Umschlossen-werden durch die symbolische Ordnung, wobei sich der Satz „dort wird sie eingehn" auch auf die Placierung bezieht, die das Opfer innerhalb der symbolischen Struktur (der Gesetzlichkeit des Abgottes) erhält. Umgekehrt handelt der Text auch von einem Umarmen der Stigmatisierung. So zum Opfer bestimmt, gleitet die weibliche Figur wie betäubt durch das Interieur der Tempelanlage des „falschen" Gottes, um am Eingang ins Innere des Tempels, wo der Akt der rituellen Tötung stattfinden soll, zu warten. Und hier ereignet sich innerhalb des Gedichts ein Wechsel der Zeitform, des Tempus (vom Präsens in das Futur I):

Sie bleibt und wartet.

Dort wird sie eingehn.
Unter dem Bilde des Abgotts mit goldenen Krötenschenkeln,
Im Rauche glimmenden Sandelholzes,
Beim Strahlen zuckenden Feuers
Wird der Fremde nahn,
Wird langsam schreiten und seine rechte Hand auf ihre Mitte legen als ein Zeichen.
Er wird sie hinführen in den sengenden Kreis
Und ihre Brüste schauen

---

7 René GIRARD, Ausstoßung und Verfolgung. Eine historische Theorie des Sündenbocks. Frankfurt/M.: Fischer, 1992.
8 KOLMAR 1960. 582–584.

Und schweigend stark aus glühen Umarmungen Wollust schmelzen.
Sie töten ...
So ist es ihr vorbestimmt und sie weiß es.
Sie zaudert nicht. Kein Beben zwingt ihre Glieder; sie blickt nicht um,
Kennt weder Glück noch Unglück.
Sie füllte sich ganz mit brennender Finsternis, mit dumpf erglänzender Demut, die dem
Gebote des Scheusals dienen, dem goldenen Götzen sterben will. –

Die letzten Zeilen des Prosagedichts weisen aber, durch eine erneute Distanzierung der Perspektive, auf ein anderes Gesetz hin, dem die weibliche Figur untersteht, ohne es zu wissen:

Doch in ihrem Herzen ist Gott.
Auf ihrem ernsten und schönen Antlitz haftet sein Siegel.
Das aber weiß sie nicht.

Das Opfer weiß, was ihm dem Gesetz des Abgotts gemäß bevorsteht – das rituelle lustvolle Ermordet-werden, und das ist alles, was es weiß: das Wissen um seine Bestimmung erfüllt seine Subjekt-Position. Der Text betont die Totalität dieser ausweglosen Situation, die das Opfer vollkommen introjiziert hat. Erst die Distanzierung, der winzige Sprung am Schluß des Gedichts bricht diese Totalität auf: in der Herstellung eines Bezuges zu einer Transzendenz, die der Macht des Gesetzes des „falschen" Gottes nicht nur zuwiderläuft, sondern diese übersteigt. Die Wendung zu einer Heteronomie, die darin liegt, radikalisiert jedoch nur die willenlose Hingabe des Opfers, sein betäubtes Gebunden-sein an das Gesetz des „goldenen Götzen". In einer paradoxen Weise bringt diese Passage des Textes die Gleichzeitigkeit von Existenz und Indifferenz des anderen Gesetzes – seine Indifferenz gegenüber dem, was fraglos und unaufhaltsam geschieht – zum Ausdruck.

Die Überschneidung von religiösem und sexuellem Diskurs dient hier dazu, die unheimliche Faszination des Opferrituals – und das Obszöne der Faszination, das Skandalon der Introjektion – zum Ausdruck zu bringen: das Begehren des Barbarischen, das mit einer Verkennung des Barbarischen einhergeht. In diesem Sinne nimmt der Text ein Motiv auf, das schon für das Gedicht „Mörder"[9] prägend war: die Koinzidenz von Affektion und äußerster Bedrohung durch den Verfolger, verkleidet als erotisches Drama. Während aber jenes Gedicht seine Spannung und sein Pa-

---

9 Siehe Kapitel 3.3 dieser Arbeit.

thos durch das Ineinandergleiten von Liebesdiskurs und Gewaltdiskurs gewann, scheint hier – aufgrund der Übermächtigkeit des Gesetzes und der betäubten, willenlosen Hingebung und Verblendung des Opfers – der Liebesdiskurs im Gewaltdiskurs unterzugehen. Die Intimität des Hasses ist hier der Intimität der Unterwerfung unter die Verfügungsgewalt des „falschen" Gottes und des Agenten seines Gesetzes gewichen. Dabei wird eine Perversion sowohl des Sexuellen wie des Religiösen angedeutet.[10] Aus dieser Intimität entspringt kein Kind, kein „Drittes", sie läßt kein kreatives Umbiegen des Schmerzes zu; sie bringt nur das Opfer hervor, in dem Leib und Zeichen verschmelzen – unter dem Signum des falschen Gottes. Das Ineinanderstürzen der Dimension des Leiblichen und der Dimension des Zeichens, welches in der Figur des Opfers (über seinen Leib) geschieht, wird durch den Akt des Ritualmordes vollzogen.[11] Die Akzentuierung des Rituellen bei der Beschreibung dieses Kollabierens weist auf jenes Moment der Hypostasierung des Imaginären hin, das im ersten Teil dieser Studie erläutert wurde und das dem Begriff des wiederkehrenden „Mimetischen" in der *Dialektik der Aufklärung* inhärent ist. In diesem Zusammenhang sei daran erinnert, daß das Opfer, wie Bernard Baas im Rekurs auf Lacan konstatiert, „genau das monströse Ergebnis [ist], das die Logik der Identifizierung insgeheim in sich trägt. Das Ergebnis, aber nicht das Endziel: kein Identifizierungsprozeß kann in diesem sinnlosen Punkt der Endlösung zu etwas anderem als zu seiner katastrophischen Begegnung mit dem Gesetz führen, das ihm die blinde und nutzlose Erfüllung des Opfers befiehlt."[12] Kolmars Text thematisiert genau diese Blindheit, die der katastrophischen Begegnung mit dem Gesetz zugrundeliegt.

---

10 In der „Über eine Weltanschauung" überschriebenen 35.Vorlesung der *Neuen Folge der Vorlesungen zur Einführung in die Psychoanalyse* (1933) beschreibt Freud den aufkommenden Nazismus als eine *religiöse Weltanschauung*, die dem Logos entgegengesetzt ist und in der keine Frage offen bleibt: „Weltanschauung ist, besorge ich, ein spezifisch deutscher Begriff, dessen Übersetzung in fremde Sprachen Schwierigkeiten machen dürfte. Wenn ich eine Definition davon versuche, wird sie Ihnen gewiß ungeschickt erscheinen. Ich meine also, eine Weltanschauung ist eine intellektuelle Konstruktion, die alle Probleme unseres Daseins aus einer übergeordneten Annahme einheitlich löst, in der demnach keine Frage offen bleibt und alles, was unser Interesse hat, seinen bestimmten Platz findet." FREUD, Gesammelte Werke XV. 170.

11 Siehe Kapitel 1.2 dieser Arbeit. Berücksichtigt man dieses Ineinanderstürzen der Sphäre des Leiblichen und der Dimension des Zeichens in der Figur des Opfers, läßt sich „Das Opfer" (1937) wie eine Fortschreibung des Gedichts „Die Irre" (1927) lesen.

12 BAAS 1992. 56.

„Das Opfer" zeugt von einer tiefen Identifikation mit der normativen Autorität, mit dem Gesetzgeber, der den Tod befiehlt. Der Text unternimmt nicht nur eine Ästhetisierung des Opfers und des Täters, sondern auch eine Ästhetisierung des Gesetzes, nach dessen Regel die Opferung erfolgt. Auf diese Weise wird der Mord im Opfer aufgehoben und zu einem „schönen und schrecklichen Tod" umgeschrieben. Die wirkliche Gewalt wird in diesem Text zwangsläufig verkannt – als würde sich die Verblendung der weiblichen Figur auch auf den Text selbst erstrecken, und darüber hinaus auf jeden Versuch, die wirkliche Verfolgung und Vernichtung der Juden mit einem Opferdiskurs oder mit einer Rede über Schicksalsbestimmung zu verknüpfen. Die Differenz, die zwischen Opferung und Vernichtung aufklafft, beschreibt Lyotard, wenn er betont, dem Deportierten stehe, der Autorität der SS entsprechend, ein Opfer nicht zu. Der Tod des Deportierten „ist rechtmäßig, weil sein Leben unrechtmäßig ist. Der individuelle Name muß ausgelöscht werden (daher der Gebrauch von Kennnummern), und auch der Kollektivname (Jude) muß ausgelöscht werden, und zwar so, daß kein Träger-Wir dieses Namens übrig bleibt, das den Tod des Deportierten in sich aufnehmen und verewigen könnte. Es muß also dieser Tod getötet werden, und eben das ist schlimmer als der Tod."[13]

Was Kolmars Text hingegen als zeitgeschichtliche Aktualität zum Ausdruck bringt, ist zum einen der Zusammenhang zwischen Idolatrie und Mord, zum anderen das Faktum, daß es kein Außerhalb gibt, daß das Universum der Opferung und des falschen Gottes, der die Ritualmorde befiehlt, ein geschlossenes und totales ist (sieht man von dem distanzierenden Moment am Schluß des Gedichts ab, durch welches jedoch nicht das zum Opfer bestimmte Subjekt vor dem Tod, vor dem Ritualmord, gerettet wird, sondern etwas anderes, nämlich die Transzendenz des anderen Gesetz, der mögliche Bezug auf dieses Gesetz).

Aber handelt dieser Text nicht auch von einer Affinität, von einer *Umarmung*, welche sich zwischen jenen atavistischen Phantasien, die mit dem Wunsch nach „Erneuerung" einer als lebensfeindlich und mechanistisch empfundenen europäischen Zivilisation im frühen 20. Jahrhundert einhergingen, und dem Denken des Faschismus und des Nazismus ereignete?

---

13 Jean-François LYOTARD, Der Widerstreit. München: Fink, 1987. 173.

Kehren wir nochmals für einen Moment zur Diskussion der Idolatrie bei Kolmar zurück. Das Idol läßt sich beschreiben als ein transzendentales Supplement, das seinen Supplementcharakter verschweigt. Dieses Verschweigen greift das Gedicht „Das Götzenbild"[14] auf, um es als Schweigen der Macht aufzudecken:

Ich mußte steigen in die Macht,
Ich mußte in ihr thronen wie in einem Hause;
Ich *bin* sie nicht: als Bild ihr eingedacht,
Füll ich ihr Schweigen aus mit Menschenflüstern und -gebrause.

Das Idol wird hier als Projektion subjektiver Wünsche, Bitten und Ängste vorgeführt, das heißt als Effekt von Begehren (oder Begierden). Wie die Lektüre des Gedichts „Wir Juden" zeigte – deutlich vor allem in der expliziten Weigerung des sprechenden Ich, „das erzene Knie, den tönernen Fuß des Abgotts harter Zeit" zu „küssen"[15], wobei das „Küssen" sowohl als Zeichen der Unterwerfung wie auch als Zeichen der Stütze des Bildes durch das eigene Begehren (genau genommen durch die eigene Begierde und Faszination) fungiert – wird die Idolatrie als ein kultureller Code gedeutet, welcher der Geschichte überhaupt, der „Positivität", dem Imperativen und Repräsentativen der Geschichte, unterliegt.

Die Urszene dieser Geschichte situiert das im Frühjahr 1937 verfaßte Gedicht „Dagon spricht zur Lade"[16] in der biblischen Überlieferung vom Krieg der Philister gegen Israel, und zwar in jener Episode, die von der Niederlage Israels und dem Raub der Bundeslade berichtet, und davon erzählt, wie der Gott der Philister, Dagon, wiederholt niederstürzt vor der Lade, bis schließlich seine Form zerbricht (1.Samuel 5, 1–7 [Newiim Rischonim]; der inhaltlichen Ordnung nach zählt dieser Text zu den Büchern der *Geschichte*). Das Gedicht beginnt mit den befehlenden Worten Dagons:

---

14 KOLMAR 1960. 92–93. Das Gedicht gehört zum „dritten Raum" des „Weiblichen Bildnisses".

15 KOLMAR 1980. 224–226.

16 Dieses Gedicht, das die Datierung des 4. April 1937 trägt, wird von Johanna Woltmann mitgeteilt: Marbacher Magazin 63, 1993. 180–181. Es handelt sich dabei um das letzte nichtveröffentlichte Gedicht aus dem nachgelassenen Textcorpus. ibid. 172.

Liege und bete mich an! Liege!

Du hast keine Knie zum Beugen,
Du hast keine Augen zum Weinen.
Wo sind deine Träger und Zeugen?
Wo ist das Winseln der Deinen?
Vernimm meine blitzenden Siege

Unterbrochen von der wiederholten Forderung: „Liege und bete mich an!
Liege!" verkündet der Fruchtbarkeitsgott Dagon sechsunddreißig Zeilen
lang seine Suprematie, seine Präsenz und seine Allmacht – die sich auch
im Vitalismus seiner Rede erweisen –, um schließlich imperativ die Forderung zu erheben:

Du doch, ewig Geschwächte,
Du doch, immer Verlorne,
Bete du an! Brich den Nacken
Vor Mir, vor Mir, vor Mir! ….

Das Gedicht inszeniert zwei Redepositionen. Die mit dem Namen *Dagon*
verknüpfte rhetorische Akkumulation an Sein, die ihre unendliche Herrschaft gegen den unterstellten Mangel, die Schwäche und Verlorenheit
der *Lade* behauptet, dominiert auch quantitativ den Text (sie breitet ihre
Präsenz im Text aus). Die Widerrede des *anderen Gesetzes* reduziert sich
auf eine bloße Verneinung, die Nennung der Namen und eine rätselhafte
Rückgabe der Formel „vor Mir!": „Die Lade: Nein. / Gott Abrahams, Gott
Isaaks, Gott Jakobs, / Vor dir!" Das Ende des Gedichts setzt die geschichtstheologische Figur des Umschwungs in Szene: „Des Götzen Stirn fuhr
nieder auf den Stein."
   Der Text greift jene Motive des Mangels, der Absenz, der repräsentationalen Entkräftung und der Desubstantiation auf, welche schon bei der
Analyse des fast zur selben Zeit entstandenen Gedichts „Kunst" aufgezeichnet wurden. Er unterstreicht daher, wie sehr bei Kolmar der ästhetische Diskurs und der religiöse Diskurs – der in die Geschichtstheologie
übergeht – miteinander verwoben sind, und zwar unter dem Aspekt der
Repräsentation und der Verfolgung (die hier noch als Krieg vorgestellt,
in das Paradigma der Erzählung vom Krieg, von Sieg und Niederlage
eingetragen wird). Die Dramatisierung der Ohnmacht des Idols gegenüber
dem Gesetz, die der Text unternimmt, schließt die geschichtstheologische
Figur des Umschwungs und den (dem Bilderverbot verpflichteten) Gestus

des Ikonoklasmus zusammen. Kolmar stellt hier zwei Weisen der Repräsentation einander gegenüber: diejenige des Idols, die der Struktur einer imaginären Anwesenheit entspricht (insofern sie sich auf die Ähnlichkeit der Abbildung stützt, und ihre generative und imperative Macht aus dieser Ähnlichkeit ableitet) – und diejenige der Bundeslade (*Aron ha-Berit*), die der Struktur einer symbolischen Anwesenheit entspricht (indem sie den *Platz* oder die *Stelle* der Offenbarung Gottes und der Aufbewahrung der Gesetzestafeln bezeichnet, und dadurch als *Zeichen* der Gegenwart Gottes fungiert).

Zweifellos läßt sich dieser Text auch als Camouflage lesen: es ist unschwer zu erraten, wer mit Dagon gemeint ist, und auf welche Kultur, auf welche Sprache, auf welche kulturellen Darstellungsformen die Kritik und die Zurückweisung der Idolatrie, die der Text ausspricht, bezogen sind. Darüber hinaus kommt aber die Bedeutung, die Kolmar der Idolatrie gibt, jener Bewertung der „okzidentalen Ontologie" nahe, die Emmanuel Lévinas vornimmt, wenn er das „solide Sein" dieser Ontologie unterscheidet von der Desubstantiation des Seins im Judentum. „In der Solidität des Substrats, der Statue – des Monuments und des Monumentalen", so argumentiert Lévinas, „sucht diese Ontologie, dieses Verständnis des Seins eine Zuflucht gegen das Nichts" (*solidité de substrat, de statue – du monument et du monumental – où cette ontologie, cette compréhension de l'être cherche un refuge contre le néant).*[17]

Dieses Kriterium der Zuflucht, der Rettung vor dem Nichts, das Lévinas in seiner Deutung der Seinsgeschichte hevorhebt, berührt jenes Moment der Subjektgeschichte, welches die psychoanalytische Theorie Lacans als Leugnung des fundamentalen Mangels bezeichnet, als die Bemühung, die Illusion der Ganzheit und Unversehrtheit aufrechtzuerhalten. Daran läßt sich die Frage anknüpfen, ob nicht vielleicht die Verschränkung der beiden Dramen der Ontologie (der *Beharrung im Sein*) und der Identifikation (der *imaginären* Tilgung einer realen Zerrissenheit) einen derjenigen Orte beschreibt, an denen der mörderische Narzißmus unserer Kultur entsteht.

---

17 LÉVINAS 1976. 149 (Anm. 1).

## 5.2 Wunsch-Bilder einer archaischen Prämoderne

In seiner Studie *Le différend* (*Der Widerstreit*) unternimmt Jean-François Lyotard eine Entgegensetzung der beiden Diskursgenres der mythischen Erzählung und des jüdischen Idioms: eine Entgegensetzung, die in einen Widerstreit zwischen dem spekulativen Satz – der Totalität – und dem ethischen Satz – dem Unendlichen – übersetzt wird.[18] Es sei hier nur kurz an die Differenz zwischen *Widerstreit* und *Rechtsstreit* erinnert, die Lyotard einführt:

> Der Kläger trägt seine Klage bei Gericht vor, die Argumentation des Beschuldigten will die Nichtigkeit der Anklage aufzeigen. Ein Rechtsstreit (*litige*) liegt vor. *Widerstreit* (*différend*) möchte ich den Fall nennen, in dem der Kläger seiner Beweismittel beraubt ist und dadurch zum Opfer wird. (...) Zwischen zwei Parteien entspinnt sich ein Widerstreit, wenn sich die ‚Beilegung' des Konflikts, der sie miteinander konfrontiert, im Idiom / der einen vollzieht, während das Unrecht, das die andere erleidet, in diesem Idiom nicht figuriert.[19]

*Ungerechtigkeit* entsteht demnach daraus, daß ein Widerstreit wie ein gewöhnlicher Rechtsstreit behandelt wird. Der Kläger wird dadurch seiner Fähigkeit beraubt, das Unrecht, das er erlitten hat, zu bezeugen, und demzufolge ist dieses Unrecht nicht darstellbar, es tritt sprachlich nicht in Erscheinung – auch nicht als Undarstellbares; es hinterläßt keinerlei Spuren.

Durch die Unterscheidung Lyotards zwischen den beiden Diskursgenres der mythischen Erzählung und des jüdischen Idioms erfährt nun der Begriff der *Identifikation* eine weitere Bestimmung: der Nazismus, so argumentiert Lyotard im Rekurs auf die Thesen Lacoue-Labarthes, habe „die Mythologie der nordischen Völker aufgegriffen, umgearbeitet, hervorgebracht und repräsentiert, um eine an ihrer ‚historischen Verspätung', an der Niederlage und der Krise krankende deutsche Identität zu retten", das heißt, indem er also die identifikatorische Energie der mythischen Erzählung für eine sich vom Zerfall bedroht fühlende Gesellschaft nutzte.[20] Der Nazismus, so Lyotard, restauriere das Diskursgenre des mythischen Erzählens, welches durch die Moderne zerstört wurde.[21] Doch ist es eben diese identifikatorische Energie des mythischen Erzählens, die, wie im folgenden gezeigt wird, auch die Metaphorik der Texte Gertrud Kolmars

---

18 LYOTARD 1987. 195.
19 ibid. 27.
20 ibid. 252.
21 ibid. 180.

an vielen Stellen bereichert – ein Hinweis darauf, daß (in einem bestimmten Text) die beiden Diskursweisen des mythischen Erzählens und des jüdischen Idioms in eine irritierende Nähe geraten. Dies läßt vermuten, daß die Entgegensetzung der beiden genannten Diskursgenres für den prekären Status der Assimilation und die daraus erwachsenden Diskursweisen nicht unbedingt zutrifft (der Aspekt der Geschichtlichkeit würde dabei ausgeblendet). Vladimir Jankélévitchs Diktum von der *unmerklichen Andersheit*, die er *altérité minimale – cette différence introuvable* nennt[22], wäre daher auf das Feld der Diskursweisen zu übertragen – auch, um auf jene Spiegelungsmomente zu kommen, die Jacques Derrida in seinem Essay über Walter Benjamins Text *Zur Kritik der Gewalt* anspricht: Analogien, Symmetrien der „jüdisch-deutschen Psyche", die sich, so Derrida, in einem gewissen Patriotismus oder Nationalismus nicht erschöpfen.[23] Die reine Entgegensetzung der mythischen Erzählung und des jüdischen Idioms droht, wie mir scheint, diese Spiegelungsmomente (in die sich der euphemistische Begriff der „deutsch-jüdischen Symbiose" übersetzt) zu verdrängen – und damit auch die eminente Problematik der Assimilation, die sich in ihnen ausdrückt. Darüber hinaus wäre noch anzumerken, daß eine Restauration mythischen Erzählens im ersten Drittel des 20. Jahrhunderts sich an verschiedenen diskursiven Orten ereignet – solche Momente der Restauration wären demnach eher als Aspekte der Moderne selbst zu entziffern.[24]

Die *Bewegung der Rückkehr* oder der *Heimkehr*[25] zu einem als intakt gedachten Ursprung wird in etlichen Texten Kolmars als eine Gegen-Erzählung eingesetzt, deren identifikatorische Energie dem Sog von Verlust, Zerfall, Zerrissenheit und Destruktivität gegenzusteuern sucht. Bestimmend ist dabei das Pathos des Aufgehens in einer Sphäre des Natürlichen, Zyklischen – eine Form, die das heidnische Band zwischen Mensch und

---

22 JANKÉLÉVITCH, BERLOWITZ 1978. 139.

23 DERRIDA 1991. 64–65.

24 Zu den Erschütterungen, auf die die Motive der Antimoderne reagieren, siehe Ulrike HAß, Militante Pastorale. Zur Literatur der antimodernen Bewegungen im frühen 20. Jahrhundert. München: Fink, 1993. Zum Begriff der Antimoderne vgl. auch Uwe-K. KETELSEN, Literatur und Drittes Reich. Schernfeld: Süddeutsche Hochschul-Verlagsgesellschaft, 1992.

25 Zur Verknüpfung der „Figur der Heimkehr" mit dem antimodernen Wissen vgl. HAß 1993. 217–220.

Natur neu zu knüpfen versucht. Ein solches Pathos prägt sich beispielsweise im Gedicht „Die Entführte" aus, das zuerst im *Insel Almanach auf
das Jahr 1930* publiziert wurde (also wohl Ende der zwanziger Jahre entstanden ist):

Unsre Nacht: ein Duft der Wiesenblume,
Eines Mannes Schulter, dran ich lerne
Sonne sein und Strauch und Ackerkrume
Und die Baumfrucht, fehllos bis zum Kerne.

Unsre Arme weitet früh die Linde,
Wenn wir atmend ineinander schliefen.
Meine Wurzel schwankte sich im Winde
Und ist heimgewachsen in die Tiefen![26]

Die Ermüdung, die Krankheit der Moderne – ein kulturkritischer Topos
seit der Jahrhundertwende[27] – wird hier „geheilt" durch die Rückkehr
zum Natürlichen (eine Rückkehr, die umgehend durch die Progeneration
belohnt wird). Einer solchen Rede von der Entwurzelung und dem erneuten Einwurzeln („heimwachsen") liegt für Emmanuel Lévinas eine
heidnische Denkfigur zugrunde.[28] Dem sich in ihr ausdrückenden *Heidentum des Ortes* (der Wurzeln, der Erde) – das er von einem *Heidentum
der Idole* unterscheidet – hält er das Denken eines Umherirrens (*errance*)
entgegen, welches nicht Entfremdung (*dépaysement*) bedeuten würde, sondern De-Paganisation (*dé-paganisation*), das heißt ein Aufbrechen der mit
dem Heidnischen verknüpften Identifikationen.[29] In dem zitierten Gedicht Kolmars wird das Einwurzeln an ein Verlernen und Abstreifen bürgerlicher Verhaltenscodices gebunden, deren Künstlichkeit als entfrem-
dend gewertet wird („Denk ich doch des Rosenbeets im Parke, / Unsrer
Wasserkunst, der Felsengrotten").[30] Ihre Zuspitzung erfährt diese Denkfigur in der Entgegensetzung der Metaphern „gelber Kies" und „dunkle
Erde": die letztere, die von Hannah Arendt als *mythologisierender Unbegriff*

---

26 KOLMAR 1960. 28–29. Das Gedicht „Die Entführte" zählt zum „ersten Raum" des
„Weiblichen Bildnisses".

27 Siehe dazu Thomas ANZ, Gesund oder krank? Medizin, Moral und Ästhetik in der
deutschen Gegenwartsliteratur. Stuttgart: Metzler, 1989. 35–52.

28 LÉVINAS 1988. 39.

29 LÉVINAS 1988. 61f. LÉVINAS 1976. 54.

30 KOLMAR 1960. 28.

gekennzeichnet wurde,[31] fungiert als eine Ursprungsmetapher, und von ihr geht bei Kolmar eine Restitution des Seinsdenkens aus.[32]

Die Konstruktion eines als vorausgehend gedachten, unversehrten Originären vollzieht sich bei Kolmar vor allem über die Metaphorik des Mütterlichen und des Waldes. Erinnert sei in diesem Zusammenhang an die bereits zitierte Eingangsstrophe des Gedichts „Wappen von Auras":

Einst war die Erde wundersam bestreut
Mit Pflanzendickicht, starken, bunten Tieren,
Mit Breithornwiddern, langbemähnten Stieren,
Noch ohne Kette, Joch und Herdgeläut.[33]

Ähnlich heißt es an einer anderen Stelle vom „Tahr":

Es war gut, daß es solche Tiere noch gab, so klar und so eins, zwischen den zwiespältigen, unklaren, lärmenden Menschen.[34]

Diese noch nicht domestizierte Wildheit, die für Kolmar eine Ordnung eigener Art verbürgt, eine Symmetrie der Macht und eine Achtung vor dem Leben jedes einzelnen Wesens, wird mit dem Wort „Erdenkindheit"[35]

---

31 In ihrer Kritik der Seinsphilosophie Heideggers stellt Arendt der Metapher der Erde jene des Volkes zur Seite: Heidegger habe versucht, so argumentiert Arendt, „seinen isolierten Selbsten in mythologisierenden Unbegriffen wie Volk und Erde wieder eine gemeinsame Grundlage nachträglich unterzuschieben." Hannah ARENDT, „Was ist Existenzphilosophie?" In: ARENDT, Sechs Essays. Heidelberg 1948. 48–80; hier 73.

32 In diesem Zusammenhang scheint ein Verweis auf Lektüren Kolmars wesentlich, nämlich neben (unter anderen) Milton, Julien Green, Paul Valéry, Rimbaud, Baudelaire, Rilke, Werfel, Buber und Chaim Nachman Bialik auch Hermann Stehr – den Ulrike Haß als „trivialen Kosmogoniker" bezeichnet (HASS 1993. 204) und zu jenen „antimodernen Verweigerern" zählt, die „das antimoderne Motivmaterial mit Nietzsche und fernöstlicher Philosophie zu sichern suchen" (ibid. 64.) - und Charles Leconte de Lisle, der zur Schule der „Parnassiens" gehört und in dessen Texten sich der Pessimismus und der Überdruß an der post-mythischen Moderne, die Faszination für das Barbarische und für die Erotik des antiken Mythos niederschlagen. So sind beispielsweise seine Poèmes barbares (1862–1878) durch Exotismus und Faszination für primitiven Heroismus, seine Poèmes tragiques (1888) vom Haß auf die Zivilisation und auf das Christentum geprägt. Vgl. hierzu den Brief Gertrud Kolmars an Walter Benjamin vom 5. November 1934. In: Marbacher Magazin 63, 1993. 62–63. Siehe auch die Briefe Kolmars an ihre Schwester Hilde Wenzel vom 23. Dezember 1940, vom 9. März 1941, und vom 8. Dezember 1941. In: KOLMAR 1970. 91; 93; 116–117.

33 KOLMAR 1960. 465.

34 KOLMAR 1978. 134.

35 KOLMAR 1960. 464.

umschrieben und als unwiederbringlich Verlorenes benannt. Die Erde, die als mütterlicher Körper imaginiert wird, ist von einer Krankheit zum Tode infiziert, die dem Prozeß des technischen Fortschritts zwangsläufig inhärent ist. So heißt es in dem Gedicht „Erde":

Die Erde siecht von Jahr zu Jahr
Wie eine Mutter, deren nicht die Kinder achten.
Sie schmähn das spukhaft wirre Haar
Und ihre närrischen vergangnen Trachten.

Gift hat die Blütenstirn geätzt,
Ein wilder Fleiß den Blick verändert,
Der Städte Aussatz ihren Leib gefetzt,
Und Schienen halten ihn umbändert.

Und alle Blumen in den Falten sind zerdrückt
Und alle bunten Kanten ganz zerknittert,
Und schöne Tiere, die sie einst geschmückt,
Sind blaß und brüchig abgesplittert.[36]

Die Beschreibung dieses Zerstörungsvorgangs wird nun gekreuzt von einem Versprechen, das die Wiederkehr des Natürlichen im Akt der Progeneration ankündigt, und das ein solches Wiederkehren in archaischen, heidnisch assoziierten Sprachbildern beschwört:

... Wenn ich mein Kind gebar,
Wie Höhlenweiber Leben warfen.
Da lieg ich nackt, und bringe dir es dar,
Fern allen Schemen, allen Larven,

Und wirk ihm einen offnen Schrein
Aus Glas und Gold; so soll es an dir hängen,
Ein Zierat, köstliches Gestein.
Nach deinen Hügeln wird es drängen,

Darinnen nie die Quellmilch ganz versiegt[37]

Die Motivik der Erde und des Mütterlichen ist im Gedicht „Die Mutter"[38] ineinander aufgelöst, wobei hier nun auch das Männliche als eine mit

---

36 ibid. 223–224.
37 ibid.
38 ibid. 21–22. Das Gedicht zählt zum „ersten Raum" des „Weiblichen Bildnisses" und wurde in die im Jahr 1938 publizierte Sammlung *Die Frau und die Tiere* aufgenommen.

Geschichte, Fortschritt, Technik, Rationalität verknüpfte Gegen-Metapher eingesetzt wird. Das Gedicht beginnt mit den Worten:

Goldschmied ist mein Sohn. In seinem Blick
War schon früh dies edle, kühle Erz
Wie ein deutbar reinliches Geschick,
Als mein scharfer vorgeformter Schmerz.

Denn was weiß er von dem stummen Wald,
Der die Flüchtende, die Mutter, fängt,
Vom Gestrüpp, das um ihr Lächeln krallt,
Von dem Blute, das in Dornen hängt.

Ihm ist weit die Straße hingebaut,
Blank und kräftig lagert Stein an Stein;
Eine klare Landschaft naht vertraut,
Sperrt sich nicht und wird mit Gleichmut sein.

Das Mütterliche wird hier mit einem Flüchten und einem Flüchtigen, einer „Wirrnis" gleichgesetzt.[39] Auf die imperiale Gestik, deren Beschreibung und Kritik in den zitierten Sätzen wieder deutlich wird, möchte ich erst im nächsten Kapitel eingehen; aufschlußreich ist aber, in welcher Weise in diesem Gedicht die Metapher des Waldes etabliert wird. Der Wald erscheint als Chiffre eines anderen Verhältnisses zwischen Subjekt und Nicht-Subjekt, zugleich bergend und verletzend, die imaginäre Einheit der Subjektivität aufbrechend, welche in der männlich codierten Aneignungsweise des Nicht-Subjekts permanent bekräftigt wird.

Der Wald wird bei Kolmar, wie im kollektiven Gedächtnis des Westens überhaupt[40], als ein *Außerhalb* der Kulturation konstruiert. Er fungiert als Symbol- und Erwartungsraum transkultureller Sehnsüchte, als unvermessener Ort des Wilden, Undurchdringlichen, Ungesicherten, noch nicht Kartographierten, wie die folgende Textstelle aus dem Gedicht „Die Erzieherin" zeigt:

---

39 Zur Geschichte der Imagination des Weiblichen als das Andere der Vernunft siehe WEIGEL 1990. 22 und 118–148.
40 Siehe hierzu Robert Pogue HARRISON, Wälder. Ursprung und Spiegel der Kultur. München: Hanser, 1992. Vgl. auch HAß 1993. 189–204.

Denn immer tret ich heimlich mit den Rehn
In tiefe, wilde, unbekannte Wälder ein.

In unerkannte Wälder. Wo Gefahr
Das Abenteuer seltsam singend lockt
Und, keiner Vogelkunde untertan, als Star
Karmingestirnt, auf kobaltblauer Zehe hockt.[41]

Der Wald markiert ein Originäres, das einen anderen Blick und eine andere Sprache erzeugt – eine mystisch aufgeladene Andersheit, an der auch
„die Männer" teilhaben können (so heißt es in dem in den frühen zwanziger Jahren entstandenen Gedicht „Die Männer": „Diese Männer sind
alle gleich. Wenn sie aus den Wäldern steigen, / Haben sie sehende Augen
und reden, während sie schweigen."[42]) In einem einige Jahre später (jedoch vor 1933) verfaßten Gedicht wird dieses Originäre aber auch mit
dem Tod verknüpft und daher als eine Kategorie eingeführt, welche die
Differenz der Geschlechter überspringt („O Frauen, die in Nacht zerrin-
nen! / O Männer, die an Weisern stehn! / (…) / Ihr sinkt doch waldwärts
mit den Rehn."[43]) Das Gedicht „Sehnsucht", das zu dem im Herbst 1937
entstandenen Zyklus „Welten" zählt, nimmt das Motiv des Schutzes inmitten von Flucht und Verfolgung auf, und zwar in der Form eines Frage-
satzes:

Wann wieder werden wir in des Geheimnisses Wälder fliehn, die, undurchdringlich, Hinde
und Hirsch vor dem Verfolger schützen?[44]

Die Dringlichkeit der Suche nach Schutz angesichts des ausweglosen, hilflosen Gejagt-seins durch die Verfolger (das der symbolischen Paarung
„Hinde und Hirsch" alle Romantik, allen romantischen Schrecken nimmt)
geht in dieser Frage einher mit einer Verselbständigung und Trübung der
Metapher („des Geheimnisses Wälder"), welche eine Undurchdringlichkeit
der poetischen Sprache selbst andeutet. Wird die Entwicklung, die Veränderung des Motivs des Waldes in Beziehung gesetzt zu den vermutli-
chen Entstehungsdaten der Texte, so zeigt sich, wie die Bedrohung durch
Tod und Verfolgung in das Motiv eindringt; und dieses Eindringen geht

---

41 KOLMAR 1960. 116–117. Das Gedicht zählt zum „vierten Raum" des „Weiblichen Bildnisses" und findet sich in der Sammlung *Die Frau und die Tiere*.
42 ibid. 277–278; hier 277.
43 ibid. 147.
44 ibid. 562–564; hier 563.

einher mit einer Verlagerung des Moments des Schutzes in das Feld der Sprache (als wäre es nur noch der Sprache möglich, sich Zeit zu lassen und Atem zu schöpfen).

Die schon angedeutete Ambivalenz des Motivs des Waldes, die darin liegt, daß durch ihn die imaginäre Einheit des Subjekts konstituiert, aber auch aufgebrochen wird, entfaltet das Ende der zwanziger Jahre verfaßte Gedicht „Wappen von Neidenburg" (es trägt die Unterschrift „Silber; ein wilder Mann mit Laubschurz und Blätterkrone, der zwischen zwei grünen Stauden auf Rasengrund tritt, ein geschwungenes Schwert in der rechten Hand, eine Goldlilie in der linken"[45]). Denn hier koinzidieren die beiden Aspekte eines Außerhalb der Kulturation und eines reinen, die imaginäre Einheit restituierenden Ursprünglichen.

Drüben roden sie die Wälder;
Mit den Rodern will ich fechten,
Diesen Gott in meiner Linken,
Dieses Erz in meiner Rechten.

Segen träuft die goldne Blume,
Und sie heiligt meine Waffen;
Denn Gebete bring ich allem,
Was ich selber nicht erschaffen.

Sieh der Mücke kleines Leben,
Und wie ist es leicht zu töten;
Kannst sie doch aus Lehm nicht kneten,
Kannst sie nicht aus Weide flöten.

Nur zuweilen rüttelt Hunger:
Mürbes Fleisch ist gut zu essen,
Und wie ich den Eber morde,
Werden mich die Wölfe fressen.

Diese Textpassage spricht von einer Symmetrie der Macht, einem Gleichgewicht des – gleichsam natürlichen – Mordens und einer gleichzeitigen Achtung für das geringste Lebende. Die Konstruktion des Natürlichen trägt hier den Entwurf einer von Symmetrie und Achtung geprägten Beziehung zwischen Subjekt und Nicht-Subjekt (welche dem Herrschaftsverhältnis zwischen Subjekt und Objekt entgegengestellt wird) – einen Ent-

---

45 ibid. 516–517. Das Gedicht zählt zum Ende der zwanziger Jahre entstandenen Zyklus der „Alten Stadtwappen".

wurf, der ein *Außerhalb* der Kultur der Moderne, eine Kultur und Geschichte vorausgehende Sphäre imaginiert. Das Negativum Stadt – ein Topos antimoderner Argumentation[46] – wird auch hier als Signum der abgewehrten Moderne eingesetzt:

Brüder hausen fern in Städten,
Wo sie schlachten, spielen, rauchen.
Da ist vieles, was sie haben,
Und ist wenig, was sie brauchen.

Denn schon mir ward Überreiches:
Spieß und Pfeile, wenn ich jage,
Und ein Weib für meine Nächte
Und ein Kind für meine Tage.

Die Konstellation von Pfeil, Spieß, Frau und Kind (mit dem männlichen Subjekt als Zentrum: die Zurückweisung der Moderne impliziert eine Restitution der traditionellen Bestimmung von Weiblichkeit) konstituiert eine imaginäre Einheit, die sich der Entfremdung des Symbolischen zu entziehen sucht.

Eine andere Version der Rücknahme der Entfremdung, nun als *Erwachen* gedeutet, bietet das (vor 1933 entstandene) Gedicht „Legende"[47]: es inszeniert die Rückläufigkeit des Produktions- und Kulturationsprozesses als Textbewegung. Das Drama der Dekomposition des Produktionsvorgangs enthüllt das Drama der Beherrschung, der Beraubung und des Tötens, das jenem zugrundeliegt:

Der Mensch fror auf dem Lager. Denn ein Maul,
Ein Widdermaul, das weiß durchs Finstre schien,
Zog seine Decke. Abgehärmter Gaul
Schnob leis am Bett, lag plötzlich auf den Knien,

Und jenes hingeworfne Kissen trug
In seinen Buchten wie vereister See
Ein Entenpaar; aus klaffendem Bezug
Quoll Daune, schwoll in einen Hügel Schnee.

---

46 Ulrike Haß weist darauf hin, daß der antimodernen Metaphorik entsprechend die Stadt Synthetik, das Land dagegen Synthese bedeute: HAß 1993. 29.

47 KOLMAR 1960. 148–149. Dieses Gedicht findet sich in der 1938 publizierten Sammlung *Die Frau und die Tiere*.

Den kleinen fellgewirkten Teppich riß
Der Wolf, geschunden, häutig, blutend rot,
Aufröchelnd, zuckend mit gefletschtem Biß:
„Dies war mein Kleid! und darum bin ich tot?"

Die sprachliche Inszenierung dieser Dekomposition benennt nicht nur
die Untrennbarkeit der Produktion, der Technik im wörtlichen Sinn, der
Erzeugung elementarer Produkte (Kissen, Teppich, Seehundstasche, ei-
sernes Bettgestell, hölzerner Boden, die Mauern der Wände) von Gewalt;
vielmehr wird hier – im Zuge der rückläufigen Bewegung des Textes –
die Wiederkehr der verdrängten, vergessenen Gewalt als der verdeckten
Kehrseite des Produktionsprozesses vorgeführt. Der Endpunkt der textuellen Dekomposition ist ein Bild vom nackten, seinerseits beraubten
Menschen – ein Bild, das ein Schwanken verrät zwischen dem Ein-
gehülltsein im Imaginären, das mit der Vorstellung des Paradieses (vor
der Verführung) verknüpft ist, und dem existentialistischen Ausgesetztsein, in dem sich der Mensch mit seiner Blöße und seiner Einsamkeit konfrontiert sieht. Der Moment, in dem der Mensch seiner Beraubung und seiner Entblößung gewahr wird, wird mit einem *Erwachen*
gleichgesetzt:

(...) Einer ist erwacht;

Er findet Dunkel und ihm ist sehr kalt,
Und sein vergangner Tag ward fernes Klirrn. –
Der Mensch stand nackt. Und um ihn stand der Wald
Und über ihm ein schweigendes Gestirn.

Das Erwachen aus dem Traumschlaf der Zivilisationsgeschichte bedeutet
die Geburt eines neuen Subjekts. Dieses erwachte Subjekt der Geschichte
ist aber bei Kolmar kein Kollektivsubjekt; es ist ein Subjekt *ohne* Geschichte, das aus dem Prozeß einer De-Kulturation (nicht etwa einer De-Paganisation) geboren wird. Zugleich aber ist es das Subjekt einer Erzählung,
einer „Legende", wodurch erneut ein Moment der Verschiebung und des
Wartens eingeführt wird. Der Wald dient hier wiederum als Chiffre eines
transkulturellen Raumes; er markiert ein *Außerhalb* der Kultur, in den das
erwachte Subjekt als Einzelnes und Ganzes gestellt wird, entblößt und
ausgesetzt, aber umhüllt von der Ordnung des Natürlichen, die ein intaktes, geschlossenes Universum bildet.

Auflösung, Zerfall und Verlust schlagen sich aber in einigen Texten Kolmars, wie schon angedeutet, auch als Momente nieder, die von der Erfahrung der Verfolgung, der Beschädigung der sozialen und rechtlichen Integrität, der Zerstörung sozialer Bindungen durch die aufgezwungene Flucht zeugen.

Die in manchen Texten verstreuten Namen von Orten der Emigration – „New York", „Manhattan", „City of Baltimore" – markieren Trennung und Verlust: so die Trennung zwischen einer Mutter und ihrem Sohn im (vor 1933 verfaßten) Gedicht „Die Frau mit dem Adlerweibchen"[48], oder der schmerzende Verlust des Geliebten, von dem im Gedicht „Nächte" die Rede ist.[49] In der Erzählung „Susanna", deren Niederschrift Ende 1939 begonnen und am 13. Februar 1940 abgeschlossen wurde, stehen die Namen der Emigrationsorte an der Stelle der Eigennamen der Emigranten, eine Substitution, in welcher sich die zentrifugale Bewegung des Herausgeschleudertwerdens und das vielleicht geglückte physische Überleben ausdrücken:

*Sein* Name stand nicht da. Nur eine Reihe ferner Städte: Shanghai, Tel Aviv, Parral, San Francisco. Wo werde *ich* einst sein? Heute sitze ich noch seit Wochen in diesem gemieteten Zimmer auf Möbeln von grünem, verschabtem Plüsch, und im Winkel unter dem Riegelbrett wartet mein großer Koffer. Und hofft auf das zweite Affidavit aus Plymouth, Massachusetts.[50]

In der zitierten Textpassage ist der Koffer dasjenige Objekt, dem (in einer Vertauschung von Subjekt und Objekt) Hoffnung zugesprochen wird – die Hoffnung auf einen Übergang und eine Ankunft, die ein Weiterleben ermöglicht: ein winziges Detail, welches die Hilflosigkeit, das Demütigende der Situation des Wartens anzeigt.

Der Verlust der vertrauten Welt, das Beraubtwerden im Zuge der sogenannten *Arisierung* jüdischen Eigentums (das Datum des Zwangsverkaufs des eigenen Hauses und des dazu gehörenden Gartens im Berliner Vorort Finkenkrug ist der 23. November 1938) zeichnet sich als eine Phantasie, die das reale Geschehen antizipiert, in eine Passage des im Herbst 1937 entstandenen Gedichts „Der Engel im Walde" ein:

---

48 ibid. 23. Das Gedicht zählt zum „ersten Raum" des „Weiblichen Bildnisses"; es wurde in den Band *Die Frau und die Tiere* (1938) aufgenommen.

49 ibid. 78–80. Der Text, der sich im „dritten Raum" des „Weiblichen Bildnisses" findet, ist vermutlich in der zweiten Hälfte der dreißiger Jahre, jedenfalls nach 1934, entstanden. Vgl. Marbacher Magazin 63, 1993. 99.

50 KOLMAR, „Susanna". In: OTTEN 1959. 291–336; hier 293. Zur Angaben der Entstehungsdaten der Erzählung siehe KOLMAR 1970. 237.

Die Treppe in meines Vaters Haus ist dunkel und krumm und eng, und die Stufen sind abgetreten;
Aber jetzt ist es das Haus der Waise, und fremde Leute wohnen darin.[51]

Im Gedicht „Großmutters Stube"[52], welches sich auf die Wohnung Hedwig Schönflies-Hirschfelds am Blumeshof 12 bezieht, auf die Aura bürgerlicher Sicherheit und kindlicher Faszination, die diesem Ort wie in einem Nachruf zugesprochen wird[53], nimmt das Verlorene die Form eines alten, nicht mehr benutzten Kinderspielzeugs an, eines Erinnerungsrestes, der das Unwiederbringliche einer vergangenen geschichtlichen Epoche evoziert. Der Gedächtnisvorgang wird der stillgestellten Mechanik des Spielzeugs gleichgesetzt – einer repetitiven, ihre Vertrautheit gerade aus der Repetition schöpfenden Bewegung, die plötzlich (und für immer) erstarrt.

In der Thematisierung von Trennung, Zerfall und Verlust, die mit der Konstruktion eines unverletzten, natürlichen Originären einhergeht, wird demnach eine Spannung entfaltet zwischen *antimodernen Argumentationsfiguren* und einem *Zeugen von der Verfolgung* (noch vor ihrer schlimmsten Wendung). Es scheint, als würde die antimoderne Metaphorik zunehmend durchdrungen von dem Schrecken der Erfahrung der Verfolgung – ein Durchdrungen-werden, das sich nicht so sehr in der Ersetzung früherer Sprachbilder ausdrückt, sondern eher in der Form der *Interlinearität*, das heißt, in der Form eines Sprechens, das sich zwischen die Zeilen des fremd werdenden ‚Urtextes' schiebt. Als Symbolisierungen eines verlorenen Ursprünglichen werden eine imaginäre Kindheit der Menschheitsgeschichte („Erdenkindheit") und eine erinnerte Kindheit der privaten Geschichte aufeinander bezogen, wobei sich die durch die Verfolgung erzeugte Antinomie zwischen Geschichtlichem und Privatem geradezu umkehrt. Die

---

51 KOLMAR 1960. 559–561; hier 560. In einem Brief vom 29. Januar 1940 beschreibt Gertrud Kolmar, wie sie das elterliche Haus, das nun als Polizeirevier genutzt wird, erneut besucht. KOLMAR 1970. 47–51.

52 KOLMAR 1960. 88–89. Das Gedicht findet sich auch im 1938 publizierten Band *Die Frau und die Tiere*.

53 Hedwig Schönflies-Hirschfeld starb am 17. Februar 1908. Vgl. hierzu Walter BENJAMIN, „Blumeshof 12"; dieser Text findet sich in „Berliner Kindheit um Neunzehnhundert". In: BENJAMIN, Gesammelte Schriften IV.1. 257–260. Siehe auch Beatrice EICHMANN-LEUTENEGGER, „Eine Reisende des alten Berliner Westens. Ein Portrait von Hedwig Schönflies-Hirschfeld". In: Neue Zürcher Zeitung, 21. Juli 1989 (Fernausgabe Nr. 166) 35–36.

Phantasie einer normalen, behüteten Kindheit vor der Verfolgung stiftet die Phantasie einer prämodernen, vorgeschichtlichen Einheit und Geborgenheit. Die ideologische Figur eines heilen Ursprünglichen gewinnt dabei immer mehr Züge einer Urphantasie, die einen zugrundeliegenden Schrecken verdeckt.

Ein weiteres Moment, das hier in Spiel kommt, das aber nur noch kurz gestreift werden soll, ist die in die Bewegung des Erzählens aufgelöste Frage nach einer möglichen *Unmittelbarkeit* sprachlicher Referenz, die sich mit Benjamins Entwurf der adamitischen Namenssprache berührt – allerdings ohne dessen dialektische Einbettung.[54] Das mimetische Vermögen des gesprochenen Wortes (seiner lautlichen Struktur, nicht seiner Schriftform) beschreibt folgende Szene der schon erwähnten Erzählung „Susanna":

„Ich glaube kaum, daß ich je über Worte so nachgedacht habe wie du." „Ich denke auch gar nicht darüber nach, das ist so. Es gibt Worte, die kann man in die Hand nehmen. Und manche riecht man ... Zum Beispiel: Bratpfanne. Ich sage nicht gerne ‚Bratpfanne', dann ist gleich das ganze Zimmer voll Küchendunst." „Und was sagst du dann?" Sie überlegte. „Dann sage ich: ‚Rose'."[55]

Diese Antwort Susannas scheint wörtlich an die Poetologie Mallarmés anzuknüpfen, welche den Versuch unternimmt, „die dichterische Sprache von äußerer Referenz zu dissoziieren, also Textur und Geruch der Rose, die anders nicht zu definieren, nicht einzufangen sind, im Wort ‚Rose' selbst festzumachen und nicht in irgendeiner fiktiven äußeren Entsprechung und Geltung."[56] Eine solche Unmittelbarkeit des Sprechens und des Wissens[57] bindet Kolmar an eine Figur, die sie als marginalisierte Andere konstruiert (und der sie die Selbstbezeichnungen „Tier" und „Königstochter" zuschreibt[58]). Die Exzentrität dieser Figur wird dreifach bestimmt: durch ihre psychische Erkrankung, ihre Weiblichkeit und durch ihre Zugehörigkeit zum Judentum (die sie, im Unterschied zur Erzählerin, mit Stolz erfüllt). Ihre

---

54 Vgl. hierzu WEIGEL 1990. 26–31.
55 KOLMAR 1959. 297–298.
56 George STEINER, „Von realer Gegenwart". In: Akzente. Zeitschrift für Literatur. Heft 2. April 1986. 103–123; hier 104.
57 „Ach, ihr kennt immer nur alles aus Büchern." „Woher sollten wir sonst von den Dingen wissen? Wir können nicht alles auf Erden hören und sehn." „Doch, man kann alles sehn. Ich sehe und höre alles. (...)". KOLMAR 1959. 301.
58 Vgl. ibid. 302–303.

erotische Faszination nährt sich aus ihrer vollkommenen Schönheit und ihrer verbotenen, geheimgehaltenen Obsession für einen jüdischen Mann, wobei Kolmars Text die widersprüchliche Struktur aus Faszination und aggressiver Abwehr, die sich der weiblichen Figur bemächtigt, entfaltet.

Die Unmittelbarkeit und Unschuld eines solchen Sprechens korrespondiert mit dem Namen der Figur, die solches sagt, „Susanna": ungerecht zum Tod verurteilt, ruft sie Gott zum Zeugen für ihre Unschuld an.[59] Dieses Verurteilt-sein treibt den Text bis zu jenem Endpunkt, der eine Erschütterung, ein Aufbrechen seiner Struktur durch das Reale markiert. Der Bericht der Erzählerin leitet den letzten Abschnitt der Erzählung ein:

Die Zeitungen, die Leute der Stadt sprachen von Selbstmord, von Geistesverwirrung; aber ich wußte, daß es ein Anderes war. Sie hätte vielleicht nicht mehr leben mögen, wenn sie erst ihr Verlassensein kannte; sie ahnte ja nichts, dachte: ich werde verfolgt, umlauert, solange es noch tagt. Nun war sie aus ihrem Versteck gekrochen und wanderte nachts auf dem Gleis dahin, wie ihr der Eisenbahner empfohlen, und ging zu ihrem Geliebten ... Ich weiß nicht, ob er es bald erfahren und ob er noch einmal gekommen ist; denn wenige Tage nach dem Begräbnis fuhr ich zu meinen Geschwistern.[60]


Innerhalb der Erzählung funktioniert die zitierte Textpassage wie ein *Relais*, das die „Umspannung" des Traumhaften in das Traumatische der Katastrophe vornimmt. Das Wort „Verlassensein", das sich über den Verlust des Geliebten hinaus auf einen Zustand vollkommener, noch nicht bewußter Desolation und Hilflosigkeit bezieht, trägt dabei einen Moment der Erschütterung, der Punktuation – es bezeichnet ein *punctum*, oder vielleicht genauer, einen *point de capiton* im Sinne Lacans, an dem die metonymische Bewegung arretiert wird, um sich auf ein außerhalb des Zeichen liegendes Reales zu verpflichten.

---

59 Apokrypher Zusatztext zum Buch Daniel, welches zu den Hagiographen [Ketuvim] zählt (Daniel 13, 1–64). Der biblischen Überlieferung entsprechend lebt Susanna zur Zeit des Exils in Babylon. Daniel verhindert Susannas Hinrichtung durch ein Kreuzverhör der beiden sie des Ehebruchs beschuldigenden Verführer, bei dem diese sich in Widersprüche verwickeln, und so Susannas Unschuld erweisen. An ihrer Stelle werden die beiden falschen Ankläger hingerichtet.

60 KOLMAR 1959. 336. Dieses Ende der Erzählung zieht eine Parallele zum Ende des Romans *Eine jüdische Mutter*, wobei hier eine Radikalisierung dadurch gegeben ist, daß der Tod der weiblichen Figur nicht, wie in *Eine jüdische Mutter*, eine Restitution der imaginären Einheit impliziert. Die Ahnungslosigkeit, mit der die weibliche Figur hier dem Tod entgegengeht, bildet eine Analogie zur Verblendung der zur Opferung bestimmten weiblichen Figur im Gedicht „Das Opfer" (1937).

Lacan beschreibt den *point de capiton* als einen Knoten- oder Stepp-Punkt, an dem verschiedene Bedeutungen einander kreuzen. Solche Punkte erscheinen als Momente der Entwirrung, die eine Desintegration einer scheinbaren Einheit hervorrufen.[61] Im Sinne einer solchen Desintegration könnte man auch von *Dekompensation*, von einem Versagen der Kompensation, sprechen. Das Wort „Verlassenheit" markiert eine Stelle in der Sprache, an dem eine Dekompensation *innerhalb des Textes* stattfindet (und dieser dekompensative *Ruck* in der Sprache stellt nicht eine Transparenz zwischen Signifikant und Signifikat her, sondern verweist auf etwas Reales, das nicht symbolisierbar ist, dessen Spuren sich aber in die Struktur der Sprache eingegraben haben).

Das zu Beginn dieses Kapitels angesprochene Thema der Ungerechtigkeit wird demnach in der mit dem Namen Susannas verknüpften Geschichte wieder aufgenommen. Nicht dem Kläger wurden die Beweismittel genommen, die es ihm erlauben, das ihm zugefügte Unrecht darzustellen und zu bezeugen; vielmehr wurde hier die Verurteilte der Möglichkeit beraubt, zu klagen und sich zu verteidigen, ihre Klage vor einem Gericht vorzutragen, um die gegen sie vorgebrachten Beschuldigungen zu widerlegen und ihre Unschuld darzustellen. Darin liegt ein deutliches Differenzmoment gegenüber der Überlieferung in der hebräischen Bibel: es gibt keinen Einspruch gegen die Verurteilung und keine Position, die diejenigen zum Verhör befiehlt, welche die Beschuldigungen vorbrachten, auf deren Grundlage die Verurteilung erging. Die Position des Dritten (die im Text der hebräischen Bibel von Daniel eingenommen wird) bleibt *unbesetzt*; aus der an dieser Stelle sichtbaren Lücke ergibt sich eine Korrespondenz zum Gedicht „Esther", auf das weiter oben schon eingegangen wurde. Subtextuell handelt die Erzählung Kolmars daher nicht nur vom Ausfallen der Instanz des Einspruchs, sondern auch vom Ausfallen des Modus einer diskursiven und argumentativen Austragung des Streits, das heißt vom Versagen der kommunikativen Sphäre – einem Versagen, in dem die Dimensionen des Rechtlichen und des Intersubjektiven einander überlagern. Das so umschriebene Differenzmoment begründet eine Nähe des Textes zur Beschreibung der Verfolgung bei Emmanuel Lévinas – einer Beschreibung, die keine Bestim-

---

61 Vgl. RAGLAND-SULLIVAN 1989. 26. Siehe dazu auch Jean LAPLANCHE, Serge LE-CLAIRE, „The Unconscious. A Psychoanalytic Study". In: Yale French Studies 48. 1975. 118–175.

mung dessen ist, worauf das Wort „Verfolgung" referiert, sondern in Sprache zu fassen versucht, wie die Verfolgung über den Verfolgten bestimmt, wie sie ihn „zurückträgt" – re-feriert – zu einer absoluten Schutzlosigkeit und Hilflosigkeit (*ré-férence* und *dé-férence* geraten dadurch in eine gegenläufige Bewegung). Gerade durch die Abweichung von der überlieferten Geschichte also begründet sich in Kolmars Text eine Nähe zu Lévinas' Beschreibung der Weise, wie die Gewalt einbricht, der der Verfolgte schutzlos preisgegeben ist, ohne irgendeine Möglichkeit, sich rechtlich oder sprachlich zu verteidigen.

Das Motiv des vorgeblichen „sexuellen Vergehens", aufgrund dessen die ungerechte Beschuldigung erfolgt, wird dagegen auch in Kolmars Version der Geschichte Susannas beibehalten, wenn auch etwas anders akzentuiert als in der biblischen Überlieferung. Dieses Moment der Texttreue deutet an, daß hier wiederum das erotische Drama ein anderes Drama verkleidet, trägt, übermittelt und geltend macht: eben dasjenige, was Emmanuel Lévinas als Drama des Intersubjektiven beschreibt.

### 5.3 Kritik des Fortschritts und der Wissenskonstitution

Die Beziehung zwischen Subjekt und Nicht-Subjekt, die für Gertrud Kolmar die Matrix der abendländischen Fortschrittsgeschichte bildet, zeichnet sich dadurch aus, daß sich das Selbst als mit sich identisches, machtvolles, *präsentes* Subjekt im Akt der Aneignung, der Unterwerfung und der Beraubung des Anderen (durch die das Andere seine Andersheit einbüßt) konstituiert. Dieses Subjekt ist bei Kolmar oft als männliches codiert, wie etwa das schon weiter oben diskutierte Gedicht „Die Mutter" zeigt, in dem von dem klugen, doch unwissenden Sohn gesagt wird:

Ihm ist weit die Straße hingebaut,
Blank und kräftig lagert Stein an Stein;
Eine klare Landschaft naht vertraut,
Sperrt sich nicht und wird mit Gleichmut sein.[62]

Bei der Beschreibung dieser selbstgewissen Subjektivität, der alles entgegenkommende ‚Andere' *vertraut* ist, das heißt schon immer als Teil und

---

62 KOLMAR 1960. 21. Das Gedicht wurde zuerst in der Sammlung *Die Frau und die Tiere* veröffentlicht, die im Jahre 1938 erschien.

Reflex des Ich und seiner Wahrnehmungsformen erscheint, und sich dem Gestus der Aneignung, der Inbesitznahme ohne ein Zeichen der Resistenz unterwirft, kehrt jene Metaphorik der Vitalität, der Reinheit, Klarheit und Härte wieder, die schon im Zusammenhang mit dem Aspekt der repräsentationalen Entkräftung, das heißt als Problem der Darstellung diskutiert wurde.[63] Emmanuel Lévinas charakterisiert eine solche Vorstellung von Selbstgewißheit als eine Konzeption, „die das Sein mit dem Wissen identifiziert, das heißt mit dem Ereignis identifiziert, durch das die Vielfalt des Wirklichen (*multiplicité du réel*) endet, indem sie sich auf ein einziges Sein bezieht, und in welchem durch das Wunder der Klarheit alles mir Begegnende als von mir Ausgehendes existiert."[64] Daher schreibt er dieser Vorstellung einen *letzten Rest des Idealismus* zu.

Ein solches Subjekt bleibt unverletzt. Die Logik der Vernunft, der technischen und künstlerischen Rationalität, die es repräsentiert, setzt sich fort in der Logik der Produktion, die, so Kolmar, unter Anwendung von Gewalt, mit den Mitteln der Beherrschung und des Zwangs, künstliche, idolatrische Objekte erzeugt:

Aus der Erde gräbt man ihm und scharrt
Mein Gefühl, das ihm zum Preiswerk wächst,
Das sein Bilden zum Geschmeid erstarrt,
Märchenfremdem Goldgetier verhext.

Vogel mit dem Aug von Amethyst,
Götze, der den Chrysopras umringt:
Seltnes Obst, das Glanz und köstlich ist,
Das er klug aus meiner Wurzel zwingt.[65]

In der zitierten Textpassage erweist sich wiederum die Verwobenheit der Rationalitätskritik mit einer – antimodernen – Argumentation, die auf das Kriterium einer bedrohten Eigentlichkeit Bezug nimmt (dies geschieht über die Metaphern des Mütterlichen, der Erde, der Wurzel). Beherrschungswissen und Identifikation werden dabei verknüpft; gleichzeitig kommt (über das Motiv des Idolatrischen) die Frage der Repräsentation ins Spiel. Doch tastet Kolmar hier schon den Übergang zweier Modalitäten der Aneignung ab – den Übergang nämlich von einer Inbesitznahme, in

---

63 Siehe Kapitel 4.3 der vorliegenden Arbeit.
64 LÉVINAS 1976. 122–123.
65 KOLMAR 1960. 21.

der die Unabhängigkeit des Seienden negiert wird, dessen Existenz aber noch unangetastet bleibt, zum Modus eines Besitzens, in dem das Existenzrecht des Seienden selbst bestritten und seine Existenz zum Verschwinden gebracht wird (wie es in der Wendung vom „erschlagen, weil es fremd und stumm" angesprochen wird).[66]

Die Konzeption des Fortschritts bei Gertrud Kolmar geht aus von der Kritik an einem Anthropozentrismus, dessen Ordnung die Verbannung, das Zu-Tode-hetzen oder das Vernichten des Nichtidentischen zur Voraussetzung hat, um die *unterdrückende und leuchtende Identität des Selbst*, wie man mit Jacques Derrida sagen könnte[67], beständig zu erneuern. Eine solche Konstellation zeichnet sich ab im Gedicht „Seinem Feinde":

Du kleiner Richter, wie wirst du bestehn,
Der du dich selbst in die Mitte gesetzt,
Den Wolf verbannt und und das Wildschwein gehetzt
Und die Kugel versprochen den weinenden Rehn?[68]

Der Text endet, indem er die Figur einer Umkehrung einführt, die den Moment einer messianischen, katastrophischen Wendung ankündigt:

Einmal fällst du von Straßen und Wegen.
Und der Hund, der zuviel dir umherspringt und bellt,
Wird vor dir sitzen, groß wie die Welt,
Und auf dein Hirn seine Pfote legen.

Eine Radikalisierung dieser Kritik bietet das Gedicht „Das Tier", wobei hier zwischen *Tötung*, *Mord* und *Vergessen* des Mordes einerseits, und, andererseits, zwischen der Gewalt, die dem *Tier* angetan wird, und jener, die dem *Fremdling* zugefügt wird, vielfältige Bezüge eröffnet werden. Ich möchte dieses Gedicht im vollen Wortlaut zitieren:

Komm her. Und siehe meinen Tod, und siehe dieses ewige Ach,
Die letzte Welle, die verläuft, durchzitternd meinen Flaus,
Und wisse, daß mein Fuß bekrallt und daß er flüchtig war und schwach,
Und frag nicht, ob ich Hase sei, das Eichhorn, eine Maus.

---

66 Vgl. LÉVINAS 1983. 115–116.
67 DERRIDA 1976. 141.
68 KOLMAR 1960. 97–98; hier 98.

Denn dies ist gleich. Wohl bin ich dir nur immer böse oder gut;
Der Willkürherrscher heißest du, der das Gesetz erdenkt,
Der das nach seinen Gliedern mißt wie seinen Mantel, seinen Hut
Und in den Mauern seiner Stadt den Fremdling drückt und kränkt.

Die Menschen, die du einst zerfetzt: an ihren Gräbern liegst du stumm;
Sie wurden leidend Heilige, die goldnes Mal verschloß.
Du trägst der toten Mutter Haut und hängst sie deinem Kinde um,
Schenkst Spielwerk, das der blutigen Stirn Gemarteter entsproß.

Denn lebend sind wir Vieh und Wild; wir fallen: Beute, Fleisch und Fraß –
Kein Meerestau, kein Erdenkorn, das rückhaltlos ihr gönnt.
Mit Höll und Himmel schlaft ihr ein; wenn wir verrecken, sind wir Aas,
Ihr aber klagt den Gram, daß ihr uns nicht mehr morden könnt.

Einst gab ich meine Bilder her, zu denen du gebetet hast,
Bis du den Menschengott erkannt, der nicht mehr Tiergott blieb,
Und meinen Nachwuchs ausgemerzt und meinen Quell in Stein gefaßt
Und eines Höchsten Satz genannt, was deine Gierde schrieb.

Du hast die Hoffnung und den Stolz, das Jenseits, hast noch Lohn zum Leid,
Der, unantastbar dazusein, in deine Seele flieht;
Ich aber dulde tausendfach, im Federhemd, im Schuppenkleid,
Und bin der Teppich, wenn du weinst, darauf dein Jammer kniet.[69]

Der Text entwirft wiederum eine Koinzidenz zwischen der Logik der
Gewalt und der Struktur der Kulturation – eine Koinzidenz, deren Ursprungsmoment hier explizit in der Ablösung des Heidnischen durch
das Christentum lokalisiert wird. Der Identitätszwang des Denkens, das
sich alles Nicht-Identische unterwirft und es sich angleicht, wird hier in
eine indirekte und beinahe unmerkliche Beziehung gesetzt zur Drohung
der Antastbarkeit jener ungeschriebenen Regel, die (auch noch im
schlimmsten Leid) das Recht auf das bloße Da-sein festschreibt. Ein
solches anthropozentristisch geprägtes Denken erfindet Gesetze, deren
Abmessungen auf die Statur des Selbst oder des Selben (des mit sich
identischen freien Subjekts) zugeschnitten sind und deren Normen die
Begierden dieses Selbst durch den Bezug auf eine absolute Autorität
rechtfertigen. Es wird als ein dualistisches Denken beschrieben, getragen
von einer Schematisierung „gut" versus „böse", die Schattierungen,
Wechselbeziehungen und Mehrdeutigkeiten unberücksichtigt läßt oder

---

69 KOLMAR 1960. 105–106. Das Gedicht findet sich im „dritten Raum" des „Weiblichen
Bildnisses".

sogar ausräumt. Das Jagen und Quälen eines Tieres, die Kränkung des Fremden und das Töten von Menschen werden vom Text gleichgesetzt: sie sind Ausdrucksformen derselben, diesem Denken entspringenden Logik der Gewalt.

Immanent ist aber jener Logik ein zweites: nämlich das Vergessen der Gewalt, das Vergessen der individuellen Teilhabe an dem universellen Mord, der für Kolmar der Kultur innewohnt. Ein solches Vergessen geschieht gerade durch Konventionen des Erinnerns: durch die Sakralisierung der Opfer („die Menschen, die du einst zerfetzt: an ihren Gräbern liegst du stumm; / sie wurden leidend Heilige, die goldnes Mal verschloß") und durch eine Weise des Trauerns, die es erlaubt, Mord in Tod zu übersetzen, das heißt, die Kategorie des Geschichtlichen (das geschichtliche Verbrechen) in eine Kategorie des Natürlichen (das Schicksal) zu transponieren. Damit einher geht eine Sublimation der Gewalt durch das Spiel: das (scheinbar) Unschuldige, Unverdächtige des Spiels verhilft dazu, die Spuren physischer Qual, die ihm unsichtbar eingeschrieben sind, zu vergessen und den Zusammenhang von Gewalt und technischer Produktion zu leugnen. Für Kolmar ist demnach die Gewalt ebenso wie das Vergessen der Gewalt konstitutiv für die Kultur. Die Adressierung an den Leser, die explizit an ihn ergehende Aufforderung, sich mit der Faktizität des Todes und des Schmerzes, den ein einzelnes lebendes Wesen durch ihn erleidet, zu konfrontieren (die sich in dem insistierenden „komm her" „und siehe" „und wisse" ausdrückt), versucht, diesen Vergessenszusammenhang zu durchbrechen, indem sie ihn ins Gedächtnis zurückruft. Es ist die Stummheit des Tieres, die hier spricht.

Gerade das Einzelne, Flüchtige, das unscheinbare Durchzittern trägt in dieser textuellen Beschreibung bei zur *Konkretisierung* der leiblich zugefügten Gewalt. Das Verweilen des Textes bei diesen Einzelheiten („die letzte Welle, die verläuft, durchzitternd meinen Flaus, / und wisse, daß mein Fuß bekrallt und daß er flüchtig war und schwach") verhindert ein umgehendes Entgleiten der Lektüre in eine symbolisierende Lesart, in der der leibliche Schmerz eines einzelnen, unbedeutenden Lebewesens, die Singularität dieses Schmerzes, aufgelöst würde (ein Schmerz, der von universeller Bedeutung ist, so daß sich die Frage nach der Gattung des Lebewesens, das von ihm betäubt wird, erübrigt, wie der Text ausdrücklich sagt).

Kolmar verknüpft demnach das Thema der Gewalt, die der sprachlosen Natur zugefügt wird, in einem doppelten Sinn mit einem Denken der Alterität: zum einen wird die Gewalt – und ihr Vergessen – als Effekt einer sich als identisches Selbst setzenden Subjektivität gedeutet (eines Subjektes, das das Maß seiner Glieder absolut setzt und das Andere unter dieses zum Gesetz gemachte Maß subsumiert), zum anderen wird eine Gleichsetzung vorgenommen zwischen dem gejagten, ausgebeuteten und gequälten Tier und dem gekränkten Fremden, und zwar gerade unter dem Aspekt der leiblich erfahrenen Gewalt, der beide unter dem Druck dieser Identitätslogik ausgesetzt sind. In dieser Verknüpfung scheint sich der Versuch abzuzeichnen, die Verfolgung in den Prozeß der Zivilisation, in die Logik der Gewalt, die diesem unterlegt wird, *sinnvoll* einzutragen. Die Gewalt des Nazismus wird so als Radikalisierung der Rationalität entzifferbar – eben nicht im Sinne einer Entgleisung, sondern im Sinn eines sich unabsehbar beschleunigenden Fortschreitens –, das heißt: als resumierende Wiederholung der der abendländischen Geschichte und Kultur inhärenten Struktur der Aneignung und Vernichtung des Nicht-Identischen. Die *verborgene Tradition*[70], auf die sich Kolmar hier bezieht, ist die Tradition einer Vernichtung dessen, was das Identische einer durch Macht gestützten Deutungskonvention in Zweifel zieht – eine Tradition, deren Paradigma der Umgang mit häretischen Positionen durch die Inquisition darstellt.

Das Tier und der Fremde können als Andere insofern gelten, als sie *mich aus einem andern Ursprung der Welt ansehen*[71] – hier kommt erneut der Begriff der *Heteronomie* ins Spiel. Sie bedeuten eine befremdliche und undenkbare – nicht verstehbare – *Resistenz*: diese Resistenz, ein Sich-entziehen, das aber einhergeht mit einer unleugbaren Faktizität, erschüttert meine Identität, indem sie an den Mangel „erinnert" und das Imaginäre des sich als geschlossene, unverletzte Ganzheit vorstellenden Ich aufbricht, und sie fordert meinen Willen oder meine Lust zum Mord heraus. Kolmars Texte verschränken, wie im dritten Teil der vorliegenden Studie ge-

---

70 Den Begriff der *verborgenen Tradition* entlehne ich Hannah Arendt, die ihn auf die Konzeption der Figur des Paria bezieht, welche in Zusammenhang mit der Position jüdischer Schriftsteller und Künstler in ihrer nichtjüdischen Umwelt – und der Geschichte dieser Position – steht (*The Jew as Paria: A Hidden Tradition*): Hannah ARENDT, „Die verborgene Tradition". In: ARENDT, Die verborgene Tradition. Acht Essays. Frankfurt/M.: Suhrkamp, 1976. 46–73.
71 DERRIDA 1976. 159.

zeigt werden wird, die Figur des Tieres und die des Anderen – eine Verschränkung, die im Zeichen dieser Gewalt und dieser Verfolgung geschieht, die das Nicht-Identische, das sich nicht fügt, trifft. Ein struktureller Aspekt der Gewalt, der dadurch betont wird und auf den ich hier schon hinweisen möchte, liegt in der Aberkennung des Rechts: das Tier ist, wie Jacques Derrida bemerkt, kein Rechtssubjekt. Diese Aberkennung bezieht sich sowohl auf das Recht zur Sprache als auch auf das Recht zur Klage gegen erlittenes Unrecht – das heißt, sie bezieht sich überhaupt auf den Status als Subjekt. Dadurch wird beiläufig die verpflichtende Bedeutung der Kategorisierung gerecht – ungerecht, rechtmäßig – unrechtmäßig annulliert – deren Ausfallen stellt dann keine in rechtlichen Begriffen faßbare oder darstellbare Verletzung mehr dar.[72] Derrida betont dabei die Unbestimmtheit und Uneindeutigkeit des Namens „Tier"; und er fügt hinzu, es habe „im Menschengeschlecht viele ‚Subjekte' gegeben (es gibt sie immer noch), die man nicht als solche anerkannt hat (und nicht anerkennt) und die wie ein Tier behandelt worden sind (und behandelt werden)."[73] Wenn Kolmars Texte den uneindeutigen Signifikanten „Tier" einsetzen, so beabsichtigen sie, wie mir scheint, das Moment der *Aberkennung des Rechts und des Subjektstatus*, also jenes Moment, das den Gegensatz von Rechtmäßigem und Unrechtmäßigem für ungültig erklärt (und damit vielleicht auch die Frage nach der Weltlosigkeit, der Entbehrung von Welt[74]) in den textuellen Diskurs zu involvieren.

Aus der Distanz des Ab-Ortes, des Grabes, wird eine Deutung des Fortschritts unternommen, welche den Fortschritt der Moderne gleichsetzt mit Verwesung, Mode, Mord, Wahn, einer Vervielfältigung der Sprachen und der Repräsentationen. Das Gedicht „Die Begrabene" entwirft erneut ein antimodernes (und antiwestliches) Deutungsmuster als Rahmen, der die Erfahrung kollektiven Wahns und wütenden Mordes aufnehmen soll:

Im Lichtland ist Verwesung froh;
Sie färbt ihr Kleid mit Indigo,
Trägts heute glatt und morgen kraus
Und baut den Turm von Babel aus.

---

72 Vgl. DERRIDA 1991. 38.
73 ibid. 37.
74 Vgl. Jacques DERRIDA, Vom Geist. Heidegger und die Frage. Frankfurt/M.: Suhrkamp, 1992. 61. Möglicherweise spielt Hannah Arendts Begriff der *Weltlosigkeit* auf jene Derridas Lektüre zugrundeliegenden Passagen Heideggers an.

Sie hetzt ihr Bild auf Leinewand,
Sie pfählts an Zaun und Zeitungsstand,
Ihr leeres Gieren grinst und rafft
Und heißt Erfolg und Wissenschaft.

Mit rohem Wahnwerk, grassem Mord
Zerschlägt sie hundertsten Rekord,
Im Sarge tobt sie durch die Welt –
Wann findet sie das Gräberfeld?[75]

Das grammatische Subjekt der zitierten Passage ist die „Verwesung"; die
rhythmisierten Strophen stehen im Sog einer rasenden Beschleunigung
(damit führt Kolmar ein kritisches Motiv ein, welches auch bei Walter
Benjamin auftaucht). In dieser Beschleunigung, die eine zentrifugale Bewegung auslöst, drückt sich die Aktivität eines Zerfalls, einer untoten Existenz aus, die nicht auf eine todgeweihte Welt verweist, sondern auf eine
Welt, die ihren Tod schon hinter sich hat, ohne ihn indessen zu bemerken
oder anzuerkennen: sie wird gleichsam in einem unheimlichen interme-
diären Raum, nach dem Tod und vor dem Begräbnis, situiert.

Geschichtlicher Fortschritt wird hier als radikalisierte Rationalität gedeutet, die sich als ein enges Bündnis erweist zwischen dem technischen Vermögen der Reproduktion von Bildern (Kino, Plakate, Zeitungen), der Akkumulation von Wissen, und einem alles zuvor Geschehene sprengenden
Ausmaß von „rohem Wahnwerk" und „grassem Mord". In dieser Thematisierung von Darstellungsweisen zeigt sich, das sei hier eingefügt, ein Be-
rührungspunkt zu jener Deutung der Repräsentation, die Walter Benjamins
Essay *Zur Kritik der Gewalt* unternimmt, wie Jacques Derrida anhand seiner
Lektüre dieses Textes darlegt: das Böse, „eine tödliche Kraft", fällt „in die
Sprache ein, und zwar durch die *Repräsentation*, durch eine re-präsentative,
vermittelnde, technische, semiotische, informative, am Gebrauch ausgerich-
tete Dimension: die Kräfte dieser Dimension sind Kräfte, die die Sprache
von ihrer ursprünglichen Bestimmung (von der Benennung, vom beim-Na-
men-rufen, von der Gabe oder dem Ruf der Anwesenheit im Namen) fort-
reißen, die sie zu Fall, die sie in große Ferne zu ihrer Bestimmung bringen
oder gar außerhalb dieser Bestimmung in Verfall geraten lassen."[76]

Das Prinzip des Rekords, der sportlichen Höchstleistung, wird, wie die
zitierte Passage des Gedichts „Die Begrabene" zeigt, als Paradigma der ab-

---

75 KOLMAR 1960. 134. Das hier ausschnittweise zitierte Gedicht findet sich im „vierten
Raum" des "Weiblichen Bildnisses".
76 DERRIDA 1991. 61.

solut gesetzten Quantität eingeführt. Diese erzeugt und verbirgt eine Homogenisierung von Differenzen. Denn im Zeichen von Optimierung und Quantifizierung verwischt sich der Unterschied zwischen dem Schreiben von Büchern und dem Begehen von Morden, er wird beinahe unbedeutend, wie die folgenden Zeilen des Gedichts „Wappen von Frauenburg" andeuten:

Menschen schreiben viel Bücher, üben viel Morde;
Springer und Ringer und Redner: die Welt schmaust Rekorde.[77]

Innerhalb des antimodernen Deutungsmusters zeichnet sich so der Versuch ab, eine Dialektik der Aufklärung zu denken, welche den Momenten der Verkehrung, der Wechselbeziehung, der Systematik der gegenseitigen Bedingtheit von wissenschaftlich-technischer Entwicklung einerseits und Wahn und Mord andererseits Rechnung trägt. Die zitierte Textzeile („mit rohem Wahnwerk, grassem Mord") verknüpft *Wahn* und *Mord* in der Form einer Aneinanderreihung, die das Unmerkliche des Übergangs zwischen beiden, des Entgleitens wahnhafter Einbildungen und Verblendungen in puren physischen Mord, hervortreten und zugleich jenes Moment des Ausfalls der Reflexion erkennen läßt, von dem Adorno und Horkheimer im Zusammenhang der *pathischen Projektion* sprechen.[78] Dabei fügt die von Kolmar gewählte Metapher „Wahnwerk" zwei semantische Aspekte ineinander: den des Wahns und jenen eines ineinandergreifenden Getriebes, das, wie eine komplizierte technische Maschine funktionierend, in sich rotierende Bewegungen organisiert. Die argumentative Verschränkung von technisch-rationaler Entwicklung und Wahn, die die Kritik Kolmars hier vornimmt, mündet in das Bild einer *Wahnmaschine*. Das Motiv des *Rekords*, welches in der Konfiguration mit *Wahn* und *Mord* auftaucht, trägt eine doppelte Semantisierung: es verweist zum einen auf den Aspekt der Beschleunigung (die sich selbst antreibt und auch als Trieb beschrieben wird); zum anderen aber verweist es auf die Ideologie des Sports, und damit – folgt man der Argumentation von Boris Groys, alle totalitären Ideologien des 20. Jahrhunderts seien im wesentlichen Sportideologien gewesen[79] – auf ein Charakteristikum des Totalitarismus.

---

77 KOLMAR 1960. 488.
78 ADORNO, HORKHEIMER 1971. 170. Auf den Begriff der *pathischen Projektion* werde ich im dritten Teil der vorliegenden Arbeit näher eingehen.
79 Boris GROYS, „Der Text als Monster". In: Wespennest. Zeitschrift für brauchbare Texte und Bilder. Nr. 89. 1992. 54–60; hier 57.

Die Gegenwärtigkeit mythischen Denkens und die Leugnungen, die ihm inhärent sind, thematisiert ein Gedicht aus der Serie der „Tierträume", das den Titel „Salamander" trägt. Seine Handlungsstruktur beruht wiederum auf einer erotischen Mésalliance, die zwei komplementäre Rollen vergibt, nämlich diejenige eines Alchimisten und diejenige seines Versuchsobjektes, des Salamanders.[80] Der Text, der das Motiv des Verbrennens einführt, bietet eine Dekomposition des Mythos vom Feuersalamander.[81] Der Alchimist, der die abergläubische Vorstellung, der Feuersalamander sei (wie der Teufel) immun gegen die Einwirkung des Feuers, überprüfen will – und insofern ein aufklärerisches Experiment unternimmt –, setzt das Tier den Flammen aus. Das Feuer

sprang mit dünnem Schnauben
Um meine feuchten Glieder,
Und daß ich dunkles Eis –
Die Leute mochtens glauben.

Die Leute glauben Mären,
So wahr wie Wirklichkeiten.
Die rote Zunge leckte;
Ich warf ihr meine bitterlichen Zähren.

Sie sank zu dünnem Fächeln,
Das ruhte sich im Herde
Auf mürbem Föhrenholz
Und starb um meine Schwärze als ein Lächeln.[82]

---

80 Der Alchimist nimmt die Position des Liebhabers ein, wie die einleitende Strophe des Gedichts anklingen läßt: „Wir wohnten fern einander / In Leibern, nicht in Herzen. / Du warst der Alchimist. / Ich war der Salamander." KOLMAR 1960. 186. Die Figur des Salamanders, dessen Bezeichnung mit dem Schimpfwort „Kielkropftierchen" in Kolmars Text den Mythos des Aberglaubens aufruft, demzufolge dieses Tier ein „Wechselbalg", also ein mißgestaltetes, von bösen Geistern untergeschobenes Kind sei, gehört zur Serie jener Tierfiguren bei Gertrud Kolmar, die – wie die Kröte, die Unke, die Schlange, der Olm – Projektionsfiguren des Häßlichen und des Abscheulichen darstellen.

81 im Unterschied beispielsweise zu Ingeborg Bachmanns Einschreibung dieses Mythos in ihrem Gedicht „Erklär mir, Liebe", das den Feuersalamander als eine Figur des Unversehrbaren, Unverletzbaren entwirft. Ingeborg BACHMANN, Werke. Bd. I: Gedichte, Hörspiele, Libretti, Übersetzungen. Hg. Christine KOSCHEL, Inge von WEIDENBAUM, Clemens MÜNSTER. München, Zürich: Piper, 1978. 109f.

82 KOLMAR 1960. 186.

Die Pointe des Textes liegt nun darin, daß das Ergebnis des Experiments dem Mythos rechtgibt, und zwar um den Preis der Leugnung des Schmerzes, den das Tier erleidet: denn der leibliche Schmerz treibt die Tränen hervor, die die Flammen zum Erlöschen bringen. Die Wirklichkeit des Schmerzes aber bleibt aus der Darstellung des Mythos ausgeschlossen, sie wird unterschlagen – es ist erst das Sprechen des Anderen, das dieses ausgeschlossene Reale in die Erzählung zurückholt.

Das Faktum, daß die Wirksamkeit des Mythos andauert, wird durch den Wechsel der Zeitform (vom erzählenden Präteritum zum Präsens) angedeutet. In der Weise, wie hier die Alchimie als Modell wissenschaftlicher Erkenntnisformen eingesetzt wird, erzeugt der Text eine unmittelbare Nähe, eine Kontamination zwischen dem zu wissenschaftlichen Zwecken durchgeführten Experiment und den inquisitorischen Folterpraktiken, welche auf ein Geständnis zielten, dessen Sinn einzig und allein darin lag, die gegen den Gefolterten vorgebrachte Beschuldigung und das sie tragende Deutungssystem zu bestätigen. Doch ist die hier dargestellte Weise der Konstitution von Wissen durch eine Kette von Kontaminationen geprägt. Diese beziehen sich nicht nur auf die Nähe zwischen der Folterpraxis der Inquisition und der Praxis wissenschaftlicher Erkenntnis, sondern auch auf die Indifferenz gegenüber der Verschiedenheit von toter Materie und lebendem, schmerzempfindlichen Leib, auf die Verwechslung von „Mären" des Aberglaubens und „Wirklichkeiten", und auf die Diskontinuität der zeitlichen Bezüge, die sich in der Wiederkehr der Vergangenheit (der Zeit des späten Mittelalters) in der gegenwärtigen Zeit zeigt.

Die Kritik der Wissenskonstitution, die sich hier abzeichnet, nimmt demnach zum einen jene selbstreflexive Logik des Wissens in den Blick, die zu einer ‚wissenschaftlich' und ‚empirisch' erhärteten Reproduktion bereits bestehender, vorurteilsbehafteter Deutungssysteme führt – in diesem Sinn macht die Kritik aufmerksam auf ein Moment des Autismus, welches den scheinbar objektiven, wissenschaftlichen Erkenntnismethoden innewohnt und aus welchem sich das Mythische (der Aberglauben und das Vorurteil) inmitten der Wissenschaftlichkeit unbemerkt, aber beständig nährt. Zum anderen, und dieser zweite Aspekt scheint mir noch wesentlicher, wird durch diese Kritik genau die Leugnung, das Ausschließen der Leiblichkeit und des Schmerzes aus dem Diskurs markiert. Eine solche Markierung nimmt die zitierte Textpassage dadurch vor, daß die Beschreibung des mythischen Vorurteils („Und daß ich dunkles Eis – / Die Leute mochtens glauben. // Die Leute glauben Mären, / So wahr wie Wirklichkeiten") genau in der Mitte, gleichsam im Herzen der Darstellung des Schmerzes erscheint, wodurch das Innerste des Schmerzes überdeckt, sogar ausgewischt wird: nur an den Rändern des Mythos gewinnt noch der leibliche Schmerz als Effekt der zugefügten Gewalt sprachliche Relevanz:

Zerwand ich mich im Feuer.

Es sprang mit dünnem Schnauben
Um meine feuchten Glieder,
Und daß ich dunkles Eis –
Die Leute mochtens glauben.

Die Leute glauben Mären,
So wahr wie Wirklichkeiten.
Die rote Zunge leckte;
Ich warf ihr meine bitterlichen Zähren.

Sie sank zu dünnem Fächeln

Der Diskurs, der sich auf die Deutungsmuster des Aberglaubens stützt und sie am Leben erhält, löscht den Schmerz vollkommen aus dem kulturellen Gedächtnis, das von diesem Diskurs getragen und perpetuiert wird. Es scheint sogar, als würden das Aufbewahren, das Gedächtnis des Vorurteils und das Löschen der Gedächtnisspuren des Schmerzes einander bedingen. Auch hier wieder geht es um die Frage nach einem Bild, das nicht nur eine Verwundung verdeckt, sondern auch dieses Verdecken selbst „vergißt" – ein Vergessen im Sinne eines *Ungeschehen-machens* (welches seinerseits als magische Handlung interpretiert werden kann[83]). Zugleich wird dadurch ein Zusammenhang hergestellt zwischen dem *Vergessen der Gewalt* und dem *Vergessen der Grenze zwischen den beiden Registern des Imaginären und des Leiblichen* (wobei beides Vergessene in der Symptomatik der Kultur der Moderne zurückkehrt).

---

83 Siehe dazu Sigmund FREUD, „Hemmung, Symptom und Angst" (1926). In: FREUD, Gesammelte Werke XIV. 111–205. Freud bezeichnet das Ungeschehen-machen als eine symptombildende Tätigkeit des Ich: als eine Technik, die „sozusagen negative Magie" sei, denn „sie will durch motorische Symbolik nicht die Folgen eines Ereignisses (Eindruckes, Erlebnisses), sondern dieses selbst ‚wegblasen'." (ibid. 149). Das Ungeschehen-machen wäre insofern den Künsten des Vergessens zuzurechnen. Beschreibt Freud diese Tätigkeit des Ich zunächst als ein Surrogat der Verdrängung, so modifiziert er seine Darstellung im Nachtrag zu seiner Studie, indem er konstatiert, daß über die abwehrende Tendenz des Ungeschehen-machens kein Zweifel bestehen könne, daß diese aber „mit dem Vorgang der ‚Verdrängung' keine Ähnlichkeit mehr" habe (ibid. 197).

Die in den Texten Gertrud Kolmars formulierte Kritik der Moderne konstatiert demnach zwei Momente: zum einen den *Verlust einer ursprünglichen Einheit* – und damit nehmen die Texte teil an jener Restitution der Denkfigur des Ursprungs, die den antimodernen Diskurs der Zeit unter anderem auszeichnet und deren Gewaltförmigkeit Derrida hervorhebt –, zum anderen eine *Homogenisierung von Differenzen*. Die Ambiguität der Kritik Kolmars liegt in der Koinzidenz dieser beiden Momente, die eine Gegenläufigkeit in ihrer Argumentation hervorruft. Denn das Irritierende der Kritik Kolmars entsteht aus der *Verdichtung*, die sie in sich birgt und auf die sie sich beruft: der Alptraum, der von der Tilgung des Anderen handelt, von der Annullierung, dem Außer-Kraft-setzen seiner Einzigartigkeit und Unreduzierbarkeit, und der Traum von der De-Kulturation, vom Auszug aus einer Kultur, die solche Alpträume forciert, *umschließen einander*. Das Motiv einer heidnischen Existenzweise, das beispielsweise Emmanuel Lévinas gerade dann ins Spiel bringt und der Kritik unterzieht, wenn er den Zusammenhang zwischen Nazismus und Seinsdenken zu ergründen sucht[84], bleibt in dieser Kritik unangetastet: vielmehr stellt gerade dieses Motiv einen der beiden Fluchtpunkte dar – neben dem Messianismus –, die ein solcher Auszug aus der Kultur anvisiert. Der Messianismus und das Heidnische geraten so in dieser Kritik in eine überraschende Nähe.

---

84 Lévinas schreibt dazu: „Wenn Heidegger auf das Vergessen des ‚Seins' aufmerksam macht, das hinter den Realitäten, die es erleuchtet, verborgen ist, ein Vergessen, dessen sich nach seiner Auffassung die von Sokrates herkommende Philosophie schuldig macht; wenn Heidegger beklagt, daß das Verstehen sich an der Technik orientiert, so hält er an einer Machtordnung fest, die unmenschlicher ist als der Maschinismus und vielleicht nicht denselben Wurzeln entstammt. (Es ist nicht sicher, daß der National-Sozialismus der mechanistischen Verdinglichung des Menschen entspringt und daß er nicht seine Grundlage hat in bäuerlicher Bodenverhaftung sowie in feudaler Verehrung, die die geknechteten Menschen den Gebietern und Herren zollen, die ihnen befehlen.) Es geht um eine Existenz, die sich in ihrer Natürlichkeit akzeptiert, für die ihr Platz an der Sonne, ihr Boden, ihr *Ort* alle Bedeutung leitet. Es geht um ein heidnisches Existieren." LÉVINAS 1983. 194.

# 6. Die Rückläufigkeit der Geschichte

Das im vorhergehenden Kapitel untersuchte Gedicht „Legende"[1] inszeniert den Traum vom Ende der Geschichte. Die Rückläufigkeit des Prozesses technischer und kultureller Produktion, die an die Tradition einer
verdrängten Grausamkeit im Herzen der Kultur rührt, mündet in ein Erwachen. Dieses Erwachen, das einer vollkommenen Entblößung des Subjekts gleichkommt (eines Subjekts, das als einzelnes, nicht als kollektives
gedacht wird), bedeutet den Durchbruch des Traums vom Ende der Geschichte, des *Traums von der De-Kulturation*:

Die Mauer knirscht. Sie wankt vom Grund zum First
Und rieselt nieder. Einer ist erwacht;

Er findet Dunkel und ihm ist sehr kalt,
Und sein vergangner Tag ward fernes Klirrn. –
Der Mensch stand nackt. Und um ihn stand der Wald
Und über ihm ein schweigendes Gestirn.[2]

Die Überschrift des Gedichts, „Legende", verweist auf das Vorausgesetzte
der Lektüre (das heißt darauf, daß der historische Prozeß wie auch das
Gedicht etwas zu Lesendes sei), und sie unterstreicht zugleich die Un-
nachweisbarkeit des Geschehens, auf das der Text zuläuft. Das Erwachen
wird gleichgesetzt mit einem revolutionären Moment, mit dem Augenblick eines katastrophischen Umschwungs. Es entspricht jener Konstellation des Erwachens, die Walter Benjamin als exemplarischen Fall des
Erinnerns beschreibt, und auf welche sich sein Begriff des *Eingedenkens*
bezieht: „Eingedenken ist die vom Vergessen, das heißt nicht einem
Mangel an Erinnerung, sondern einem Gegen-Erinnern, gespannte Erinnerung, in der sich das Erlebte nicht fixiert, sondern für seine Vor-

---

1 KOLMAR 1960. 148–149.
2 ibid. 149.

und Nachgeschichte öffnet. In ihr wird vergangenes Leid als ein Unabgeschlossenes erfahren."[3]

Der *Revers* des auf Fortschritt gerichteten kulturellen und historischen Prozesses, den ich mit dem Begriff der Rückläufigkeit der Geschichte bezeichne, steuert auf eine radikale geschichtliche Wendung zu; er folgt daher einer eschatologischen Figur (und einem messianischen Begehren). Die Bewegung des Revers wird bei Kolmar an den Vorgang eines solchen *Gegen-Erinnerns* gebunden. Diese Gegen-Erinnerung – und das Unabgeschlossene des Vergangenen, das in ihr entzifferbar und erfahrbar wird – bezieht sich zum einen auf ein Sichtbar-werden der unsichtbaren Spuren der sublimierten, verdrängten und vergessenen Gewalt, welches eine Konfrontation mit der tiefen Amnesie im Inneren der Kultur und der Geschichte erzwingt; zum anderen bezieht sie sich auf den Namen Robespierres, der für Kolmar die *Revolution in Permanenz* verkörpert.

## 6.1 Orte des Gedächtnisses

Dem apokalyptischen Endpunkt der Geschichte geht im Gedicht „Der Tag der großen Klage" eine Anklage voraus – der „Gerichtstag totgeplagter Tiere", der, wie in einer ausdrücklichen Verneinung gesagt wird, „den Menschen nicht von seinen Morden frei" spricht. Ich zitiere im folgenden das Gedicht im vollen Wortlaut:

So brach der Tag der großen Klage an.

Sie stiegen aus den Wassern, Meere voll,
Sie sprangen von dem blauen Bett der Himmel
Und füllten so die Erde mit Gewimmel,
Daß wie ein Brodeltopf sie überquoll.

Von abgelegnem Hofe, Burg und Dorf
Auf alle Wege zogen Qualgestalten,
Um schaurig mit Gebresten, Rissen, Falten
Das Feld zu decken als ein dunkler Schorf.

In Städten fielen Menschen auf die Knie
Und murmelten Gebete, heiß vor Grauen,
Doch mancher ragte ganz allein in Auen,
Der, irr geworden, fuchtelte und schrie.

---

3 BOLZ 1989. 141.

Denn wie mit schwärzlichem Geflock beschneit,
Verhüllten Fenster sich und Straßensteine,
Da Fliegenstummel krochen, ohne Beine
Und ohne Flügel. Menschengrausamkeit.

Aus Wäldern hoben sich der Mittagsglut
Die stummen Augen blindgestochner Sänger,
Maulwürfe liefen – und da war kein Fänger –
An jeder Schnauze hing das Krümchen Blut.

Und Karpfen schnellten mit zerfetztem Bauch
Und rote Krebse lebend aus dem Tiegel,
Von Mauern rollte Wunderarztes Igel,
Geschwärzt in einer Zauberesse Rauch.

Doch aus dem weißen Saal der Wissenschaft
Begann ein Strömen wie aus offner Schleuse
Zerschnittner Ratten und entstellter Mäuse,
Ein Treiben unergründlich ekelhaft.

Und was an Raubgetier im Gitterhaus
In ödem Tierpark sich die Brust zersehnte,
Verging in einer Pilgerschar, die dehnte
Sich zwischen siebzig Städten endlos aus.

Und alle nahten riesigem Gefild,
Das plötzlich da war, jäh, für diese Stunde,
Zuletzt noch arme, demütige Hunde,
Die Steuermarke um als Heiligenbild.

Da, an die Welten flog ein großer Schrei.
Mit braunem Pferd, dem Eselhengst, dem Stiere
Sprach der Gerichtstag totgeplagter Tiere
Den Menschen nicht von seinen Morden frei.

Und tausend Leiber wiesen ihm ihr Grab
Und hunderttausend ihre Folterstätten,
Es schwebte keine Taube, ihn zu retten,
Kein Lämmlein trug ihm selbst den Hirtenstab.

Und dieser Helfer, dran er sich gesonnt,
Zerschlug wie Glas mit ungeheurem Krachen,
Und eine neue Gottheit spie wie Drachen
Die Flamme einem neuen Horizont.[4]

---

4 KOLMAR 1960. 167–168. Das Gedicht zählt zum Zyklus der „Tierträume", der vermutlich bis Ende 1932 in seiner usprünglichen Form abgeschlossen war. Vgl. Marbacher Magazin 63, 1993. 79.

Die Leiber der verletzten, gequälten, verstümmelten Tiere setzen sich zu einer Anklage-Schrift zusammen: sie tragen die vergessene, verdrängte Geschichte der sublimen Verbrechen der Kultur in die Gegenwart, als würden *Dauerspuren der Erinnerung* plötzlich ins Bewußtsein und in die Sichtbarkeit gehoben. Analog zu der beschriebenen *rückwärts gerichteten Bewegung* im Gedicht „Legende" – welches die Rückläufigkeit des Kulturations- und Produktions-Prozesses als Textbewegung inszenierte, um in ein Erwachen zu münden –, wird hier die Geschichte unzähliger Morde zurückgespult, revertiert, um ein gerechtes Urteil auszusprechen – eine Urteilsverkündung, die im Horizont einer „neuen Gottheit", eines *anderen Gesetzes* und einer *anderen Geschichte* geschieht. Das hier imaginierte „göttliche Gericht" führt jedoch nicht dazu, daß das Fragmentierte – die versprengten Knochen oder Buchstaben – wieder zu einer ganzen, sinnvollen Form oder Schrift zusammengesetzt wird (wie es der biblischen Überlieferung entsprechen würde[5]). Vielmehr bedeutet es eine genaue Gegen-Erinnerung: das Zusammenschießen der vergessenen und verdrängten Spuren der Gewalt – die Spuren nicht der Entstellung, sondern der Verstümmelung sind – in ein synchrones Erinnern (das an die Grenze des Umschlags in Rettung führt). Es ist eine *Synchronie*, die das *Chronische* der Gewaltgeschichte vorführt. In diesem Sinne handelt es sich hier gleichsam um ein Wörtlich-nehmen des talmudischen Satzes, das Geheimnis der Erlösung sei die Erinnerung – ein Wörtlich-nehmen, das zugleich die Öffentlichkeit des Ereignisses unterstreicht, indem es dieses auf dem *Schauplatz der Geschichte* situiert. Kolmars Text rekurriert damit auf einen tradierten Begriff von Erlösung, den Gershom Scholem mit den folgenden Worten umschreibt: „Das Judentum hat, in allen seinen Formen und Gestaltungen, stets an einem Begriff von Erlösung festgehalten, der sie als einen Vorgang auffaßte, welcher sich in der Öffentlichkeit vollzieht, auf dem Schauplatz der Geschichte und im Medium der Gemeinschaft, kurz, der sich entscheidend in der Welt des Sichtbaren vollzieht und ohne solche Erscheinung im Sichtbaren nicht gedacht werden kann."[6]

---

5 Siehe Ezechiel 37, 1–14 [Newiim Acharonim].
6 Gershom SCHOLEM, „Zum Verständnis der messianischen Idee im Judentum". In: SCHOLEM, Über einige Grundbegriffe des Judentums. Frankfurt/M.: Suhrkamp, 1970. 121–167; hier 121. Der christliche Erlösungsbegriff dagegen bezieht sich auf den unsichtbaren und geheimen Bereich der Innerlichkeit: er bezeichnet einen Vorgang, der sich „in der Seele, in der Welt jedes einzelnen, abspielt, und der eine geheime Verwandlung bewirkt, der nichts Äußeres in der Welt entsprechen muß." ibid. 121.

Dieses gespannte Erinnern, in dem vergangenes Leid und vergangener Schmerz als nicht Abgeschlossenes sichtbar und erfahrbar wird,[7] bedeutet – entsprechend der Kritik Walter Benjamins – die *Umkehrung* einer Geschichtsschreibung, die aus der Perspektive der Sieger geschieht. Während die historistische Geschichtsschreibung aus der Position der Überlebenden über die Toten urteilt, geht es hier um eine Geschichtsschreibung, die den Toten eine Position der „Rede", der Klage oder der Verteidigung einräumt – unter dem Verzicht auf *Einfühlung*.[8] Der *eine Umschwung* der Geschichte hat bei Kolmar eine solche Umkehrung der Geschichtsschreibung zur Voraussetzung. Die Rückläufigkeit der Geschichte ist gebunden an einen solchen Ort des Gedächtnisses; sie ist parallelisiert mit dem Gegen-Erinnern, das an die Tradition einer verdrängten Grausamkeit im Innern der Kultur rührt, an eine Wahrheit, mit der sich zu konfrontieren das Subjekt unfähig ist. Die Figur der *Apokatastasis*, der Wiederherstellung oder des Wiedereinsetzens des Zerbrochenen, Versprengten und Entstellten in die ursprüngliche Form, wird demnach bei Kolmar ersetzt – oder doch überlagert – durch diejenige der *Konfrontation* mit einem Verdrängten oder Vergessenen.

Die von Benjamin geforderte reine und reinigende Gewalt, die kathartische Destruktion, die dem mythisch in Gewaltverhältnissen befangenen Weltalter ein Ende machen soll, nimmt so bei Kolmar die Form einer wörtlichen *Wiederkehr des Verdrängten* an, einer Wiederkehr, die *buchstäblich und leibhaftig* ist, indem sie sich auf das sinnferne Somatische bezieht. Diese – an den uneindeutigen Signifikanten „Tier" geknüpfte – Wiederkehr des Verdrängten, welche die Arretierung des linearen Fort-schreitens der Geschichte ankündigt, markiert den Umschlagspunkt, an dem das Regelhafte des Vergessens und des Verstummens durchbrochen wird. Dies geht einher mit einer Anklage, die, wie man mit Benjamin sagen könnte, Klage erhebt gegen das „Neueste – daß es nicht einmal mehr die Klage gibt".[9] Hier bietet sich ein Anknüpfungspunkt zu Lyotards Konzeption des Widerstreits: wie bereits im vorhergehenden Kapitel dieser Arbeit ausgeführt wurde, ist der Widerstreit dadurch gekennzeichnet, daß der Kläger dabei seiner Möglichkeiten

---

7 Vgl. BOLZ 1989. 141.

8 Auf eine Parallele dieser Konzeption zu Lévinas' Denken der Gerechtigkeit weist Gondek hin: GONDEK, in: HAVERKAMP 1994. 320.

9 Walter BENJAMIN, „Kommentar zu dem Gedicht *Von den Sündern in der Hölle*". In: BENJAMIN, Gesammelte Schriften II.2. Frankfurt/M.: Suhrkamp, 1977. 550.

beraubt wird, das Unrecht, das er erlitten hat, zu bezeugen. Daher ist dieses Unrecht nicht darstellbar: es *figuriert nicht*, denn es findet weder in seiner Darstellbarkeit noch in seiner Undarstellbarkeit in die rechtliche und die sprachliche Ordnung Eingang – und somit verdoppelt sich das Unrecht, das der Kläger erleidet. Berücksichtigt man diese Darlegung der aporetischen Konstellation, die den Widerstreit bestimmt, so zeigt sich, daß „Der Tag der großen Klage" einen Zeitsprung insinuiert, welcher nicht nur das Verschwinden jeglicher Spuren der zahllosen begangenen Morde rückgängig macht (der Text spricht von *seinen*, nicht von seinem Morden), sondern auch den Raub der Beweismittel – so daß es endlich zu einer Anklage und zu einer *Darstellung* des erlittenen Unrechts kommen kann (es ist diese Darstellung, die die Figur der Eschatologie füllt).

Die Kette der Verbrechen wird sichtbar: dabei sind, wie der Text nahelegt, spielerischer Sadismus, Wirtschaft, Magie, Wissenschaft und Exotismus ein Bündnis eingegangen. Jedes einzelne, verletzte Lebewesen kehrt zurück. Diese Rückkehr wird als ein apokalyptischer Alptraum beschrieben, der in den Menschen, den angeklagten Tätern, Grauen und Wahnsinn auslöst. Kolmar bringt dadurch zum Ausdruck, daß die Ruhe, die Vernunft und das Glück der Menschen – ebenso wie das Fort-schreiten der Geschichte, der historische Fortschritt – sich auf die Amnesie und die Anästhesie, die Betäubung gründen, die die Kultur ihnen gestattet. Genau diese Blindheit gegenüber der Qual thematisieren Adorno und Horkheimer in einem „Le prix du progrès" überschriebenen Bruchstück der *Dialektik der Aufklärung*, indem sie auf den „merkwürdigen Passus" eines Briefes des Physiologen Pierre Flourens verweisen. Flourens formuliert Vorbehalte gegenüber der Narkose bei medizinischen Operationen, da die Betäubung eine Täuschung sei – nicht die Fähigkeit zur Empfindung von Schmerzen werde dadurch eingeschränkt oder ausgeschaltet, sondern die Fähigkeit zur Erinnerung. Die Nervensubstanz verliere „unter dem Einfluß des Chloroforms einen bedeutenden Teil ihrer Eigenschaft, Spuren von Eindrücken aufzunehmen, keineswegs aber die Empfindungsfähigkeit als solche"[10] – eine *Innervation ohne Gedächtnis*. Flourens befürchtet ein unkontrollierbares, exzessives Moment dieser Gedächtnisschwäche; die Verborgenheit des Schmerzes, welche die Folge der Entkoppelung von Körper und Gedächtnis ist, könne selbst, so meint er, schädigend oder gar tödlich sein.

---

10 ADORNO, HORKHEIMER 1971. 205.

Die Kommentierung, die Adorno und Horkheimer diesem Brief anfügen, überträgt das Kriterium des Anästhetischen und der Blindheit gegenüber vergangenem Leid auf das Feld der Kulturgeschichte:

> Der Raum, der uns von anderen trennt, bedeutete für die Erkenntnis dasselbe wie die Zeit zwischen uns und dem Leiden unserer eigenen Vergangenheit; die unüberwindbare Schranke. Die perennierende Herrschaft über die Natur aber, die medizinische und außermedizinische Technik schöpft ihre Kraft aus solcher Verblendung, sie wäre durch Vergessen erst möglich gemacht. Verlust der Erinnerung als transzendentale Bedingung der Wissenschaft.[11]

Das Vergessen erscheint so als Kulturtechnik: die Kultur kann, wie Adorno in der *Negativen Dialektik* formuliert, „das Gedächtnis jener Zone nicht dulden".[12] Diese Atrophie wird bei Emmanuel Lévinas in den Begriff einer Menschheit gefaßt, deren Gedächtnis an den eigenen Erinnerungen nicht leidet (*une humanité dont la mémoire n'est pas malade de ses propres souvenirs*).[13] Darin liegt ein Moment, in dem die Kultur sich permanent selbst verkennt.

Kolmar nähert sich hier der Denkbewegung Adornos, die in eine unerinnerbare Vergangenheit zurückführt, angesammelt unter den Einbrüchen von Schocks. Doch ruft die Konfrontation mit diesen vergessenen oder verdrängten Spuren der „Menschengrausamkeit", mit der Wahrheit eines verdrängten Begehrens und eines verdrängten Schreckens, nicht nur Grauen und Wahnsinn hervor, sondern auch Ekel und Abscheu: Kolmars Text spricht von einem „Treiben", das „unergründlich ekelhaft" sei. Dieser Aspekt wird bedeutsam werden bei der Diskussion des Abscheus, der *Abjektion*, um die – im Zusammenhang mit der Konzeption der Verwerfung – die dritte Sequenz meiner Studie zentriert ist. Das apokalyptische Finale des zitierten Gedichts nimmt die christlichen Bildelemente der Taube, des Lämmleins, des Hirtenstabes und der Sonne (die auf das Leuchten des Seins verweist) auf und verwebt sie miteinander, um sie zu *zerschlagen*: der Moment, in dem das Unrecht eine symbolische Repräsentanz findet, und der Moment der Verneinung des Freispruchs – welche der Text nicht positivierend als Schuldspruch, sondern negativierend als Weigerung, den Menschen in die Freiheit des Vergessens zu entlassen, formuliert, so daß er im wörtlichen Sinne *verantwortlich* gemacht wird – fallen zusammen mit

---

11  ibid. 206.
12  ADORNO 1975. 359. Siehe dazu auch Elisabeth WEBER 1990. 228–231.
13  LÉVINAS 1976. 142.

dem Augenblick, in dem die christlichen Symbolisierungen von Verheißung und Erlösung sich zerschlagen. Zum einen läßt sich demnach feststellen, daß der jüdische Erlösungs-Diskurs an die Stelle des christlichen Erlösungs-Diskurses tritt; zum anderen aber zeichnet sich schon ab, daß es hier um den Begriff eines *anderen Vergessens* geht: nicht so sehr um das Vergessen des Seins im Sinne Heideggers, sondern eher um das Vergessen der Gewalt und ihrer Verdrängung, um das Vergessen der Grenze zwischen dem Imaginären und dem Leiblichen, das heißt um ein Vergessen, das, wie die Reaktion des Abscheus vermuten läßt, ein tiefer liegendes Vergessen verdeckt.

Gerechtigkeit und Konfrontation (im oben beschriebenen Sinne eines gespannten Erinnerns) werden bei Kolmar zusammengedacht. Der Begriff der Gerechtigkeit berührt sich dabei mit der Begründung der „Idee einer unendlichen Gerechtigkeit" bei Derrida: „unendlich ist diese Gerechtigkeit, weil sie sich nicht reduzieren, auf etwas zurückführen läßt, irreduktibel ist sie, weil sie dem Anderen gebührt, dem Anderen sich verdankt; dem Anderen verdankt sie sich, gebührt sie vor jedem Vertragsabschluß, da sie vom Anderen aus, vom Anderen her gekommen, da sie das Kommen des Anderen ist, dieses immer anderen Besonderen."[14] Weder leugnet Kolmars Text den gewaltsamen Zug der Gerechtigkeit, noch teilt er das *Zögern* Derridas, diese *Idee der Gerechtigkeit* innerhalb eines eschatologischen Horizonts zu situieren, indem sie mit einem messianischen Versprechen gleichgesetzt würde.[15] Doch Kolmar geht es hier, wie ich ausgeführt habe, nicht um die Frage der Darstellbarkeit der Gerechtigkeit, sondern um die Frage der Darstellbarkeit unsichtbarer Spuren einer Gewalt, einer sublimierten Katastrophe, die untrennbar mit dem historischen und kulturellen Prozeß verwoben ist.

Eine Verneinung des Glücks des Vergessens ist auch die Aussage, in die das Gedicht „Die Tiere von Ninive" mündet. Der Text, der zu dem im Herbst 1937 entstandenen Zyklus „Welten" gehört, trägt die Subskription „Jona, Schlußwort".[16] Die abschließenden Worte Jonas, das *Nachwort*, von dem das Gedicht handelt, kündigen an, daß ein *definitives Schließen*, mit dem das Kapitel einer Geschichte oder eines Textes endet, schon stattge-

---

14  DERRIDA 1991. 51.
15  ibid. 52.
16  KOLMAR 1960. 579–581; hier 579.

funden hat. Dies geht einher mit der Markierung einer Zäsur, die für ein Urteil steht, und die der Zeit ihren Sinn verleiht, wie Jacques Lacan in anderem Zusammenhang ausführt. Die Schließung der Bewegung einer Logik in der Entscheidung eines Urteils impliziert die Schließung der Zeit des Verstehens, „denn sonst würde diese Zeit ihren Sinn verlieren."[17] Hier kommt der Aspekt des Dezisionismus ins Spiel. „Ninive", der Name der Stadt, von der Kolmars Gedicht handelt, wird zum Namen des Ortes dieser Schließung.

„Ninive" wird in Kolmars Text als heidnischer Ort beschrieben, als ein Ort der Verwüstung, der Entdifferenzierung, des Verfalls und der Verfinsterung der Welt, des Exzesses der Gewalt:

Ein Kind,
Kleiner, abgezehrter, schmutziger Leib,
Bedeckt mit Fetzen, bedeckt mit Schwären,
Über die Schwelle der Grabkammer hingeworfen,
Streckte sich, schlief.
Es kannte nicht Vater noch Mutter, und nur ein Hund,
Einer der Ausgestoßenen, Verachtetsten,
Gleich arm, gleich krank, geplagt und zerschrunden,
Kratzte sich, duckte den Kopf und leckte liebreich die Wange unter den strähnig schwarzen verfilzten Haaren. –
Und das Kind ballte die Faust und schlug ihn im Traum.[18]

Noch die Träume sind von Gewalt beherrscht. Keine Zone menschlicher Existenz, auch nicht die unbewußte des Traums oder die unschuldige des Kindes, entzieht sich der Dynamik der Gewalt, in die der Wunsch eingeht: in diesem Sinn könnte man hier wieder von einem totalitären Universum sprechen.

In den prophetischen Büchern der hebräischen Bibel wird Ninive, die assyrische Hauptstadt, als Symbol heidnischer Macht dargestellt, als „fröhliche Stadt, die sich in Sicherheit wiegte, die dachte: Ich und sonst nie-

---

17 Jacques LACAN, „Die logische Zeit und die Assertion der antizipierten Gewißheit". In: LACAN, Schriften III. Weinheim, Berlin: Quadriga, 1986. 101–121; hier 112–113. Lacans Begrifflichkeit schöpft hier aus der Doppeldeutigkeit des Ausdrucks „schließen", der zum einen „einschließen" oder „abschließen" bedeuten kann, zum anderen „logisch folgern", oder auch, im Sinne der Bedeutung des *Sophismas*, „Trugschluß". Lacan bezieht den Begriff der „logischen Bewegung" (den ich durch die Übertragung auf die Gesetzmäßigkeit der Geschichte in die Geschichtsphilosophie projiziere) auf die Gesetzmäßigkeit eines Denk- und Sprachvorgangs.
18 KOLMAR 1960. 580.

mand" (Zefania 2, 15). Gegründet wurde sie von Nimrod, der in der Ag-
gada als erster Herrscher und erster Jäger bezeichnet wird, welcher Abraham in einem Feuerofen verbrennen ließ, da dieser den Götzendienst
verweigerte. Der Überlieferung zufolge wird die Drohung der Zerstörung,
die Jona der Stadt im Auftrag Gottes überbringt (Jona 3), revidiert und
widerrufen, da der König von Assur befiehlt, jeder solle „umkehren und
sich von seinen bösen Taten abwenden und von dem Unrecht, das an
seinen Händen klebt" (Jona 3, 8). Diese Wendung erfüllt Jona mit Zorn
(Jona 4, 1), und er bittet Gott, ihm den Tod zu geben.

Im biblischen Text wird der Widerruf der Androhung der Zerstörung
mit der Gnade und dem Mitleid Gottes begründet. In Kolmars Version
dieser Geschichte indessen kehrt sich das autoritäre Verhältnis zwischen
Gott und Jona nahezu um – nun scheint es Gott zu sein, der seinen
Propheten um Mitleid bittet:

Und ein Sturm flog auf mit mächtigem Braus,
Ein großer Sturm fuhr von Osten auf und kam und fegte die Weide, entsetzte die Herden
und wirbelte totes Geäst
Und griff wie mit Nägeln in des Propheten Bart, zerrte und zauste.

Das Gedicht schließt mit den folgenden Zeilen:

Doch Jona ging,
Und die Last über Ninive, die er geschaut, hing über seinem Scheitel.
Er aber wandelte in schwerem Sinnen. –

Von der starken Zinne des Königsschlosses schmetterte ein bemalter Stein,
Und es heulte im Sturm und es schrie im Sturme und eine Stimme rief:
„Um dieser willen!
Um dieser Tiere, reiner und unreiner, willen!"
Und der Gesandte des Herrn schrak und sah; aber nur Finsternis war, und er hörte nichts
als ein unablässiges Wehen und Sausen,
Das seinen Mantel faßte und zog und schüttelte wie eines Bittenden Hand das Kleid des
unbarmherzig Enteilenden.
Er aber kehrte sich nicht; er schritt
Und raffte und hielt den Mantel.

In Kolmars Um-Schreibung der biblischen Erzählung widersteht demnach
Jona der Anrufung der Stimme – die im Namen nicht der Menschen, sondern der Tiere bittet, und bei diesem Bitten die Ordnung, welche zwischen
Reinheit und Unreinheit unterscheidet, außer Kraft setzt: die Bitte stützt
sich auf die Annullierung dieser Ordnung. In diesem Außer-Kraft-setzen

steckt bei Kolmar das Umkehrmoment, gleichsam das göttliche Einsehen – nicht die Menschen „kehren um und wenden sich ab von dem Unrecht", das sie begangen haben, sondern die göttliche Instanz (die sich durch ihre Stimme präsentiert) wendet sich ab von ihrer Autorposition und der durch sie legitimierten Ordnung. Es handelt sich dabei um eine Ordnung, deren Axiomatik durch den Anthropozentrismus und durch jenes Register beherrscht wird, welches sich auf dem Gegensatz rein – unrein errichtet und damit erneut das Moment des Abscheus ins Spiel bringt.

Der Prophet widersetzt sich bei Kolmar dem Fortgang der Geschichte: seine Unnachgiebigkeit und sein Schweigen prophezeien stattdessen das Ende der Geschichte (oder ein bloßes Fort-schreiten ihrer Verwüstung); seine Resistenz spricht ihr sein Urteil aus. Im selben Zuge beschließt die Figur des Propheten in Kolmars Text, die in der biblischen Überlieferung tradierte Geschichte gleichsam früher zu beenden: sie schließt dieses Kapitel ab, und dieser Abschluß kommt dem der biblischen Überlieferung zuvor.

Der Ort, von dem Kolmars Text erzählt, entsteht aber – wie hier abschließend noch annotiert werden soll – auch durch eine Überlagerung unterschiedlicher Texte. Zunächst verwebt Kolmar in die Geschichte Jonas die biblische Überlieferung vom Streit Abrahams mit Gott um die Rettung der Städte Sodom und Gomorrha und vom Befehl der Engel an Abrahams Neffen Lot, sich während der Zerstörung der beiden Städte nicht umzusehen (Genesis [Bereschit] 18 und 19). Auf diese Weise werden prophetischer Text und der Text des Gesetzes miteinander verknüpft (oder, berücksichtigt man die inhaltliche Ordnung der biblischen Texte, Erzählung und Geschichte). Darüber hinaus *inseriert* der Text zwei weitere Intertexte.[19] Zum einen bezieht er sich auf Baudelaires Gedicht „Une charogne", das sich in dem (ursprünglich unter dem Titel *Les limbes* (*Die Vorhöfe der Hölle*) geplanten) Zyklus *Les fleurs du mal* (1857) findet,[20] und auf dessen Thematisierung des Anti-Humanen. Neben dem Gedicht „Une charogne", das zu dem Teilstück *Spleen et idéal* gehört, bildet das Poem *Am Ort des Mordes* (*Be-Ir ha-Haregah, In Schchite-Stot*) von Chaim Nachman Bialik einen zweiten Referenzpunkt. Bialik schrieb diesen Text über das Pogrom in Kishinev auf jiddisch im Frühjahr 1903 – und zwar an Stelle des Berichtes, den er im Auftrag der jüdischen Historischen Gesellschaft in Odessa verfassen sollte. Eine Passage aus dem Poem sei hier zitiert:

---

19 Darauf machte zuerst aufmerksam: BAYERDÖRFER 1987. 460–462.
20 Charles BAUDELAIRE, Œuvres complètes. Paris: Éditions du Seuil, 1968. 58–59.

Da hat man zwei geköpft: einen Juden mit seinem Hund ...
Mitten im Hof hat gestern sie eine Axt geköpft,
und heute hat sie daher ein Schwein geschleppt,
gescharrt, gewühlt in ihrem vermischten Blut.
Still, morgen wird ein frischer Regen kommen
und abspülen das Blut in den Rinnstein, damit es nicht schreit
zum Himmel „Gewalt" aus dem Mist heraus[21]

„Bialiks *Stadt des Schächtens* und Gertrud Kolmars *Ninive*", so Bayerdörfer,
„umschreiben denselben Ort."[22]

Während die Orte des Gedächtnisses, die hier beschrieben wurden, eine
*Katastrophe in Permanenz* bezeugen, wie man mit Benjamin sagen könnte[23],
verkörpert die Figur oder der Name Robespierres, wie im folgenden Abschnitt erläutert werden wird, für Kolmar eine *Revolution in Permanenz*:
diese wird gedacht als gegenläufige Bewegung zur Katastrophe der Geschichte.

---

21 Chaim Nachman BIALIK, In der Stadt des Schlachtens. Übersetzt und mit einem Nachwort von Richard Chaim SCHNEIDER. Salzburg: Residenz, 1990. 9. Eine frühere Ausgabe des Textes erschien unter dem Titel: In der Stadt des Schächtens. Übersetzt von
   Ludwig STRAUß. Berlin: Welt, 1921. Eine Textstelle, die wiederum *eine Nähe, keine
   Analogie* beschreibt, findet sich bei Primo Levi: „26. JANUAR. Wir lagern in einer Welt
   der Toten und der Larven. Um uns und in uns war die letzte Spur von Zivilisation
   geschwunden." LEVI 1988. 174.
22 BAYERDÖRFER 1987. 462. Kolmar erwähnt Bialik mehrere Male in ihren Briefen an
   ihre Schwester: so im Brief vom 14. Juli 1940, im Zusammenhang mit ihren Hebrä-
   isch-Studien (Kolmar 1970. 64–65); im Brief vom 24. November 1940 (ibid. 84–85);
   und im Brief vom 23. Dezember 1940 (ibid. 91). Ihr letzter Brief vom 20./21. Februar
   1943, in dem sie „Oneg Schabbath" erwähnt, zeigt die Bedeutung ihrer Beziehung zu
   Bialiks Texten (ibid. 201). *Oneg Schabbat* ist der Name einer von Bialik gegründeten
   religiösen Bewegung, die Tradition und Zionismus zu verbinden sucht. Kolmar und
   Bialik, so schreibt Bayerdörfer, gelangen „aufgrund analoger Erfahrungen und mit
   Hilfe analoger poetischer Muster des Verdichtens, die aus dem Musterbuch der modernen europäischen Poesie stammen, als das man die *Fleurs du mal* wohl zu Recht
   bezeichnen darf, (...) zu einer Nähe, die jenseits der Zufälligkeit von individueller
   Kenntnis oder Abhängigkeit liegt. Die *Kröte*, die zu *Ha Zaw* wird, findet in der anderen
   Sprache mehr, als der Vorgang des Übersetzens vermuten läßt, sie findet sich selbst in
   fremder Zunge." (BAYERDÖRFER 1987. 462–463). Bayerdörfer weist darauf hin, daß
   die „Gleichsetzung von Mensch und Tier im Zeichen von ‚Mord' und ‚Totschlag'" ein
   zentrales poetisches Element in Bialiks Dichtung sei (ibid. 463).
23 Benjamin schreibt: „Der spleen ist das Gefühl, das der Katastrophe in Permanenz entspricht." Walter BENJAMIN, „Zentralpark". In: BENJAMIN, Gesammelte Schriften I.2.
   Frankfurt/M.: Suhrkamp, 1974. 655–690; hier 660.

## 6.2 Negative Idolisierung: Robespierre und die radikale geschichtliche Wendung

Der Wunsch nach einer Zusammenkunft des Religiösen mit dem Politischen prägt die Erfindung Robespierres, die Kolmar unternimmt: „und Throne bröckeln leer" lautet ein Satz aus dem Gedicht „Beschwörung", das den um 1934 entstandenen Zyklus „Robespierre" einleitet.[24] Jacques Derrida hat in seinem Essay über Benjamins Text *Zur Kritik der Gewalt*, welcher den sich durchkreuzenden Ursprung von politischer (mythischer) und theologischer (göttlicher) Gewalt zu denken versucht, auf die Kontamination des politischen Raumes der Zeit zwischen 1919 und 1939 hingewiesen[25]: diese erstreckt sich auch auf eine Vermischung von rechtserhaltender und rechtsetzender Gewalt. Der Gegensatz zwischen Erhaltung und Setzung (Gründung und Begründung) wird, wie Derrida ausführt, seinerseits getrübt oder durchkreuzt durch die Unterscheidung zwischen mythischer und göttlicher (rechtsvernichtender) Gewalt. In den Koordinaten dieser Unterscheidungen könnten die beiden Texte, die Kolmar der Figur Robespierres widmete – der schon erwähnte Gedichtzyklus und der im Herbst 1933 verfaßte Essay „Das Bildnis Robespierres"[26] – als Versuch gelesen werden, die rechtsetzende Gewalt, das heißt die Gewalt, die ein neues Gesetz gründet und begründet, an die Ideen von 1789 zu binden – gerade in jenen Jahren nach 1933, in denen sich das Recht in vernichtende Gewalt verkehrt, ohne den Anschein der Legalität aufzugeben („Legalität" bedeutet nun die Gründung eines Gesetzes, das Verfolgung und Vernichtung „regelt").

An die Figur Robespierres, welche die Tyrannei der republikanischen Tugenden verkörpert, knüpft sich bei Kolmar eine Apologie der Gewalt, die im Zeichen der *Gerechtigkeit* geschieht. Derridas Lektüre markiert in der Situation der Gründung oder Begründung Momente, die in ihren gewaltsamen Zügen nicht deutbar oder entzifferbar sind. Es ist diese Unlesbarkeit

---

24 KOLMAR 1960. 373–457; hier 375. Zum Entstehungsdatum des Zyklus vgl. Marbacher Magazin 63, 1993. 96.

25 DERRIDA 1991. 60–114.

26 Gertrud KOLMAR, „Das Bildnis Robespierres". (Mitgeteilt von Johanna WOLTMANN-ZEITLER). In: Jahrbuch der deutschen Schillergesellschaft Bd. IX. Stuttgart: Kröner, 1965. 553–580. Ein weiterer Text, der in einem thematischen Zusammenhang mit der Figur Robespierres steht – ein „Schauspiel in vier Aufzügen", welches den Titel „Cécile Renault" trägt und in der Zeit vom 24. November 1934 bis zum 14. März 1935 entstand – ist bisher unveröffentlicht. Vgl. Marbacher Magazin 63, 1993. 96–97.

– die Derrida mit dem Begriff des Mystischen belegt[27] – welche die beiden Texte Kolmars zu entziffern suchen, deren Ausstrahlung sie aber auch halten wollen (das heißt, sie wollen die Ausstrahlung der Unlesbarkeit wahren und sich in ihr halten). Diese Gewalt, so erklärt Derrida, suspendiert das Recht, „sie unterbricht das etablierte Recht, um ein neues zu begründen."[28] Derrida beschreibt den revolutionären Moment als einen *Augenblick der Suspension*, des Aufschiebens, des In-der-Schwebe-haltens in diesem Sinne: „es ist der Augenblick, da die Begründung des Rechts im Leeren oder über dem Abgrund schwebt, an einem reinen performativen Akt hängend."[29] In Kolmars Denken nimmt nun der Körper Robespierres die Stelle dessen ein, was diese Suspension verbürgt – er erklärt dadurch die *Revolution in Permanenz.* Zu dem hier sich abzeichnenden Zusammenhang zwischen Suspension und Verkörperung, der im folgenden erläutert werden soll, tritt ein zweiter Aspekt, eine zweite Fragestellung, die beide Texte Kolmars wie ein roter Faden durchzieht: die Frage nach der Gewalt und nach der Unzerstörbarkeit der Bilder.

Der Essay „Das Bildnis Robespierres" etabliert die Figur Robespierres als einen unbestechlichen Gerechten, der zum Verfolgten wird: „der Reine",[30] der Entsetzen und Haß auslöst, der Verdächtigungen ausgesetzt, verhaftet, hingerichtet wird. Diese Konstruktion eines negativen Idols wird durchdrungen von der Frage nach der Unzerstörbarkeit, nach der ungestörten Proliferation eines Bildes, einer Fiktion, welche von „Parteihaß" erzeugt wurde:

Wie konnte ein Bildnis Robespierres, das der Parteihaß geschaffen, das einen beschränkten Ehrgeizling, einen feigen und grausamen Heuchler zeigt, wie konnte dies Bild unzerstörbar bleiben, dem Feuer, dem Wasser widerstehn, so daß wir den Abklatsch heute noch allerorts finden?[31]

Im Begriff des *Bildnisses* überlagern sich die Frage nach der Darstellung und die nach dem Gedächtnis. Durch die Frage, die Kolmar hier zu Beginn ihres Essays aufwirft, deutet sich an, daß in ihm eine Rede, die eine Apologie totalitärer Gewalt betreibt (im Zeichen absoluter Gerechtigkeit) und die dem Begehren nach der Konstitution einer heroischen Figur

---

27 DERRIDA 1991. 78.
28 ibid.
29 ibid.
30 KOLMAR 1965. 577.
31 ibid. 562. Vgl. auch François FURET, Denis RICHET, Die Französische Revolution. Frankfurt/M.: Fischer, 1987. 291.

nachgibt, verwoben wird mit einer Diskussion über Bildlichkeit, welche auf eine Produktionsästhetik des Vorurteils zielt – und hier wird erneut ein Moment der Aktualisierung und der Camouflage „lesbar".

Die Thematisierung der Gewalt in Kolmars Essay führt, wie eine genauere Lektüre erweist, drei verschiedene Aspekte zusammen. Der erste ist der Aspekt der Gewalt des revolutionären Ausnahmezustands. Doch repräsentiert der Name Robespierres gerade nicht die Gewalt der Institutionalisierung – in dem Sinne, daß aus dem „Ungesetzlichen" ein „Gesetzgeber" würde, aus dem „Gewaltbekämpfenden" ein „Gewalthaber", aus dem „Zerstörenden" ein „Erhalter"[32] – das heißt, sein Name markiert gerade nicht die Übersetzung von rechtsetzender zu rechtserhaltender Gewalt. Vielmehr repräsentiert er die Gewalt einer unbedingten und unerbittlichen, kompromißlosen Gerechtigkeit, die „all das Unreine, Ungerechte als der Menschheit nicht zugehörig betrachtet und (...) es ausrotten will wie Unkraut aus einem Beet"[33] – das heißt, er repräsentiert genau den katastrophalen Umkehrpunkt im historischen Prozeß (jene Umkehrung, in der Katastrophe und Erlösung zusammenfallen). Der zweite Aspekt der Thematisierung der Gewalt bezieht sich auf die Beschreibung der Verhaftung und der Hinrichtung Robespierres (sie wird im Gedichtzyklus aufgenommen und ausgeweitet). Der dritte Aspekt berührt die Gewalt der Bilder, der Darstellungen, die zur Ermordung Robespierres anstiften und sie rechtfertigen, die aber darüber hinaus auch in das Archiv jener Deutungen eingehen, welche gleichsam als natürliche Zeichen das Vokabular des kollektiven Imaginären und der Geschichtsschreibung bereichern. Das Moment des Kollektiven, dies sei hinzugefügt, kommt erst bei den beiden zuletzt genannten Aspekten ins Spiel.

Den Dogmatismus jener Bilder, die sich aus dem kollektiven Imaginären nähren, Sedimente dieses Imaginären sind, und die das Wirkliche überlagern oder sogar ersetzen, erläutert Kolmar anhand einer Anekdote:

In Rußland wurde, gegen Ende des letzten Jahrhunderts wohl, die Erinnerung an Napoleons Feldzug und Niederlage gefeiert. Man gabelte irgend im Dorfe einen uralten Bauern auf, dem, hieß es, beim Durchmarsch französischer Truppen der Eroberer selbst begegnet. „Wie sah er denn aus?" „Nun, eben wie so ein Kaiser aussieht, ein mächtiger Mann mit rollenden Augen und einem langen schwarzen Bart ..." – Die Worte der Menschen bezeichnen oft Bilder, die alter Hausschatz sind und von denen sie sich nur ungern trennen.[34]

---

32 KOLMAR 1965. 576.
33 ibid. 577.
34 ibid. 569.

Kolmars Kommentierung dieser Anekdote berührt zum einen die stabilisierende Funktion, die Stereotypen und Vorurteilen zukommt; zum anderen aber – und darauf weist ihre Bezeichnung dieser Bilder als „althergebrachte Phantasiestücke"[35] hin – rückt sie das Moment der Erfindung des Wirklichen in den Blick, welche der Effekt der Aktivität des Imaginären ist. Und die Proliferation eines Schreckbildes, so konstatiert Kolmar am Ende ihres Essays, werde nicht einmal durch das Wissen um dessen Fiktionalität beeinträchtigt.[36]

Anhand der Darstellung der Figur Robespierres folgt Kolmar der Genese eines Haß- und Schreckbildes. Ihre Argumentation markiert dabei die folgenden strukturellen Momente, ohne sie im Detail auszuführen: das Motiv des Sündenbocks („Die Sieger in dieser letzten Fehde fanden es billig und bequem mit allen Sünden der Revolution, vornehmlich mit ihren eigenen, Robespierre zu belasten. Er mußte hübsch stille halten"[37]); die Formation eines Deutungsmonopols, welches sicherstellt, daß in der Öffentlichkeit ein möglichst eindeutiges und widerspruchsloses Bild etabliert wird („Seine Anhänger wurden verfolgt, getötet, von schriftlichen Zeugnissen, die für ihn sprachen, möglichst viele zerstört"[38]; die Idiosynkrasie, die sich an eine physiognomische Semiotik heftet – an dieser Stelle zitiert Kolmar einen Kommentar zu einem Bild von Alfred Dreyfus, den sie den *Nouvelles littéraires* entnimmt: *Il est un fait qu'il n'a jamais eu une physionomie sympathique;*[39] sie stellt damit zum einzigen Mal im Verlauf des Textes einen direkt benannten Bezug zum Antisemitismus her.

Der so eingeführte Begriff des Sympathischen wird nun in Kolmars Argumentation verknüpft mit den Kategorien der *Ähnlichkeit* und der *Undarstellbarkeit:* „nicht sympathisch"[40] ist Robespierre aufgrund einer unaufhebbaren Differenz, durch die er sich der Identifikation entzieht, denn er ist dem Stereotyp des Revolutionärs nicht ähnlich, fügt sich keiner Konvention der Darstellung oder des Handelns. Die Schwierigkeit, die bleibende Irritation der Nicht-Ähnlichkeit wird indessen umgangen, indem Robespierre als „das Ungeheuer" imaginiert wird – als solches ist er

---

35 ibid. 580.
36 ibid.
37 ibid. 564.
38 ibid. Dazu gehört auch die Praxis, „Tatsachen, die seine Widersacher (...) gegen ihn vorgebracht hatten, (...) als wahr" zu unterstellen. ibid. 565.
39 ibid. 569.
40 ibid.

dann wieder identifizierbar, daher das „Bemühn, das alte liebgewordene Scheusal nicht zu verlieren".[41] Kolmar deutet auf diese Weise einen Zusammenhang an zwischen Heteronomie und Darstellung: das Andere, das als Unlesbares, Nicht-Identifizierbares erscheint, löst eine Erschütterung aus, welche in der Darstellung, in einem dämonisierenden Schreckbild, das eine *sinnliche Ähnlichkeit* suggeriert, getilgt wird – die Erschütterung wird gebahnt und transformiert, indem sie in einem solchen Bild aufgehoben wird. Umgekehrt bedeutet dies, daß das Andere nicht darstellbar ist (eine Bedeutung, die an das Bilderverbot anknüpft).

In der Darstellung der Figur Robespierres, die Kolmars Text selbst bietet, nimmt das Moment der Undarstellbarkeit eine zentrale Stelle ein: er figuriert als das Nicht-Identische, Unvorhergesehene, das die „Grenzen der menschlichen Vorstellungskraft"[42] und die Kategorien der Beschreibung sprengt („Robespierre: das ist das Land Afrika seiner Zeit – mit riesigen leeren Flecken ..."[43]). Die Argumentation des Textes mündet entsprechend auch keineswegs in eine Ersetzung des tradierten Haß- und Schreckbildes: der Essay endet vielmehr mit einer ausdrücklichen Verweigerung einer solchen Ersetzung oder eines solchen Austauschs („ich fragte mich, ohne es auszusprechen: Und wenn wir das Zerr- und Scheusalsbild nun auch von der Leinwand wischten, was setzten wir schließlich an seiner Statt hin? Und ich mußte erwidern? Man würde weiter suchen, tasten, nichts Rechtes zuwege bringen, sich irren."[44]) Diese Wendung bewahrt das Undarstellbare als Kern der Figurierung: insofern kann von einer Etablierung der Figur Robespierres im strengen Sinne nicht gesprochen werden – eher schon von einer *Etablierung im Abgrund des Undarstellbaren*. Hier konvergiert die Textbewegung mit der Bestimmung des Revolutionären, auf die Kolmars Argumentation zuläuft: der Abgrund der Revolution und der Abgrund des Undarstellbaren überblenden einander, und so wie der Körper Robespierres den „Abgrund der Revolution" offen hält, hält Kolmars Text, der das „Bildnis Robespierres" gegen den Strich liest, den Abgrund des Undarstellbaren offen. Gerade das Moment der Undarstellbarkeit aber nährt andererseits auch die religiöse Konnotation der Figur.

---

41 ibid. 570.
42 ibid. 573.
43 ibid. 565.
44 ibid. 580.

*Gerechtigkeit* wird in dieser Argumentation gebunden an dasjenige Urteil, das sich von „überkommnen, nach steten Maßen gefertigten Hüllen" verabschiedet; das Vor-Urteil dagegen, das „alles, sei's Mensch oder Ding" in „solch vorrätiges Gewand" zu kleiden sucht, trägt Ungerechtigkeit in sich.[45] Das Echo dieser Bemerkung klingt in einer Formulierung Adornos an, die auf eine (Meta)Kritik der Erkenntnistheorie zielt, indem sie das Problem der reinen logischen Identität und der Blindheit gegenüber all dem, was in dieser Identität nicht aufgeht, benennt: „Um nur ja Kontinuität und Vollständigkeit durchzusetzen, muß sie [die Ursprungsphilosophie] an dem, worüber sie urteilt, alles wegschneiden, was nicht hineinpaßt".[46] Adorno trägt diesem Problem mit seinem Begriff des *Denkens des Nichtdenkens* Rechnung: „das Nichtdenken denken: das ist keine bruchlose Denkkonsequenz, sondern suspendiert den denkerischen Totalitätsanspruch".[47]

Der Augenblick der Suspension, des In-der-Schwebe-haltens, in dem das etablierte Recht unterbrochen wurde und die Gründung oder Begründung eines neuen Gesetzes bevorsteht, wird für Kolmar, wie schon eingangs festgestellt, durch den geopferten toten Körper Robespierres verbürgt:

Hätte Robespierre seine eigene Gestalt auf den Sarkophag der Revolution wie auf einen Sockel gestellt, man würde ihn heute überall einen Großen nennen. Stattdessen hat er die Revolution für Jahrhunderte auf seinem Leichnam stabilisiert.[48]

Den kritischen Einwand, Robespierre habe „die Revolution nicht beendet", er habe „den Abgrund der Revolution nicht geschlossen", kehrt Kolmar genau um, indem sie erklärt, er habe sich selbst als Opfer in den Abgrund der Revolution geworfen – „nicht ihn zu schließen, sondern ihn offen zu halten." Indem sein Tod, so argumentiert Kolmar, der Revolution den Charakter des Fragmentarischen zurückerstattete, habe er sie „in Permanenz erklärt": „Indem er sie unvollendet ließ, ermöglichte er, daß sie jederzeit wieder aufgenommen und fortgeführt werden konnte".[49] Durch sein Opfer widersteht Robespierre der Logik der Geschichte, aber er wi-

---

45 ibid. 573.

46 Theodor W. ADORNO, „Zur Metakritik der Erkenntnistheorie. Studien über Husserl und die phänomenologischen Antinomien". In: ADORNO, Gesammelte Schriften 5. Frankfurt/M.: Suhrkamp, 1970. 7– 245; hier 18.

47 ibid. 33.

48 KOLMAR 1965. 580.

49 ibid.

dersetzt sich auch der Logik der Hagiographie, wie das unveröffentlichte Drama „Cécile Renault" noch unterstreicht. Bewußt enttäuscht er die messianischen Hoffnungen seiner Anhänger, um der postumen Idolatrie, der Stilisierung zum Märtyrer und Heiligen, zu entgehen – „Nun bin ich allein. Allein ... Nun habe ich alles zum Opfer gebracht. Auch mein Andenken bei der Nachwelt."[50] In diesem Sinne repräsentiert die Figur Robespierres jenes *echte Scheitern*, das mit Jacques Lacans Begriff des Aktes, einer radikalen ethischen Haltung kompromißloser Insistenz, konvergiert. Zugleich wird hier ein Moment markiert, in dem Kolmars Diskurs über die Revolution, der eine Apologie der Gewalt und des Totalitären betreibt, gleichsam gegen sich selbst denkt (ein Gegen-sich-selbst-denken, das gerade in der Intervention gegen den Versuch des Terrors, die absolute Wahrheit zu verkünden und zu fixieren, besteht).[51]

Die Thematisierung einer erlösenden, das Kontinuum der Geschichte aufbrechenden Gewalt, die sich im Kraftfeld des Revolutionären „entzündet", wird hier zurückprojiziert auf eine geschichtliche Situation, an die sich die Deklaration der Menschenrechte und das Versprechen der Emanzipation knüpfte – und die selbst als *Phantasma eines Ursprungs* entziffert werden kann.[52] Kolmars Argumentation setzt dabei nicht nur die Opferung des revolutionären Augenblicks in der Geschichte und die Opferung eines menschlichen Körpers in eine merkwürdige Konkurrenz; sie demonstriert auch, wie die Hoffnung auf eine erlösende Gewalt und der durch die Gewalt der Bilder ausgelöste Schrecken einander entsprechen.


Im Gedichtzyklus „Robespierre" prägt sich die Verschränkung von erotischem und messianischem Begehren deutlicher aus. Sie übersetzt gleichsam die Spannung, den Gegenzug von *Katastrophe* und *Apostrophe*. Das Moment des Katastrophischen und Messianischen wird lesbar schon durch die Insertion der vier Textstellen, die dem Zyklus vorangestellt sind. Es handelt sich dabei um drei Zitate aus den prophetischen Büchern [Newiim Acharonim] (Jesaja 33, 12 und 14; Jesaja 11, 3–5; Jesaja 53, 2 und 9) und um ein Zitat von Robespierre selbst, das im folgenden wiedergegeben sei, da es erneut das Thema der Verfolgung und des Abscheus berührt:

---

50 Zitiert nach: Marbacher Magazin 63, 1993. 97.
51 Vgl. LIPOWATZ 1986. 20.
52 ibid. 68.

Als Greuelding vor den Augen dessen stehn, was man ehrt und liebt, ist für einen fühlenden und rechtschaffenen Menschen die schrecklichste der Qualen; sie ihn erdulden lassen, ist die größte der Missetaten. Nehmt mir mein Gewissen, und ich bin der unglücklichste aller Menschen ....[53]

Das Motiv des Haß- und Schreckbildes schreibt sich auch in den hier versammelten Gedichten fort, nun verknüpft mit der Figur des Antlitzes:

Und du. Du littest Hohn und Mär,
Die dich mit blutigem Aas bewarfen,
Trugst schweigend alle Teufelslarven
Auf deinem Antlitz, Robespierre,

Und hingest, vor dir selbst entsetzt,
Ein Spuk, in schauriger Legende[54]

Eine Verschärfung erfährt dieses Motiv, indem das Antlitz zum Symptomfeld des Gedächtnisses wird. So wird „Marats Antlitz"[55] als das stumme Antlitz der Medusa[56] beschrieben: es trägt Spuren der Verwüstung und der Entstellung, welche die Geschichte, die ein Kontinuum des Mordes – Pogrome, Despotie, Inquisition – formt, in ihm eingegraben haben. Der Schrecken, der Abscheu, der Affekt des Hasses und der Eindruck des „Unsympathischen"[57], die von Marats Antlitz ausgelöst werden, rühren her von diesen Spuren, die an eine verdrängte oder vergessene Gewaltgeschichte erinnern (und dadurch vielleicht das Glück des Vergessens trüben). Auf den Zusam-

---

53  KOLMAR 1960. 373.
54  ibid. 375–376.
55  „Zwiegesicht, das nie einander gleicht, / Hälften, die sich hassen: ungefüge, / Platt und rissig, einer Unke Züge, / Die durch träge Sümpfe häßlich schleicht. // Augen, die voll gelber Qualen sind, / Nüstern, die gebläht das Opfer wittern" (...) „Lippen, breit geschwellt von Fluch und Hohn, / Blicke, Widerglanz der Scheiterhaufen, / Wenn die Spanier welke Juden taufen / Und den starren rote Foltern drohn." ibid. 399–400. Vgl. auch das Gedicht „Marat", in dem der Aspekt der Verfolgung und des Ikonoklasmus noch deutlicher konturiert ist: „Und aufgepirscht, den Häschern zugewendet, / Sein Qualenantlitz vor die Himmel stellt, / Dies Krötenhaupt, vom Karneol verblendet, / Daraus ein Regen roter Sterne fällt, / Der seine nackten magern Arme zitternd / Um Götzenhauses starke Pfeiler preßt, / Sich sterbend neigt und krachend und zersplitternd / Auf allen Tand die Wölbung stürzen läßt ...". ibid. 393.
56  Vgl. dazu Sigrid WEIGEL, Die Stimme der Medusa. Schreibweisen in der Gegenwartsliteratur von Frauen. Dülmen-Hiddingsel: tende, 1987. 270–278.
57  Marat „war, wenn möglich, noch unsympathischer als Robespierre. ‚Unsympathisch' ist hier ein sehr milder Ausdruck. Marat war fürchterlich, ekelhaft". KOLMAR 1965. 570.

254

menhang zwischen Affekt, Abjektion, Verdrängung und Wiederkehr des Verdrängten, den Kolmar dadurch herstellt, werde ich im dritten Teil der vorliegenden Arbeit näher eingehen. Wesentlich scheint mir aber der Hinweis, daß dieser Zusammenhang hier im Horizont der Figur des Antlitzes situiert wird – denn dies legt nahe, daß auch das „Verhältnis" zwischen Selbst und Anderem von ihm affiziert und durch ihn strukturiert ist (und ebenso die Darstellungsweise, die sich ja, wie die zitierten Textpassagen zeigen, auf die Begrifflichkeit physiognomischer Semiotik stützt).

Die Thematisierung der Katastrophe und der vernichtenden Gewalt oszilliert zwischen der *gerechten, rechtsetzenden Gewalt*, die mit dem Namen Robespierres verknüpft ist („So ganz in Ohnmacht, unsichtbar gehalten, / Die Sendung anzutreten: / Des Schnitters Sense, Schlüssel der Gewalten / Und Zunge des Propheten"[58]), und der Gewalt der Verfolgung, die in der „Grabschrift" berührt wird:

Daß er wuchs und siegte, schien ein Greuel,
Untat, die der Welten Gang verkehrte,
Schauderanblick, Basiliskenknäuel,
Daß sie schreckte, bannte und verzehrte,

Und sie rasten, angstbesessne Herde,
Und erschlugen ihn mit Totenbeinen,
Stampften ihn in Kehricht, Kalk und Erde.
Immer sie, die Vielen. Ihn, den Einen.[59]

Der Fluchtpunkt scheint dabei in dem Satz zu liegen: „Gott ist Tod".[60]

Die rhetorische Figur der *Apostrophe*, der Adressierung eines Abwesenden, Verlorenen, wird im Gedicht „Robespierre" als *leere Geste* inszeniert. Das Begehren der Anrede („Ich will dich reißen, her dich krallen / Aus Wirrnis, aus Vergangenheit; / Soll unbeweint in Schutt verfallen / Dein Hoffen, du Gerechtigkeit, / Von Haß umstellt, von Hohn umschrien") trifft auf Leere oder vereinzelte Reste („Ich finde gar nichts. Du bist Asche (…) Du glühtest aus. So mag ich sammeln / Verkohlten Rest, den Aschenflug"[61]). Diese Leere, in der die Anrede gründet, gibt der Idolisierung „Robespierres" („Du mehr als Mensch. Du nichts als Schatten: / Den eine

---

58 KOLMAR 1960. 392.
59 ibid. 453.
60 ibid. 405.
61 ibid. 378–379.

Gottheit warf!"[62]) die Markierung der Negativität. Doch die rhetorische Figur der Apostrophe erlaubt auch einen Moment der *Aktualisierung*, der plötzlich Licht wirft auf den Ort, von dem aus hier gesprochen wird, auf den Ort der Sprechenden, die apostrophisch, indirekt, mit der Geste des Sich-abwendens, „Stimme, Leben und menschliche Gestalt in das Angeredete hineinwirft und so dessen Schweigen in stumme Ansprechbarkeit verwandelt"[63], im selben Zuge aber auch, durch das Wachrufen des Begehrens, die Stummheit der eigenen Stimme überwindet und das eigene Sprechen gerade durch die Abwesenheit des Begehrten am Leben erhält. Die Apostrophe erscheint dann als eine rhetorische Figur, die die *Konfiguration von Belebung, Sprache und Erlösung* angesichts von Tod und Katastrophe aufzeichnet. Besonders kommt dies im Gedicht „Ein Gleiches" zur Sprache, das den Wert der Gleichnisse zu verabschieden scheint, indem es die *Beziehung des rhetorischen Vergleichs* ersetzt durch die *Beziehung der geschichtlichen Korrespondenz*. Das Wissen um den eigenen Tod und das Bewußtsein der Verfolgungsgeschichte werden hier als *unmittelbares Wissen* benannt. Der Text beginnt mit einer Zeile, die an das Gedicht „Wir Juden" (aus dem Jahr 1933) erinnert:

Die Nacht ist schwer und schwarz. Gespenster hat die Nacht.
Ich will dich in mich stellen: scheine!
Dein Becher will ich sein (…)

Nun tropfe, stetes Licht, erlösend in mich ein,
Und Feuerwunden werden singen,
Aus stummen Höhlen mir, aus dunklen Augen schrein. (…)

Verfolgung: Schleuderwurf und Holzstoß und Schaffott;
Ich habe nichts als dies. Dies Morden,

Das meinen Ahnen so die schwachen Glieder riß,
Daß ich ein Wunder bin und lebe (…)

Mag sein, daß wieder Erz und Feldstein schon bereit,
Mich zu umschmieden, mich zu schlagen.
Das feste Dach zerbirst im Ausbruch jäher Zeit,
Von Karyatiden bröckeln Klagen[64]

---

62  ibid. 379.
63  Barbara JOHNSON, „Lyrische Anrede, Belebung, Abtreibung". In: VINKEN 1992. 147–171; hier 148.
64  KOLMAR 1960. 397–398.

Die Apostrophe, die Anrede des Abwesenden, bringt den unbelebten Stein zum Sprechen; die Klagen um vergangenes Leid referieren schon auf Gegenwärtiges: das Zerbersten des festen, beschützenden Daches, der Architektur einer gesicherten Existenz. Die Korrespondenz zwischen Jetztzeit und gewesener Zeit, die durch den Titel „Ein Gleiches" in den Blick kommt, erweist sich in dem, was Kolmar im Gedicht „.. et pereat mundus" mit den Worten „zwischen Stumpfheit, Angst und Mord / Taumeln" benennt.[65] Hier wird die Unterscheidung zwischen mythischer, rechtsetzender Gewalt und göttlicher, rechtsvernichtender Gewalt obsolet.

## 6.3 Die Allegorie vom Totengesicht der Geschichte

Die Denkfigur einer *Revolution in Permanenz*, die Gertrud Kolmar mit dem Namen – und dem Körper – Robespierres verknüpft, tritt, wie wir gesehen haben, in eine Konkurrenz zu derjenigen einer *Katastrophe in Permanenz*. Wie für Benjamin ist auch für Kolmar der Fortschritt in der Katastrophe fundiert[66], in einer Katastrophe, die Kolmar (ebenso wie Benjamin) als *Ordnung* denkt: als ein regelhaftes, bestimmten Logiken gehorchendes, keineswegs chaotisches Geschehen, dessen Regelhaftigkeit auch, wie weiter oben dargelegt wurde, das Vergessen der Gewalt impliziert (welches dadurch selbst gewaltförmig wird). Die reflexiven Bezüge zwischen Kolmars Thematisierung des Vergessens (als Movens kulturellen und geschichtlichen Fortschritts) und Benjamins Konzeption des Chocks und der Chockabwehr verdienten eine genauere Untersuchung – denn bei beiden geht es um die der Erfahrung und dem Bewußtsein nicht zugängliche Einschreibung eines Geschehens. Wesentlich erscheint jedoch, wie hier nochmals betont sei, daß die Begrifflichkeit von *Herrschaft* und *Unterdrückung*, an der auch Benjamins Thesen über den Begriff der Geschichte noch festhalten, in Kolmars Texten den Kategorisierungen der *Identifikation*, der *Verdrängung* und der *Verwerfung* weicht (einhergehend mit einer Hervorhebung des Themas der Darstellung und des Themas des Mordes).

---

65  ibid. 431.

66  „Der Begriff des Fortschritts ist in der Idee der Katastrophe zu fundieren. Daß es ‚so weiter' geht, *ist* die Katastrophe. Sie ist nicht das jeweils Bevorstehende sondern das jeweils Gegebene." Walter BENJAMIN, „Zentralpark". In: BENJAMIN, Gesammelte Schriften I.2. 683.

An der Denkfigur einer kathartischen Destruktion, welche die Ordnung des Katastrophischen zerschlägt, nimmt die Argumentation Kolmars teil. Doch Benjamin gegenüber, in dessen Denken die Rettung von der Katastrophe zehrt[67], bietet der Diskurs der Texte Kolmars – in dem die Figuren der Rettung und der Erlösung mehr und mehr überschattet werden durch die Rede vom Verlassensein, von Mord und Tod – eine Radikalisierung (nichts ist zu retten).

Die Ordnung des Katastrophischen (als Signatur der Moderne) wird bei Benjamin mit den Metaphern der Totenstarre und des Leichenhaften versehen, wie der folgende Satz zeigt: „Was soll das: einer Welt, die in Totenstarre versinkt, von Fortschritt reden."[68] An dieser Stelle nähern wir uns dem Zusammenhang von Antlitz und Alterität von einer anderen Seite, dann nämlich, wenn wir auf die Figurierung des Antlitzes innerhalb einer Rede über den Tod und über die Allegorie achten, die bei Benjamin geschieht. So stellt Benjamin im *Ursprung des deutschen Trauerspiels* fest:

Die Geschichte in allem was sie Unzeitiges, Leidvolles, Verfehltes von Beginn an hat, prägt sich in einem Antlitz – nein, in einem Totenkopfe aus. (...) Das ist der Kern der allegorischen Betrachtung, der barocken, weltlichen Exposition der Geschichte als Leidensgeschichte der Welt; bedeutend ist sie nur in den Stationen ihres Verfalls. Soviel Bedeutung, soviel Todverfallenheit, weil am tiefsten der Tod die zackige Demarkationslinie zwischen Physis und Bedeutung eingräbt.[69]

*Bedeutend* sein, das impliziert auch *lesbar, entzifferbar* sein. In der Allegorie, so erklärt Benjamin, stehe dem Betrachter „die facies hippocratica der Geschichte als erstarrte Urlandschaft" vor Augen.[70]

Es sei daran erinnert, daß der medizinische Terminus *facies hippocratica* die Gesichtszüge eines Menschen bei einer akuten Bauchfellentzündung oder *ante exitum* bezeichnet.[71] Wenn Benjamin erklärt, daß sich in der

---

67 BOLZ 1989. 139.
68 BENJAMIN, Gesammelte Schriften I.2. 682.
69 BENJAMIN, Gesammelte Schriften I.1. 343.
70 ibid.
71 Die hier auf die Sprache der Medizin rekurrierende physiognomische Semiotik verzeichnet „ängstl. Gesichtsausdruck (...) (Totengesicht), verfall. Aussehen, spitze Nase, eingesunk. Augen, kalter Schweiß". Pschyrembel. Klinisches Wörterbuch. Berlin, New York: de Gruyter, 1982. 349.

Allegorie das Totengesicht der Geschichte entziffern läßt – also jene Züge, die als symptomatische Zeichen auf den sich ankündigenden Tod und die Angst vor ihm hindeuten – so wird dabei die Figur des Gesichts selbst einer allegorisierenden Rede unterworfen. In dieser allegorisierenden Rede oder in der Rede von der Allegorie werden Tod und Antlitz ineinander verstrickt (gefaßt in der Verneinung, die das „Antlitz" nennt, um es durchzustreichen und durch den „Totenkopf" zu ersetzen): eine Verstrickung, die dazu dient, eine Geschichtsfigur zu konstituieren. Antlitz und Alterität werden dadurch in einen anderen, verschobenen Zusammenhang gebracht.

In der Rezension des von Ernst Jünger herausgegebenen Bandes *Krieg und Krieger*, die Benjamin im Jahre 1930 unter dem Titel *Theorien des deutschen Faschismus* publizierte, scheint es dagegen, als habe die Technik die Stelle des Allegorischen eingenommen. Hier klingt die Redefigur vom Verrat der Technik an der Menschheit (in der sich der Verrat an der Vorstellung einer rauschhaften Vereinigung der Gemeinschaft der Menschen mit dem Kosmos, welcher durch den Kriegsverlauf evident wurde, verbirgt) noch nach, wenn Benjamin schreibt:

Mit Feuerbändern und Laufgräben hat die Technik die heroischen Züge im Antlitz des deutschen Idealismus nachziehen wollen. Sie hat geirrt. Denn was sie für die heroischen hielt, das waren die hippokratischen, die Züge des Todes. So prägte sie, tief durchdrungen von ihrer eigenen Verworfenheit, das apokalyptische Antlitz der Natur, brachte sie zum Verstummen und war doch die Kraft, die ihr die Sprache hätte geben können.[72]

---

72  Walter BENJAMIN, „Theorien des deutschen Faschismus. Zu der Sammelschrift ‚Krieg und Krieger'. Herausgegeben von Ernst Jünger". In: BENJAMIN, Gesammelte Schriften III. Frankfurt/M.: Suhrkamp, 1972. 238–250; hier 247. Benjamins Text, der die Genese einer faschistischen Denkfigur aufzeichnet, rekurriert an mehreren Stellen auf die Psychoanalyse, beispielsweise auf die magische Technik des Ungeschehen-machens, von der bereits in anderem Zusammenhang die Rede war. Dies zeigt sich in folgendem Passus, der das Ausbleiben der Konfrontation mit einem Verlust, bezogen auf den Krieg als verlorenen, benennt: „Sie [die Autoren der Sammelschrift] haben nicht aufgehört, sich zu schlagen. Sie haben den Kultus des Krieges noch zelebriert, wo kein wirklicher Feind mehr stand. Sie waren den Gelüsten des Bürgertums, das den Untergang des Abendlandes herbeisehnte wie ein Schüler an die Stelle einer falsch gerechneten Aufgabe einen Klecks, gefügig, Untergang verbreitend, Untergang predigend, wohin sie kamen. Das Verlorene auch nur einen Augenblick sich gegenwärtig – anstatt verbissen es fest – halten zu wollen, war ihnen nicht gegeben." ibid. 243.

Im Zeichen eines kommenden Krieges (eines künftigen perfektionierten Gaskrieges[73]) bricht dieser Text Benjamins den ästhetisierenden Diskurs, der eine Kriegstheorie trägt, welche eine Apologie des Kultischen und Heroischen des Krieges betreibt.[74] Er enthüllt die Verkennung, den Irrtum einer solchen Ästhetisierung, indem er den Blick auf die leibliche Wirklichkeit des Krieges verschiebt, auf das Qualvolle, Unheroische des Sterbens: „Millionen Menschenkörper von Gas und Eisen zerstückt und zerfressen".[75] Die der Verkennung zugrundeliegende Inkongruenz von leiblicher Erfahrung und ästhetisierender, heroisierender Theorie akzentuiert der folgende Satz Benjamins: „Wer möchte sich einen Kämpfer der Marneschlacht oder einen von denen, die vor Verdun lagen, als Leser von Sätzen, wie sie hier folgen, vorstellen: ‚Wir haben den Krieg nach sehr unreinen Prinzipien geführt.'"[76] In der eingangs zitierten Textpassage werden beide Momente, das Ästhetische und das Leibliche, benannt – das letztere kommt in der Leibmetapher der *hippokratischen Züge* zu Wort („was sie für die heroischen hielt, das waren die hippokratischen, die Züge des Todes"; die Technik nimmt in diesem Satz die Position des grammatischen Subjekts ein). Beide Bewegungen, die Bewegung zum Konkreten, Leiblichen ebenso wie die Bewegung zum Ästhetischen – und die Signatur der Verkennung, die den ästhetisierenden, heroisierenden Diskurs über den Krieg prägt –, geschehen hier über die „Figur" des *Antlitzes*: sie werden in der „Figur" des Antlitzes inein-

---

73 Benjamins Argumentation unterstreicht hier vor allem zwei Momente, nämlich die Unabschließbarkeit des Krieges und das Faktum, daß der Krieg sich nicht mehr innerhalb der Bahnungen des Völkerrechts hält. Das Andere des vergangenen und des kommenden Krieges benennt der Text, indem er die Ideologie des Sports als Gegen-Paradigma einführt (er stellt dadurch eine Analogie her zu Kolmars Gedicht „Die Begrabene", das im Kapitel 5.3 schon genauer analysiert wurde): „Der Gaskampf", so Benjamin, setzt eine Zäsur, die „die soldatischen Kategorien endgültig zugunsten der sportlichen verabschiedet, den Aktionen alles Militärische nimmt und sie sämtlich unter das Gesicht des Rekords stellt. ... Der Gaskrieg wird auf Vernichtungsrekorden beruhen" (ibid. 239–240). Diese Beschreibung des Anderen des kommenden Krieges läßt zugleich erkennen, daß die Vernichtung der Juden auch in dem skizzierten Gegen-Paradigma des *Gaskrieges* nicht zu denken ist – sie ist *etwas anderes als Krieg*, wenn auch das deutsche Heer an den Massenmorden beteiligt war.

74 Die Autoren der Sammelschrift „Krieg und Krieger" haben sich, so Benjamin, „an keiner Stelle gesagt, daß die Materialschlacht, in der einige von ihnen die höchste Offenbarung des Daseins erblicken, die kümmerlichen Embleme des Heroismus, die hier und dort den Weltkrieg überdauerten, außer Kurs setzt." ibid. 239.

75 ibid. 249.

76 ibid. 240.

ander verstrickt. Das von Benjamin gewählte Wort „nachziehen" scheint dabei den Schrecken auszuloten, der darin liegt, daß eine entgleiste Technik philosophischen Konzepten zu „Fleisch und Blut" verhilft, dabei die Leiber regelrecht mit sich verschmelzend – in der Erfüllung eines mimetischen Verlangens, dessen Begierde nicht auf Nachahmung aus ist, sondern auf die Unmittelbarkeit der Realisation, das heißt gerade auf ein Vergessen oder Verdrängen des Mimetischen.

Geschichtsphilosophisch konkurrent zu der Figurierung des Antlitzes in der zitierten Textpassage verläuft Benjamins Perspektive einer *erwachten Menschheit*, welche von Norbert Bolz mit den folgenden Worten umschrieben wird: „Am Himmel der kommunistischen Reformation geht das menschliche Antlitz der Masse auf. (...) Die vom Fetisch individueller Freiheit verhexte Masse muß untergehen, um dem Menschengesicht des Kollektivs das Erscheinen zu bereiten."[77] Bei Benjamin figuriert demnach das Antlitz innerhalb einer Theorie der Geschichte – sei es als *Menschengesicht des Kollektivs*, als *Totengesicht des deutschen Idealismus* oder als *Totengesicht der Geschichte*: es ist eingebunden in eine figurative Rede und trägt die Züge des Kollektiven, ohne seine Materialität und seine Leiblichkeit aufzugeben.[78] Wie ich zu zeigen versuchte, handelt es sich demgegenüber bei Kolmar doch eher um das *Antlitz des Anderen* (*autrui* und *autre*): es ist gezeichnet durch seine formale Nacktheit, es widersetzt sich der Deduktion, und es ist nicht nur der Gewalt des Unsichtbar-machens, der Enthüllung, der Substitution und der Projektion ausgesetzt, sondern auch der Drohung des Mordes. Gerade dadurch figuriert es im Drama der Intersubjektivität, das aber sowohl mit Geschichte als auch mit Geschlecht vermittelt ist.


Einer Gedächtnisfigur, die in jeweils unterschiedlichen Auslegungen sowohl bei Benjamin wie bei Kolmar auftaucht, und die in anderer Weise das Thema der Rückläufigkeit der Geschichte aufgreift – die „Lumpensammlerin" –, soll nun im folgenden noch nachgegangen werden. Das Bild dieser Figur dient zugleich als Passage zum dritten Teil meiner Studie.

---

77 BOLZ 1989. 122.

78 Die Vielfalt der Referenzen, die sich in Benjamins Texten über die Figur des Antlitzes entwickeln – dazu gehört auch das Wortfeld des Mimischen –, ist mit diesen Bemerkungen allerdings keineswegs erschöpft; siehe dazu WEIGEL 1992. 59.

Die Figur des Lumpensammlers beschreibt bei Benjamin das Verfahren einer Schreibweise und eines Geschichtsdenkens: eine Text- und Lektürepraxis, welche „Lumpen", den *Abfall* oder *Abhub* der Geschichte, signifikative Details, deren konkrete Materialität Spuren einer abgestorbenen Vergangenheit trägt, *aufliest* und zu einer *Urgeschichte der Moderne* zusammenfügt. Der materialistische Geschichtsschreiber, der die Arbeit des Lumpensammlers verrichtet, hebt jene verlorenen Reste auf, „die Hegel links liegen ließ".[79] Die Beschreibung dieses auf das *Jetzt der Erkennbarkeit* zielenden Verfahrens mündet in die philosophische Denkfigur der *historischen Apokatastasis*, der Wiederherstellung, in der „die ganze Vergangenheit (…) in die Gegenwart eingebracht ist".[80]

Der Lumpensammler durchquert und verzeichnet demnach all das, was von der Stadt, der Geschichte, der Bibliothek, der Universität zerstört, verbraucht und weggeworfen wurde, den „Ausschuß einer *anderen* Zirkulationssphäre".[81] Im Zuge eines solchen Auflesens *zeigen sich* die ausgeschiedenen und versammelten Dinge als entwertete, unleserlich gewordene Reste – sie dokumentieren, wie man mit Bezug auf Lévinas' Begriff der *Obliteration* sagen könnte, ein Verfallen, das etwas anderes ist als Vergänglichkeit. Indem der Lumpensammler „sowohl der Inbegriff einer unrettbaren (a)sozialen Existenz (‚sans possibilité d'existence') als auch, oder gerade deshalb, der Retter in der Not" ist,[82] der die Opfer aufzählt und dadurch wieder aufrichtet, funktioniert er innerhalb einer paradoxen Logik der Extreme, welche der des dialektischen Bildes entspricht. Denn er setzt eine Logik ausschließlicher Gegensätze, in der Positivität und Negativität als ein fixes Gegenüber firmieren, durch die Arbeit einer permanenten, teilenden, Schein und *doxa* ausscheidenden Kritik außer Kraft – um sie am Ende zu überflügeln: dann nämlich, wenn der Ausschluß durch sich selbst ausgeschlossen wurde.[83]

---

79 Irving WOHLFARTH, „Et cetera? Der Historiker als Lumpensammler". In: Norbert BOLZ, Bernd WITTE (Hg.), Passagen. Walter Benjamins Urgeschichte des 19. Jahrhunderts. München: Fink, 1984. 70–95; hier 73.
80 Walter BENJAMIN, „Das Passagen-Werk". In: BENJAMIN, Gesammelte Schriften V.1. Frankfurt/M.: Suhrkamp, 1982. 573.
81 WOHLFARTH 1984. 74.
82 ibid. 75.
83 Vgl. ibid. 85.

Die Lumpensammlerin in Gertrud Kolmars Gedicht unterläuft dagegen die Denkfigur der Apokatastasis. Auch sie sammelt die Erzählungen der wertlosen, zerbrochenen, weggeworfenen Dinge:

Die stillen Dinge heißen tot
Und fühllos, im Verderb beständig;
Das schwitzt kein Geld, das ißt kein Brot
Und wird mir gerne doch lebendig
Und seufzt und weint und redet Not.[84]

Die ausgeschiedenen, zerstörten Reste gewinnen in der zitierten Textpassage Subjektstatus, während das grammatische Ich (dessen Geschlecht als weibliches markiert ist) die Position des Objekts einnimmt. Der Text betont einerseits die Beiläufigkeit, die Alltäglichkeit der weggeworfenen Dinge, andererseits die Spuren der Abfälligkeit und des gewalttätigen Verbrauchs, von denen sie gezeichnet sind (als hätten sie einen Krieg hinter sich). Die Sprache der Dinge erzählt von Not und Trauer (sie *weinen* und *reden Not*). Die Spuren, die den Dingen eine leibliche Struktur geben, erinnern an Zeichen einer Erkrankung oder Verletzung:

Wer aus der braunen Flasche trank,
Was hat er ihr den Hals zerschmissen?
Der Hut fiel leicht und welk vom Schrank;
Da liegt sein Kopf, ihm abgerissen,
Da liegt sein Rand, zerknüllt und krank.

Da hinkt ein wassersüchtig Faß,
Die Dauben wie vermorschte Zähne,
Ein Kindertier, beschmutzt und blaß,
Geschlitzt den Leib, durchfetzt die Mähne,
Und blind: kein Aug mehr, buntes Glas.

Die letzte der insgesamt fünf Strophen des Gedichts markiert eine abrupte Wendung, die sich zum einen auf die Position des grammatischen Ich bezieht, zum anderen auf die Zeitstruktur des Textes. Zwar bleibt die Spannweite zwischen Subjekt und Objekt erhalten, aber das, was beide Instanzen bezeichnen, wird ausgetauscht, und im selben Zuge wird ein

---

84 KOLMAR 1960. 131. In der Zusammenstellung von 1933 für den Gedichtband *Die Frau und die Tiere* ist dieses Gedicht noch nicht enthalten, wohl aber in der Erstveröffentlichung aus dem Jahr 1938. Vgl. Marbacher Magazin 63, 1993. 176–179.

Verweiszusammenhang zwischen dem Vergangenen und dem Kommenden etabliert, der über den Körper der Lumpensammlerin läuft:

Sanft wälzt der große Schatten sich
Vor meinen Fuß mit Sack und Karre,
Wächst dicht und grau: und wirft, wenn ich
Den heißen Stock einst stütz und starre,
Auch mich zu unserm Müll. Auch mich.

Nicht mehr die zerstörten und weggeworfenen Dinge nehmen nun die Position des grammatischen Subjektes in dem zitierten Satz ein, sondern „der große Schatten", der sich auf die Lumpensammlerin zu bewegt und sich vor ihrem Fuße auftürmt – ein unbestimmtes, dichtes Geschehen, das sich „sanft wälzt", ein wachsender grauer Schatten. Und nicht mehr die Dinge sprechen durch das „ich" des Textes, das als grammatisches Objekt fungiert, sondern das „ich" selbst wird weggeworfen, wird zu Abfall, zu einem nun seinerseits verlorenen Rest. Auf der narrativen Ebene vollzieht sich hier der genaue Übergang vom *Objekt* zum *Abjekt*.

Die Struktur des Wegwerfens kehrt sich dadurch um: die Figur der Lumpensammlerin gerät selbst unter den Abfall der Geschichte. Sie verschwindet im „Müll". Dieses Verschwinden ist ein anderes als das, von dem Benjamin spricht, wenn er die Frage der Implikation des Autors in seinem Werk oder des Sammlers in seiner Sammlung berührt – „die Tatsache, daß der Sammler als einer seiner Gegenstände identifiziert werden kann, legt den Gedanken nahe, daß er in einem weiteren Sinne in seine eigene Bibliographie hineingehört."[85] Hier schreitet die Lumpensammlerin als Gedächtnis- und Text-Figur nicht mehr die Spannung zwischen den Extremen der *unrettbaren (a)sozialen Existenz* und des *Retters in der Not* aus (denn sie figuriert jenseits, oder genauer: abseits der Dimensionen der Rettung und des Sozialen oder Asozialen). Vielmehr scheint gerade diese Spannung hier zusammenzubrechen. Vor dem Hintergrund der Textualisierung des Lumpensammlers bei Benjamin liest sich dieser Vorgang als eine Entdifferenzierung, in der als einziger Pol das *sans possibilité d'existence* übrig bleibt. Impliziert ist damit ein zweiter Aspekt: hier wird „am Ende" nicht der Ausschluß durch sich selbst ausgeschlossen, nicht die Logik der ausschließlichen Gegensätze außer Kraft gesetzt; vielmehr wird die Logik der Ausschließung reproduziert – sie tritt überhaupt erst regelrecht in

---

85 WOHLFARTH 1984. 72.

Kraft, und sie nimmt sogar die Form einer exzessiven Konsequenz an, indem sie zu einem Verschwinden der Unterscheidung zwischen „Mensch" und „Ding" führt. An der Stelle dieses Verschwindens zeigt sich eine Korrespondenz zu zwei anderen Texten: zum einen zu einer Passage aus der Erzählung *Eine jüdische Mutter*, auf die in einem früheren Kapitel dieser Studie schon hingewiesen wurde[86], und zum anderen zu einem Passus aus dem zu den Hagiographen [Ketuvim] zählenden *Buch der Klagelieder* [Echa], dessen Kernsatz in der Übersetzung von Martin Buber lautet:

Du machtest aus uns Kehricht und Wegwurf
den Weltstämmen mittinnen,
all unsre Feinde rissen ihren Mund über uns auf.
Schrecknis und Schrunde ward uns,
das Zerbersten und der Zusammenbruch.
(Drittes Klagelied, Buchstaben *Samech* und *Ajin*).[87]

Wie bei Benjamin, so knüpft sich auch bei Kolmar an die Figur der Lumpensammlerin Geschichtsdenken – doch wird in Kolmars Text die Denkfigur der Apokatastasis unterlaufen oder suspendiert. Während bei Benjamin der Lumpensammler innerhalb der Theorie einer materialistischen Kulturkritik figuriert, die ein Verfahren rettender Lektüre und Kritik „entwickelt", scheint in Kolmars Text die Position der Lektüre, der Kritik vollkommen ausgelöscht; das unerbittliche, sanfte Fortschreiten des geschichtlichen Prozesses wird in ihm gleichsam restituiert, und das sprechende „ich" des Textes (dessen Zeichen, wie Pierre Klossowski bemerkt, die stärkste Intensität markiert[88]) wird dieser Bewegung *unterworfen*, verschwindet

---

86  Vgl. Kapitel 2.3.2. Diese Textpassage wiederholt die Identifikation von Kind und Abfall, das Verwischen der Unterscheidungen zwischen beiden, als metaphorische Geste: „Sie warf weit die Pforte zurück. Denn es war dunkel drinnen, ein Düster voll Spinneweben und Schmutz. Sie stieß mit dem Fuße den Eimer um, Obstreste, Zeitungsfetzen. Da lag ein Bettsack, ein rotes Kissen, aufgeschlitzt, draus das Seegras quoll. Und da ... Sie starrte, eine Sekunde nur, und glaubte es nicht. Sie glaubte es nicht. Dann glitt sie schreiend zu Boden. Sie schrie. Sie stürzte über ihm nieder. Sie fiel in den Winkel hin, wo es lag, in Unrat geschmissen, zusammengeknüllt, ein Papierwisch, ein Schuhputzlumpen. Tot. O Gott. Ihr liebes Kind. Sie riß es empor; es stöhnte." KOLMAR 1978. 59.

87  „Das Buch Wehe". In: Die Schriftwerke. Übersetzt von Martin BUBER. Köln, Olten: Jakob Hegner, 1962. 371–386; hier 382.

88  Pierre KLOSSOWSKI, Die Ähnlichkeit (*La ressemblance*). Bern, Berlin: Gachnang & Springer, 1986. 13.

in ihr. Kolmars Text zeugt demnach nicht nur von der Fortschreibung der Logik der Ausschließung, sondern auch von einer Fortschreibung der Linearität des geschichtlichen Prozesses – als das Unentrinnbare (und dieses Zeugnis ist wiederum gebunden an die Redeposition, die der Text einem weiblichen „ich" einräumt, einem „ich", das dennoch spricht). Damit geht eine Bewegung des Textes zum Buchstäblichen und zum Leiblichen einher: zum Körper des „ich", der dem Abfall gleich wird, wertlosem, überflüssigem Material, ausgeschieden aus jeder Zirkulation. Wo Benjamins Theorie die Kriterien der Teilung und Scheidung, einer *Division in Permanenz* einführt, spricht Kolmars Text von einem Verwischen und Verschwinden von Unterscheidungen und Differenzen.

# Verwerfung

La philosophie comme architecture est ruinée, mais une écriture des ruines, micrologies, graffiti peuvent faire l'affaire. Cette écriture réserve l'oublié qu'on a tenté de faire oublier en le tuant (...).

Ist die Philosophie als Architektur zerstört, so können eine Ruinenschrift, Mikrologien, Kritzeleien der Aufgabe, die die ihre war, dennoch entsprechen. Dieses Schreiben birgt das Vergessene, das die Morde vergessen machen sollten (...).

(Jean-François Lyotard)

Comment parler de „l'inimaginable", – inimaginable très vite même pour ceux qui l'avaient vécu – sans avoir recours à l'imaginaire?

Wie kann man vom „Unvorstellbaren" sprechen – das sehr schnell sogar für die, die es erlebt hatten, unvorstellbar wurde –, ohne beim Imaginären Zuflucht zu suchen?

(Sarah Kofman)

# 7. Repräsentation und Abjektion

Meine Lektüre des Gedichts „Die Lumpensammlerin" zeigte, daß in diesem Text auf einer thematischen Ebene der Übergang vom *Objekt* zum *Abjekt* dargestellt wird, der Vorgang einer *Abjektion*, dem ein Subjekt im Zuge eines unentrinnbaren geschichtlichen Prozesses ausgesetzt ist (einer Unentrinnbarkeit, die nicht als Schicksal zu denken ist und die sich daher nicht in den Grenzen des *Tragischen* hält). Der Begriff des Abjekts, den Julia Kristeva in ihrer Studie *Pouvoirs de l'horreur. Essai sur l'abjection* (*Mächte des Grauens. Versuch über den Abscheu*) (1980) entwickelt, leitet sich zum einen aus dem lateinischen Verbum *abicere* (wegwerfen, fallenlassen) her, zum anderen aus dem französischen Adverbum *abject* (abscheulich, verworfen, niederträchtig) und dem Substantiv *abjection* (Abscheu, Niedertracht). Kristevas Konzeption der Abjektion, die das Abjekt als etwas definiert, das *weder Subjekt noch Objekt*, sondern *Abfall* ist, das heißt, Produkt eines primären Ausscheidungsprozesses, wird weiter unten erläutert.

Zunächst soll jedoch nochmals auf die Reproduktion oder Inauguration der *Logik der Ausschließung* eingegangen werden, die – wie die Lektüre der „Lumpensammlerin" zeigte – dem Ort oder Blick des sprechenden Ich entsprechend, in dem Gegenwart, Vergangenheit und Zukunft verschmelzen, den Geschichtsprozeß bestimmt und sich durch diesen verwirklicht. Denn hier, mit dem Begriff der Ausschließung und der Verwerfung, kommt meine Untersuchung auf jenes Moment des Vergessens zurück – das *oublier l'autre* Kofmans, die *radikale Negation* Amérys, die *Integration* Adornos –, von dem zu Beginn des ersten Kapitels dieser Studie die Rede war.

Kolmars Texte, so hatte ich eingangs festgestellt, spüren das Regelhafte der Gewalt des Nazismus in den Logiken der Identifikation und der Verwerfung auf – sie verabschieden daher in ihrer Thematisierung antisemitischer Verfolgung einen Diskurs, der von Unterdrückung und Opferung handelt. In dieser Thematisierung erscheint der Antisemitismus nicht mehr als Widerspruch (oder sogar als Neben-Widerspruch); er wird nicht mehr innerhalb eines ökonomischen Paradigmas situiert, sondern er wird als ein Symptom gedeutet, das Aufschluß gibt über die Bedingtheiten des kulturellen und geschichtlichen Prozesses, über Verdrängungs- und Verleugnungsvorgänge, die diesem Prozeß inhärent sind. In einem engen Zusammenhang mit dieser Symptomatik steht die Funktion der Repräsentation, der Darstellung, die Kolmars Texte hervorheben, indem sie Momente wie Verwünschung, Unzerstörbarkeit, Projektion, und das Moment des Gedächtnisses, welches Trauer und das Vergessen eines ursprünglichen Mordes ermöglicht, als Aspekte der Struktur von Bildlichkeit beschreiben.

Geht man den Korrespondenzen zwischen literarischen und theoretischen Motiven nach, wie ich in der *Vorrede* vorgeschlagen habe, so zeigt sich demnach, daß Kolmars Texte die *Figur einer Wiederkehr* (des überwundenen Geglaubten, Verdrängten oder Verworfenen) zwar inserieren, dabei aber Erklärungsmuster, die einer solchen „Rückkehr der aufgeklärten Zivilisation zur Barbarei in der Wirklichkeit" mit dem Optimismus des Fortschritts, der Vernunft und der Aufklärung begegneten, weit hinter sich lassen. Sie umschreiben vielmehr Kriterien und Fragen, die beispielsweise Adorno und Horkheimer erst Jahre später in ihren kulturanthropologisch und psychoanalytisch orientierten Untersuchungen und in ihren „Studies in Prejudice" entwickelten.

Um nun die Konzeption dessen, was mit *Logik der Verwerfung* gemeint ist, genauer zu entwickeln, sollen im folgenden die theoretischen Motive der *forclusion* (Derrida, Lyotard), der *pathischen Projektion* (Adorno) und der *Abjektion* (Kristeva) aufgefächert und in ihren genealogischen Verknüpfungspunkten zu Freud und Lacan skizziert und aufeinander bezogen werden. Gemeinsam ist diesen theoretischen Motiven, daß sie die antisemitische Verfolgung und die *Endlösung* eher von dem ausgehend zu „denken" versuchen, was diese nicht sind – kein Krieg, keine Politik, kein Mythos, keine Erfahrung, kein Negativ, keine Transzendenz –, und daß sie dabei auf psychoanalytische Kategorien rekurrieren (Urverdrängung, Verleugnung, Projektion, Paranoia). Ein solcher Rekurs verleiht der abendländischen Kultur – in ihrem Ursprungsdenken, ihrer Selbstbegründung, ihrer Erkenntnisform – gleichsam die Umrisse eines Symptomkörpers. Eine solche symptomatologische Lektüre intendiert jedoch nicht eine Pathographie oder Ontographie der abendländischen Kulturgeschichte: sie impliziert gerade nicht eine Pathologisierung – im Sinne einer „erkrankten" Kultur, der eine „gesunde" entgegenzustellen wäre – oder eine Enthüllung

– im Sinne der Offenbarung eines Wesens, des Wesens des Abendlands beispielsweise. Vielmehr verweist sie auf Prozesse der Bedeutungsentstehung, des „Sprechens" und der Beziehung von Bedeutungsgebung und Begehren, die die Kultur (und ihr Unbewußtes) durchziehen.

## 7.1 Ausschließen des anderen Zeugen

Im Zusammenhang des Versuchs, die Logik (oder Gegen-Logik) der Gewalt des Nazismus – das heißt des Projekts der *Endlösung* – zu beschreiben und zu „denken", taucht sowohl bei Derrida als auch bei Lyotard und Philippe Lacoue-Labarthe der Topos des Ausschlusses auf, und zwar bezogen auf den *anderen Zeugen*, welcher als *Zeuge eines anderen Ursprungs oder einer anderen Ordnung* gedacht wird (hier zeichnet sich eine Unterscheidung zwischen Heterogenität und Heteronomie ein, auf deren Bedeutung schon früher hingewiesen wurde). So erklärt Derrida in seinem Essay über Benjamins Text *Zur Kritik der Gewalt* – einer Analyse, die eine Extension der Kriterien Benjamins betreibt – man könne „die Einzigartigkeit eines solchen Ereignisses wie das der Endlösung nicht als äußerste Spitze der mythischen und repräsentativen Gewalt denken." Vielmehr müsse man dieses Ereignis „von seinem Anderen aus zu denken versuchen, das heißt von dem aus, was es auszuschließen und zu zerstören versucht hat, von dem aus, was es radikal exterminieren wollte: dieses Andere hat seinerseits das Ereignis von innen und zugleich von außen aus heimgesucht."[1] Um einen Diskurs zu beginnen, der die Einzigartigkeit der *Endlösung* nicht ausblendet, wird in der zitierten Textpassage ein heterologisches Deutungsmuster eingeführt; es dient hier aber weniger einer Verschiebung der Subjekt-Konzeption, sondern vielmehr einer Verschiebung der Konzeption von Geschichte (vielleicht genauer: ihrer De-Konstitution), operiert also im Feld der Historiographie.

An dieser Stelle kommt erneut der Begriff des *Eigennamens* ins Spiel – jene „Singularität der Signatur und des Namens", jenes Unreduzierbare und Einzigartige, das durch die *Endlösung* ausgelöscht wurde (auszulöschen versucht wurde), an dem sich das Ereignis der *Endlösung* mißt und von dem ein Versuch, dieses Ereignis zu denken, seinen Ausgang nehmen muß. Denn

---

1 DERRIDA 1991. 119.

der Vernichtungswunsch, das Projekt der Vernichtung, richtete sich auch auf einen Gerechtigkeitsanspruch und auf Namen: das heißt zunächst, wie Derrida schreibt, auf die „Möglichkeit, einen Namen zu geben und einzutragen, die Möglichkeit, beim Namen zu rufen und den Namen ins Gedächtnis zurückzurufen."[2] Von diesem Ort der Vernichtung des Namens und des an den Namen geknüpften Gedächtnisses aus – *außerhalb* der Ordnung des Rechts, der Ordnung des Mythos und der Ordnung der (politischen und ästhetischen) Repräsentation, die diese Vernichtung neutralisieren – erweist sich der Nazismus als ein Projekt, das der Vernichtung des *anderen Zeugen* gilt. Der Nazismus habe, so erklärt Derrida, den Versuch unternommen, „den anderen Zeugen auszuschließen, er hat versucht, den Zeugen einer anderen Ordnung zu zerstören, den Zeugen der göttlichen Gewalt, deren Gerechtigkeit sich nicht auf das Recht zurückführen läßt, den Zeugen einer Gerechtigkeit, die sowohl der Rechtsordnung gegenüber (selbst wenn es sich um die Menschenrechte handelt) als auch gegenüber der Ordnung der Repräsentation und des Mythos ihre Heterogenität behauptet."[3]

Auch Derrida thematisiert das – schon im ersten Teil der vorliegenden Arbeit berührte – Moment der Neutralisierung, das Zum-Verschwinden-bringen der Vernichtung (ein Moment, in dem die Struktur der vernichtenden Gewalt sich bestätigt, man könnte fast sagen, sich beglückwünscht), indem er beschreibt, wie der Nazismus, sein System mythischer Gewalt, „beide Seiten der Grenze gleichzeitig besetzt hat", so daß die Regeln seiner mythischen Systematik auch das *Jenseits* und das *Danach* des Ereignisses der *Endlösung* strukturieren: denn dieses System „hat *im gleichen Zug* ein Archiv seiner Zerstörung angelegt, Trugbilder rechtfertigender Überlegungen hervorgebracht (und zwar mit einer furchterregenden gesetzlichen, bürokratischen, staatlichen Objektivität) – und ein geregeltes Ganzes gebildet, in dem seine eigene Logik, die Logik der Objektivität, die Möglichkeit geschaffen hat, das Zeugnis und die Verantwortung für ungültig zu erklären, also auszulöschen, und die Besonderheit der Endlösung zu neutralisieren".[4] Es geht hier also um eine doppelte Auslöschung oder Zerstörung: um die des *Zeugen* (der eine andere Ordnung bezeugt) und um die des *Zeugnisses* (das diese Vernichtung bezeugt) – eine Duplizität, die allerdings Unvergleichbares betrifft. Das *Resultat* dieser Neutralisie-

---

2 ibid.
3 ibid.
4 ibid. 120.

rung ist „die Möglichkeit der historiographischen Perversion", der sich, so Derrida, auch der *Objektivismus* des Historikerstreits verdankt.[5] Indem dieser Objektivismus eine Narration anbietet, in der das Paradigma des Krieges und, damit verbunden, die Figur der Nachahmung eines totalitären Originals (wieder) eingesetzt werden, läßt er weder eine Zurückweisung philosophischen Staunens zu, wie sie Benjamins Text über den Begriff der Geschichte unternimmt, noch jene Frage nach dem Erlösbaren oder Einlösbaren, die Saul Friedländer in seinem Essay *The „Final Solution": On the Unease in Historical Interpretation* an die Stelle einer Zurückweisung der von Benjamin formulierten Zurückweisung setzt.

Auf den Akt eines Ausschlusses kommt Derrida schon in einem früheren Text zu sprechen, nämlich in seiner Untersuchung über den Begriff des *Geistes* in den Schriften Heideggers. Und zwar geschieht dies im Zusammenhang der Beschreibung jenes Moments, in dem sich die *Innerlichkeit* dieser Denkfigur bildet, welche von Derrida als eine *an die Familie gebundene Verinnerlichung im Brennpunkt einer einzigen Sprache* charakterisiert wird.[6] Derrida führt aus, wie sich der Diskurs über den Geist in Heideggers Texten in einem sprachlichen und geschichtlichen Dreieck ereignet, das sich aus dem Griechischen (*pneuma*), aus dem Lateinischen (*spiritus*) und aus dem Deutschen (*Geist*) zusammensetzt. Heidegger etabliert damit eine Ursprungsfigur, und zwar über die Sprache, das heißt, ohne die Sprachlichkeit des Denkens und das Faktum interner Übersetzungen außer Acht zu lassen. Denn innerhalb des Raums dieses geschlossenen Dreiecks ist der Sinn des *Geistes*, so Derrida, „ursprünglicher als der des *pneuma* und des *spiritus*: er untersteht jedoch geschichtlich einer Übersetzung, die zur Folge hat, daß der deutsche Denker diesen Raum bewohnt".[7]

Der Begriff des Ausschlusses kommt nun in dem Moment ins Spiel, in dem Derrida die Frage nach der *Legitimität* oder der *Brutalität* der Schließung des sprachlichen und geschichtlichen Dreiecks stellt. Die Möglichkeit, dieses Dreieck *auf legitime Weise* zu schließen, weist Derrida zurück, indem er feststellt, es lasse sich anscheinend „allein aufgrund eines brutalen Ausschlusses (*forclusion*) schließen (*fermer*)."[8] Er betont dabei seine

---

5 ibid.
6 Jacques DERRIDA, Vom Geist. Heidegger und die Frage. Frankfurt/M.: Suhrkamp, 1992. 116.
7 ibid. 117.
8 ibid.

nicht zufällige Wahl des Wortes *forclusion* (das er beispielsweise dem Wort *exclusion* vorzieht): er rekurriert damit auf einen Begriff, der eine fest umrissene Bedeutung in den Terminologien der Jurisdiktion (*Rechtsausschluß*) und der Psychoanalyse (*Verleugnung* oder *Verwerfung*, im Zusammenhang der Erklärung des psychotischen Geschehens) besitzt. Er begründet diese Wahl, indem er deutlich macht, daß es ihm um das Denken eines Vermeidens geht, und zwar um die *symptomatische* und *rechtliche* Relevanz dieses Vermeidens. Das heißt, daß dieses Vermeiden (ein Begriff Heideggers, der in Derridas Text gegen sich selbst gewendet wird) als Frage nach dem Unbewußten und dem Recht in der Geschichte zu denken wäre. Derrida stellt diese Frage, indem er auf das hebräische Wort *ruach* (Geist, Odem, Wind) verweist, das der Übersetzung ins Lateinische und Griechische (*spiritus* und *pneuma*) zugrundeliegt. Dabei geht es ihm, wie schon angedeutet, nicht um die Bildung einer anderen Ursprungsfigur oder um die Einführung einer anderen Schließung, sondern um die Markierung eines Symptoms und, noch deutlicher akzentuiert, um eine *Rechtsfrage*, um die Frage nach der Legitimität und nach der Legitimation der Schließung des Dreiecks *Geist – pneuma – spiritus*: „Wie läßt sich ‚geschichtlich' rechtfertigen, daß man das Dreieck schließt? Beruht es nicht von Anfang an, aufgrund seiner eigenen Struktur, auf einer Öffnung?"[9] – auf einer Öffnung, die, so Derrida, den Blick freigeben würde auf das hebräische Wort *ruach*.

Das *Ausmaß* dieser Frage umreißt Derrida, indem er erklärt, sie betreffe „nicht so sehr ein *geschichtliches* Vermeiden", sondern vielmehr „die Bestimmung der Geschichte überhaupt, der Geschichte, deren Grenzen von jener Vermeidung festgelegt werden."[10] Derridas Argumentation scheint hier zu schwanken zwischen einem Begriff von *Geschichte überhaupt* und einem Begriff von Geschichte, wie er bei Heidegger entwickelt wird. Einschränkend bemerkt Derrida dann, die Entfaltung dessen, was Heidegger Geschichte nenne, und die Entfaltung der Bedeutungen, die er daran knüpfe, sei *nichts anderes* als „die Bildung und die Einzeichnung oder Einrichtung des in Frage stehenden Dreiecks"[11] – das heißt, Begriff und Bedeutung der Geschichte erfüllen sich in dieser Schließung und diesem Ausschluß (*forclusion*), oder, wie man auch sagen könnte, sie erfüllen sich

---

9  ibid. 118.
10  ibid.
11  ibid.

in der Generierung einer Ursprungsfigur, einer Figur des Familialen und der Verinnerlichung, die sich auf einen solchen Ausschluß gründet.

Unter dem Aspekt, daß das Thema der Gewalt stets in Bezug und in Rücksicht auf das Gesetz diskutiert werden muß (wie schon zu Anfang dieser Studie hervorgehoben wurde), scheint an der bis zu diesem Punkt skizzierten Genese des Topos des Ausschlusses bei Derrida für meine Überlegungen wesentlich, wie sich dieser Topos in einem argumentativen Feld situiert, welches aus einer Überschneidung von Psychoanalyse und Jurisdiktion (der Frage nach Recht und Gerechtigkeit) entsteht. Auch hier ist nochmals darauf hinzuweisen, daß die Brutalität, die Gewalttätigkeit des Ausschlusses, von der Derrida anhand der Schriften Heideggers spricht, unsichtbar – das heißt nicht verdrängt oder verleugnet, sondern eher logisch neutralisiert – zu sein scheint (eine durch die dekonstruktive Lektüre sichtbar gemachte Ungerechtigkeit). Auch wenn diese Brutalität in der Dimension der Sprachlichkeit auftritt, im Feld von Sprache und Übersetzung, so ist sie – und der Übergang zum Geschichtlichen, zum historischen Ereignis, macht dies in Derridas Diskussion akut – doch *symptomatisch*.

Die Verschränkung von „Geistesgeschichte" und Psychoanalyse, die Jean-François Lyotard vorschlägt, ist demgegenüber etwas anders akzentuiert; sie scheint gelegentlich auch von christlicher Semantik inspiriert. In seinem Essay *Heidegger et „les juifs"* (*Heidegger und „die Juden"*, 1988) überführt Lyotard Heideggers Begriffe der Verbergung und Entbergung in die Begriffe des *Erinnerns* und *Vergessens*, und zwar vor dem Hintergrund der Konstruktion eines Widerstreits zwischen *Sein* und *Gesetz*. Die *Endlösung* erscheint vor diesem Hintergrund als Vernichtung von Zeugen, die nicht das Sein bezeugten; sie richtete sich auf ein Denken, welches nicht in authentischer Weise dem Hüten des Seins bestimmt ist, sondern der Rücksicht auf ein Gesetz verpflichtet ist. Der „Geist" des Abendlands, so argumentiert Lyotard, ist unablässig damit beschäftigt, sich selbst zu *begründen*, und „die Juden" (eine schwer zu qualifizierende Figur seines Textes, im selben Zuge Produkt eines Vergessens und einer Darstellung) nehmen die Stelle dessen ein, was sich diesem „Geist" widersetzt, was sein Projekt der Vollendung und der Eigentlichkeit durchstreicht und die Begründung scheitern läßt.[12] Resistenz, Stillstellung, Entzug, Erschütterung – in diesen

---

12 Vgl. Jean-François LYOTARD, Heidegger und „die Juden". Wien: Passagen, 1988. 33 und 92.

Bestimmungen lassen sich die *Konturen* des Begriffs des Anderen und der Sozialität, wie Lévinas sie entwickelt, erkennen.

Lyotard impliziert demnach, daß das okzidentale Denken die Bedrohung seiner Begründung an „den Juden" figural festmacht. Denn „die Juden" sind diesem „Geist" dasjenige,

das stets von neuem die Wunde des Unvollendeten schlägt. Die Nicht-Vergebung in einer Bewegung, die Remission, Rückgabe und Verzeihung ist. Das Nicht-Bezähmbare in der Obsession zu herrschen, in der Besitzergreifung des Hauses, und in der Passion des Reichs (...) nie zu Hause, wo sie sind, nicht integrierbar, nicht konvertierbar, nicht zu vertreiben. Und außer sich auch dann noch, wenn sie bei sich sind, in ihrer, wie man sagt, eigenen Tradition, an deren Beginn der Auszug, die Beschneidung, die Unangemessenheit und die Achtung des Vergessenen steht.[13]

Lyotard geht aus von einer Differenz des Denkens „der Juden", die so umfassend ist, daß sie ihm erlaubt, in ihr jenes Andere zu situieren, welches er als Kehrseite der Kultur des Abendlandes beschreibt, von dem diese sich stets abwendet.

An einigen Stellen seines Textes bezieht sich Lyotard auf Überlegungen Philippe Lacoue-Labarthes, die in ihrem Versuch, die Logik der Vernichtung zu beschreiben, ebenso vom Zeugen eines anderen Ursprungs sprechen (neben anderen Kriterien, wie beispielsweise Technik und Mimesis). Es ist, so erklärt Lacoue-Labarthe, „alles andere als ein Zufall, daß die, die man vernichten wollte, in diesem Abendland Zeugen eines anderen Ursprungs des in ihm verehrten und gedachten Gottes waren – wenn nicht vielleicht sogar Zeugen eines anderen Gottes, der seiner hellenistischen und römischen Gefangenschaft entgangen war, und dadurch die Tendenz zur Vollendung aufhielt."[14] Die Kritik Lyotards richtet sich gerade auf die Verknüpfung von Andersheit und Ursprünglichkeit, die Lacoue-Labarthe hier unternimmt (und die seine Argumentation weiter im Horizont des Seins-Begriffs hält). Im Unterschied dazu betont Lyotard die Irrelevanz der Frage nach dem Ursprung für das Denken „der Juden". Knüpft man an diese Argumentation Lyotards an, so könnte man sagen, daß Lévinas' Figur des *anders-als-Sein* (anstelle eines *anders-seins* oder eines *anderen Seins*) auch auf die griechisch-christliche Denktradition der Begriffe „Gott" und „Ursprung" zu beziehen wären: es ginge nicht um eine

---

13  ibid. 33–34.

14  Philippe LACOUE-LABARTHE, Die Fiktion des Politischen. Heidegger, die Kunst und die Politik. Stuttgart: Edition Patricia Schwarz, 1990. 63–64.

andere Ursprünglichkeit, sondern um etwas anderes als Ursprünglichkeit, (und erst dies würde der Bewegung des Durchstreichens entsprechen).

Ein weiteres Moment in der Argumentation Lacoue-Labarthes, das auch für die hier geführte Diskussion bedeutsam erscheint, soll noch kurz beleuchtet werden, ein Moment, das seinerseits eine logische Schlußfolgerung zu ziehen versucht: daß nämlich die *Endlösung* „weder von einer politischen, ökonomischen, sozialen, militärischen, oder anderen Logik" zeuge, sondern vielmehr „von einer geistigen, und deshalb geschichtlichen".[15] Denn die Vernichtung der Juden läßt sich nicht in den Parametern eines Krieges oder Streits oder einer Opferung *„erklären"*, sie ähnelt nicht mehr der klassischen oder modernen Figur systematischer Unterdrückung.[16] Die Juden stellten keine Bedrohung für die Deutschen dar – nicht einmal die Bedrohung der Häretiker. Sie stellten höchstens als imaginäre Figuren, als „die Juden", eine Bedrohung für den *deutschen Träumer* in der zitierten Textpassage aus dem *Handwörterbuch des deutschen Aberglaubens* dar, der vom Tod träumt oder von einem Leben ohne Tod, von einer Existenz, die nicht in Tod und Verlust gründet (hier ist nicht der *schöne Tod* gemeint, der als „unendliche Vollendung eines immanenten Lebens" gedacht wird[17]).

Die Vernichtung der *Endlösung*, so stellt Lacoue-Labarthe fest – und er stellt dadurch einen Begriff der Ausschließung, der sich als *Ausgrenzung* versteht, in Frage –, entspricht nicht der Logik der Ausschließung des Anderen, im Sinne einer *exclusion*.

Sie ist gravierender: weniger aufgrund des schieren Willens zur Vernichtung, als aufgrund derjenigen, denen der Vernichtungswille gilt: der Juden, sofern sie weder dem Innerhalb noch dem Außerhalb der Gemeinschaft zugezählt werden, das heißt buchstäblich unverortbar sind, oder, was dasselbe ist, von vornherein unter dem Verbot stehen, überhaupt zu existieren.[18]

Das Verbot der Existenz berührt genau jenen beschriebenen Übergang vom Objekt zum Abjekt in Kolmars Gedicht „Die Lumpensammlerin", der die Spannung zwischen den Extremen der *unrettbaren, sozialen oder asozialen Exi-*

---

15  ibid. 60.
16  Vgl. ibid. 62.
17  ibid. 212. Diese Vorstellung des Todes gründet eine Todesgemeinschaft, wie Lacoue-Labarthe ausführt. Zum gegen den Begriff des Totalitarismus angeführten Begriff der *Immanenz* (im Sinne einheitsstiftender Verschmelzung, entsprechend der Vorstellung einer organischen Gemeinschaft als Modell des Politischen) vgl. ibid. 211–212.
18  ibid. 212.

*stenz* und des *Retters in der Not* zusammenbrechen läßt, um als einzigen Pol, abseits des Sozialen und des Asozialen, das *sans possibilité d'existence* zu etablieren. Lacoue-Labarthe hebt entsprechend die Funktion des Phantasmatischen[19] und des Symbolischen hervor – doch handelt es sich um den Akt eines Symbolischen (einer symbolischen Reinigung zum Beispiel), das vom Scheitern des Symbolischen zeugt, da es sich ja als ein Umkippen ins Wörtliche, ins Buchstäbliche ereignet (darauf nehmen in der Argumentation Lacoue-Labarthes die implizit an Benjamin anknüpfenden Kriterien der Mimesis und der Technik Bezug: die Technik als Schöpferin einer Inszenierung, die *Auschwitz* heißt, und als das, was das Tragische ablöst).

Die Denkfigur einer Zäsur, die den Moment der Enthüllung markiert, bleibt jedoch innerhalb der Struktur des Tragischen, wie Lyotard betont: die Vernichtung der Juden aber enthülle nichts, jedenfalls nicht „das ‚Wesen des Abendlands' im Sinne der Offenbarung, die die Zäsur im tragischen Schicksal vollbringt."[20] Sie verweise „auf den Schauplatz der Tragik, der gleichwohl nicht ihr Ort ist."[21] Lyotard erinnert an die *schreckliche Drohung*, die den Worten Hegels eingeschrieben seien, welche voraussagten, die Juden würden „solange mißhandelt werden", bis sie ihr „ursprüngliches Schicksal" „durch den Geist der Schönheit aussöhnen und so durch die Versöhnung aufheben" würden. Das Verbrechen, so kommentiert er diese Feststellung Hegels aus *Der Geist des Christentums und sein Schicksal*, „wird schon durch diese Einschreibung verübt, im Namen des schönen Griechenland und der erzwungenen Darstellung dessen, was sich dieser entzieht: des Vergessenen. Das Verbrechen, den Geist mit dem Unversöhnlichen auszusöhnen."[22] Von hier aus, das sei angemerkt, nimmt der Widerstreit zwischen Sein und Gesetz, dessen Denken die Argumentation Lyotards doch weitgehend trägt, seinen Anfang. Die Konstellation, die Lyotard anhand der zitierten Bemerkung Hegels beschreibt, wirkt im selben Zuge fatal und diffus. *Versöhnung* und *Verschwinden* gehen hier schon ein deutliches und zugleich vages Bündnis ein – ein Bündnis, das auf der *Thematisierung des Anderen* beruht und der Logik der Identifikation verhaftet ist (insofern präfiguriert der zitierte Passus schon die Gewalt einer Negation, die nicht partiell sein kann). Dabei scheinen die logische und die performative Struktur des Satzes einander zu

---

19  Vgl. ibid. 61.
20  LYOTARD 1988 (a). 103.
21  ibid.
22  ibid. 104.

überlagern (ganz abgesehen von der Legitimation der Mißhandlung der Juden, die der Satz ausspricht).

Der Nicht-Zufall, von dem Lacoue-Labarthe spricht (wenn er feststellt, es sei „alles andere als ein Zufall, daß diejenigen, denen die Vernichtung galt, „Zeugen eines anderen Ursprungs" gewesen seien), bietet, wie Lyotard betont, *keine Möglichkeit einer Erklärung*. Das Nicht-erklären-können wird in Lyotards Analyse mit der *ursprünglichen Verdrängung* (Freuds Begriff der Urverdrängung) verknüpft, die keine Verkettung zulasse, die vielmehr „am ‚Anfang' aller Verkettung" stehe.[23] Dieses Konzept einer ursprünglichen Verdrängung, das die eingangs benannte Dynamik von Erinnern und Vergessen aufgreift, soll im folgenden Abschnitt genauer erläutert werden.


## 7.2 Verleugnung, Verwerfung, pathische Projektion

Ebenso wie Kristeva betont auch Lyotard, daß der Antisemitismus ein Modus und ein Medium der Darstellung sei, durch die ein ursprünglicher Schrecken, ein ursprüngliches Reales geleugnet werden könne. Um Lyotards Konzeption des Zusammenhangs zwischen *Vergessen* und *Repräsentieren* genauer zu verstehen, und um auch etwas deutlicher zu konturieren, was mit „ursprünglichem Schrecken" gemeint ist, soll im folgenden die psychoanalytische Dimension der Begriffe der *Verleugnung* und der *Verwerfung* in der Theorie Sigmund Freuds und Jacques Lacans (auf die Lyotards Argumentation sich stützt) beleuchtet werden. Diese Diskussion führt auf das Kriterium der Unentscheidbarkeit, die mit Vladimir Jankélevitchs Begriff des *semblable-différent* in Beziehung gesetzt werden soll, um die Obsession der Erkennung, der Identifikation, zu beschreiben, von welcher der Antisemitismus getragen ist. Kristevas Begriff des *vréel* bringt die Forderung der psychotischen Sprache an den Signifikanten, *real zu sein um wahr zu sein*, ins Spiel – und dieses Moment der Verwechslung oder des Austauschs von Signifikant und Referenzobjekt bietet eine andere Annäherung an die (schon im zweiten Kapitel erörterte) Problematik der *Verkörperung* und des *Vergessens der Grenze zwischen dem Leiblichen und dem Figurativen*, die mir für das antisemitische Phantasma wesentlich erscheint. Als exemplarische Figur einer projektiven Konstitution oder Erfindung

---

23 ibid. 93.

des Anderen wird der bei Adorno und Horkheimer eingeführte Begriff der *pathischen Projektion* skizziert, welcher – über die Kriterien der Ebenbildlichkeit und einer verkehrten Mimesis – einen wiederum anderen Bezug zur Frage der Repräsentation herstellt.

Den Begriff der *Verleugnung* führt Freud ein, um eine Form der Abwehr zu bezeichnen, die darin besteht, daß das Subjekt sich weigert, die Realität einer traumatisierenden Wahrnehmung – das heißt also, ein Reales – anzuerkennen. Freud entwickelt diesen Begriff im Zusammenhang seiner Erklärung der Psychose und des Fetischismus. Wie Freud in seiner Arbeit *Der Realitätsverlust bei Neurose und Psychose* aus dem Jahr 1924 ausführt, zieht sich das Ich in der Psychose „von einem Stück der Realität" zurück.[24]

Die Verschiedenheit der beiden Mechanismen der neurotischen und der psychotischen Abwehr erläutert Freud anhand einer Fallgeschichte, deren „traumatische Szene" erneut um das Ereignis des Todes zentriert ist:

Ich will zum Beispiel auf einen vor langen Jahren analysierten Fall zurückgreifen, in dem das in ihren Schwager verliebte Mädchen am Totenbett der Schwester durch die Idee erschüttert wird: „Nun ist er frei und kann dich heiraten". Diese Szene wird sofort vergessen und damit der Regressionsvorgang eingeleitet, der zu den hysterischen Schmerzen führt. Es ist aber gerade hier lehrreich, zu sehen, auf welchem Wege die Neurose den Konflikt zu erledigen versucht. Sie entwertet die reale Veränderung, indem sie den in Betracht kommenden Triebanspruch, also die Liebe zum Schwager, verdrängt. Die psychotische Reaktion wäre gewesen, die Tatsache des Todes der Schwester zu verleugnen.[25]

Demnach richtet sich die Verleugnung auf den Einspruch der Realität, die Verdrängung der Neurose dagegen auf den Anspruch eines Triebes. Durch das Sich-losreißen des Ich von der Realität im Zuge der Verleugnung entsteht eine Lücke, die durch die Schöpfung einer neuen Realität überbrückt wird. Dieser Prozeß der Umarbeitung, des Umbaus der Realität findet am Ort der schon vorhandenen Erinnerungsspuren, Vorstellungen und Urteile statt, an den Stellen, an denen sich die Beziehungen zur Realität im Ich niedergeschlagen haben. Da aber diese Beziehungen nie abgeschlossen waren, sondern permanent durch neue Wahrnehmungen verändert und bereichert werden, stellt sich, so erklärt Freud, „für die Psychose die Aufgabe her, sich solche Wahrnehmungen zu verschaffen,

---

24 Sigmund FREUD, „Der Realitätsverlust bei Neurose und Psychose" (1924). In: FREUD, Gesammelte Werke XIII. 361–368; hier 363. Vgl. Kapitel 2.3.1 dieser Studie.
25 ibid. 364.

wie sie der neuen Realität entsprechen würden, was in gründlichster Weise auf dem Wege der Halluzination erreicht wird."[26]

In seiner Arbeit zum *Fetischismus* (1927) und schon in der wenige Jahre zuvor veröffentlichten Abhandlung über *Einige psychische Folgen des anatomischen Geschlechtsunterschieds* bindet Freud das Konzept der Verleugnung an die Wahrnehmung des Unterschieds der Geschlechter, das heißt an jenen Moment, in dem sich das Subjekt mit der Realität konfrontiert sieht, daß es *nicht eins* ist – im Sinne dessen, was weiter oben *symbolische Differenz* genannt wurde (ein anders-als-sein, das die Unmöglichkeit des eins-seins oder des mit-sich-selbst-identisch-seins bezeichnet) – jene Differenz, welche die sexuelle Differenz überhaupt erst gründet, um die sich also das Sexuelle organisiert. Diese traumatisierende Realität markiert ein Moment der *Unschlüssigkeit* oder der *Unentscheidbarkeit*, das sich auch in Freuds Darstellung selbst niederschlägt: „wenn der kleine Knabe die Genitalgegend des Mädchens zuerst erblickt, benimmt er sich unschlüssig, zunächst wenig interessiert; er sieht nichts, oder er verleugnet seine Wahrnehmung, schwächt sie ab, sucht nach Auskünften, um sie mit seiner Erwartung in Einklang zu bringen."[27] Dieses traumatische Moment der Unentscheidbarkeit, das die Wahrnehmung einer Abwesenheit, eines Fehlens, oder umgekehrt, das Fehlen, die Absenz einer Wahrnehmung bedeutet (nichts sehen oder das Nichts sehen), scheint der Drohung der Kastration vorauszugehen. Erst später, so schreibt Freud, wird diese Beobachtung für den kleinen Jungen „bedeutungsvoll werden; ihre Erinnerung oder Erneuerung regt einen fürchterlichen Affektsturm in ihm an und unterwirft ihn dem Glauben an die Wirklichkeit der bisher verlachten Androhung."[28]

Die Analyse der Funktion des fetischisierten Objekts lehrt Freud, daß es sich bei der Abwehr der Realität der traumatisierenden Wahrnehmung nicht um eine Skotomisation, sondern um eine Verleugnung handelt. Denn der Begriff der *Skotomisation* (*skotos*: Dunkelheit, *skotom*: blinder Fleck) würde suggerieren, daß die Wahrnehmung verschwunden, weggewischt wäre, „so daß das Ergebnis dasselbe wäre, wie wenn ein Gesichtseindruck auf den blinden Fleck der Netzhaut fiele. Aber unsere Situation zeigt im Gegenteil, daß die Wahrnehmung geblieben ist und daß eine sehr energische Aktion

---

26 ibid. 366.
27 Sigmund FREUD, „Einige psychische Folgen des anatomischen Geschlechtsunterschieds" (1925). In: FREUD, Gesammelte Werke XIV. 19–30; hier 23.
28 ibid. 23–24.

unternommen wurde, ihre Verleugnung aufrechtzuhalten."[29] Das fetischisierte Objekt erlaubt im selben Zuge eine Verleugnung und eine Anerkennung der traumatisierenden Wahrnehmung. Der Kompromiß, der den Konflikt „zwischen dem Gewicht der unerwünschten Wahrnehmung und der Stärke des Gegenwunsches"[30] zu beschwichtigen versucht, und der, wie Freud anmerkt, den Primärvorgängen zuzurechnen ist, besteht in einer Ersatzbildung, welche die Abwesenheit des Phallus am weiblichen Körper verdeckt und gerade dadurch den männlichen Phallus, also die Vorstellung der eigenen Ganzheit und Allmacht rettet: „Etwas anderes ist an seine Stelle getreten, ist sozusagen zu seinem Ersatz ernannt worden und ist nun der Erbe des Interesses, das sich dem früheren zugewendet hatte."[31]

An dieser Stelle kommt in Freuds Text der Begriff des *Abscheus* ins Spiel – im Sinne eines Affekts, der durch die Erinnerung an die verleugnete Realität einer traumatisierenden Wahrnehmung ausgelöst wird: „Der Abscheu vor der Kastration", so schreibt Freud, habe sich „in der Schaffung dieses Ersatzes ein Denkmal gesetzt".[32] Der Ersatz erfüllt so eine doppelte Funktion: er hält den Abscheu im Gedächtnis, um das, was ihn hervorruft, die Erinnerung an die traumatische Realität der Kastration, gleichsam bestatten zu können.

Wie Freud in einem späteren Text, in der fragmentarischen Untersuchung über *Die Ich-Spaltung im Abwehrvorgang*, ausführt, bleibt diese Ersatzbildung an den Körper des (geschlechtlich) Anderen gebunden: es handelt sich um eine Verschiebung der Bedeutung – oder, wie Freud auch sagt, um eine „Wertverschiebung" –, die auf dem weiblichen Körper stattfindet.[33] Dies verweist zugleich auf einen Zusammenhang zwischen *Verkörperung, Narzißmus* und *Unentscheidbarkeit*.

Die Beschwichtigung des Konflikts zwischen dem Einspruch der Realität und dem Anspruch des Triebes im Zuge der Verleugnung, in der das Ich einerseits „mit Hilfe bestimmter Mechanismen die Realität" abweist, andererseits „im gleichen Atem die Gefahr der Realität" anerkennt[34], kostet

---

29  Sigmund FREUD, „Fetischismus" (1927). In: FREUD, Gesammelte Werke XIV. 309–317; hier 313.

30  ibid.

31  ibid.

32  ibid.

33  Sigmund FREUD, „Die Ich-Spaltung im Abwehrvorgang" (1940 [1938]). In: FREUD, Gesammelte Werke XVII. 57–62; hier 61.

34  ibid. 59–60.

jedoch ihren Preis. Sie hinterläßt, wie Freud nun betont, eine unauslösch-
liche Spur im Ich: „Der Erfolg wurde erreicht auf Kosten eines Einrisses
im Ich, der nie wieder verheilen, aber sich mit der Zeit vergrößern wird.
Die beiden entgegengesetzten Reaktionen auf den Konflikt bleiben als
Kern einer Ichspaltung bestehen."[35] Dieser unzerstörbare Kern, der un-
heilbare Einriß im Ich, markiert etwas Unverträgliches, das die syntheti-
sierende Funktion des Ich unterläuft – es bedeutet für sie eine unaufhör-
liche Störung und Gefährdung.


Meine Argumentation geht nun dahin, daß ein Zusammenhang besteht
zwischen dem traumatischen Moment der Unentscheidbarkeit, der das
Subjekt mit dem Faktum eines fundamentalen Mangels und einer bleibenden Andersheit konfrontiert, und der Undefinierbarkeit der Andersheit, welcher Freud (und auch Jankélévitch) eine wesentliche Bedeutung
bei der Begründung des Antisemitismus zuerkennen. Die Frage der Verwobenheit von Unentscheidbarkeit und einer Andersheit, die andauert,
berührt Jacques Derrida, wenn er – aus der Perspektive der Jurisdiktion
– feststellt: „Das Unentscheidbare ist nicht einfach das Schwanken oder
die Spannung zwischen zwei Entscheidungen, es ist die Erfahrung dessen,
was dem Berechenbaren, der Regel, nicht zugeordnet werden kann, weil
es ihnen fremd ist und ihnen gegenüber ungleichartig bleibt".[36]
Vom „Narzißmus der kleinen Differenzen"[37], der die Aggressivität auf
sich ziehe, spricht Freud schon in seiner Abhandlung *Das Unbehagen der*
*Kultur* aus dem Jahr 1930. Einige Jahre später, in der Studie *Der Mann*
*Moses und die monotheistische Religion* – und zwar in der dritten Abhandlung,
die von den beiden einander aufhebenden, im Laufe des Jahres 1938
zunächst in Wien, dann in London verfaßten Vorbemerkungen eingeleitet
wird –, stellt Freud dann einen direkten Bezug her zwischen dem, was er
als Narzißmus der kleinen Differenzen bezeichnet, und der Aggressivität
des Antisemitismus. Gerade die Undefinierbarkeit der Andersheit – und
nicht eine eindeutige, definierte Differenz – zählt für Freud, wie er bit-

---

35 ibid. 60.
36 DERRIDA 1991. 49.
37 Sigmund FREUD, „Das Unbehagen in der Kultur" (1930 [1929]). In: FREUD, Gesammelte Werke XIV. 419–506; hier 474. Den Begriff des „Narzißmus der kleinen Unterschiede" führt Freud bereits in seiner Arbeit über „Das Tabu der Virginität" (1918) ein.
In: FREUD, Gesammelte Werke XII. 159–180; hier 169.

ter-ironisch anmerkt, zu jenen unverzeihlichen Eigenheiten der Juden, welche den antisemitischen Affekt begründen. Die Juden seien, so Freud, „doch anders, oft in undefinierbarer Art anders als zumal die nordischen Völker, und die Intoleranz der Massen äußert sich merkwürdigerweise gegen kleine Unterschiede stärker als gegen fundamentale Differenzen."[38]

Auf dieses Kriterium einer Differenz, die nicht definierbar – und damit zugleich nicht identifizierbar – ist, beziehen sich auch die Begriffe des *semblable-différent* und der *altérité minimale*, die Vladimir Jankélévitch einführt, um den Antisemitismus vom Rassismus zu unterscheiden. Denn der Antisemitismus, so erläutert Jankélévitch, bezieht sich auf einen Anderen, der unmerklich anders ist: *L'antisémitisme s'adresse à un autre imperceptiblement autre; il exprime l'inquiétude que le non-juif éprouve devant cet autre presque indiscernable de lui-même, le malaise du semblable vis-à-vis du presque semblable.*[39] Erst wenn die Differenz offenkundig wird, so betont Jankélévitch, tendiert der Antisemitismus dazu, mit dem Rassismus zu verschmelzen.

Der Antisemitismus richtet sich demnach auf einen Anderen, dessen Andersheit nicht manifest, nicht sichtbar, nicht bestimmbar ist, und die Bezeichnung, die Jankélévitch für diese Differenz wählt – *diaphora* –, unterstreicht das Moment einer Wiederholung, die ein Identisches permanent entstellt (im Sinne der Wiederholung eines Wortes im selben Satz, aber mit anderer oder verstärkender Bedeutung): *Le fait d'être juif ne tient à aucun signe en particulier, mais à toutes choses en général; il tient à quelque chose qui n'est rien, et qui demeure irréductible à l'analyse.*[40] Auch bei Jankélévitch ist hier von einem Anderen die Rede, das etwas Unreduzierbares ist, und das sich jeder Analyse entzieht. Genau diese liminale Zone des Weder-ganz-das-Selbe-noch-ganz-das-Andere-sein, die, so Jankélévitch, am anstößigsten, am spannungsgeladensten ist, produziert die Ambivalenz der Sentiments und Ressentiments, die den Juden entgegengebracht werden.

Den nicht zu sühnenden Haß, so stellt Jankélévitch fest, reservieren wir für denjenigen, der uns ähnlich ist, und der dennoch für immer, unreduzierbar, unheilbar *anders bleibt*.[41] Entsprechend ist *la forme la plus spéci-*

---

38 Sigmund FREUD, „Der Mann Moses und die monotheistische Religion" (1939 [1937]). In: FREUD, Gesammelte Werke XVI. 101–246; hier 197.
39 JANKÉLÉVITCH, BERLOWITZ 1978. 138.
40 ibid. 140.
41 ibid. 139.

*fique de l'antisémitisme (...) celle dont sont victimes les juifs européens des grandes villes, parce que cette haine-là est plus complexe, parce que son poison est plus insidieux.*[42] Der antisemitische Haß verfolgt und umstellt unaufhörlich dieses Andere, dessen Andersheit sich ihm unaufhörlich entzieht – genau im Sinne jener Umwandlung einer nicht identifizierbaren Andersheit in eine identifizierbare Andersheit, von welcher Emmanuel Lévinas spricht.

Die *Obsession der Erkennung*, von der der Antisemitismus getragen wird und die, wie früher ausgeführt, als *Frage nach der Erkennbarkeit der Abweichung* die philosophische und kriminologische Karriere des Begriffs der Identität begleitet, rührt von dieser Unbestimmbarkeit und Unauffindbarkeit der Differenz her: der Antisemitismus versucht, panisch und fasziniert, sie ausfindig zu machen, festzustellen, zu kennzeichnen, darzustellen; er sucht dabei die Unterstützung des Rassismus; aber er bleibt sich der Flüchtigkeit der Differenz bewußt, was seine Obsession nur antreibt. Jankélévitch hebt das Obsessive dieses Entzifferns und Kennzeichnens hervor: *L'antisémite déchiffre et soupçonne et débusque, il est par excellence celui qui déjoue le secret ...".*[43] Insofern könnte man den Antisemitismus als den exemplarischen Diskurs bezeichnen, in dem der Andere zum Thema wird (und die Koppelung mit dem Motiv des Todes, auf die bei der Analyse der Textpassage aus dem *Handwörterbuch des deutschen Aberglaubens* hingewiesen wurde, begründet sich wohl nicht unwesentlich genau dadurch).

Von dem Schrecken und dem Abscheu, den die Undarstellbarkeit, das Nicht-Identifizierbare oder Nicht-Definierbare der Differenz auslöst, spricht auch Lévinas. Es sei daran erinnert, daß Lévinas vorschlägt, das Wirkliche in einer Beziehung zu dem, was anders bleibt, zu situieren – und genau hier, an der Stelle einer andauernden Andersheit, das heißt, einer Andersheit, die sich andauernd entzieht, entsteht auch der *horreur*. Die abendländische Philosophie – die für Lévinas mit der Enthüllung des Anderen zusammenfällt, wobei das Andere, indem es sich als Sein (auch als anderes Sein) manifestiert, seine Andersheit einbüßt – ist, so erklärt Lévinas, von Anfang an „vom Entsetzen vor dem Anderen, das Anderes bleibt, ergriffen, von einer unüberwindbaren Allergie."[44] In der Begriff-

---

42 ibid. 138.
43 ibid. 139.
44 LÉVINAS 1983. 211.

lichkeit, die Lévinas hier wählt – Entsetzen, Allergie, Ergriffen-sein –, äussern sich jene Bedingtheiten der *condition humaine*, die Lévinas zufolge im Diskurs der abendländischen Philosophie ausgeblendet blieben: Panik, Grauen, Leiblichkeit, Obsession, Verfolgung.

Das Moment der Unentscheidbarkeit und eines sich unablässig entziehenden, nicht identifizierbaren Anderen kehrt wieder in jener strukturalen Bewegung, die Freud *Wiederholung* nennt und die, wie Samuel Weber im Rekurs auf Lacan erklärt, sowohl der Kastration als auch dem Narzißmus zugrundeliegt. Der *Knotenpunkt* zwischen der Bewegung der Wiederholung, die den Narzißmus bestätigt, und jener Bewegung der Wiederholung, welche die Kastration erneut markiert, ist das *Unheimliche*. Denn das Unheimliche, das, wie Freud zeigt, den Gegensatz zwischen *heimlich* und *unheimlich* unterläuft und subvertiert, bedeutet „ebenfalls eine Art Wiederholung: Bloß, das von ihm Wiederholte ist der gewaltsame, gewalttätige Übergang von einer Auffassung der Wiederholung, die auf Identität zurückgeht – die Wiederholung des Narzißmus – zu einer anderen, einer Wiederholung, die paradoxerweise das Identische zugleich konstituiert und dekonstituiert".[45]

Dieser Modus der Wiederholung bringt ein Identisches hervor und entstellt es, entfremdet es im selben Zuge. Der Übergang zwischen den beiden Bewegungen – oder, genauer gesagt, zwischen den beiden gegenläufigen Prozessen innerhalb der Bewegung der Wiederholung – ist, wie Samuel Weber implizit einräumt, kein neutraler Moment: vielmehr übt er Gewalt aus und trägt Gewalt in sich.

Nachdem Freuds Begriff der Verleugnung und die Konfiguration von Unentscheidbarkeit, andauernder Andersheit, und Abscheu oder Schrecken näher erläutert wurden, soll nun das Konzept der *forclusion* skizziert werden, das Jacques Lacan anknüpfend an Freuds Begriff der *Verwerfung* entwickelt. Wesentlich ist dabei, daß Freud die Verwerfung als eine Form der Abwehr andeutet, die jeder Wahrnehmung der Realität zuvorgekommen ist, da sie für diese zu früh war. Sie wird als die „dritte, älteste und tiefste" Form der Abwehr bezeichnet, als diejenige, „welche die Kastration einfach verworfen hatte, wobei das Urteil über ihre Realität noch nicht in Frage

---

45 Samuel WEBER, „Das Unheimliche als dichterische Struktur: Freud, Hoffmann, Villiers de l'Isle-Adam". In: Claire KAHANE (Hg.), Psychoanalyse und das Unheimliche. Essays aus der amerikanischen Literaturkritik. Bonn: Bouvier, 1981. 122–147; hier 131.

kam".[46] Insofern scheint Freud die Verwerfung als einen der Verleugnung vorausgehenden Abwehrvorgang anzunehmen, der das Moment des *nichts sehen* umschreibt.

Ergänzend sei hier hinzugefügt, daß Freud über den Begriff des *Urteils* eine komplexe Konfiguration entwickelt, in der die theoretischen Konzepte der *Verwerfung*, der *Ausstoßung* und der *Verneinung* aufeinander bezogen sind, und die eine Verknüpfung zum Destruktionstrieb herstellt. Das Urteilen, so argumentiert Freud in seiner kleinen Abhandlung über *Die Verneinung* aus dem Jahr 1925, sei „die zweckmäßige Fortentwicklung der ursprünglich nach dem Lustprinzip erfolgten Einbeziehung ins Ich oder Ausstoßung aus dem Ich"[47] – das heißt, die Weiterführung eines Vorgangs, der auf der Voraussetzung beruht, daß das „Schlechte, das dem Ich Fremde, das Außenbefindliche (…) ihm zunächst identisch" ist, was mit dem Wunsch des Ich kollidiert (oder ihn überhaupt erst weckt), „alles Gute sich [zu] introjizieren, alles Schlechte von sich [zu] werfen."[48] Die Trennung, die Unterscheidung zwischen Fremdem und Selbst bedeutet demnach den Akt einer Ausstoßung.

Die Funktion des Urteils knüpft hier an: „Die Bejahung – als Ersatz der Vereinigung – gehört dem Eros an, die Verneinung – Nachfolge der Ausstoßung – dem Destruktionstrieb."[49] Während also die Bejahung die Vereinigung ersetzt, tritt die Verneinung die Nachfolge der Ausstoßung an. Im ersten Fall geht es demnach um eine Substitution, während es sich im zweiten eher um eine Genealogie handelt. „Es wird also vollends mythisch: zwei Triebe, die sozusagen vermischt sind in diesem Mythos, der das Subjekt trägt: der eine der der Vereinigung, der andre der der Destruktion."[50] Die Verneinung im Urteil bezeichnet Freud als intellektuellen Ersatz der Verdrängung – sie erlaube „eine Art von intellektueller Annahme des Verdrängten bei Fortbestand des Wesentlichen an der Verdrängung."[51]

---

46 Sigmund FREUD, „Aus der Geschichte einer infantilen Neurose" (1918). In: FREUD, Gesammelte Werke XII. 27–157; hier 117.
47 Sigmund FREUD, „Die Verneinung" (1925). In: FREUD, Gesammelte Werke XIV. 9–15; hier 15.
48 ibid. 13.
49 ibid. 15.
50 Jean HYPPOLITE, „Gesprochener Kommentar über die „Verneinung" von Freud". In: LACAN, Schriften III. 191–200; hier 198.
51 Sigmund FREUD, „Die Verneinung" (1925). In: FREUD, Gesammelte Werke XIV. 9–15; hier 12.

Freud betont jedoch, die Verwerfung sei etwas anderes als die Verdrängung; und entsprechend erklärt auch Jacques Lacan, die Verwerfung habe „jede Äußerung der symbolischen Ordnung abgeschnitten"[52]: sie kam für jedes Urteilen zu früh (da das Urteil, um mit Freud zu sprechen, noch nicht in Frage kam).

Von Freud ausgehend, bezeichnet nun Lacan mit dem Begriff der Verwerfung den ursprünglichen Ausschluß – die *forclusion* – eines fundamentalen Signifikanten aus dem symbolischen Universum des Subjekts. Wie Freud, so versucht auch Lacan, durch diese theoretische Konzeption einen für die Psychose spezifischen Abwehrmechanismus zu definieren, der von der Verdrängung unterschieden werden muß: die verworfenen Signifikanten werden nicht – wie die verdrängten – in das Unbewußte des Subjekts integriert. Deren Wiederkehr geschieht demzufolge nicht aus dem *Inneren* des Selbst, nicht aus dessen Geschichte. Vielmehr erscheinen die verworfenen Signifikanten *mitten im Realen* (besonders in der halluzinatorischen Wahrnehmung). Lacans Analyse insistiert hier auf der Formulierung Freuds, das Subjekt wolle von dem, was es verwirft, *nichts wissen im Sinne der Verdrängung*.[53] Er knüpft daran die Frage, was aus dem wird, was zu keinem Zeitpunkt ins Symbolische getaucht wurde: *„Was daraus wird, können Sie sehen: was nicht ans Tageslicht der Symbolisierung gedrungen ist, erscheint im Realen."*[54]

Die Verwerfung besteht, wie Laplanche und Pontalis zusammenfassen, demnach darin, nicht zu symbolisieren, was hätte symbolisiert werden sollen: die Kastration, das heißt, die Realität einer traumatisierenden Wahrnehmung. Dieses Nicht-Symbolisieren (und folglich Nicht-verdrängen-können) bedeutet eine *symbolische Aufhebung* (*abolition symbolique*).[55] Der Effekt der Verwerfung ist also eine „symbolische Tilgung".[56] Mit anderen Worten: die Psychose zeichnet sich durch eine *forclusion* des Namens des

---

52 Jacques LACAN, „Antwort auf den Kommentar von Jean Hyppolite über die „Verneinung" von Freud". In: LACAN, Schriften III. 201–219; hier 207.

53 Vgl. Sigmund FREUD, „Aus der Geschichte einer infantilen Neurose" (1918). In: FREUD, Gesammelte Werke XII. 27–157; hier 117.

54 Jacques LACAN, „Antwort auf den Kommentar von Jean Hyppolite über die „Verneinung" von Freud". In: LACAN, Schriften III. 201–219; hier 208.

55 LAPLANCHE, PONTALIS 1973. 611.

56 Jacques LACAN, „Antwort auf den Kommentar von Jean Hyppolite über die „Verneinung" von Freud". In: LACAN, Schriften III. 201–219; hier 206.

Vaters (*nom/non du père*) aus, welcher den Phallus vom Signum der Ganz-heit und der Allmacht zum Signifikanten des Mangels wandelt und da-durch den Prozeß zwischen Sprache und Begehren einleitet. Das Subjekt tritt auf diese Weise nicht in die symbolische Ordnung ein. Die Psychose besteht daher gerade im Fehlen und im Versagen des Gesetzes – und dies geschieht dann, wenn der Name des Vaters das Gesetz nicht garantiert.[57]

Da meine Untersuchung nun, wie schon in den vorhergehenden Kapiteln angedeutet, größeres Gewicht zu legen versucht auf den strukturellen Mo-ment, in dem der Wert des Gesetzes inmitten der Ordnung des Symbo-lischen schwindet, also auf einen Moment des Versagens oder des Ausfalls des Gesetzes im Inneren des Symbolischen, scheint es hilfreich zu sein, hier Julia Kristevas Begriff des *vréel* heranzuziehen. Wie schon kurz er-läutert wurde, bezeichnet der Begriff des *vréel* ein *Verwechseln* des Signi-fikanten mit dem Realen, oder ein Umgehen mit dem Signifikanten, als sei er real; das heißt in anderen Worten: ein Wegfallen der Unterschei-dung zwischen Signifikant und Referent, das ein Ausfallen des Zwischen-raums des Signifikats impliziert. Eine solche Textpraxis kennzeichnet, wie Kristeva darlegt, sowohl die psychotische Sprache als auch die Sprache der Kunst der Avantgarde. Kristevas Argumentation, die Psychoanalyse, Semiologie und Wahrheitstheorie zusammenführt, läßt sich demnach an dieser Stelle so zusammenfassen, daß die Psychose *proceeds by the disavowal of reality and demands that the signifier be real in order to be true.*[58]

Eine ähnliche Struktur der Verwechslung hatte sich schon bei meiner Analyse der Textpassage aus dem *Handwörterbuch des deutschen Aberglaubens* abgezeichnet, in der es darum ging, eine Barriere zu errichten gegen das Reale des Todes, und zwar durch eine Umbenennung, die innerhalb der Sprache und zugleich innerhalb des Imaginären stattfindet. Diese Umbe-nennung schiebt den Signifikanten „Jude" vor den *Tod* (vor die Andro-hung, die Ankündigung des Todes) – und zwar als den Signifikanten, der den Tod verdeckt, seine Drohung annulliert und im selben Zuge fortwäh-rend an sie erinnert. Dieses Erinnern funktioniert im Sinne eines *stigma indelebile*, welches die Forderung an den Signifikanten, *to be real in order to be true*, immer wieder von neuem stellt.

---

57 Vgl. LIPOWATZ 1986. 221.
58 KRISTEVA 1986. 214–237; hier 226.

Das Argument, auf das es mir hier ankommt, zielt nun nicht darauf, daß etwa der beschriebene Akt der Umbenennung und der Ersetzung gleichzusetzen wäre mit einer *forclusion* des traumatischen Realen des Todes, sondern vielmehr darauf, daß die sprachliche Struktur der Verkettung Riß – Tod – „Jude" den Austausch oder die Verwechslung zwischen Signifikant, Signifikat und Referent – also das Verschwinden der Unterscheidung zwischen Signifikant und Referent und das Ausfallen des Zwischenraums des Signifikats – vorführt oder, genauer gesagt, *zeigt* – so wie die Struktur des phantasmatischen Satzes sich nur zeigen läßt. Die zitierte sprachliche Verkettung gibt das Innere eines Phantasmas wieder. Am Rande sei dabei auf die doppelte und paradoxe Funktion hingewiesen, die dem Phantasma zukommt: es figuriert, konturiert und koordiniert Begehren, zugleich aber verdeckt es auch den Abgrund des Begehrens des Anderen (und fungiert insofern als *objet a*).[59] Für die Erfindung „des Juden", die in dem zitierten Satz geschieht, bedeutet dies, daß sie dem Begehren einen Rahmen gibt, im selben Zuge aber die Kluft, den Abgrund des Begehrens des Anderen abschirmt.

Die Struktur der beschriebenen sprachlichen Verkettung entspricht der Struktur der Halluzination, die Kristeva im Sinne eines Signifikanten versteht, der sein Referenzobjekt *ist* oder es *incarniert*. Kristeva betont die Kosten dieses Verfahrens, das übergangslos, lückenlos, auf den Körper des Anderen rekurriert und die Dimension des Bildlichen, der Ähnlichkeit und des Scheins ausschaltet: *such a practice of truth cannot be carried out with impunity. Since the signifier is the (sole) truth, it is the body and vice versa. In this economy, there are no images or semblances.*[60] Es handelt sich hier also um eine Wahrheitspraxis, in der genau das geschieht, was ich früher als *Mimesis, die ihr Mimetisches vergißt oder verdrängt*, bezeichnet habe. Der Begriff der *Incarnation* verweist dabei auf eine doppelte Bedingung: zum einen auf einen Exzeß der Identifikation, in dem es darum geht, ein identisches Verhältnis zwischen Signifikant und Referenzobjekt herzustellen und zu wahren, zum anderen auf den prekären Status des Leiblichen, da ja die Grenze zwischen Signifikant und Körper verschwindet – und genau auf dieses Schwinden gründet sich das Verfahren der Verkörperung.

Meine Diskussion der theoretischen Deutungsmuster läßt erkennen, daß es für eine weitergehende psychoanalytisch und semiologisch orientierte

---

59 Vgl. ZIZEK 1992. 235.
60 KRISTEVA 1986. 236.

Analyse der Darstellungsweisen des Antisemitismus nützlich wäre, Kristevas Begriff des *vréel* und Jankélévitchs Begriff des *semblable-différent* in Beziehung zu setzen. In einer solchen theoretischen Konstellation wäre das gewaltträchtige Spannungsfeld beschreibbar, das sich (über den Signifikanten „Jude") zwischen den Polen der *Verwechslung* und der *Incarnation* einerseits, und der *Obsession des Entzifferns, des Kennzeichnens und der Erkennung* andererseits etabliert.

Das Motiv des Halluzinatorischen – welches Kristeva im Raum des Prä-Symbolischen ansiedelt – kehrt bei Adorno und Horkheimer wieder – im Kapitel *Elemente des Antisemitismus. Grenzen der Aufklärung* der *Dialektik der Aufklärung* –, und zwar im Zusammenhang mit einer Erläuterung des Mechanismus der *pathischen Projektion*. Adorno und Horkheimer betten den modernen, ‚aufgeklärten' Antisemitismus, den sie als „Rückkehr der aufgeklärten Zivilisation zur Barbarei in der Wirklichkeit" bezeichnen[61], in eine soziologisch und anthropologisch akzentuierte Erkundung der Urgeschichte der Zivilisation ein, indem sie ihn im ätiologischen Rahmen einer „Rebellion der unterdrückten Natur gegen die Herrschaft"[62] zu deuten versuchen.

Dieses Erklärungsmuster hebt zwei strukturelle Momente hervor. Zum einen wird deutlich, daß der Antisemitismus kein ‚irrationales' Phänomen ist, sondern ein der Logik von Herrschaft und Fortschritt inhärentes. Nicht der Antisemitismus entstellt die Ordnung, sondern die Ordnung kann „in Wahrheit ohne Entstellung der Menschen nicht leben", und daher ist die Verfolgung der Juden, wie Verfolgung überhaupt, untrennbar von dieser Ordnung, deren verdecktes, verstecktes „Wesen" die „Gewalt" ist, „die heute sich offenbart".[63] Das zweite strukturelle Moment, das die Thesen Adornos und Horkheimers hervorheben, ist das Faktum, daß der Antisemitismus sich sein Objekt, „die Juden" erfindet – eine Erfindung, die bereits ein Effekt jener Ordnungs-Logik ist, und die genau im Sinne dessen funktioniert, was Slavoj Zizek *das Reale unseres Begehrens* nennt. Da wir, so Zizek, die Figur des Juden konstruiert haben, um einen Riß in unserem ideologischen Gebäude zu schließen, oder um einer Sackgasse unseres Begehrens zu entkommen, genügt es keineswegs, sich von den

---

61 ADORNO, HORKHEIMER 1971. 6.
62 ibid. 166.
63 ibid. 152.

Vorurteilen über „die Juden" zu befreien und sie so wahrzunehmen, wie sie ,in Wirklichkeit' sind. Das Reale „der Juden", so könnte man zugespitzt sagen, sind nicht die Juden, sondern das Begehren, das diese Figur produziert und besetzt – und das von der Wirklichkeit der Erfahrung nahezu unberührt bleibt.[64] *Auschwitz* ist diesem Begehren eingeschrieben (das heißt auch, daß das Begehren sich dieses Namens – nach 1945 – bemächtigt).

Da wir als Subjekte das Bewußtsein unserer ideologischen Träume bleiben, ist die einzige Möglichkeit, sich die eigenen ideologischen Träume vor Augen zu halten und sie zu reflektieren, diejenige, „sich mit dem Realen unseres Begehrens, das sich in ihnen offenbart, zu konfrontieren."[65]


Entsprechend der *Dialektik der Aufklärung* beruht der Antisemitismus auf „falscher Projektion".[66] Diese „falsche Projektion" wird bei Adorno und Horkheimer als Verkehrung der „echten Mimesis" gedacht: sie ist der verdrängten Mimesis „zutiefst verwandt, ja vielleicht der pathische Charakterzug, in dem diese sich niederschlägt. Wenn Mimesis sich der Umwelt ähnlich macht, so macht falsche Projektion die Umwelt sich ähnlich."[67] Es geht hier demnach um die Modalität einer Angleichung oder Aneignung, die die Differenz zwischen Selbst und Anderem überspringt.

Die Projektion bezeichnet bei Freud eine Form der Abwehr, in der das Subjekt Eigenschaften, Wünsche, Gefühle, auch Objekte, die es in sich ablehnt, tabuiert oder verleugnet, aus sich ausschließt und einem Anderen – „dem prospektiven Opfer",[68] wie Adorno und Horkheimer formulieren – zuschreibt. Freud versteht die Projektion nicht im Sinne einer einfachen Gleichsetzung zwischen einem Selbst und einem Anderen – der kritische

---

64 Daraus erklärt sich, zum Teil wenigstens, das nach 1945 auftretende Phänomen des *Antisemitismus ohne Juden.*

65 Slavoj ZIZEK, Liebe dein Symptom wie dich selbst! Die Psychoanalyse Jacques Lacans und die Medien. Berlin: Merve, 1991. 116. Mir scheint indessen zweifelhaft, ob hier überhaupt von Begehren im Sinne Lacans gesprochen werden kann, ob es sich nicht vielmehr um Faszination und Rivalität im Sinne der Figur des hegelschen Mordes handelt. Die schon explizierte doppelte und paradoxe Funktion des Phantasmas wäre dabei zu berücksichtigen.

66 ADORNO, HORKHEIMER 1971. 167.

67 ibid. 167.

68 ibid. 167.

Punkt, den er anvisiert, liegt vielmehr in der Selbsttäuschung, der Verkennung, die der Effekt einer solchen Gleichsetzung ist und in der diese gründet. Sie drückt sich aus in dem Nach-außen-werfen des unbewußten Affekts, in dessen Verkörperung (das heißt, in der Fixierung des Affekts in einem anderen Körper oder im Körper des Anderen). Dieser Modus der Verdrängung – nicht in das Unbewußte, wie bei der Neurose, sondern in die Außenwelt – charakterisiert bei Freud die Paranoia. Die *Wiederkehr des Verdrängten* geschieht demzufolge im paranoiden Wahn, der ein Scheitern der Abwehr anzeigt, *von außen* – und hier ergibt sich eine Kongruenz zwischen der Paranoia und der *forclusion* Lacans, in der der verworfene Signifikant mitten im Realen erscheint.

Adorno und Horkheimer rekurrieren auf den nosologischen Begriff der Paranoia, um die Dynamik und die Systematik eines Wahns aufzudecken, der dem zum Mythos gewordenen Fortschritt von Anfang an immanent ist. Es liege im Mechanismus der *pathischen Projektion*, so schreibt Adorno im zweiten, auf das Jahr 1945 datierten Teil seiner *Minima Moralia*, „daß die Gewalthaber als Menschen nur ihr eigenes Spiegelbild wahrnehmen, anstatt das Menschliche gerade als das Verschiedene zurückzuspiegeln. Der Mord ist dann der Versuch, den Wahnsinn solcher falschen Wahrnehmung durch größeren Wahnsinn immer wieder in Vernunft zu verstellen: was nicht als Mensch gesehen wurde und doch Mensch ist, wird zum Ding gemacht, damit es durch keine Regung den manischen Blick mehr widerlegen kann.“[69] Adorno bindet hier das Menschliche an ein Bewahren der differentiellen Struktur: sie knüpft sich an eine Vakanz des Bildes, an eine Suspension des Spiegelbilds, das den Anderen als Selbst reflektiert (zurückwirft und entwirft) – der Dramaturgie des *stade du miroir*, wie Lacan sie beschreibt, folgend. Dies berührt jene *Etablierung eines Bildes im Abgrund des Undarstellbaren*, die Kolmars Essay „Das Bildnis Robespierres“, wie meine Lektüre zeigte, als Textverfahren einsetzt.

Die Differenz zwischen Selbst und Anderem wird also in der pathischen Projektion nicht nur übersprungen und verkannt, sondern auch *hergestellt* (indem das Verschiedene zum Ding gemacht wird) und *buchstäblich ausgelöscht* (durch den Mord) – und zwar im selben Zuge. Der *Mord* wäre dann nicht nur Tilgung der Unbestimmbarkeit einer Differenz, die uneindeutig und unendlich ist, und definitive Markierung und Visualisierung einer

---

69 Theodor W. ADORNO, Minima Moralia. Reflexionen aus dem beschädigten Leben. Frankfurt/M.: Suhrkamp, 1951. 134.

Differenz, die endlich (und) eindeutig ist – äußerster Punkt der Verkörperung. Seine Funktion würde vielmehr gerade darin bestehen, den Wahnsinn zu verdecken und ihn als Vernunft erscheinen zu lassen – und zugleich sich selbst vernunftlogisch zu legitimieren.

Der Paranoiker, so stellen Adorno und Horkheimer fest, schafft jegliches Gegenüber „nach seinem Bilde"[70] – er ist insofern, in seinen wechselnden Schattierungen, als Antisemit, Nazi, Führer, als vollendet Wahnsinniger oder absolut Rationaler, der Prototyp desjenigen, der das Bilderverbot außer Kraft setzt. Ein solches Moment von Paranoia wohnt jedoch jedem Erkenntnisvorgang inne, wie Adorno und Horkheimer betonen: „überall, wo es ums Verfolgen, Feststellen, Ergreifen zu tun ist, um jene Funktionen, die aus der primitiven Überwältigung des Getiers zu den wissenschaftlichen Methoden der Naturbeherrschung sich vergeistigt haben"[71], erscheint dieses Moment einer *unreflektierten und zur Gewalt treibenden Naivität* des Erkenntnisprozesses (die in der ersten Sequenz dieser Studie beschriebene Logik der Identifikation kommt in diesem Moment erneut ins Spiel).

Es handelt sich also hier um eine Gewalt, die das repräsentierende und vergegenständlichende Denken immer in sich trägt. Was im Faschismus kulminiere – als „Spezialfall paranoischen Wahns" –, sei, so erklären Adorno und Horkheimer, der „unbedingte Realismus der zivilisierten Menschheit".[72] Das Vergessen („der Sache"), das dem vergegenständlichenden Denken immanent ist, korrespondiert demnach eher mit Kristevas Begriff des *vréel* oder mit dem *Dämonischen der Analogie* bei Roland Barthes als mit dem, was Lacan *Mord der Sache* nennt. Unbedingter Realismus, Vergessen und Vergessen des Vergessens werden demnach in der Erkenntniskritik, die Adorno und Horkheimer formulieren, zusammengeführt. Jeder objektivierende Akt, so argumentieren Adorno und Horkheimer, muß einen „Abgrund der Ungewißheit" überbrücken, und in diesem Abgrund „nistet sich die Paranoia ein."[73] Insofern bezeichnet die Paranoia keinen abgrenzbaren Ort irrationaler Entgleisung, sondern sie ist der „Schatten der Erkenntnis"[74]: sie ist eine unvermeidbare, unhintergehbare Ingredienz

---

70 ADORNO, HORKHEIMER 1971. 171.
71 ibid. 173.
72 ibid. 173.
73 ibid. 173.
74 ibid. 175.

des Wahrnehmungs-, Erkenntnis- und Repräsentationsprozesses. Sie ist konstitutiv für die wissenschaftliche Erkenntnis ebenso wie für das gebildete Bewußtsein – sie durchzieht die Kultur.

Das Pathische am Antisemitismus, das heißt, das Moment der Erkrankung, des Leidens, vielleicht auch der Leidenschaft, ist nun nach Adorno und Horkheimer „nicht das projektive Verhalten als solches, sondern der Ausfall der Reflexion darin".[75] Denn „das Leben der Vernunft" vollzieht sich „als bewußte Projektion" – das Subjekt hat die Außenwelt im eigenen Bewußtsein und erkennt sie, anerkennt sie doch als anderes.[76] Der *Ausfall* der Reflexion aber zieht den Verlust der Fähigkeit zur Differenz, zur Reflexion des Gegensatzes zwischen Wahrnehmung und Gegenstand, nach sich – anstelle „der Stimme des Gewissens hört es Stimmen, anstatt in sich zu gehen, um das Protokoll der eigenen Machtgier aufzunehmen, schreibt es die Protokolle der Weisen von Zion den andern zu."[77]

Die durch Reflexion ungebrochene Selbstbehauptung ist für Adorno und Horkheimer also jenes Motiv, welches das Verfangensein in pathischen Projektionsprozessen begründet und unterhält. Sie hält den „ins Unerträgliche gesteigerten Bruch von innen und außen, von individuellem Schicksal und gesellschaftlichem Gesetz"[78], nicht aus. Der Antisemitismus erscheint in diesem Licht als eine Spielart der willkürlichen Besetzung der Außenwelt mit Sinn[79] – und daher, wie Hans Keilson vermutet, als eine Übertragungssituation, die signifikant für die *kahle menschliche Situation* an sich ist.[80]

Die Naivität und die Positivität *realisieren* so die Brutalität, die ihnen innewohnt. Allein die Arbeit des Negativen, das heißt, „die ihrer selbst bewußte Arbeit des Gedankens kann sich diesem Halluzinatorischen wieder entziehen" (dabei kann die Negation ihre Wahrheit jedoch nur dann retten, wenn sie „sich selbst für wahr nahm und und sozusagen paranoisch war"[81]). Aus der Perspektive jenes Leidens oder jener Leidenschaft der Kultur, die mit dem Begriff der pathischen Projektion bezeichnet ist, erweist sich, so Adorno und Horkheimer, das Problem des Antisemitismus

---

75 ibid. 170.
76 ibid. 170.
77 ibid. 170.
78 ibid. 175.
79 ibid. 176.
80 Hans KEILSON, „Was bleibt zu tun?" In: SCHREIER, HEYL 1992. 235–249; hier 241.
81 ADORNO, HORKHEIMER 1971. 174.

als Kernpunkt der Frage nach menschlicher Emanzipation. Über das Konzept der pathischen Konzeption (das den *Zeitkern* der Wahrheit markiert und in dem *Grenzen* auch einer dialektisierten Aufklärung sichtbar werden) avanciert demnach der Antisemitismus vom Neben-Widerspruch zur *symptomatischen Rückkehr*. An dieser Stelle zeigt sich genau die Bruchlinie, die in der Diskussion Adornos und Horkheimers den Faschismus vom Nazismus unterscheidet: sie wird durch das Moment des *Ausfalls der Reflexion* markiert, der einen Bruch schließt oder übergeht. Dieses Ausfallen, das die Projektion pathetisiert oder pathologisiert, wird bestimmend für den Antisemitismus, der als Kern der nazistischen Gewalt beschrieben wird.

Einen anderen Aspekt der *Darstellung* hebt, wie schon eingangs erwähnt, Jean-François Lyotard in seiner bereits im vorhergehenden Kapitel diskutierten, von Heideggers Philosophie und Heideggers Schweigen ausgehenden Untersuchung zum Antisemitismus hervor. Hier steht nun der *Zusammenhang von Vergessen und Darstellung* im Vordergrund. Das Vergessen wird aber nicht, wie bei Adorno und Horkheimer, in eine um den Begriff der Paranoia entwickelte Theorie der Erkenntnis und des kognitiven Wissens eingebettet (einer Paranoia, die der Logik von Herrschaft und Fortschritt immanent ist); vielmehr bezeichnet das Vergessen in der Diskussion Lyotards einen nicht einholbaren Anfang, den verleugneten Kern einer Kultur, deren Geschichte die Geschichte einer Selbstbegründung *gegen* einen ursprünglichen Schrecken ist. Dabei werden Freuds Motiv der *Urverdrängung* und das Kriterium der *Rücksicht auf Darstellbarkeit* auf das antisemitische Phantasma und das „Ereignis" der *Endlösung* bezogen. Der über die Psychoanalyse vermittelte Zusammenhang zwischen Subjektgeschichte und Kulturgeschichte, den Lyotard entwirft, verschiebt sich demnach gegenüber dem bei Adorno und Horkheimer entwickelten, aber auch, wie ich später erläutern werde, gegenüber jenem, der in Kristevas Theorie der Abjektion konstituiert wird.

Lyotard betont ebenfalls die Inkompatibilität des Antisemitismus, indem er diesen aber nicht, wie Jankélévitch, vom Rassismus unterscheidet, sondern von der Xenophobie. Der Antisemitismus des Abendlands, so stellt er fest, ist nicht identisch mit dessen Xenophobie; vielmehr ist er eines jener Mittel, über die der kulturelle Apparat des Abendlands verfügt, um den ursprünglichen Schrecken, so gut es irgend geht, zu bannen, zu binden und zu verbinden, ihn darzustellen und abzuwehren, sich vor ihm zu schützen – ihn aktiv zu vergessen: *L'antisémitisme occidental n'est pas sa xénophobie, il est l'un des moyens pour l'appareil de sa culture de lier et répresenter autant qu'il peut – de parer à – la terreur originaire, de l'oublier activement.*[82] Der Focus der Argumentation Lyotards liegt demnach, ähnlich wie der Jankélévitchs, auf der Obsession der Repräsentation – das Obsessive der Darstellung richtet sich hier aber nicht, wie bei Jankélévitch, auf das Unbestimmbare, Undefinierbare einer Differenz, die sich – im Sinne der unendlichen Resistenz des Anderen bei Lévinas – der Identifikation, der Repräsentation ebenso wie dem Verstehen oder der Analyse entzieht (eine nicht identifizierbare Differenz, die *im Anderen* entgegenkommt oder wiederkehrt). Hier bezieht sich die Obsession der Darstellung auf etwas, das der Kultur vorausliegt und ihr zugleich eingeschrieben ist, ihre ortlose Kehrseite bildet: auf einen *ursprünglichen Schrecken* (*terreur originaire*), der vergessen werden muß. Und dieses Vergessen vollzieht sich gerade über den Akt der Darstellung. Der Antisemitismus wäre dann im selben Zuge die Dramatisierung und die Leugnung einer *terreur originaire*.

Die Konzeption dieses Vergessens entwickelt Lyotard in Anknüpfung an Freuds hypothetischen Begriff der *Urverdrängung*. Er bezieht sich dabei auf die Unvordenklichkeit eines unerträglichen Ereignisses, das *zu früh* und, gleichzeitig, *zu spät* für die Erinnerung kam. Daher ist das Vergessene an einem „Ort" situiert, an dem sich die Wechselbeziehung von Bewußtsein und Verdrängung noch nicht etabliert hat. In diesem Sinne entspricht das Vergessen, von dem Lyotard spricht, der *forclusion* Lacans: da das Vergessene vom Symbolischen abgeschnitten ist, kann es weder verdrängt, noch erinnert, noch symbolisiert werden. Es markiert einen Anfang, der nicht einholbar ist – ebenso wie jener Schock, der dem Selbst durch den Einbruch des Anderen versetzt wird, wie Lévinas schreibt: als ein Getroffen-sein, das sich der Wahrnehmung ebenso wie der Repräsentation entzieht. Dieses Getroffen-sein – der Schock, der das Subjekt beschneidet, enteignet und überwältigt – läßt sich in kein Gedächtnis einschreiben, auch nicht in das des Unbewußten. Es findet keine Repräsentanz, auch keine entstellten, verschobenen, symptomatischen Repräsentanten.

Indem sich Lyotard in seiner Diskussion von Vergessen und Erinnern auf Paradigmen der Psychoanalyse bezieht, versucht er einerseits, der *ästhetischen* Opposition von Präsenz und Absenz (oder auch Heideggers Ent-

---

82 Jean-François LYOTARD, Heidegger et „les juifs". Paris: Éditions Galilée, 1988. 47.

gegensetzung von Entbergung und Verbergung, welche die seinsgeschicht-
liche Grundkonstellation definiert) zu entkommen; andererseits versucht
er, die Frage nach der Möglichkeit und der Unmöglichkeit des historischen Gedächtnisses – und die daran geknüpfte Frage nach *Politiken des
Vergessens* – mit Freuds Konzepten des Unbewußten und der Urverdrängung in Verbindung zu bringen. Er gewinnt dabei den Begriff eines Vergangenen oder Vergessenen, das also nicht *verdrängt* wurde, sondern das
gleichsam die verdeckte, ortlose, nicht verortbare Kehrseite einer mit ihrer
Selbstbegründung beschäftigten Kultur bildet, ihren verleugneten Kern,
den unheilbaren *Einriß*, um den sie sich als Ganzes organisiert. An dieser
Stelle wird deutlich, wie die Argumentation Lyotards subjektgeschichtliche
und kulturgeschichtliche Paradigmen übereinander blendet (im Begriff
des kulturellen Apparats, der Freuds Begriff des psychischen Apparats
ersetzt, kündigt sich eine solche Überlagerung schon an): die Selbstbegründung der Kultur wäre dann eine permanente Suche nach dem *objet
a*. Die Bedrohung der Begründung, die der unvordenkliche und unheil-
bare Einriß bedeutet, wird, wie schon im vorhergehenden Kapitel ausgeführt, figural an „den Juden" festgemacht.

Dennoch führt die Begrifflichkeit des Anfangs und des Originären, die
das Kriterium des Vor-Ursprünglichen verwischt, einen problematischen,
mythischen Zug in die Diskussion Lyotards ein – als eine negative Begründung, welche die Struktur des Erhabenen und des Schicksalhaften in
seiner Rede eher zu unterstützen scheint. Der genealogische Zug seiner
Argumentation, der eine Entwicklungsgeschichte der Kultur entwirft, die
in dem beschriebenen Vergessen gründet, wird indessen unterlaufen durch
eine an manchen Stellen plötzlich auftauchende doppelte Referenz dieses
Vergessens: denn die Markierung eines Anfangs, der nicht einholbar ist,
bezieht sich ebenso auf den *ursprünglichen Schrecken* wie auf das *Nicht-erklären-können* der Vernichtung der Juden. Beides läßt keine Verkettung zu.
Die *Endlösung* scheint dann in zweifacher Weise in eine Politik des Vergessens involviert: zum einen wird sie als „Effekt" einer solchen „Politik"
beschrieben (eine Beschreibung, die sich nicht als Resultat präsentiert);
zum anderen wird sie als ein „Ereignis" figuriert, das durch fortschreitende
Politiken des Vergessens verdeckt und geleugnet wird (und diesen Politiken
ist auch die *Gedenkkultur* unterworfen). Die Verkettung, die dadurch in
Lyotards Text entsteht, ist nicht die einer (positiven oder negativen) Entwicklungsgeschichte der Kultur – vielmehr zeichnet sich eine *Verkettung
der Politiken des Vergessens* ab.

Freud gibt dem allem Bewußtsein, aller Analyse und aller Geschichte vorausgehenden Schock den Namen der sexuellen Differenz: dies aber nicht im Sinne eines biologischen oder sozialen Unterschieds (auch wenn seine Darstellung die Perspektive des männlichen Subjekts privilegiert), sondern im Sinne eines Exzesses, eines Schreckens, der im psychischen Apparat wütet; das heißt, im Sinn eines unbewußten Affekts, der unidentifizierbar, undarstellbar bleibt. Erst später zeigt er sich als „Angst" und „Abscheu", erst nachträglich repräsentiert er sich als Symptom. Von Lévinas und Lacan ausgehend, könnte man den ursprünglichen und zugleich ursprungslosen Schrecken mit jenen Kriterien der *condition humaine* in Verbindung bringen – Geschlechtlichkeit, Leiblichkeit, Tod –, aufgrund derer das Subjekt ursprünglich von sich getrennt, uneins, entfremdet ist. Folgt man der Argumentation Lyotards, so erlaubt die Darstellung „der Juden" eine Leugnung dieses Schreckens – während umgekehrt „die Juden" an dieses Vergessene fortwährend erinnern, und insofern „eine Art des unbewußten Affektes" sind, „mit dem das Abendland nichts zu tun haben will."[83] Das Herz der Darstellung ist das Vergessen dieses unvergeßlichen Vergessenen: „Jedes repräsentative, repräsentierende Gedächtnis führt das Vergessen des ursprungslosen Schreckens, der ihm zugrundeliegt, mit sich und vergrößert ihn."[84]

Wenn nun Lyotard feststellt, sein Essay *Heidegger et „les juifs"* versuche zu zeigen, „welcher verdrängten Verdrängung (*refoulement lui-même refoulé*), welcher Verleugnung (*forclusion*) das „Programm" der Vernichtung gehorcht und warum gerade „die Juden" dazu herhalten mußten"[85], so geht er von der Voraussetzung aus, daß die buchstäbliche, physische Vernichtung der Juden weder identisch sei mit der *forclusion*, noch vollkommen von ihr verschieden ist:

La *Vernichtung*, nom nazi de l'anéantissement, n'est pas toute différente de la forclusion, la *Verleugnung*. La différence tient à ce „detail": des millions d'assassinats administrés.[86]

Die Differenz betrifft einen unendlichen Unterschied, der aber in der Logik beider Vorgänge (der *Vernichtung* und der *forclusion*) beinahe untergeht.

---

83 LYOTARD 1988 (a). 37.
84 ibid. 42.
85 ibid. 92.
86 LYOTARD 1988 (b). 57.

Nachdem im vorhergehenden Abschnitt die Konfiguration von Unentscheidbarkeit, andauernder Andersheit und Abscheu oder *horreur* sich an
verschiedenen Stellen schon abzeichnete, soll nun das Konzept der Abjektion, des Abscheus, welches Julia Kristeva in ihrem im deutschsprachigen Raum bisher kaum rezipierten Essay *Pouvoirs de l'horreur* (1980) entwickelt, genauer erläutert werden.

Bei der Diskussion dieses Konzepts geht es mir darum, die Bedeutung
der Abjektion für das antisemitische Phantasma deutlich zu machen – eine
Bedeutung, die wiederum für eine Lektüre der Figurationen des Abscheus
in einigen Texten Gertrud Kolmars wesentlich ist.

Das Konzept der Abjektion nimmt das Motiv des Begehrens auf – und
zwar in Gestalt jener Faszination, die Lacans Figur des hegelschen Mordes
thematisiert, wie im dritten Kapitel dieser Studie erläutert wurde. Es
grenzt an den Hohlraum des Prä-Logischen oder Prä-Symbolischen an,
dessen Gewalt Derrida in seiner Lektüre von Lévinas hervorhob.[87]

Wie der Begriff des *vréel*, so bezieht sich auch der Begriff der *abjection*
auf die präödipale Phase, auf einen präsymbolischen Raum, der das Symbolische konstituiert und dessen Spuren im Symbolischen aktiviert werden.
Kristeva zeichnet die präödipale Phase als eine triadische Konstellation,
wobei sie ihre Aufmerksamkeit der Funktion des mütterlichen Körpers
und dem Schicksal des mütterlichen Begehrens zuwendet. Sie beschreibt
den Muttermord, die Aufgabe des mütterlichen Körpers als Voraussetzung
für die symbolische Thesis, die das Subjekt als getrenntes setzt (und deren
Scheitern sich als Psychose zeigt). Die Konstitution des Subjekts als sprechendes Wesen wird so an die ‚Entgegensetzung‘ und ‚Auseinandersetzung‘ mit dem mütterlichen Körper, mit der mütterlichen *chora*, gebunden
– und daher erleidet der mütterliche Körper nicht das Schicksal des Verschwindens in oder aus der Theorie.

Die Aufgabe des mütterlichen Körpers – jene *erste* Trennung, die Freuds
Begriff der Urverdrängung nahekommt – vollzieht sich in einem chora-
tischen, von Ambivalenzen geprägten Raum sinnloser, von Nicht-Sinn be-
ladener Markierungen, vernichtender Angst und überwältigender Wünsche nach Verschmelzung, in einem unstrukturierten und undifferenzier-

---

87 Vgl. Kapitel 2.3.2.

ten Kontinuum, in dem die Grenzlinien des Körpers noch nicht gefestigt sind, und in dem erst allmählich durch die Bahnungen und Besetzungen der Triebströme Diskontinuitäten und Positionalitäten entstehen.

Dieser erste, primordiale Prozeß einer Unterscheidung oder Ausscheidung, der in Kristevas analytischer Revision der präödipalen und präsymbolischen Konstellation hervorgehoben wird, zeichnet ein anderes Drama als dasjenige des *Spiegelstadiums* auf, und er ermöglicht eine andere theoretische Begründung und Konzeptualisierung individueller und kultureller *Destruktivität*. Der weibliche, mütterliche Körper, die Motive der Leiblichkeit und des Unterschieds der Geschlechter, spielen darin eine zentrale Rolle.

Am Rande sei erwähnt, daß auch Sarah Kofman auf diese Bedeutung des weiblichen Körpers hinweist, wenn sie – in ihrer Untersuchung der Ökonomie der Achtung, auf die schon früher eingegangen wurde – von einer Ökonomie der Panik oder des Todes spricht, die, gleichsam als Kehrseite der Achtung, „das Verwerfen der Weiblichkeit in sich und außer sich" erfordere, „aus Angst, durch sie auf die eine oder andere Weise verunreinigt zu sein und daran zugrunde zu gehen."[88]

Auf eine solche Rolle des Weiblichen verweisen aber auch die im Zusammenhang mit der Figur des Antlitzes diskutierten fragmentarischen Notizen Walter Benjamins *Über das Grauen I* und *II*, auf die an dieser Stelle nochmals ausführlicher eingegangen wird, um eine Korrespondenz zwischen dem Bild des Grauens bei Benjamin und dem Denken Kristevas aufzuzeichnen. Benjamins Fragmente beschreiben das Grauen als Erfahrung einer De-Potenzierung des Leibes, als Erfahrung des Verlustes oder Verschwindens einer bestimmten Grenze, durch die der Körper gleichsam von seinem Körper-sein, von seiner rohen Materialität, überwältigt wird – wobei diese Erfahrung keine Erfahrung im klassischen Sinne ist, sondern ein Heimgesucht-werden durch ein Hereinbrechen (und so eher einem Schock oder der Wiederkehr eines vergessenen Schocks ähnelt).

Das Grauen geht demnach einher mit einer Entdifferenzierung, mit dem Verschwinden scheidender, unterscheidender Distanzen – ein Verschwinden oder Verlassen-werden, das sich auch auf die Sprache ausweitet, indem das Netz des Symbolischen, das einen Schutz vor der grauenhaften Entdifferenzierung bietet, plötzlich, „am hellen Tag", nachgibt und zer-

---

88 KOFMAN 1990. 61.

reißt. Benjamins Begriffe des *Urerlebnisses* und des *Atavismus* in diesem Zusammenhang legen nahe, daß in diesem Überwältigenden ein unvordenkliches Geschehen wiederkehrt, ein Geschehen, das die Geschichte des Subjekts begründet, aber nicht in sie integriert werden konnte, und zu dem die Geschichte des Menschen als sprechendes Wesen von Anfang an konkurrent verlief, indem sie sich dessen Gewalt widersetzen mußte. Diese Wiederkehr ist ein Überkommen im phylogenetischen Sinn. Nur über die Sprache, genauer gesagt, über das Verlassen-werden von Sprache, ist ein Bewußtsein von diesem Geschehen möglich, das auch bei Benjamin nicht aus dem Unbewußten, sondern im Realen wiederzukehren scheint: „Und das Bewußtsein: daß diese Sprachlosigkeit, Ausdrucksohnmacht so tief im Menschen wohnen, wie andererseits das Vermögen der Sprache ihn durchdrungen hat, daß auch diese Ohnmacht von Ahnen her als Atavismus ihm überkommen sei."[89]

Aufschlußreich ist nun, daß Benjamin bei der Beschreibung dessen, was das Grauen auslöst, auf eine Verknüpfung der beiden Kriterien des *sehr Nahestehenden* und des *Weiblichen* rekurriert. Dabei korrespondiert das Kriterium des sehr Nahestehenden mit der lacanianischen Beschreibung der Entstehung der Angst: demzufolge wird Angst nicht durch das Fehlen des Objekts erzeugt, sondern vielmehr durch die Gefahr, dem Objekt zu nahe zu kommen und damit das Begehren zu verlieren. Entsprechend der Vorstellung Lacans entsteht Angst also durch das Verschwinden des Begehrens. Das Moment des sehr Nahestehenden, von dem Benjamin spricht, könnte dann darauf hinweisen, daß das Geschehen, an welches das Grauen erinnert, zu einer Zeit erfolgte, als das Begehren – und die Beziehung zwischen Begehren und Sprache – noch nicht gegründet war.

*Entscheidend* (das heißt, die entscheidende Unterscheidung, die vielleicht ein Sprechen über das Grauen überhaupt erst ermöglicht) ist hier aber die Verknüpfung dessen, was der Begriff des sehr Nahestehenden impliziert, mit dem geschlechtlich Anderen, dem Weiblichen: „am mächtigsten", so Benjamin, kann das Grauen ausgelöst werden „durch die Wahrnehmung sehr nahestehender weiblicher Personen".[90] Als „eidetischer Idealfall des Grauens" erscheint Benjamin „die Erscheinung der Mutter"[91] – demnach wird auch hier das Grauen an das Bild des mütterlichen Körpers gebunden.

---

89 BENJAMIN, Gesammelte Schriften VI. 77.
90 ibid. 75.
91 ibid.

Damit ergibt sich zum einen eine Korrespondenz zwischen Kristeva und Benjamin, was die Situierung des Ursprungs der Sprache im Prä-Ödipalen – und zwar in Auseinandersetzung und Entgegensetzung zum mütterlichen Körper – angeht[92]; zum anderen zeigt sich eine Nähe zu Lacans Lektüre jener Analyse von Irmas Traum, die sich in Freuds Traumdeutung findet: nämlich zu Lacans Wendung von der Kehrseite des Gesichts (*l'envers de la face, du visage*), die etwas Schreckliches preisgibt (das rohe Fleisch, die Sekrete – als das, was sich am Grund der Dinge findet, und was den Abgrund der Deutung markiert: eine Markierung ohne Bedeutung, Nicht-Figur). Diese Wendung Lacans zeigt ein Moment des Abscheus, der *abjection*, welches, wie Cynthia Chase ausführt, in seiner Lektüre, auch wenn sie in einer „Apotheose der Sprache über Sprache" kulminiert, eingeschlossen wird.[93] Benjamin wiederum bemerkt, das Grauen

---

92 Vgl. dazu WEIGEL 1990. 26–31.

93 Cynthia CHASE, „Die witzige Metzgersfrau: Freud, Lacan und die Verwandlung von Widerstand in Theorie". In: VINKEN 1992. 97–129; hier 125. Vgl. dazu Roland BARTHES, der in den *Fragments d'un discours amoureux* Abjektion, Spur und Begehren zusammenführt. Die Figur der *altération* (die lexikalische Bedeutung des Wortes wird mit *Veränderung, Verschlimmerung, Bestürzung, Schreck, Verfälschung, Fehler in der Schrift* angegeben) trägt im Text die Überschrift „Un petit point du nez" (Eine kleine Stelle an der Nase). Das *argumentum* der Figur lautet: „ALTÉRATION. Production brève, dans le champ amoureux, d'une contre-image de l'objet aimé. Au gré d'incidents infimes ou de traits ténus, le sujet voit la bonne Image soudainement s'altérer et se renverser." (Auf dem Felde der Liebe das kurzfristige Auftauchen eines Gegen-Bildes des geliebten Wesens. Aufgrund geringfügiger Zwischenfälle oder winziger Merkmale sieht das Subjekt, wie das gute Bild plötzlich entstellt wird oder sich ins Gegenteil verkehrt.) An die erste Stelle seiner Aufzählung der Szenen, in denen ein *gutes Bild* plötzlich entstellt wird, setzt Barthes die folgende Passage, die von einem exhumierten, doch vollkommenen, (fast) ganz unversehrten Leichnam erzählt („1. Le point de corruption"): „il y avait seulement un petit point du nez qui portait une trace légère, mais une certaine trace de corruption." Es handelt sich um eine Stelle, so Barthes, die „ganz unscheinbar" ist – „ce point est menu: un geste, un mot, un objet, un vêtement, quelque chose d'insolite". Barthes führt hier die Fragilität, die Hinfälligkeit des Diskurses der Liebe vor: angesichts des entstellten guten Bildes „zerreißt" seine „Hülle aus Hingabe" (*l'enveloppe de dévotion se déchire*); der Liebende ist plötzlich, gleichsam überstürzt, „possédé d'un démon qui parle par sa bouche, d'où sortent, comme dans les contes de fées, non plus des fleurs, mais des crapauds. Horrible reflux de l'Image" (von einem Dämon besessen, der aus seinem Munde spricht, einem Munde, aus dem nicht mehr, wie im Märchen, Blumen kommen, sondern Kröten. Schrecklicher Umschlag des Bildes.) In Form einer Parenthese fügt Barthes hinzu (und dieser Satz schließt die Figur der *altération* ab): „L'horreur d'abîmer est encore plus forte que l'angoisse de perdre." (Das Entsetzen davor, in einen Abgrund zu stürzen, ist noch sehr viel stärker als die Angst

könne „unvergleichlich viel stärker und leichter als von allen anderen Wahrnehmungen (...) von solchen des Gesichts ausgelöst werden" (und hier, wie schon gesagt wurde, „am mächtigsten durch die Wahrnehmung sehr nahestehender weiblicher Personen").[94] In dieser Formulierung Benjamins ist das Gesicht so nahegerückt, daß die Unterscheidung zwischen dem eigenen und dem anderen Gesicht beinahe verschwindet.

Gerade an dieser Stelle des Schwindens unterscheidender Grenzen taucht der Topos des Antlitzes – nun gleichsam in seiner Kehrseite – in meiner Untersuchung erneut auf. Indessen scheint es aber beinahe, als würde in der zitierten Formulierung Benjamins dieses Schwinden der scheidenden und unterscheidenden Grenzen durch die rhetorische Einführung des Weiblichen angehalten und kompensiert.

Die Abjektion bezeichnet also den ersten Unterscheidungs- oder Ausscheidungsvorgang, in dem es noch kein Subjekt und kein Objekt gibt. In diesem Sinne entspricht das Abjekt dem im Zuge der Urverdrängung ‚Verdrängten'. Und hier kommt wiederum jenes Moment der Unschlüssigkeit, der Unentscheidbarkeit oder Ungewißheit ins Spiel, das im vorhergehenden Kapitel im Zusammenhang mit dem Konzept der Verwerfung und der *forclusion* Lacans erläutert wurde. Die Abjektion der Mutter, so schreibt Cynthia Chase, „ist die Verwerfung *(rejection)* der Ungewißheit über genau jene Markierungen, die bedeutsam sein können oder auch nicht, die bedeutsam, sinnvoll sind, nur insofern sie gelesen werden."[95] Wie das Unentscheidbare die Erfahrung von etwas ist, das dem Berechenbaren, der

---

vor dem Verlust). In der deutschsprachigen Ausgabe lautet dieser Satz: „Der Schauder vor der Verschandlung des Bildes ist noch viel stärker als die Verlustangst." Die Interpretation, die diese Übersetzung bietet, scheint sich wie ein dünner Film über die brüchige Textur von Barthes' Diskurs an dieser Stelle zu legen: denn von dem Halbsatz „Horrible reflux de l'Image" zu dem in der nächsten Textzeile folgenden eingeklammerten Passus „L'horreur d'abîmer ..." führt im französischen Originaltext kein direkter syntaktischer oder semantischer Weg. Barthes' Texte, das sei noch hinzugefügt, nehmen eine Differenzierung vor zwischen der Angst vor dem Verlust *(angoisse)*, einer Angst, die leidenschaftlich ist *(peur)* und dem Entsetzen angesichts eines Reflux des (guten) Bildes *(horreur)*, das auf die Spur des Realen verweist. Roland BARTHES, Fragments d'un discours amoureux. Paris: Éditions du Seuil, 1977. 33–36. Deutschsprachige Übersetzung: Fragmente einer Sprache der Liebe. Frankfurt/M.: Suhrkamp, 1988. 80–84. (Übersetzung leicht verändert).

94 BENJAMIN, Gesammelte Schriften VI. 75.
95 Cynthia CHASE, „Die witzige Metzgersfrau". In: VINKEN 1992. 119.

Regel nicht zugeordnet werden kann, so besitzt auch das Abjekt, das Produkt des ersten Trennungsvorgangs, nicht – wie das Objekt – eine bestimmte, fest umrissene Grenze: *C'est là, tout près mais inassimilable.*[96] Es ist nicht definiert, sondern es kontaminiert und bedroht vielmehr seinerseits die Klarheit und das Definitive einer Grenze. Insofern bezieht sich der Begriff der Abjektion auf die Ambivalenz einer Grenzziehung, die nicht gelingt und die immer wieder versucht wird.

Das Abjekt, das, was Abscheu, Ekel, Haß, aber auch Faszination erregt, Abfallprodukt der Subjektivierung, das als Kehrseite des Subjekts, als *l'envers du visage*, dieses umgibt, destabilisiert, erschüttert dessen Identität. Zwar ist es, wie das Objekt, dem *je* entgegengesetzt, doch *si l'objet, en s'opposant, m'équilibre dans la trame fragile d'un désir de sens qui, en fait, m'homologue indéfiniment, infiniment à lui, au contraire, l'abject, objet chu* (das gefallene, fallengelassene Objekt), *est radicalement un exclu et me tire vers là où le sens s'effondre* (dorthin, wo der Sinn einstürzt, zusammenbricht, sich fallen läßt).[97] Es ist ein Gewicht an Nicht-Sinn, das aber nichts Unbedeutendes an sich hat, das mich niederwirft, mich vernichtet: „*Amorces* (Sprengkapseln und Verlockungen) *de ma culture.*"[98]

Der Kadaver, die Leiche, das, was unwiderruflich gefallen ist, Kloake und Tod, verwüstet noch gewaltsamer die Identität desjenigen, der sich als fragiler und trügerischer Zufall mit diesen konfrontiert.[99] Dabei wird der Tod nicht bezeichnet, wie Kristeva betont. Denn der Abfall ebenso wie der Kadaver, der tote und verwesende Körper, *zeigen* mir das, was ich fortwährend wegschiebe, um zu leben[100] – das Abjekt konfrontiert mich mit der flüchtigen, fragilen und zufälligen Struktur meiner Subjektivität. Kristeva unterscheidet hier zwischen *signifier* und *indiquer*, um zwei Weisen des Bezeichnens voneinander abzuheben: ein Bedeuten, das mir zu reagieren oder zu akzeptieren erlaubt, und ein Hinweisen, das mich nur darauf hinweist (mir zeigt), daß ich ebenfalls herausfallen werde – *jusqu'à ce que, de perte en perte* (von Verlust zu Verlust), *il ne m'en*

---

96 Julia KRISTEVA, Pouvoirs de l'horreur. Essai sur l'abjection. Paris: Éditions du Seuil, 1980. 9.
97 ibid.
98 ibid. 10.
99 „Le cadavre (*cadere*, tomber), ce qui a irrémédiablement chuté, cloaque et mort, bouleverse plus violemment encore l'identité de celui qui s'y confronte comme un hasard fragile et fallacieux." ibid. 11.
100 ibid.

*reste rien, et que mon corps tombe tout entier au-delà de la limite, cadere, cadavre.*[101] Dieses letztere, das *indiquer* des Abjekts, ist ein Bezeichnen ohne Symbolisierung (insofern trägt das Abjekt Kristevas Züge des Realen im Sinne Lacans).

„Jedem Ich sein Objekt, jedem Über-Ich sein Abjekt", bemerkt Kristeva[102] und impliziert dadurch, daß das Abjekt im Symbolischen wirksam ist. Diese Wirksamkeit bestimmt Kristeva zunächst in Anknüpfung an Freuds Studie *Totem und Tabu* (1912–1913), wobei sie untersucht, wie (in verschiedenen Kulturen und religiösen Traditionen) durch das *Ritual* – auf nicht rein sprachliche Weise also, das heißt, in der Grauzone des Übergangs von Sprache und Handlung – feste Grenzen, trennende Bestimmtheiten errichtet werden (und dadurch ein gemeinschaftlicher Zusammenhang gestiftet wird), indem *Unreines* ausgeschieden, ausgeschlossen wird (was umso drängender ist, je instabiler die Grenzziehungen sind). Kristeva bezieht damit Subjektgeschichte und Kulturgeschichte in anderer Weise aufeinander, indem sie die Konstitution des Subjekts und die Konstitution der sozialen Gemeinschaft parallelisiert: wie sich das Subjekt in der präödipalen Phase durch die Aufgabe der mütterlichen *chora* als getrenntes setzt, so begründet sich auch die soziale Gemeinschaft als strukturierter Zusammenhang durch Prozesse der Ausscheidung und der Unterscheidung (dazu gehören beispielsweise Reinigungsrituale, religiöse Verbote und das Inzestverbot).

Diese Begründung setzt natürlich die Konstruktion eines Registers rein – unrein – und die Existenz einer Definitionsregel, nach der dieses Register erstellt wird – voraus. Unreinheit, so erklärt Kristeva, ist nichts Substantielles, keine Eigenschaft an sich. Sie haftet vielmehr dem an, was sich auf eine Grenze bezieht, und vor allem dem, was das über diese Grenze gefallene Objekt repräsentiert – deren anderer Seite, einem Rand.[103] Es ist der Rand einer schwankenden, veränderlichen Struktur.

Die Bedrohung der Unreinheit, so Kristeva, repräsentiert für das Subjekt eine Gefahr, der jedoch auch die symbolische Ordnung selbst permanent ausgesetzt ist; zum einen deshalb, weil sie ein Dispositiv ist, das

---

101  ibid.
102  ibid. 10.
103  „La saleté n'est pas une qualité en soi, mais ne s'applique qu'à ce qui se rapporte à une *limite* et représente, plus particulièrement, l'objet chu de cette limite, son autre côté, une marge." ibid. 84.

auf Unterscheidungen und Differenzen beruht, zum anderen aber auch deshalb, weil sie – wie die Subjektivität – eine fragile, dünne und zerbrechliche Struktur besitzt.[104] Es handelt sich dabei um eine Fragilität, die objektiv ist, wie Kristeva betont, und diese Beschreibung berührt sich mit der Aussage Walter Benjamins, auf die oben eingegangen wurde.

Welcher Umgang mit dem Abjekt schlägt sich nun im Antisemitismus nieder? Die Rede vom *verworfenen Rest* – ein Motiv des christlichen Antijudaismus, auf das sich auch eine Passage des Gedichts „Die Häßliche" von Gertrud Kolmar bezieht, wie schon früher ausgeführt wurde[105] – deutet auf einen solchen Zusammenhang hin, der in Kristevas Analyse der christlichen Verinnerlichung des Unreinen in der Sünde jedoch, zu Unrecht, wie mir scheint, ausgespart bleibt. Und welche Rolle spielt dabei die Schwächung oder Dämpfung der scharfen Trennung zwischen Wort und Fleisch, zwischen Sprache und Körper, die das Christentum unternimmt?

Kristeva sucht einen Zugang zur Frage nach dem Zusammenhang zwischen Abjektion und Antisemitismus, indem sie die Schreibweise Louis-Ferdinand Célines untersucht und damit dem Faktum Rechnung trägt, daß die Ästhetik der Moderne Faszination und Abscheu des Abjekts für sich nutzt. Kristeva zeigt, daß in Célines Texten der Einbruch von Chaos, Gewalt, Grauen, das physische Pulsieren dieses Einbrechens, nicht durch eine moralische Position, durch einen übergeordneten Sinnzusammenhang oder durch eine transzendente Instanz gebändigt wird, sondern durch den Antisemitismus. Denn der vernichtende Nihilismus der Rede Célines kippt um, und als Kehrseite dieses Negativismus erscheint, so Kristeva, ein *Objekt* – des Hasses und des Begehrens, der Drohung und der Aggressivität, des Neides, des Verlangens und des Abscheus. Dieses Objekt, der imaginäre Jude, gibt dem Denken einen Brennpunkt, ein Heim, in dem sich alle Widersprüche, alle Unvereinbarkeiten erklären und sättigen können.[106]

---

104  Vgl. ibid. 84–85.
105  Vgl. Kapitel 4.2.
106  „Alors, l'anarchisme ou le nihilisme écrasant de ce discours bascule, et comme à l'envers de ce négativisme, apparaît un *objet*: de haine et de désir, de menace et d'agressivité, d'envie et d'abomination. Cet objet, le juif, donne à la pensée un foyer où toutes les contradictions s'expliquent et s'assouvissent." ibid. 209.

Kristeva unterstreicht die Komplementarität und die innere Kongenialität der Romane und der antisemitischen Pamphlete Célines, indem sie darstellt, wie die Pamphlete *donnent le substrat fantasmatique sur lequel se bâtit, par ailleurs et ailleurs, l'œuvre romanesque.*[107] *Juivre ou mourir*: dieses Zitat Célines belegt, auf welche Weise „die Juden" für Céline dasjenige repräsentieren, was die ‚Entfremdung' des Symbolischen ausmacht, was dem Symbolischen als Riß, als Mangel, als Leere zugrundeliegt, der Tod, der ihm eingeschrieben ist, die Leiblichkeit und Materialität, die es kaum überdeckt, und die das Subjekt mit dem Faktum konfrontieren, daß es nicht eins, nicht ganz, nicht vollständig und unversehrt, nicht allmächtig und natürlich ist. „Die Juden" repräsentieren das entfremdende symbolische Gesetz, welches Céline durch *ein anderes Gesetz* ersetzen will: durch eines, das unumschränkt, vollkommen, vollständig und beruhigend ist, das Gesetz der materiellen Positivität – *cette positivité matérielle, substance pleine, tangible, rassurante et heureuse.*[108] „Die Juden" repräsentieren demnach dasjenige, was seine Rebellion, seine Wut gegen das Symbolische (*la rage contre le Symbolique*)[109] antreibt, was also auch die wütende Energie seiner Rhetorik freisetzt. Hier zeigt sich paradigmatisch, daß „die Juden" nicht nur als ein (die Identität des Subjekts stützendes) Phantasma fungieren, das die Leugnung des Mangels, des Fehlens und der Ohnmacht als Grund der *condition humaine* erlaubt, sondern auch als Inspiration, die die Bahnungen der Erregung öffnet.

In ihrer Lektüre Célines unterstreicht Kristeva ein Moment, das schon Jankélévitch hervorgehoben hatte: nämlich die Unbestimmbarkeit, die Undefinierbarkeit der Grenze, das Moment des *presque même*. Bei Kristeva wird dieses Moment als *vertige de l'identité* bezeichnet[110], als Taumel oder Verschwimmen der Identität – und auch Kristeva weist auf den Raum der Rivalität hin, der diese phantasmatische Beziehung umgibt, und den ich zuvor mit Lacans Figur des hegelschen Mordes beschrieben hatte. Im antisemitischen Phantasma, so schließt Kristeva, wird daher „der Jude" zum Ambivalenten par excellence, zu jener Grenze, an der sich die genauen Scheidelinien zwischen dem Selben und dem Anderen, zwischen Subjekt und Objekt, und, darüber hinaus, auch diejenigen zwischen Innen und

---

107 ibid. 205.
108 ibid. 210.
109 ibid. 209.
110 ibid. 214.

Außen verlieren. Er wird zum Objekt des Schreckens und der Faszination – zur Abjektion selbst. Er ist Abjekt: schmutzig, widerlich, verdorben.[111]

Entsprechend der Argumentation Kristevas wird also im antisemitischen Phantasma das Abjekt objektiviert, zum Objekt geklärt und erklärt, es wird als Körper und Person faßbar. Mit dieser Objektivierung geht eine Leugnung einher – nämlich die Leugnung des Faktums, daß das Abjekt die Kehrseite der eigenen Subjektivität, des eigenen Gesichts ist, das, was die Klarheit und die Kohärenz der eigenen Subjektivität trübt und verunstaltet. Diese Trübung und Deformation entspricht dem Abgrund des Realen im Sinne Lacans, in welchem Subjektivität gründet, dessen Spuren und Sedimentierungen sich in ihr halten, und dessen Wiederkehr sie nicht entgehen kann. Dies impliziert, daß es dabei nicht um eine Wiederkehr des Verdrängten geht, sondern um eine Wiederkehr des Realen oder, wie man auch sagen könnte, um eine Wiederkehr dessen, was im Zuge der Urverdrängung vergessen wurde.

Hier zeigt sich, wie ich abschließend bemerken möchte, eine Korrespondenz zu Lyotards Argumentation, und zwar bezogen auf den Zusammenhang zwischen Vergessen und Darstellung: während Lyotard davon spricht, daß das antisemitische Phantasma erlaubt, einen ursprünglichen Schrekken (*la terreur originaire*) darzustellen, zu repräsentieren, und ihn dadurch, daß ihm eine Repräsentanz gegeben wird, zu bannen, abzuwehren, zu vergessen, beschreibt Kristeva das antisemitische Phantasma gleichsam als objektivierende Darstellung des Abjekts, als eine Repräsentation, die die Leugnung jener ortlosen Rückseite meiner Subjektivität erlaubt, die mich mit dem Faktum des *cadere* konfrontiert. Der Aspekt der Darstellung, der Repräsentation von etwas, das geleugnet oder vergessen werden muß, ist demnach ein essentieller Zug des Antisemitismus – oder umgekehrt gesagt, der wesentliche Gewinn des Antisemitismus liegt in dieser Leugnung.


Meine Argumentation geht nun dahin, daß die Figurationen des Abscheus, die Metaphern der Beleidigung, der Verachtung und der Dehumanisierung, die an verschiedenen Stellen in den Texten Gertrud Kolmars auf-

---

111  „Le juif devient ce féminin érigé en maîtrise, ce maître altéré, cet ambivalent, cette frontière où se perdent les limites strictes entre le même et l'autre, le sujet de l'objet, et plus loin même, le dedans et le dehors. Objet de peur et de fascination donc. *L'abjection même*. Il est abject: sale, pourri." ibid. 217. Auf das Kriterium des Weiblichen, das Kristeva in diesem Zusammenhang betont, kann ich hier nicht näher eingehen.

tauchen, als Abjekte im explizierten Sinn Kristevas entzifferbar sind. Die Rede vom Verworfen-sein, die von einem Wegwerfen, einer Ausschließung, einer Exilierung erzählt, wäre, so gelesen, nicht einfach Ausdruck der traumatischen Erfahrung der Zurückweisung und der Einsamkeit (in der die Sphäre des Biographischen und die des Geschichtlichen ineinander verwoben sind); sie wäre auch nicht nur als Figur einer *absconditas sub contrario* deutbar, wie Bayerdörfer annimmt.[112] Vielmehr würde diese Rede fast seismographisch Prozesse der *abjection* und der *forclusion*, der Verleugnung und der pathischen Projektion registrieren und sie mit dem Kriterium der *Darstellung* in Verbindung bringen (wobei der Rekurs auf das Bilderverbot eine wesentliche Rolle spielt). Die Spuren und Effekte der (zeitgeschichtlich) aktuellen *antisemitischen Verfolgung und Destruktion*, die sich dieser Rede eingeprägt, sich in sie eingetragen haben, wären demnach nur dann entzifferbar und syntaktisch zu einem *Diskurs der Gewalt* verknüpfbar, wenn dieser Rede die Resonanzfläche jener – von einem Denken des Anderen oder von einem Denken des Begehren des Anderen ausgehenden – Beschreibungen der *condition humaine* und der *condition historique* entgegen gehalten wird, die in den theoretischen Exkursen zu Lévinas, Freud, Lacan, Lyotard und Kristeva expliziert wurden.

Wie lassen sich nun, von den genannten Voraussetzungen ausgehend, die Figurationen des Abscheus in den Texten Gertrud Kolmars entziffern? Auf das Register rein – unrein, das die Abjektion begründet, rekurrieren jene Texte Kolmars, in denen Tierfiguren wie die Kröte, der Salamander, die Unke, der Olm, die Schlange zur Sprache kommen. Diese Tiere, die, wie schon angedeutet, als Projektionsfiguren des Häßlichen und des Abscheulichen fungieren, zählen in der Ordnung, die in der hebräischen Bibel niedergelegt ist (Leviticus [Wajikra] 11, Deuteronomium [Dewarim] 14), allesamt zur Kategorie des Unreinen – in der Übersetzung Luthers ist wörtlich von „Greuel" und „Abscheulichem" die Rede. Entsprechend der Argumentation Kristevas stellen diese Figuren Abjekte dar; anders gesagt, sie sind als Abjekte beschreibbar, die im Zuge der Darstellung objektiviert, zu Objekten erklärt und geklärt wurden. Das Widerliche, Abscheu und Faszination Erregende, das in ihrem Bild gebunden und objektiviert ist, macht sie zu der „Figur" par excellence, an die sich Angst, Schrecken, Haß und Begehren

---

112 BAYERDÖRFER 1987. 451.

heften, und die auf die Unklarheit, das Verschwimmen einer Grenze Bezug nimmt. Von vornherein sind diese Figuren im Raum des Phantasmatischen situiert. Nicht nur fehlt ihnen der Subjektstatus in Bezug auf Gesetz und Recht – insofern das Tier kein Subjekt des Gesetzes oder des Rechts ist und daher den Begriffen von Rechtmäßigkeit und Unrechtmäßigkeit weitgehend entzogen bleibt, jedenfalls kein Klagerecht besitzt. Sie sind überhaupt weder Subjekte noch Objekte, da sie über die Grenze der Bezüge zwischen Subjekt und Objekt, zwischen dem Selben und dem Anderen gefallen sind. Sie sind nicht Opfer, sondern Objekte, und sie sind Objekte nicht einer Verdinglichung, sondern einer Ausschließung, deren spezifische Struktur durch Kristevas Konzept der Abjektion beschreibbar wurde. Zugleich sind diese Figuren, indem sie Abjekte sind und die Abjektion selbst verkörpern, Darstellungen, über die etwas anderes geleugnet werden kann.

Den *Zusammenhang von Abjektion und antisemitischer Verfolgung* berührt indirekt das Gedicht „Die Kröte", welches das Datum des 12. Oktober 1933 trägt, wenn in der letzten Strophe des Gedichts – und zwar gerade durch die Geste der Anrede eines Anderen, durch die das sprechende Ich versuchsweise in einen Dialog eintritt – gesagt wird:

Komm denn und töte!
Mag ich nur ekles Geziefer dir sein:
Ich bin die Kröte
Und trage den Edelstein ....[113]

Auch wenn im Motiv des Edelsteins ein Moment des Heiligen oder der Erwählung aufblitzt, scheint dem sprechenden „ich" des Textes, der Kröte, das Wissen eigen, daß es sich nicht nur im „Laubgeriesel", in „schwarzgrünem Efeu" bewegt, sondern gleichzeitig in einem Feld des Phantasmatischen, in welchem es Ekel, Haß, Mordlust hervorruft. Der Ort der Anrede und der Ort des Phantasmas, so die Implikation der zitierten Textpassage, sind kongruent, die beiden Orte gehen ineinander auf – die dialogische Beziehung wird sich, wie der Text implizit, aber wörtlich konstatiert, nur als Mord realisieren.

Die historische Datierung, die dem Text eingeprägt ist, korrespondiert mit dem Titel des Gedichtzyklus, zu dem er zählt: „Das Wort der Stum-

---

113 KOLMAR 1980. 211. Auch in: KOLMAR 1960. 160. Vgl. zu diesem Text Kapitel 4.3 dieser Studie.

men".[114] Die Einführung der Redeposition (eines „ich", das spricht, und das dadurch das Verstummen durchbricht oder sichtbar macht), bedeutet hier aber nicht nur Zeugnis und Klage, sondern sie erlaubt eine Beschreibung der von Kristeva untersuchten Figur *vom Ort des Anderen aus*. Aufgrund dieser Verschiebung der Position und der Perspektive bietet der Text ein *Moment der Rekurrenz* auf die Theorie, in dem die literarischen Redefiguren und Bedeutungsstrukturen und die Argumentationsstrukturen und Beschreibungsfiguren der explizierten theoretischen Konzeptionen sich aneinander reiben: der Text, so könnte man vielleicht sagen, markiert den Ort des Anderen in der Theorie. Das Verhältnis zwischen literarischem und theoretischem Text, das sich in solchen Momenten etabliert, ist das einer Korrespondenz, einer Überlagerung von Stimmen, eines *metaphérein* (in dem Bedeutungen hin und her getragen werden) – nicht das eines Abbildes, einer Illustration oder einer Spiegelung.

Eine solche Verschiebung der Position und der Perspektive unternimmt auch das Gedicht „Wappen von Gemünden an der Wohra" („In Silber zwischen zwei Sternen ein schwarzer Adler mit einem Ziegenkopfe"), das sehr klar die komplexe und widersprüchliche *Struktur der Projektion* benennt. Das Tier, von dem hier die Rede ist, wird als „wüstes Schrecknis" bezeichnet: als gequälte Ungestalt, sich vor sich selbst ekelnd, verstoßen sogar von seiner Nahrung, nur der Nacht trauend.[115] Struktural (nicht kulturhistorisch) stellt diese Figur eine Verleiblichung des Registers rein – unrein dar: sie ist ein compositum aus Disparatem, verkörperte Heterogenität, die in keiner Gattung ihren Ort findet. Sie ist bloßer Reflex des Grauens und des Spotts, aber *Körper*.
Das Gedicht spaltet sich in zwei Segmente, wobei das erste Teilstück das *sujet* des Textes als Objekt der Rede einführt, während das zweite Teilstück das Tier selbst sprechen läßt, in Form einer an Gott gerichteten Klage:

---

114 Diesen von August bis Oktober 1933 entstandenen Gedichtzyklus – „ein Päckchen Manuskriptblätter" – übergab Gertrud Kolmar nach der Deportation ihres Vaters an Hilde Benjamin zum Aufbewahren. Vgl. Marbacher Magazin 63, 1993. 91.

115 „Nur der Nacht, der glaubenden und großen, / Traut das wüste Schrecknis, das er ist: / Dieses Schnabelmaul, das Gräser frißt, / Und die Hörner, die den Himmel stoßen. (…) Wenn er geil sich letzt an Blatt und Beeren, / Da sein Mahl, das Opfer, ihn verstößt, / Harrt er doch mit Ängsten und Begehren / Einer Kugel, die ihn nie erlöst." KOLMAR 1960. 494–496; hier 494–495.

Was tat ich dir? Ich Tier? Was hast Du, Gott,
Dem Armen Fang und Flügel anerschaffen?
Es trappeln Zicklein hin in Tanz und Trott,
Und ich muß schweben und sie reißend raffen,
Dem Vieh ein Graun und dem Gevögel Spott?[116]

Die gegenläufigen Reflexbewegungen der Flucht und des Angriffs inszeniert der Text in der Form einer doppelten Verschränkung:

Ich kroch in Stein. Auf meinen Meckerruf
Umkreischten mich die Adler aus der Helle.
Ich glitt ins Feld. Da floh mich Horn und Huf.
Und als ich trank, erschauerte die Quelle
In meinem Abbild, das sie selber schuf.[117]

In einer Verkehrung des Mythos von Narciss rühren in der Konstellation,
die die beiden letzten Zeilen des Gedichts entwerfen, das Erschrecken, die
Furcht der Quelle von einem Bild her, das diese selbst erzeugte: der Spiegel
reflektiert das Bild nicht, sondern er produziert es – und produziert im
selben Zuge ein Erschrecken, das seine eigene Bildproduktion referiert. Insofern spricht diese Textpassage von einem Spiegelungsmoment im Spiegel
selbst, also im Inneren der Abbildung. Der Ursprungspunkt des furchterregenden Bildes liegt demnach nicht allein im abgebildeten Referenzobjekt,
sondern ebenso in der Struktur und im Prozeß der Repräsentation selbst.
Diese Verdopplung trägt in das Verhältnis von Bild und Abgebildetem einen
Konflikt, eine Destabilisierung, ein Moment der Unentscheidbarkeit hinein:
die Ähnlichkeitsrelation, die Abbild und Abgebildetes im Sinn eines reali-
stischen und einsinnigen Entsprechungsverhältnisses korreliert, wird irritiert
und gebrochen. Das Bild von Narciss, das die Drohung des Verschwindens
des Ich im Bild seines Selbst, in seiner Selbstliebe, im Sog seines Sich-wie-
dererkennens aussprach, wird aufgesprengt durch die Frage nach der projektiven Erfindung des Anderen (in Kolmars Text ist von „schaffen" die
Rede) – einer Projektion, die in einem Wechselspiel steht zu einem wirklichen Aus-den-Fugen-geraten der leiblichen Gestalt.
    Eine Radikalisierung dieser Konstellation entsteht, wenn die beiden
Segmente des Gedichts übereinander geblendet werden. Das Komplement
des ersten Teils zu den zitierten letzten Zeilen des Textes lautet:

---

116 ibid. 495.
117 ibid. 495–496.

Draus der See mit höhnischem Kristalle
Ihm sein Spottbild roh entgegengrinst.[118]

Hier ist die Ähnlichkeitsrelation zwischen Abbild und Abgebildetem noch unverletzt. Der narzißtische Bezug zum Bild des Selbst ist umgekehrt, aber noch nicht, wie in der Schlußsequenz des Gedichts, verkehrt. Der Moment, der dem Spiegel gleichsam den Spiegel seiner Bildproduktion vorhält („erschauerte die Quelle / In meinem Abbild, das sie selber schuf"), ergibt sich erst durch die Einführung der Redeposition des „ich", die das „ich" selbst zu Wort kommen läßt, durch den Übergang also vom Objekt zum Subjekt der Rede: dieser Moment entsteht nur vom Ort des Anderen aus. Hinzugefügt sei, daß die Schlußsequenz eine andere Spaltung vornimmt, die dem Bild von Narciss (dem Bild dieses Bildes) nochmals einen Sprung versetzt:

Und als ich trank, erschauerte die Quelle
In meinem Abbild, das sie selber schuf.

Das Trinken, das ein vitales Bedürfnis erfüllt, und der Spiegelungsprozeß, der ein autopoetischer, selbstreferentieller Akt ist, werden als zwei voneinander vollkommen unabhängige, getrennte Vorgänge beschrieben. Die Subjektposition wird zugleich gespalten und verdoppelt. Der Moment des *Ausfalls der Reflexion*, den Adorno und Horkheimer, wie zuvor ausgeführt, als das Pathische der Projektion bezeichnen, wird auf diese Weise markiert und lesbar.

Die Korrelation, die dadurch entsteht, verknüpft nicht mehr Abbild und Abgebildetes, sondern zwei Versionen, zwei Geschichten der Bildlichkeit: eine umgekehrte Narzißmus-Szene, die die Bildlogik der Entsprechung bestätigt, und eine verkehrte Narzißmus-Szene, die den gesamten Code der narzißtischen Spiegelung und der Ähnlichkeitsrelation umstürzt. Die Qual des Tieres aber bleibt davon unberührt – und das heißt auch: das *Abjekt der Rede* bleibt erhalten, die Transformationsprozesse des Textes prallen vor ihm zurück.

Eine *Verknüpfung von Weiblichkeit und Abjektion* bietet das Gedicht „Die Häßliche". Der Text findet sich im „dritten Raum" des „Weiblichen Bildnisses", und zwar in dem schon erwähnten Band *Die Frau und die Tiere*, der 1938 im Jüdischen Buchverlag Erwin Löwe erschien (und kurz darauf einge-

---

118 ibid. 494.

stampft wurde).[119] In einer gleitenden, metonymischen Bewegung verbindet der Text die Figuren einer „Wechselkröte", eines „schlüpfenden Salamanders" und eines „ich selbst". Diese Verbindung geschieht über eine Entgegensetzung von Erschrecken, Gewalt und Geheimnis:

Du dunkle, zitternde Rasse! O Krone, die Unke trägt,
Wenn Narrheit vor ihr erschauert, wenn Bosheit nach ihr schlägt,
Der Sand Geheimnis bröckelt und Quelle Wunder rinnt,
Die allen Wesens Geschwister und Gottes älteres Kind.

Das sprechende „ich" zählt sich dieser dunklen, zitternden Rasse zu oder wird ihr zugezählt: „So bin ich selbst umschlungen von Brunnen im tanzenden Sturm, / Ein Lurch mit schmerzlichen Sternen" (das Motiv des Brunnens könnte dabei auf Erinnerung und Tradition deuten, die das „ich" im Sog der Geschichte einhüllen und „umarmen"). Die letzte Strophe des Gedichts lautet:

Uns ward das lebende Antlitz zum Abhub der Welt gemacht;
Den Räuber hüllt prunkendes Pelzwerk, den Vogel liebliche Tracht,
Der Schleiche hat ein Vater die Füße ausgerenkt;
Nun wartet sie vor ihm im Staube, daß er ihr Flügel schenkt.

Auf den messianischen Gestus dieser Passage, auf das Motiv der Verrenkung, und auf die Passivität und das Warten, von welchen die zitierten Sätze sprechen, wurde bereits hingewiesen. Die Instanz, die „das lebende Antlitz zum Abhub der Welt" gemacht hat, bleibt anonym – der Verfolger erhält hier beinahe den Status des Absoluten. Der Ausdruck „Abhub der Welt" – das heißt, Rest, Abschaum, Unreines, das Ausgeschiedene, das weggeworfen wird – verweist wiederum auf den Vorgang einer Abjektion, einer Verwerfung, die hier als Kern der Geschichte, als universales Moment, gedeutet wird. An dieser Stelle stellt sich eine Kongruenz her zwischen *Antlitz und Abjektion*. Das Antlitz wird zum Abjekt. Durch diese Kongruenz von Antlitz und Abjektion werden das Denken des Anderen und die Differenz der Geschlechter einerseits, das Kriterium der Sozialität (im Sinne von Lévinas) und die prädipale Situation (die subjektgeschichtlich und kulturgeschichtlich vor der symbolischen Thesis liegt) andererseits aufeinander bezogen. Die „Häßliche", die in dem zitierten Gedicht spricht, scheint diese Konstellation als Ort *vor dem Gesetz* zu deuten.

---

119 ibid. 121–122. Vgl. Marbacher Magazin 63, 1993. 178–179.

Wie bei der Figur der „Lumpensammlerin", auf die am Ende des sechsten Kapitels der vorliegenden Arbeit eingegangen wurde, handelt es sich bei der Figur der „Häßlichen" um eine *femme abjecte*. Weiblichkeit und Abjektion sind hier miteinander verbunden, so daß das Kriterium der Geschlechterdifferenz in die Darstellung, die das Abjekt objektiviert, Eingang gefunden hat. Dies steht im Unterschied zu den Texten, in denen die Figuration der Abjektion sich auf Tiere bezieht: hier ist die Geschlechterdifferenz wirksam, aber nicht mehr dargestellt. „Die Häßliche" stellt aber eine Verknüpfung her zwischen diesen verschiedenen Figuren – im Zeichen der Vorurteile, der Ausstoßung, der Verwerfung, welchen sie ausgesetzt sind: und diese Aufzählung mißt die (theoretische, nicht notwendig historische) Spannweite von der *Aufklärung* über die *Dialektik der Aufklärung* bis zu deren *Grenzen*, vom Vorurteil über das Symptom zum Phantasma, nochmals aus.

Der Bezug zur *antisemitischen Verfolgung* ist an vielen Stellen in den Texten Kolmars offenkundig; er zeigt sich auch dann, wenn man die Verkettungen der Metaphern und Metonymien in ihnen berücksichtigt: zum Beispiel die „Krone", die die Unke im Gedicht „Die Häßliche" trägt, und die „Krone", die Esther trägt.[120] Thomas Koebner bemerkt hierzu, die Klassifikation „des Juden" als ,*Antikörper*' öffne „der *Tier- und Krankheitsmetaphorik* Tür und Tor, die sich dann vorzüglich dazu eignet, das Fremde als das Feindliche, das Auszutreibende zu brandmarken und entsprechende Abwehr-Affekte, auch Abwehr-Handlungen hervorzurufen."[121] Die komplexe Struktur dieser Abwehr und die tragende Funktion, die der Repräsentation dabei zukommt, sind vor dem Hintergrund der theoretischen Auffächerung der Prozesse der Verwerfung und der Abjektion genauer beschreibbar. Auch Sarah Kofman spricht in ihren *Paroles suffoquées* von der antisemitischen und nazistischen Figurierung „des Juden" als *l'homme abject*, der „ausgestoßen, exiliert, ausgerottet werden muß".[122] Diese Figur des Anderen unterscheidet Kofman von der des gefürchteten Bettlers, der, obwohl er „von der Allmacht, die ihn aufnimmt und ihm die Gastfreundschaft anbietet, getrennt" sei, sich dennoch der Jurisdiktion dieser Macht

---

120 KOLMAR 1960. 73.
121 Thomas KOEBNER, Unbehauste. Zur deutschen Literatur in der Weimarer Republik, im Exil und in der Nachkriegszeit. München: edition text + kritik, 1992. 109.
122 KOFMAN 1988. 26.

entziehe und einem anderen Gesetz angehöre, „jenem, das seine Wahrheit als Fremder affirmiert. Ins Unglück verstrickt und allem ermangelnd, bleibt er dennoch in der Lage zu sprechen und daher im Maß des Menschlichen."[123] Der Andere als Abjekt verliert demnach nicht nur sein Vermögen zu sprechen – und fällt daher aus dem Maß des Menschlichen heraus –; er verliert darüber hinaus auch seine Zuordnung zu einer Heteronomie: er fällt aus jeder Gesetzlichkeit. In der Beschreibung der von Kristeva diskutierten Figur des Abjekts *vom Ort des Anderen aus*, die, wie meine Lektüre zeigte, in Kolmars Texten entfaltet wird, drückt sich etwas anderes aus als eine Identifikation mit diesen Figuren: eher ein Wiederholen und Durcharbeiten der Bilder, eine Markierung des Ortes des Anderen im Bild, in der Figur und in der Theorie, und eine Rückerstattung der Rede, die die Spuren der Verfolgung, die Beraubung der Sprache und das Herausfallen aus dem Maß des Menschlichen, lesbar macht und in das Gedächtnis des Textes einschreibt.

Erwähnt sei abschließend noch ein weiterer Aspekt der Abjektion, der bei Kolmar auftaucht, nämlich der *Zusammenhang zwischen Abscheu und Gedächtnis*, den Kolmars Texte einige Male benennen. So ist im Gedicht „Der Tag der großen Klage" von dem Grauen und dem Ekel die Rede, den der Anblick der endlosen Kette der verstümmelten, verletzten, zerschnittenen Tiere hervorruft – „heiß vor Grauen", „irr geworden" sind die Menschen angesichts des „unergründlich ekelhaften" Treibens.[124] Hier wird Abscheu als ein Affekt (ein Irre-werden) thematisiert, der dann eintritt, wenn etwas Verleugnetes oder Verdrängtes (begangene, vergangene Gewalt, die sich dem Gedächtnis als Dauerspur eingeprägt hat) wiederkehrt. Die verleiblichte Geschichte, eine endlose Sequenz einzelner gequälter und zerstörter Leiber, summiert zu einer Katastrophe, figuriert in diesem Text als *Abjekt*, nicht als *Allegorie*.

Vor dem Hintergrund der Diskussion der Abjektion, die Kristeva entwickelt, ist auch das Gedicht „Die Tiere von Ninive"[125], das ebenfalls, wie im

---

123 ibid. 91. Diese Aberkennung des Rechts auf Sprache muß von dem Verstummen, das der Effekt der Traumatisierung ist, unterschieden werden. In ihrem Prosatext „Leben unter Bedrohung" spricht Nelly Sachs von beidem: „Die Stimme floh, da sie keine Antwort mehr wußte und ‚sagen' verboten war." Nelly SACHS, „Leben unter Bedrohung". In: Ariel. Heft 3. Darmstadt 1956. 9–12; hier 10.
124 KOLMAR 1960. 167–168.
125 ibid. 579–581.

vorhergehenden Kapitel ausgeführt, den Ort eines Gedächtnisses entwirft, auf noch andere Weise lesbar: nämlich als *Szene der Entdifferenzierung*, die vom Triumph des Prä-Ödipalen und des Prä-Symbolischen handelt. Ninive wäre dann der Name eines Ortes, an dem das Gesetz *versagt*, und Jonas „Schlußwort", die Geste des definitiven Schließens, die es unternimmt, würde eine Appellation an die symbolische Funktion des Gesetzes bedeuten (es würde auf die leere Stelle des *nom/non du père* hinweisen und zugleich diese leere Stelle wieder besetzen).

Eine solche Appellation unternimmt auch das Gedicht „Dagon spricht zur Lade" aus dem Jahr 1937, auf das schon früher eingegangen wurde. Der Text nimmt den Ort des *vor dem Gesetz* auf, der sich im Gedicht „Die Häßliche" als Ort der *femme abjecte* abzeichnete. Der Unterschied zwischen dem göttlichen Gesetz und dem Gesetz des Verfolgers (welches das sprechende „ich" des Textes, dem die Position des Abjekts zugeschrieben wird, jeder Gesetzlichkeit entzieht) war dort verwischt. In „Dagon spricht zur Lade" geht es nun weniger um ein Versagen des Gesetzes oder um ein Kollabieren der beiden genannten Gesetze in eine Instanz, sondern vielmehr um deren Konfrontation: *ein anderes Gesetz*, das heidnische Gesetz Dagons (das das Gesetz des Verfolgers konnotiert), hat sich etabliert, und zwar genau im Sinne dessen, was Kristeva in ihrer Lektüre Célines als Ersatz für das symbolische Gesetz bezeichnete. Die Wut gegenüber dem Symbolischen (*la rage contre le Symbolique*) mündet in den Versuch, dieses einschränkende, Zwang ausübende, entfremdende und enttäuschende Symbolische zu ersetzen durch ein anderes Gesetz, das beruhigend wäre, magisch und natürlich, das Ganzheit, Vollkommenheit und Unumschränktheit gewähren würde, und in dem jede Heteronomie unterginge: ein Gesetz, das dem Subjekt, wie Kristeva schreibt, ein Heim gibt, in dem alle Widersprüche, alle Unvereinbarkeiten sich erklären und sättigen können. Die Widerrede der „Lade" restituiert – textuell und imaginär – die heteronome Struktur. In der Situierung dieser Konfrontation, die ja eine Rettungsphantasie entwirft, in einer Kriegs-Szene (dem Krieg der Philister gegen Israel; 1. Samuel 5, 1–7 [Newiim Rischonim]) zeichnet sich wiederum das Unvorstellbare – das Undarstellbare – einer Verfolgung ab, die in der Vernichtung endet.

Kolmars Text appelliert an den Monotheismus, an das Gesetz als Instanz des einigenden Signifikanten – einer Einigung, die sich nicht auf das Kriterium des Ethnischen gründet, sondern auf die Verpflichtung gegenüber der Tora, dem jüdischen Gesetz.

# Apotrope und Apostrophe. Das Kind als Phantom
## (anstelle eines Nachworts)

Die Figur des Kindes fungiert in den literarischen Texten Gertrud Kolmars als Kristallisationspunkt einer Vielfalt von Bedeutungen; vielleicht bedeutet es auch die verkleidende Darstellung eines nicht aussprechbaren, verheimlichten Traumas. Ein Gedichtzyklus ist nach ihm benannt, „Mein Kind", von dem Kolmar zwei Fassungen erstellt hat, welche sich durch die Zahl der Texte und deren Gruppierung unterscheiden.[1] Aber darüber hinaus ist das Motiv des Kindes über das gesamte literarische Œuvre Kolmars verstreut. So taucht es beispielsweise – im Bild des „bräunlichen Blumengesichts"[2] – auch in der Erzählung *Eine jüdische Mutter* und in dem Gedichtzyklus „Das Wort der Stummen" auf[3], oder auch – in der Rede vom Irre-werden – an verschiedenen Stellen im „Weiblichen Bildnis". Wesentlich erscheint für meine Lektüre dieser Figur daher weniger das Problem einer symbolischen Bedeutungszuweisung als die Beobachtung seines Umhergeisterns, seiner phantomatischen, gespenstischen Existenzweise, und die Frage danach, was in ihr (verdeckt oder entstellt) zur Sprache und zur Darstellung kommt.

Berücksichtigt man also die Signifikanz dieser phantomatischen Existenzweise, kommt man einer anderen Konfiguration auf die Spur – einer Konfiguration, die sich zwischen Sprache und Geschichte entfaltet. Denn das Phantom verweist auf eine doppelte strukturelle Bedingtheit: einerseits auf eine „Lücke im Aussprechbaren"[4], andererseits auf eine Verkettung von Lebensgeschichten – eine Verkettung, die sich im Unbewußten situiert. In Nicolas Abrahams Diskussion des Phantoms werden die beiden

---

1 Vgl. Marbacher Magazin 63, 1993. 174–176.
2 KOLMAR 1980. 199.
3 Vgl. KOLMAR 1980. 205.
4 Nicolas ABRAHAM, „Aufzeichnungen über das Phantom. Ergänzung zu Freuds Metapsychologie". In: Psyche. Heft 8. August 1991. 691–698; hier 695.

genannten Momente ausgeführt. Das Phantom wird als Gabe einer Generation an die nächste beschrieben – Abraham spricht von einer „Bildung des Unbewußten", die aus dem Übergang vom Unbewußten des Vaters oder der Mutter ins Unbewußte eines Kindes hervorgegangen sei.[5] Es handelt sich also um ein ererbtes, unbewußt bleibendes Geheimnis. In anderen Worten: es handelt sich um ein Geheimnis, dessen Wortlaut nur am Ort des Unbewußten geschrieben steht.[6]

Das Phantom ist demnach der Effekt einer geheimen, das heißt, geheimgehaltenen und ins Unbewußte eingetragenen Verkettung, deren Ursprung vor dem Anfang der eigenen Lebensgeschichte liegt. Es stellt eine spezifische Modalität des Erinnerns dar. Denn es läßt sich als schmerzvolle Darstellung einer im Unbewußten bleibenden Frage beschreiben: als Darstellung der Frage nach dem, was aus dem Gedächtnis einer Familiengeschichte getilgt werden muß. Diese Frage bezieht sich auf die Spur eines – verschwiegenen – Traumas oder Verbrechens.

Ein Bezug zwischen Sprache und Geschichte stellt sich nun dadurch her, daß das Phantom, das eine Erfindung der Lebenden ist, auf eine wenn auch halluzinatorische Weise, individuell oder kollektiv, „die Lücke vergegenständlichen muß, die die Verdunkelung eines Abschnitts im Leben eines Liebesobjekts in uns erzeugt hat."[7] Die Lücke verweist ihrerseits auf den Versuch, Spuren eines Traumas oder eines Verbrechens auszuwischen – sie überliefert diesen Versuch. Sie tradiert demnach nicht einen Verlust, sondern das Bemühen, Spuren zu beseitigen. „Das heißt", so faßt Abraham zusammen, „nicht die Gestorbenen sind es, die uns heimsuchen, sondern die Lücken, die aufgrund von Geheimnissen anderer in uns zurückgeblieben sind."[8] Daraus schließt er, das Phantom sei (auch) ein „metapsychologisches Faktum";[9] ein Faktum also, dessen Umrisse über das Feld der mit psychologischen Begriffen beschreibbaren Zusammenhänge hinausreichen.

Wie Abraham in seinen Aufzeichnungen über das Phantom hervorhebt und wie aus meiner Zusammenfassung seiner Überlegungen deutlich geworden ist, darf das Phantom nicht als Repräsentanz eines verlorenen

---

5  ibid. 694.
6  ibid. 695.
7  ibid. 691–692.
8  ibid. 692.
9  ibid.

Objekts aufgefaßt werden. Das Phantom hängt nicht mit dem Verlust eines Objekts zusammen, und kann daher auch nicht als Ergebnis einer gescheiterten oder ausgebliebenen Trauer beschrieben werden (entsprechend wäre dann eine Lesart, die die Figur des Kindes in Kolmars Texten als Signifikant für das verlorene, abgetriebene Kind versteht, verfehlt, da sie die Reichweite des Fehlens ausblendet). Vielmehr erfolgt „die Aufrufung des Phantoms als geradezu unentbehrliche Feststellung einer solchen Lücke"[10], welche ein verschwiegenes Geheimnis anderer (das Trauma oder das Verbrechen, das andere erlitten oder begangen haben) im Unbewußten hinterlassen hat. Dieses Lückenhafte ist gebunden an eine „Lücke im Aussprechbaren".

Es geht mir hier nicht um eine Diskussion der Frage, ob das Phantom als Begriff geeignet sei, die Problematik, die die Verwicklung in die Verbrechen des Nazismus und in die Traumatisierung durch die *Shoa* für die Nachgeborenen bedeutet, angemessen zu beschreiben. Jedoch scheint mir – und damit bleibt meine Argumentation an die Figur des Kindes bei Kolmar gebunden –, daß der Mythos der sogenannten deutsch-jüdischen Symbiose als Phantom im oben dargelegten Sinn aufgefaßt werden könnte. Das Kind wäre dann gleichsam das, was von dieser Symbiose übriggeblieben ist, was von ihr zeugt und was von ihr gezeugt wurde: das Produkt, die Schöpfung, die das *kulturelle Paar* (Rudolph M. Loewenstein) hervorbrachte. Es wäre nicht nur ein Verlust und eine (Ur)Phantasie, sondern eine Lücke im Aussprechbaren, die auf ein Trauma verweist und auf den Versuch, die Spuren dieses Traumas zu beseitigen. In Übertragung dessen, was zuvor ausgeführt wurde, wäre die Figur des Kindes dann lesbar als schmerzvolle Darstellung der Frage nach dem, was aus dem Gedächtnis einer Familiengeschichte getilgt werden muß.

Der Verkettung der Metaphern, Motive und Figuren, die als Charakteristikum der poetologischen Struktur der Texte Kolmars herausgearbeitet wurde, würde dann eine Verkettung der Lebensgeschichten – im oben beschriebenen Sinn – unterliegen. Diese Doppelstruktur, die einen anderen Bezug von Sprache, Text und Geschichte thematisiert, würde in einer psychologisch orientierten, biographischen Lektüre, die die Spra-

---

10  ibid. 696.

che des Unbewußten ausklammert, verlorengehen. Indem die Figur des Kindes jedoch auch in einer bildlichen Konstellation auftaucht, in der sie mit Licht, Sprache und Leiblichkeit verknüpft ist[11], führt sie im selben Zuge auf die Sprachfiguren der *Apotrope* und der *Apostrophe*. Diese beiden Sprachfiguren, die ich als die konstitutiven rhetorischen Figuren in der Literatur Gertrud Kolmars bezeichne, markieren deren Schreibposition.

In beiden rhetorischen Figuren äußert sich ein *Zusammenhang von Begehren, Sprache und äußerster Bedrohung.* Die *Apostrophe* – Anspruch und Anrede oder Anschrift an ein Abwesendes, die vom Ort des Anderen aus (er)gehen – wurde beschrieben als eine Figur, die die Konfiguration von Belebung, Sprache und Erlösung angesichts von Tod und Katastrophe aufzeichnet: eine Konfiguration, die immer mehr zu einer Aporie wird. Diese Figur ermöglicht einerseits ein Moment der Aktualisierung, andererseits eine Überwindung der Apathie und des Verstummens der eigenen Stimme – durch das Wachrufen des Begehrens, welches die Stimme am Leben erhält. Ein solches Wachhalten des Begehrens und des Vermögens zu sprechen schiebt die Überwältigung durch Angst und Bedrohung auf, setzt sich aber auch der Angst aus. Roland Barthes weist in seinen *Fragments d'un discours amoureux* auf die zeitliche Strukturierung hin, die die Anrede des Abwesenden als Abwesender bestimmt, und die *reine Angst ist*:

Je tiens sans fin à l'absent le discours de son absence; situation en somme inouïe; l'autre est absent comme référent, présent comme allocutaire. De cette distorsion singulière, naît une sorte de présent insoutenable; je suis coincé entre deux temps, le temps de la référence et le temps de l'allocution: tu es parti (de quoi je me plains), tu es là (puisque je m'adresse à toi). Je sais alors ce qu'est le présent, ce temps difficile: un pur morceau d'angoisse.[12]

---

11  Beispielsweise im Gedicht „Mörder" (KOLMAR 1960. 110) und in der schon zitierten Passage des Gedichts „Wappen von Beckum" (KOLMAR 1960. 469; vgl. Kapitel 4.2).

12  BARTHES 1977. 21–22. Die zitierte Textpassage ist ein Fragment der Sprachfigur *absence*; im Index ist sie aufgeführt unter der Überschrift: „5. Manipulation de l'absence". In deutschsprachiger Übersetzung lautet sie: „Ich halte dem Abwesenden unaufhörlich den Diskurs seiner Abwesenheit; eine ganz und gar unerhörte Situation; der Andere ist abwesend als Referent, anwesend als Angesprochener. Aus dieser einzigartigen Verzerrung erwächst eine Art unerträgliches Präsens; ich bin eingekeilt zwischen zwei Zeitformen, die der Referenz und die der Anrede: du bist fort (und darüber klage ich), du bist da (weil ich mich an dich wende). Ich weiß also, was das Präsens, diese schwierige Zeitform, ist: ein reines Stück Angst." BARTHES 1988. 29–30. (Übersetzung leicht verändert).

Die rhetorische Figur der Apostrophe, wie sie in Kolmars Texten eingesetzt wird, wäre beschreibbar als eine Überschneidung einer solchen Anrede des Abwesenden, die dem Abwesenden unaufhörlich den Diskurs
seiner Abwesenheit hält, mit dem Diskurs der Invokation, der Anrufung,
der den abwesenden Anderen heraufbeschwört, invoziert:

je le convoque en moi-même (...) *j'invoque* sa protection, son retour: que l'autre apparaisse,
qu'il me retire[13]

Als Thematisierung einer solchen Konfiguration oder Aporie – im Sinne
des unmöglichen, versperrten Weges einer Flucht – kann das Gedicht
„Der Engel im Walde" gelesen werden, das zu dem Ende 1937 verfaßten
Zyklus „Welten" zählt. Der Text beginnt mit den folgenden Worten:

Gib mir deine Hand, die liebe Hand, und komm mit mir;
Denn wir wollen hinweggehen von den Menschen.
Sie sind klein und böse, und ihre kleine Bosheit haßt und peinigt uns.
Ihre hämischen Augen schleichen um unser Gesicht, und ihr gieriges Ohr betastet das Wort
unseres Mundes.
Sie sammeln Bilsenkraut ...
So laß uns fliehn[14]

Die Flucht wird umrahmt von einem nicht Auszusprechenden – dies wird
sichtbar in den Auslassungspunkten, die eine Fortsetzung, keinen Abbruch
andeuten (die letzte Zeile des Gedichts lautet: „Zusammen einst an stau-
bigem Wegesrande sinken und weinen ..."). Im Bild des Bilsenkrauts kehrt
die semantische Verknüpfung von Gift, Narkotikum und gelber Farbe wieder.[15] Die Fluchtbewegung, die in dem Text – in einer sich der sprachlichen Form des Psalms annähernden Redeweise – inszeniert wird, durchquert einen Wald, trifft auf einen Engel – der die Flüchtenden nicht einmal wahrnimmt –, streift das Haus des Vaters, in dem jetzt „fremde Leute
wohnen", und mündet in die tiefe Einsamkeit und Verlassenheit einer

---

13 BARTHES 1977. 23.
14 KOLMAR 1960. 559–561; hier 559. Eine frühere Fassung des Gedichts findet sich,
   unter dem selben Titel und mit dem Datum des 25. Oktober 1933 versehen, im Zyklus
   „Das Wort der Stummen": KOLMAR 1980. 240–241.
15 Das Bilsenkraut ist ein Nachtschattengewächs mit gelber, violett geäderter Blüte; es
   handelt sich dabei um eine Giftpflanze, die in der Medizin als Narkotikum eingesetzt
   wird.

„Finsternis", in der der Leib des angeredeten „du" zur Wohnung des sprechenden „ich" wird:

Nun sieh mich an in der Finsternis, du, von heut meine Heimat.
Denn deine Arme sollen mir bergende Mauern baun,
Und dein Herz wird mir Kammer sein und dein Auge mein Fenster, durch das der Morgen scheint.

Das Wort „Finsternis" ruft dabei eine Stelle aus den „Klageliedern" auf, in der es heißt: „Er hat mich in Finsternis versetzt wie die, die längst tot sind" (Klagelieder [Echa] 3, 6). In einer Umkehrung der Konstellation des Gesangs der Gesänge, in dem die Flucht im Zentrum des Liebesdiskurses steht[16], steht in Kolmars Text der Liebesdiskurs im Zentrum der Flucht. Im Zeichen der Fluchtbewegung werden Liebesdiskurs und Wehklage miteinander verwoben.

Die Figur des Engels hat sich hier abgekehrt von der Geschichte und den Menschen. Der Engel wird bezeichnet als „Der Seiende",

Der keinen Fluch weiß noch Segen bringt und nicht in Städte hinwallt zu dem was stirbt:
Er schaut uns nicht
In seinem silbernen Schweigen.
Wir aber schauen ihn,
Weil wir zu zweit und verlassen sind.

Wie der Engel Paul Klees und Walter Benjamins ist Kolmars Engel stumm; er verkündet und erklärt nichts, er bietet keinen Trost und keinen Schutz. Seine Anwesenheit wird durch das Verlassensein und die völlige Hilflosigkeit der Flüchtenden gleichsam überschritten; er bleibt eine Randfigur, eine Episode dieser Flucht.[17] Sein Gesicht zeigt nicht so sehr Entsetzen als tiefen Schmerz – „Sein Antlitz ist Leid". Nicht zu einem glücksverheißenden Ursprung wendet er sich zurück, wie der „Angelus" Gershom Scholems;[18] vielmehr wirkt er wie in sich gekehrt, einsam vor Trauer.

---

16 Vgl. dazu Julia Kristevas Lektüre des hagiographischen Textes: Julia KRISTEVA, Histoires d'amour. Paris: Éditions Denoël, 1983. 113–116. Deutschsprachige Übersetzung: Geschichten von der Liebe. Frankfurt/M.: Suhrkamp, 1989. 90–92.

17 In der ersten, früheren Fassung hatte die Figur des Engels dagegen noch die Handlung des Textes auf sich gezogen.

18 Vgl. dazu Sigrid Weigels Lektüre des „Engels der Geschichte": WEIGEL 1990. 35–39.

Wenn man die beiden Versionen des „Engels der Geschichte", die Benjamin und Kolmar entwerfen, aufeinander bezieht, das heißt, wenn man die beiden Figuren und die Geschichten, in die sie eingelassen sind, ineinander blendet, so zeigt sich eine signifikante Inkongruenz. Während, wie die Lektüre Sigrid Weigels vorführt, die gegenläufige Bewegung, die durch die Insistenz der Unterscheidung der Position des Engels von der Position des „vor *uns*"[19] entsteht, Benjamins Text in Atem hält, verläuft diese Unterscheidung in Kolmars Text anders: aufgelöst in ein sprechendes „ich" und ein angesprochenes „du", stellt das „wir" des Textes hier eine Referenz her zu den Verfolgten, deren Fluchtbewegung die Bewegung des Textes antreibt. „Sie", die das Bilsenkraut sammeln, lösen die Flucht aus, die den Flüchtenden die Vergangenheit abschneidet (der Text breitet sich, bis auf den Schluß, in der Zeitform des Präsens aus). Die Dispersion der Pronomina deutet, gegenüber der in Benjamins Text entworfenen Geschichtsfigur, die veränderte geschichtliche Erfahrung an: Kolmars Gedicht beschreibt eine Szene der Verfolgung.

Berücksichtigt man die Signifikanz der Auslassungspunkte in „Der Engel im Walde", auf die schon hingewiesen wurde („weinen …", „Bilsenkraut …"), so läßt sich der Text als Umschreibung der rhetorischen Figur der Apostrophe – des eingekeilt-seins zwischen zwei Zeitformen, in einem *unerträglichen Präsens*, das andauert, einem Feld *reiner Angst* – lesen: gleichsam als deren narrative Figuration. Denn der Text enthält beides: Anrede und Auslassung.

Während die Abwendung, das Abgewandt-sprechen, das die Figur der Apostrophe auszeichnet, sich auf eine Redeposition bezieht, geht es bei der Figur der *Apotrope* um eine poetische Wendung oder Drehung – sie bezieht sich daher auf eine Positionalität innerhalb der sprachlichen Struktur, die sich nicht an ein Abwesendes wendet, sondern etwas Gegenwärtiges abzuwenden sucht. Die Figur der Apotrope wurde als eine poetische Wendung beschrieben, die das Undarstellbare, das Tödliche, vor dem jede Wendung und jede Darstellung versagt, abwendet, indem sie es durch eine Bildfindung umgeht. Diese Bildfindung – Kolmar spricht von ent-

---

19 „Der Engel der Geschichte muß so aussehen. Er hat das Antlitz der Vergangenheit zugewendet. Wo eine Kette von Begebenheiten vor *uns* erscheint, da sieht *er* eine einzige Katastrophe, die unablässig Trümmer auf Trümmer häuft und sie ihm vor die Füße schleudert." BENJAMIN, Gesammelte Schriften I.2. 697.

lehnten „Masken" in einem „Tanz der Qual"[20] – erlaubt dem schöpferischen Subjekt, sich von dem, dem es nicht entrinnen kann, abzuwenden. Aufgrund der Figur der Apotrope – genauer gesagt, aufgrund der apotropäischen Geste – gelingt es demnach dem Wunsch oder dem Begehren, *Atropos*, die Unerbittliche, die Unabwendbare, die den Lebensfaden durchtrennt, zu umgehen, einen Bogen um sie zu machen (da sie nicht überwunden werden kann). Es wurde schon darauf hingewiesen, daß *Atropos* in doppelter Weise ein Moment des Todes überbringt: zum einen als dasjenige, was im wörtlichen Sinn unabwendbar ist, dessen Unentrinnbarkeit sich das Subjekt nicht entwinden kann, zum anderen als dasjenige, was keine Wendung zuläßt, was in kein Bild übertragen oder transponiert werden kann, was undarstellbar bleibt, da vor ihm jede Darstellung, jede Symbolisierung scheitert.

In diesem Sinn verweist das Moment des *Atropos* auf die grundlegende Inadäquanz von Sprache und Realem – und führt daher zurück auf die Diskontinuität jenes Zusammenhangs von Staunen, Geschichte und Gewalt des Nazismus, der *Endlösung*, welcher in der *Vorrede* dieser Studie aufgefaltet wurde.


Wenn demnach die beiden genannten Sprachfiguren, Apostrophe und Apotrope, die Verwobenheit von Begehren und Sprache angesichts äusserster, kaum faßbarer Bedrohung und überwältigender Angst thematisieren, so impliziert dies auch, daß die Sprache das Verschwinden des Begehrens aufhält – ein Verschwinden, welches das Subjekt in ohnmächtiger Angst untergehen lassen würde, dem Exzeß der Qual und des Schmerzes vollkommen preisgeben würde.

Die existenzphilosophische Beschreibung der Not und der Angst wird von Emmanuel Lévinas zurückgewiesen; er betont dagegen die *Leiblichkeit der Angst*: „Die Verzweiflung verzweifelt als leib-haftiger Schmerz. In der physischen Not liegt die eigentliche Tiefe der Angst, und infolgedessen (…) ist die Angst in ihrer leiblichen Heftigkeit der Ursprung aller sozialen Nöte, aller menschlichen Verlassenheit: der Demütigung, der Einsamkeit, der Verfolgung."[21] Die Verknüpfung von Angst, Leiblichkeit und Verfol-

---

20 KOLMAR: „Die Tänzerin II". In: KOLMAR 1960. 52. Vgl. dazu auch „Die Tänzerin I": „Ich werfe mich hinüber wie ein Fisch. // Er springt um seinen Tod: so tu ich Gleiches; / In wunden Kiemen Straßenstaub". ibid. 50.
21 LÉVINAS 1985. 181 (Übersetzung leicht verändert).

gung, die in Lévinas' Schriften zum Tragen kommt – als dasjenige, was der philosophische Diskurs verdrängt und im Begriff der Negation bereinigt –, wird aufgrund der Figuren, die die Texte Gertrud Kolmars einführen, durch den Zusammenhang von Sprache und Begehren erweitert oder durchquert. Dieser Zusammenhang wird, wie die rhetorische Figur der Apostrophe und die rhetorische Geste der Apotrope zeigen, nicht als eine kontinuierliche, bruchlose Beziehung beschrieben, sondern als *Asymmetrie* (im Sinne der Dekonstitution des Verhältnisses zum Anderen, die Lévinas unternimmt). Der Kern dieser Asymmetrie scheint nicht nur Abwesenheit und Verlust zu sein, sondern Mord, etwas Tödliches, das unentrinnbar ist.

Die Konfiguration von Antlitz, Mord und Gesetz, und die Logiken der Identifikation und der Verwerfung, die dieser Konfiguration inhärent sind, implizieren sowohl das Moment des Sprachlichen – das den Bezug zum Anderen herstellt und in dessen Untergang sich die Vernichtung des Anderen ankündigt – als auch das Kriterium der Differenz der Geschlechter. Die Bedeutung, die der Geschlechterdifferenz und der Kategorie des Weiblichen innerhalb dieser Konfiguration zukommt, erweist sich beispielsweise, wenn man Lévinas' Rede vom *horreur*, von der unüberwindlichen Allergie vor dem, was *anders bleibt*, in Beziehung setzt zu den Figurationen des Abscheus in den Texten Gertrud Kolmars und zum Konzept der Abjektion bei Julia Kristeva. Lesbar wird aber diese Konfiguration von Antlitz, Mord und Gesetz erst dann, wenn die Korrespondenzen zwischen den hier explizierten theoretischen Konzeptionen des Anderen und den Figuren und Motiven der literarischen Texte Gertrud Kolmars berücksichtigt werden.

Die Topik der Gewalt, die in dieser Studie aufgezeichnet wurde, setzt sich zusammen aus den Feldern des Prä-Logischen (des prä-logischen Schweigens), des Phantasmas des reinen Ursprungs, des Jenseits der Negativität (einer Negation des Anderen, die den Horizont der Negativität überschreitet), und des Prä-Ödipalen (des halluzinatorischen Austauschs und der Abjektion). Der Ort der Gewalt, den Kolmar als Szene einer Entdifferenzierung beschreibt, stellt den Bezug zum Gesetz her. Er konfrontiert die Lektüre mit einem Moment des Versagens und Ausfalls des Gesetzes (und damit, daß hier auch das Kriterium der Heteronomie seine Gültigkeit verliert). Durch das Gesetz aber wird der (symbolische) Bezug zum Anderen gehalten. Das Versagen des Gesetzes geht einher mit der

Etablierung eines anderen Gesetzes: des Gesetzes der Opferung (wie Kolmars Gedicht „Das Opfer" darstellt) und des Gesetzes des heidnischen Götzen Dagon (wie das Gedicht „Dagon spricht zur Lade" vorführt), das als ein Gesetz der Idolatrie, der Präsenz und der (vermeintlichen) Allmacht beschrieben wird.

Die Hervorhebung der Momente eines „Ausfalls" – des Gesetzes, der Sprache, der Reflexion oder des Diskursiven – markiert einerseits einen spiegelbildlichen Bezug, einen blinden Fleck, der auf den Einbruch des Realen verweist. Andererseits zeigt sich in ihr, wie die Rede von Gewalt und Verfolgung immer wieder umkippt in eine Rede über das Verschwinden.

# Bibliographie

*1. Benutzte Editionen der Schriften von Emmanuel Lévinas und der Werke von Gertrud Kolmar*

## Emmanuel Lévinas

Emmanuel LÉVINAS: Totalité et Infini. Essai sur l'extériorité (1961). La Haye: Martinus Nijhoff, 1971.

Emmanuel LÉVINAS: Humanisme de l'autre homme. Montpellier: Fata Morgana, 1972.

Emmanuel LÉVINAS: Autrement qu'être ou au-delà de l'essence. La Haye: Martinus Nijhoff, 1974.

Emmanuel LÉVINAS: Noms propres. Montpellier: Fata Morgana, 1976.

Emmanuel LÉVINAS: Die Spur des Anderen. Untersuchungen zur Phänomenologie und Sozialphilosophie. Freiburg, München: Alber, 1983 (enthält große Teile aus LÉVINAS: En découvrant l'existence avec Husserl et Heidegger. Paris: Vrin, 1949 [zweite, erweiterte Auflage 1967] in deutschsprachiger Übersetzung).

Emmanuel LÉVINAS: Wenn Gott ins Denken einfällt. Diskurse über die Betroffenheit von Transzendenz. Freiburg, München: Alber, 1985 (enthält große Teile aus LÉVINAS: De Dieu qui vient à l'idée. Paris: Vrin, 1982 in deutschsprachiger Übersetzung).

Emmanuel LÉVINAS: Ethik und Unendliches. Gespräche mit Philippe Nemo. Wien: Passagen, 1986 (deutschsprachige Übersetzung von LÉVINAS: Ethique et infini. Entretiens avec Philippe Nemo. Paris: Arthème Fayard, 1982).

Emmanuel LÉVINAS: Totalität und Unendlichkeit. Versuch über die Exteriorität. Freiburg, München: Alber, 1987. (deutschsprachige Übersetzung von LÉVINAS 1971).

Emmanuel LÉVINAS: „Antlitz und erste Gewalt. Ein Gespräch über Phänomenologie und Ethik". In: Spuren Nr. 20, September 1987. 29–34.

Emmanuel LÉVINAS: Eigennamen. Meditationen über Sprache und Literatur. München, Wien: Hanser, 1988 (in Auszügen deutschsprachige Übersetzung von LÉVINAS 1976).

Emmanuel LÉVINAS: Humanismus des anderen Menschen. Hamburg: Meiner, 1989 (deutschsprachige Übersetzung von LÉVINAS 1972).

Emmanuel LÉVINAS: De l'oblitération. Entretien avec Françoise Armengaud à propos de l'œuvre de Sosno. Paris: Éditions de la Différence, 1990.

Emmanuel LÉVINAS: Außer sich. Meditationen über Religion und Philosophie. München, Wien: Hanser, 1991 (enthält Auszüge aus LÉVINAS 1976 und LÉVINAS: Hors sujet. Montpellier: Fata Morgana, 1987, in deutscher Übersetzung).

# Gertrud Kolmar

Gertrud KOLMAR: „Susanna". In: Karl OTTEN (Hg.), Das leere Haus. Prosa jüdischer Dichter. Stuttgart: Cotta, 1959. 291–336.

Gertrud KOLMAR: Das lyrische Werk. Zweite, erweiterte Gesamtausgabe, herausgegeben von Friedhelm KEMP, mit einem Nachwort von Hilde WENZEL. München: Kösel, 1960.

Gertrud KOLMAR: „Das Bildnis Robespierres". Mitgeteilt von Johanna ZEITLER. In: Jahrbuch der deutschen Schillergesellschaft Bd. IX, 1965. 553–580.

Gertrud KOLMAR: Briefe an die Schwester Hilde (1938 – 1943). Herausgegeben von Johanna ZEITLER. München: Kösel, 1970.

Gertrud KOLMAR: Eine jüdische Mutter. Mit einer Nachbemerkung von Friedhelm KEMP. Zweite Auflage. München: Kösel, 1978 (die erste Auflage erschien im selben Verlag 1965 unter dem Titel *Eine Mutter*).

Gertrud KOLMAR: Frühe Gedichte (1917 – 1922). Wort der Stummen (1933). Herausgegeben und mit einem Nachwort von Johanna WOLTMANN-ZEITLER. München: Kösel, 1980.

Gertrud KOLMAR: „Dagon spricht zur Lade". Unveröffentlichtes Gedicht aus dem Nachlaß, mitgeteilt von Johanna WOLTMANN. In: Gertrud Kolmar 1894 – 1943. Marbacher Magazin 63, 1993, bearbeitet von Johanna WOLTMANN. 180–181. (Katalog zur Ausstellung im Schiller-Nationalmuseum Marbach zwischen Februar und Mai 1993 und im Literaturhaus Berlin zwischen Juni und Juli 1993).

## 2. Literatur zu Gertrud Kolmar

Bernd BALZER: „Nachwort". In: Gertrud KOLMAR, Eine Jüdische Mutter. Frankfurt/M., Berlin, Wien: Ullstein, 1981. 163–182.

Hans-Peter BAYERDÖRFER: „Die Sinnlichkeit des Widerlichen. Zur Poetik der „Tierträume" von Gertrud Kolmar". In: Hansgerd DELBRÜCK (Hg.), „Sinnlichkeit in Bild und Klang". Festschrift für Paul Hoffmann zum 70. Geburtstag. Stuttgart: Akademischer Verlag Hans-Dieter Heinz, 1987. 449–463.

Walter BENJAMIN: „[Vorbemerkung zu] Gertrud Kolmar, Zwei Gedichte". In: Die literarische Welt (Berlin, hg. Willy HAAS) Nr. 14/15, 5. April 1928. 1. (Osterbeilage).

Uwe BERGER: „Zum Bild Gertrud Kolmars". In: Sinn und Form Heft 2, 1972. 395–398.

Bernhardt G. BLUMENTHAL: „Gertrud Kolmar: Love's Service To The Earth". In: The German Quarterly Vol. XLII, September 1969. 485– 488.

Marion BRANDT: Widerspruch und Übereinstimmung in Gertrud Kolmars Gedichtzyklus *Das Wort der Stummen*. phil.Diss. Berlin 1990. Publikation der überarbeiteten Fassung unter dem Titel: Schweigen ist ein Ort der Antwort. Eine Analyse des Gedichtzyklus „Das Wort der Stummen" von Gertrud Kolmar. Berlin: Hoho Verlag, 1993.

Hans BYLAND: Zu den Gedichten Gertrud Kolmars. phil.Diss. Zürich 1971. Bamberg: Aku-Fotodruck, 1971.

Amy COLIN: „Gertrud Kolmar: Das Dilemma einer deutsch-jüdischen Dichterin". In: Frank-Rutger HAUSMANN, Ludwig JÄGER und Bernd WITTE (Hg.), Literatur in der Gesellschaft. Festschrift für Theo Buck zum 60. Geburtstag. Tübingen: Gunter Narr, 1990. 247–257.

Margherita COTTONE: „Natura e mito nella poesia di Gertrud Kolmar". In: Quaderni di lingue e letterature straniere, Palermo, 12, 1989/1990. 1992. 181–188.

Michael C. EBEN: „Gertrud Kolmar: An Appraisal". In: German Life and Letters No.3, Vol.37, April 1984. 197–210.

Beatrice EICHMANN-LEUTENEGGER: „Eine Reisende des alten Berliner Westens. Ein Portrait von Hedwig Schoenflies-Hirschfeld". In: Neue Zürcher Zeitung, 21. Juli 1989 (Fernausgabe Nr. 166).

Beatrice EICHMANN-LEUTENEGGER: „Die Dichterin Gertrud Kolmar, 1894 – 1943". In: Bulletin des Leo Baeck Instituts 85, 1990. 15–32.

Beatrice EICHMANN-LEUTENEGGER (Hg.): Gertrud Kolmar. Leben und Werk in Texten und Bildern. Frankfurt/M.: Jüdischer Verlag, 1993.

Siegfried EINSTEIN: „Wer wird in diesem Jahr den Schofar blasen? Sieben jüdische Dichter deutscher Sprache; zum Gedenken für Helga Levinson". In: Emuna 4, 1969. 226–234.

Birgit R. ERDLE: „Die zerstörte Metapher oder die Penetration des Gesichts". In: Annegret PELZ et al. (Hg.), Frauen – Literatur – Politik. Hamburg: Argument, 1988. 154–163.

Birgit R. ERDLE: „Verschwinden als Rettung? Imaginäre Fluchträume in der Literatur Gertrud Kolmars". In: Roger BAUER, Douwe FOKKEMA (Hg.): Space and Boundaries. Proceedings of the XIIth Congess of the International Comparative Literature Association. Vol. 2: Space and Boundaries in Literature. München: Iudicium, 1990. 165–171.

Birgit R. ERDLE: „Der phantasmatische und der decouvrierte weibliche Körper. Zwei Paradigmen der Kulturation". In: Feministische Studien Nr. 2, November 1991 (Themenheft „Kulturelle und sexuelle Differenzen". Hg. Sabine SCHILLING und Sigrid WEIGEL). 65–78.

Ulla HAHN: „Nachwort". In: Gertrud Kolmar, Gedichte. Auswahl und Nachwort von Ulla HAHN. Frankfurt/M.: Suhrkamp, 1983. 173–187.

Eberhard HORST: „Gertrud Kolmar: Das lyrische Werk". In: Neue deutsche Hefte Nr. 82, Juli/August 1961. 130–132.

Rudolf KAYSER: „Das lyrische Werk von Gertrud Kolmar". In: The German Quarterly Vol. XXXIII, January 1960. 1–3.

Karl KROLOW: „Das lyrische Werk Gertrud Kolmars". In: Akzente Heft 2, 1956. 162–166.

Lawrence L. LANGER: „Survival Through Art: The Career of Gertrud Kolmar". In: Leo Baeck Institute, Yearbook XXIII, London 1978. 247–258.

Erika LANGMAN: „The Poetry of Gertrud Kolmar". In: Seminar. A Journal of Germanic Studies No.2, Vol. XIV, 1978. 117–132.

Ilse LANGNER: „Drei deutsch-jüdische Dichterinnen". In: Frankfurter Hefte Nr. 5, 1979. 37–45.

Dagmar C.G. LORENZ: „Gertrud Kolmars Novelle Susanna". In: William C. McDONALD und Winder McCONNELL (Hg.), Fide et Amore. A Festschrift for Hugo Bekker on his Sixty-Fifth Birthday. Göppingen: Kümmerle, 1990. 185ff.

Dagmar C.G. LORENZ: „Jüdisches Selbstbewußtsein und die kritische Darstellung des jüdischen Selbsthasses im Werk Gertrud Kolmars". In: Begegnung mit dem ‚Fremden'. Akten des VIII. Kongresses der Internationalen Vereinigung für Germanische Sprach- und Literaturwissenschaft. Herausgegeben von Eijiro IWASAKI und Yoshinori SHICHIJI. Bd. 8: Emigranten- und Immigrantenliteratur. München: Iudicium, 1992. 128–138.

Gertrud Kolmar 1894 – 1943. MARBACHER MAGAZIN 63, 1993, bearbeitet von Johanna WOLTMANN (Katalog zur Ausstellung im Schiller-Nationalmuseum Marbach zwischen Februar und Mai 1993 und im Literaturhaus Berlin zwischen Juni und Juli 1993).

Gert und Gundel MATTENKLOTT: „Gertrud Kolmar. Metaphorischer Schattenriß". In: Gert und Gundel MATTENKLOTT, Berlin Transit. Eine Stadt als Station. Reinbek bei Hamburg: Rowohlt, 1987. 189–206.

Maria Teresa MORREALE: „Gertrud Kolmar nel ricordo di Ilse Langner". In: Quaderno. Università degli studi di Palermo, N.S. 2: Germanistica, 1992. 93–97.

Cinzia NERI: La opera di Gertrud Kolmar. Ungedr. phil.Diss. Florenz 1987–1989.

Cynthia OZICK: „Foreword". In: Dark Soliloqui. The Selected Poems of Gertrud Kolmar. Translated and with an Introduction by Henry A. SMITH. New York: The Seabury Press, 1975. vii–ix. Auch in: Cynthia OZICK, Art & Ardor. Essays. New York 1983. 229–232.

Jacob PICARD: „Gertrud Kolmar: The Woman and The Beasts". In: Commentary No.10, November 1950. 459–465.

Kurt PINTHUS: „Bekenntnis zu einem Genie. Gertrud Kolmars *Lyrisches Werk*". In: Aufbau (New York) No.56, 6. September 1957.

Ingulf RADTKE: „Gertrud Kolmar – Eine gerühmte Vergessene". In: Wider das Vergessen. Schriftsteller des 20. Jahrhunderts, unterdrückt in der Zeit des Nationalsozialismus, vergessen nach 1945. Herausgegeben von der Deutschen Akademie für Sprache und Dichtung Darmstadt und der Stadt- und Universitätsbibliothek Frankfurt am Main. (Begleitheft zur Ausstellung 3. Oktober bis 9. November 1985). Frankfurt/M. 1985. 9–13.

Silvia SCHLENSTEDT: „Suche nach Halt in haltloser Lage. Die Kulturarbeit deutscher Juden nach 1933 in Deutschland und die Dichterin Gertrud Kolmar". In: Sinn und Form Heft 4, Juli/August 1989. 727–742.

Manfred SCHLÖSSER: „Deutsch-jüdische Dichtung des Exils". In: Emuna 3, 1968. 250–265.

Monika SHAFI: „'Mein Ruf ist dünn und leicht': Zur Weiblichkeitsdarstellung in Gertrud Kolmars Zyklus ‚Weibliches Bildnis'". In: The Germanic Review No.2, Vol. LXVI, Spring 1991. 81–88.

Thomas SPARR: „Nachwort". In: Gertrud KOLMAR, Susanna. Frankfurt/M.: Jüdischer Verlag, 1993. 65–91.

Jürgen P. WALLMANN: „Deutsche Lyrik unter jüdischem Dreigestirn". In: Merkur Nr. 225, 1966. 1191–1194.

Ruth WOLF: „Wandlungen und Verwandlungen. Lyrikerinnen des 20. Jahrhunderts". In: Gisela BRINKER-GABLER (Hg.), Deutsche Literatur von Frauen. 2.Band. München: Beck, 1988. 334–352.

## 3. Weitere Literatur

Nicolas ABRAHAM: „Aufzeichnungen über das Phantom. Ergänzung zu Freuds Metapsychologie". In: Psyche, Heft 8, August 1991. 691–698.

Theodor W. ADORNO: Minima Moralia. Reflexionen aus dem beschädigten Leben. Frankfurt/M.: Suhrkamp, 1951.

Theodor W. ADORNO: „Zur Metakritik der Erkenntnistheorie. Studien über Husserl und die phänomenologischen Antinomien". In: ADORNO, Gesammelte Schriften. Band 5. Frankfurt/M.: Suhrkamp, 1970. 7–245.

Theodor W. ADORNO und Max HORKHEIMER: Dialektik der Aufklärung. Philosophische Fragmente (1944). Frankfurt/M.: Fischer, 1971.

Theodor W. ADORNO: Negative Dialektik. Frankfurt/M.: Suhrkamp, 1975.

Jean AMÉRY: Jenseits von Schuld und Sühne. Bewältigungsversuche eines Überwältigten. Stuttgart: Klett-Cotta, 1980.

Günther ANDERS: Die Antiquiertheit des Menschen. Zweiter Band: Über die Zerstörung des Lebens im Zeitalter der dritten industriellen Revolution. München: Beck, 1980.

Robert ANTELME: Das Menschengeschlecht (1947). München, Wien: Hanser, 1987.

Thomas ANZ: Gesund oder krank? Medizin, Moral und Ästhetik in der deutschen Gegenwartsliteratur. Stuttgart: Metzler, 1989.

Hannah ARENDT: „We Refugees". In: Menorah Journal, Januar 1943. 69–77. Auch in: ARENDT, The Jew as Pariah. Jewish Identity and Politics in the Modern Age. Herausgegeben von Ron FELDMAN. New York: Grove, 1978. 55–66. Deutsche Übersetzung in: ARENDT, Zur Zeit. Politische Essays. Herausgegeben von Marie Luise KNOTT. Berlin: Rotbuch, 1986. 7–21.

Hannah ARENDT: Sechs Essays. Heidelberg 1948.

Hannah ARENDT: The Human Condition. Chicago: The University of Chicago Press, 1958.

Hannah ARENDT: Die verborgene Tradition. Acht Essays. Frankfurt/M.: Suhrkamp, 1976.

Achim von ARNIM: Werke in sechs Bänden. Band 6: Schriften. Frankfurt/M.: Deutscher Klassiker Verlag, 1992.

Bernard BAAS: „Das Opfer und das Gesetz". In: Riss. Zeitschrift für Psychoanalyse Nr. 21, Oktober 1992. 26–61.

Julius BAB: Leben und Tod des deutschen Judentums. Berlin: Argon, 1988.

BABYLON. Beiträge zur jüdischen Gegenwart Heft 12, Oktober 1993.

Ingeborg BACHMANN: Werke. Band 1: Gedichte, Hörspiele, Libretti, Übersetzungen. Herausgegeben von Christine KOSCHEL, Inge von WEIDENBAUM und Clemens MÜNSTER. München, Zürich: Piper, 1978.

Mieke BAL: Reading Rembrandt: Beyond the Word-Image Opposition. Cambridge: Cambridge University Press, 1991.

Dagmar BARNOUW: „Der Jude als Paria. Hannah Arendt über die Unmündigkeit des Exils". In: Exilforschung. Ein internationales Jahrbuch. Band 4: Das jüdische Exil und andere Themen. München: text + kritik, 1986. 43–61.

Roland BARTHES: S/Z. Paris: Éditions du Seuil, 1970.

Roland BARTHES: Roland Barthes par Roland Barthes. Paris: Éditions du Seuil, 1975. Deutschsprachige Übersetzung: Roland BARTHES. Über mich selbst. München: Matthes & Seitz, 1978.

Roland BARTHES: Fragments d'un discours amoureux. Paris: Éditions du Seuil, 1977. Deutschsprachige Übersetzung: Fragmente einer Sprache der Liebe. Frankfurt/M.: Suhrkamp, 1988.

Roland BARTHES: La chambre claire. Note sur la photographie. Paris: Éditions de l'Étoile, Gallimard, Le Seuil, 1980. Deutschsprachige Übersetzung: Die helle Kammer. Bemerkung zur Photographie. Frankfurt/M.: Suhrkamp, 1989.

Charles BAUDELAIRE: Œuvres complètes. Paris: Éditions du Seuil, 1968.

Jean BAUDRILLARD: Agonie des Realen. Berlin: Merve, 1978.

Walter BENJAMIN: Gesammelte Schriften. Herausgegeben von Rolf TIEDEMANN und Hermann SCHWEPPENHÄUSER. Frankfurt/M.: Suhrkamp, 1972ff.

Walter BENJAMIN: Briefe 1 und 2. Herausgegeben und mit Anmerkungen versehen von Gershom SCHOLEM und Theodor W. ADORNO. Frankfurt/M.: Suhrkamp, 1978.

WALTER BENJAMIN 1892–1940. Eine Ausstellung des Theodor W. Adorno-Archivs Frankfurt/M. in Verbindung mit dem Deutschen Literaturarchiv Marbach/N. Bearbeitet von Rolf TIEDEMANN, Christoph GÖDDE und Henri LONITZ. Marbacher Magazin 55, 1990.

Charlotte BERADT: Das Dritte Reich des Traums. Frankfurt/M.: Suhrkamp, 1981.

Chaim Nachmann BIALIK: In der Stadt des Schlachtens. Aus dem Jiddischen und mit einem Nachwort von Richard Chaim SCHNEIDER. Salzburg, Wien: Residenz, 1990.

Maurice BLANCHOT: The Writing of the Disaster. Lincoln, London: University of Nebraska Press, 1986.

Harold BLOOM: Kafka Freud Scholem. Basel, Frankfurt/M.: Stroemfeld/Roter Stern, 1990.

Werner BOHLEBER und Jörg DREWS (Hg.): „Gift, das du unbewußt eintrinkst …" Der Nationalsozialismus und die deutsche Sprache. Bielefeld: Aisthesis, 1991.

Norbert BOLZ: Auszug aus der entzauberten Welt. Philosophischer Extremismus zwischen den Weltkriegen. München: Fink, 1989.

BROCKHAUS WAHRIG. Deutsches Wörterbuch in sechs Bänden. Dritter Band. Wiesbaden, Stuttgart 1981.

Joseph BRODSKY: „The Condition We Call Exile". In: The New York Review of Books. January 7, 1988. 16–19.

Elisabeth BRONFEN: Over Her Dead Body. Death, Femininity and the Aesthetic. Manchester: Manchester University Press, 1992.

DAS BUCH WEHE. In: Die Schriftwerke. Übersetzt von Martin BUBER. Köln, Olten: Jakob Hegner, 1962. 371–386.

Jacques DERRIDA: Die Schrift und die Differenz. Frankfurt/M.: Suhrkamp, 1976.

Jacques DERRIDA: Randgänge der Philosophie. Wien: Passagen, 1988.

Jacques DERRIDA: Gesetzeskraft. Der „mystische Grund der Autorität". Frankfurt/M.: Suhrkamp, 1991.

Jacques DERRIDA: Vom Geist. Heidegger und die Frage. Frankfurt/M.: Suhrkamp, 1992.

DIE HEILIGE SCHRIFT. Auf Veranlassung der Jüdischen Gemeinde Berlin herausgegeben von Harry TORCZYNER. Frankfurt/M.: J. Kauffmann Verlag, 1934ff.

Ruth DINESEN: Nelly Sachs. Eine Biographie. Frankfurt/M.: Suhrkamp, 1992.

Rudolf EISLER: Wörterbuch der Philosophischen Begriffe. Vierte Auflage. Dritter Band. Berlin: E.S. Mittler & Sohn, 1930.

Helen EPSTEIN: Die Kinder des Holocaust. Gespräche mit Söhnen und Töchtern von Überlebenden. München: dtv, 1990.

Birgit R. ERDLE: „Unheimliches Verstehen. Zu einem Roman von Hans Keilson". In: Luzifer-Amor. Zeitschrift zur Geschichte der Psychoanalyse Heft 9, 1992. 48–56.

Birgit R. ERDLE: „,Ein Märchen von der Umwälzung der Weltordnung': Marginalien zur Marquise von O....". In: Riss. Zeitschrift für Psychoanalyse Nr. 24, Oktober 1993. 43–57 (Themenheft zu Heinrich von Kleist).

Johann Gottlieb FICHTE: „Beitrag zur Berichtigung der Urteile des Publikums über die französische Revolution" (1793). In: FICHTE, Schriften zur Revolution. Herausgegeben von Bernard WILLMS. Köln, Opladen: Westdeutscher Verlag, 1967. 34–213.

Sigmund FREUD: Gesammelte Werke I–XVIII. London: Imago, Frankfurt/M.: S. Fischer, 1940 ff.

Saul FRIEDLÄNDER und Martin BROSZAT: „Um die ,Historisierung des Nationalsozialismus'. Ein Briefwechsel". In: Vierteljahreshefte für Zeitgeschichte 36, 1988. 339–372.

Saul FRIEDLÄNDER: „The „Final Solution": On the Unease in Historical Interpretation". In: History and Memory. Studies in Representation of the Past No.2, Vol.1, Fall/Winter 1989. 61–76.

Saul FRIEDLÄNDER: „Trauma, Transference and ‚Working through' in Writing the History of the Shoah". In: History and Memory. Studies in Representation of the Past No.1, Vol.4, Spring/Summer 1992. 39–59. Deutschsprachige, leicht gekürzte Fassung: „Trauma, Erinnerung und Übertragung in der historischen Darstellung des Nationalsozialismus und des Holocaust". In: Wolfgang BECK (Hg.), Die Juden in der europäischen Geschichte. Sieben Vorlesungen. München: Beck, 1992. 136–151.

Saul FRIEDLÄNDER (Hg.): Probing the Limits of Representation. Nazism and the „Final Solution". Cambridge, London: Harvard University Press, 1992.

François FURET und Denis RICHET: Die Französische Revolution. Frankfurt/M.: Fischer, 1987.

Sander L. GILMAN: Rasse, Sexualität und Seuche. Stereotype aus der Innenwelt der westlichen Kultur. Reinbek bei Hamburg: Rowohlt, 1992.

Sander L. GILMAN: The Jew's Body. New York, London: Routledge, 1991.

René GIRARD: Ausstoßung und Verfolgung. Eine historische Theorie des Sündenbocks. Frankfurt/M.: Fischer, 1992.

Boris GROYS: „Der Text als Monster". In: Wespennest. Zeitschrift für brauchbare Texte und Bilder Nr. 89, 1992. 54–60.

Jürgen HABERMAS: Der philosophische Diskurs der Moderne. Zwölf Vorlesungen. Frankfurt/M.: Suhrkamp, 1985.

HANDWÖRTERBUCH DES DEUTSCHEN ABERGLAUBENS. Band IV. Berlin, Leipzig 1931/1932.

Ulrike HAß: Militante Pastorale. Zur Literatur der antimodernen Bewegungen im frühen 20. Jahrhundert. München: Fink, 1993.

Anselm HAVERKAMP (Hg.): Gewalt und Gerechtigkeit. Derrida – Benjamin. Frankfurt/M.: Suhrkamp, 1994.

Dieter HENRICH: „Identität' – Begriffe, Probleme, Grenzen". In: Odo MARQUARDT und Karl-Heinz STIERLE (Hg.), Identität. München: Fink, 1979. 133–186.

HOMER: Ilias/Odyssee. In der Übertragung von Johann Heinrich VOSS. Vollständige Ausgabe nach dem Text der Erstausgaben (Ilias Hamburg 1793, Odyssee Hamburg 1781). München: Winkler, 1957.

Vladimir JANKÉLÉVITCH und Béatrice BERLOWITZ: Quelque part dans l'inachevé. Paris: Gallimard, 1978.

DIE JÜDISCHE EMIGRATION AUS DEUTSCHLAND 1933–1941. DIE GESCHICHTE EINER AUSTREIBUNG. Eine Ausstellung der deutschen Bibliothek Frankfurt/M. unter Mitwirkung des Leo Baeck Instituts New York. Ausstellung und Katalog: Brita ECKERT. Unter Mitwirkung von Werner BERTHOLD. Mitarbeiterin: Mechthild HAHNER. Frankfurt/M.: Buchhändler-Vereinigung. 1985.

Marion KAPLAN: „Jewish Women in Nazi Germany: Daily Life, Daily Struggles, 1933 – 1939". In: Feminist Studies No.3, Fall 1990. 579–606.

Hans KEILSON: „Vorurteil und Haß". In: Die Zeit, 11. September 1964 (Teil 1) und 18. September 1964 (Teil 2).

Hans KEILSON: Sequentielle Traumatisierung bei Kindern. Deskriptiv-klinische und quantifizierend-statistische Untersuchung zum Schicksal der jüdischen Kriegswaisen in den Niederlanden (unter Mitarbeit von Herman R. SARPHATIE). Stuttgart: Enke, 1979 (Forum der Psychiatrie, Neue Folge 5).

Hans KEILSON: „Psychoanalyse und Nationalsozialismus". In: Jahrbuch der Psychoanalyse Band 25, 1989. 9–27.

Hans KEILSON: „Anstelle eines Kaddish". In: Hajo FUNKE, Die andere Erinnerung. Gespräche mit jüdischen Wissenschaftlern im Exil. Frankfurt/M.: Fischer, 1989. 361–380.

Uwe-K. KETELSEN: Literatur und Drittes Reich. Schernfeld: Süddeutsche Hochschul-Verlagsgesellschaft, 1992.

Friedrich A. KITTLER: „‚Das Phantom unseres Ichs' und die Literaturpsychologie: E.T.A. Hoffmann – Freud – Lacan". In: Friedrich A. KITTLER und Horst TURK (Hg.), Urszenen. Literaturwissenschaft als Diskursanalyse und Diskurskritik. Frankfurt/M.: Suhrkamp, 1977. 139–166.

Georg KLAUS und Manfred BUHR (Hg.): Marxistisch-leninistisches Wörterbuch der Philosophie. Band 2. Reinbek bei Hamburg: Rowohlt, 1972.

Pierre KLOSSOWSKI: Die Ähnlichkeit (*La ressemblance*). Bern, Berlin: Gachnang & Springer, 1986.

Volkhard KNIGGE: „Die Nackten: das Nackte: der Akt. Psychoanalytische Bemerkungen über Imaginäres und Symbolisches am Nackten". In: Detlev HOFFMANN (Hg.), Der nackte Mensch. Marburg: Jonas, 1989. 102–116.

Gertrud KOCH: Die Einstellung ist die Einstellung. Visuelle Konstruktionen des Judentums. Frankfurt/M.: Suhrkamp, 1992.

Thomas KOEBNER: Unbehauste. Zur deutschen Literatur in der Weimarer Republik, im Exil und in der Nachkriegszeit. München: edition text + kritik, 1992.

Sarah KOFMAN: Paroles suffoquées. Paris: Éditions Galilée, 1987. Deutschsprachige Übersetzung: Erstickte Worte. Wien: Passagen, 1988.

Sarah KOFMAN: Konversionen. Der Kaufmann von Venedig unter dem Zeichen des Saturn. Wien: Passagen, 1989.

Sarah KOFMAN: „Die Ökonomie der Achtung". In: Herta NAGL-DOCEKAL (Hg.), Feministische Philosophie. Wien, München: Oldenbourg, 1990. 41–62.

Julia KRISTEVA: Die Revolution der poetischen Sprache. Frankfurt/M.: Suhrkamp, 1978.

Julia KRISTEVA: Pouvoirs de l'horreur. Essai sur l'abjection. Paris: Éditions du Seuil, 1980.

Julia KRISTEVA: Histoires d'amour. Paris: Éditions Denoël, 1983. Deutschsprachige Übersetzung: Geschichten von der Liebe. Frankfurt/M.: Suhrkamp, 1989.

Julia KRISTEVA: „The True-Real". In: Toril MOI (Hg.), The Kristeva Reader. New York: Columbia University Press, 1986. 214–237.

Jacques LACAN: Schriften I. Weinheim, Berlin: Quadriga, 1991 (dritte, korrigierte Auflage).

Jacques LACAN: Schriften II. Weinheim, Berlin: Quadriga, 1986.

Jacques LACAN: Schriften III. Weinheim, Berlin: Quadriga, 1986.

Jacques LACAN: Die vier Grundbegriffe der Psychoanalyse. Das Seminar Buch XI (1964). Weinheim, Berlin: Quadriga, 1987.

Philippe LACOUE-LABARTHE: Die Fiktion des Politischen. Heidegger, die Kunst und die Politik. Stuttgart: Edition Patricia Schwarz, 1990.

Jean LAPLANCHE und Jean-Bertrand PONTALIS: Das Vokabular der Psychoanalyse. Frankfurt/M.: Suhrkamp, 1973.

Jean LAPLANCHE und Serge LECLAIRE: „The Unconscious. A Psychoanalytic Study". In: Yale French Studies 48, 1975. 118–175.

Else LASKER-SCHÜLER: Werke. Herausgegeben von Sigrid BAUSCHINGER. München: Artemis & Winkler, 1991.

Adolf LESCHNITZER: „Der Gestaltwandel Ahasvers". In: Hans TRAMER (Hg.), In zwei Welten. Siegfried Moses zum 75.Geburtstag. Tel Aviv: Bitaon, 1962. 470–505.

Primo LEVI: Ist das ein Mensch? (1945 – 1947) Die Atempause (1961 – 1962). München, Wien: Hanser, 1988.

Thanos LIPOWATZ: Die Verleugnung des Politischen. Die Ethik des Symbolischen bei Jacques Lacan. Weinheim, Berlin: Quadriga, 1986.

Rudolph M. LOEWENSTEIN: Psychoanalyse des Antisemitismus. Frankfurt/M.: Suhrkamp, 1968.

Jean-François LYOTARD: Der Widerstreit. München: Fink, 1987.

Jean-François LYOTARD: Heidegger und „die Juden". Wien: Passagen, 1988(a).

Jean-François LYOTARD: Heidegger et „les juifs". Paris: Éditions Galilée, 1988(b).

Jean-Luc MARION: „Idol und Bild". In: Bernhard CASPER (Hg.), Phänomenologie des Idols. Freiburg, München: Alber, 1981.

Peter von MATT: ... fertig ist das Angesicht. Zur Literaturgeschichte des menschlichen Gesichts (1983). Frankfurt/M.: Suhrkamp, 1989.

Albert MEMMI: Der Kolonisator und der Kolonisierte. Zwei Portraits. Frankfurt/M.: Syndikat, 1980.

Stéphane MOSÈS: Spuren der Schrift. Von Goethe bis Celan. Frankfurt/M.: Athenäum, 1987.

Werner E. MOSSE und Arnold PAUCKER (Hg.): Juden im Wilhelminischen Deutschland. 1890 – 1914. Tübingen: Mohr, 1976.

MYNONA (Salomo FRIEDLAENDER): „Der operierte Goj. Ein Seitenstück zu Panizzas operirtem Jud'". In: MYNONA (Salomo FRIEDLAENDER), Trappistenstreik und andere Grotesken. Freiburg: Heinrich, 1922. 67–80. Auch in: PANIZZA 1981. 279–292.

Lotte PAEPCKE: Unter einem fremden Stern. Frankfurt/M.: Verlag der Frankfurter Hefte, 1952.

Oskar PANIZZA: „Der operirte Jud'". In: PANIZZA, Der Korsettenfritz. Gesammelte Erzählungen. München: Matthes & Seitz, 1981. 265–292.

Arnold PAUCKER (Hg.): Die Juden im nationalsozialistischen Deutschland. 1933 – 1943. Tübingen: Mohr, 1986.

Octavio PAZ: Das Labyrinth der Einsamkeit. Essay (1950). Frankfurt/M.: Suhrkamp, 1985.

Robert POGUE HARRISON: Wälder. Ursprung und Spiegel der Kultur. München, Wien: Hanser, 1992.

Léon POLIAKOV: Geschichte des Antisemitismus. Band V. Worms: Heintz, 1983.

Barbara POTTHAST-JUTKEIT: „Die Rolle der Frauen in Conquista und Kolonisation". In: Amerika 1492 – 1992. Neue Welten – Neue Wirklichkeiten. Essays. Hg. vom Ibero-Amerikanischen Institut Preußischer Kulturbesitz und Museum für Völkerkunde Staatliche Museen zu Berlin. Braunschweig: Westermann, 1992. 45–52.

Willibald PSCHYREMBEL: Klinisches Wörterbuch: mit klinischen Syndromen und nomina anatomica. Berlin, New York: de Gruyter, 1982.

Ellie RAGLAND-SULLIVAN: Jacques Lacan und die Philosophie der Psychoanalyse. Weinheim, Berlin: Quadriga, 1989.

Stella ROTENBERG: Die wir übrig sind. Darmstadt: J.G.Bläschke Verlag, 1978.

Nelly SACHS: „Leben unter Bedrohung". In: Ariel, Heft 3, Darmstadt 1956. 9–12.

Nelly SACHS: Fahrt ins Staublose. Frankfurt/M.: Suhrkamp, 1961.

Friedrich SCHILLER: „Über naive und sentimentalische Dichtung". In: Schillers Werke. Vierter Band: Schriften. Frankfurt/M.: Insel, 1966. 287–368.

Manfred SCHNEIDER: Die erkaltete Herzensschrift. Der autobiographische Text im 20. Jahrhundert. München, Wien: Hanser, 1986.

NEUES LEXIKON DES JUDENTUMS. Herausgegeben von Julius H. SCHOEPS. Gütersloh, München: Bertelsmann Lexikon Verlag, 1992.

Gershom SCHOLEM: Über einige Grundbegriffe des Judentums. Frankfurt/M.: Suhrkamp, 1970.

Helmut SCHREIER und Matthias HEYL (Hg.): Das Echo des Holocaust. Pädagogische Aspekte des Erinnerns. Hamburg: Krämer, 1992.

George STEINER: „Von realer Gegenwart". In: Akzente. Zeitschrift für Literatur. Heft 2. April 1986. 103–123.

Margarete SUSMAN: Frauen der Romantik. Köln: Melzer, 1960.

Maria TATAR: „Crime, Contagion, and Containment: Serial Murders and Their Representation in the Weimar Republic". In: Rudolf KÄSER and Vera POHLAND (Hg.), Disease and Medicine in Modern German Cultures. Cornell University: Center for International Studies, 1990. 91–107.

Jacob TAUBES: Ad Carl Schmitt. Gegenstrebige Fügung. Berlin: Merve, 1987.

Barbara VINKEN (Hg.): Dekonstruktiver Feminismus. Literaturwissenschaft in Amerika. Frankfurt/M.: Suhrkamp, 1992.

Shulamit VOLKOV: Jüdisches Leben und Antisemitismus im 19. und 20. Jahrhundert. München: Beck, 1990.

Elisabeth WEBER: Verfolgung und Trauma. Zu Emmanuel Lévinas' Autrement qu'être ou au-delà de l'essence. Wien: Passagen, 1990.

Samuel WEBER: Rückkehr zu Freud. Jacques Lacans Ent-stellung der Psychoanalyse. Frankfurt/M., Berlin, Wien: Ullstein: 1978.

Samuel WEBER: „Das Unheimliche als dichterische Struktur: Freud, Hoffmann, Villiers de l'Isle-Adam". In: Claire KAHANE (Hg.), Psychoanalyse und das Unheimliche. Essays aus der amerikanischen Literaturkritik. Bonn: Bouvier, 1981. 122–147.

Sigrid WEIGEL: Die Stimme der Medusa. Schreibweisen in der Gegenwartsliteratur von Frauen. Dülmen-Hiddingsel: tende, 1987.

Sigrid WEIGEL: Topographien der Geschlechter. Kulturgeschichtliche Studien zur Literatur. Reinbek bei Hamburg: Rowohlt, 1990.

Sigrid WEIGEL (Hg.): Leib- und Bildraum. Lektüren nach Benjamin. Köln, Weimar, Wien: Böhlau, 1992.

Sigrid WEIGEL: „Zum Bild- und Körpergedächtnis in Anne Dudens Judasschaf". In: L. BLATTMANN et al. (Hg.), Feministische Perspektiven in der Wissenschaft. Zürich: vdf Verlag der Fachvereine, 1993. 95–111.

Robert WELTSCH: Tragt ihn mit Stolz, den gelben Fleck. Zur Lage der Juden in Deutschland 1933. Nördlingen: Greno, 1988.

Irving WOHLFARTH: „Et cetera? Der Historiker als Lumpensammler". In: Norbert BOLZ und Bernd WITTE (Hg.), Passagen. Walter Benjamins Urgeschichte des 19. Jahrhunderts. München: Fink, 1984. 70–95.

Yosef Hayim YERUSHALMI: Zachor: Erinnere dich! Jüdische Geschichte und jüdisches Gedächtnis. Berlin: Wagenbach, 1988.

Slavoj ZIZEK: Liebe dein Symptom wie dich selbst! Jacques Lacans Psychoanalyse und die Medien. Berlin: Merve, 1991.

Slavoj ZIZEK: Der erhabenste aller Hysteriker. Psychoanalyse und die Philosophie des deutschen Idealismus. Wien, Berlin: Turia & Kant, 1992 (zweite erweiterte Auflage).

*En passant* sei jenen gedankt, die auf freiwillige oder unfreiwillige Weise in den Entstehungsprozeß dieser Studie verwickelt waren und Kritik, Ermutigung, Inspiration boten: vor allem Sigrid Weigel; Klaus Hübner, Elisabeth Bronfen und Hans Keilson.

Für Kommentierungen zu einzelnen Textpassagen danke ich Thomas Sparr.

Gedankt sei auch Harald Bauer, der mir bei der technischen Herstellung der Druckfassung half und die wiederholten *memory overflow*-Meldungen des Printers ungerührt hinnahm.

# Passagen Verlag

Eine Auswahl

Das Andere selbst
Habilitation
Von Jean Baudrillard

Jenseits des Diskurses
Literatur und Sprache in der
Postmoderne
Von Albert Berger und Gerda
Elisabeth Moser (Hg.)

Ghost Writer/Und wenn sie nicht
gestorben sind ...
Von Barbara Bloom

Ordo Amoris
Augustinus, irdische Konflikte und
himmlische Glückseligkeit
Von Remo Bodei

Maschinenzeichen
Von Ecke Bonk

Die Wahrheit in der Malerei
Von Jacques Derrida

Gestade
Von Jacques Derrida

Randgänge der Philosophie
Von Jacques Derrida

Transzendenz-„Relation"
Zum Transzendenzbezug in der
Philosophie Emmanuel Levinas'
Von Reinhold Esterbauer

Heimat und Landschaft
Über Gartenzwerge, Center Parcs und
andere Ästhetisierungen
Von Jürgen Hasse

Oedipus complex
Zur Genealogie von Gedächtnis
Von Rudolf Heinz

Somnium novum I
Zur Kritik der psychoanalytischen
Traumtheorie
Von Rudolf Heinz

Somnium novum II
Zur Kritik der psychoanalytischen
Traumtheorie
Von Rudolf Heinz und Karl Thomas
Petersen (Hg.)

David Lynch – Mentale Landschaften
Von Anne Jerslev

Melancholie der Kunst
Von Sarah Kofman

Ohne Mitleid
Zum Begriff der Distanz als
ästhetische Kategorie mit ständiger
Rücksicht auf Theodor W. Adorno
Von Konrad Paul Liessmann

Das postmoderne Wissen
Ein Bericht
Von Jean-François Lyotard

Streifzüge
Gesetz, Form, Ereignis
Von Jean-François Lyotard